《近代中国》编委会

主 任 高小玫

委 员（按姓氏笔画为序）

　　　　王慧敏　厉震林　沈祖炜

　　　　陈永亮　易惠莉　章义和

　　　　韩昭庆　葛剑雄　廖大伟

　　　　戴鞍钢

主 编　廖大伟
副主编　戴鞍钢　易惠莉
编辑部主任　陆兴龙

近代中国

JIN DAI ZHONG GUO

上海中山学社 主办

廖大伟 主编

【第三十四辑】

——历史面向与演进

近代人物研究·社会政治与司法·社会经济与企业
思想文化与教育·学者介绍

上海社会科学院出版社
SHANGHAI ACADEMY OF SOCIAL SCIENCES PRESS

目　录

近代人物研究

孙中山、何天炯与对日招商：以兴宁制铁、兴宁组合为
　中心 ……………………………………………… 霍耀林／3
从刘鸿生家信看中国近代社会演变的几个侧面 …… 钟祥财／23
陈宝箴、盛宣怀与"湖南新政" …………………… 廖太燕／37
两广总督徐广缙革职后行迹考述 …………………… 王　涛／51

社会政治与司法

全面抗战初期中共孙中山纪念与马克思纪念的融通
　………………………………………………………… 秦　勤／69
报刊舆论、话语重构与社会变迁：1905年上海会审
　公廨案新探 ………………………………………… 曾　荣／87
从问题到难题：抗战胜利后天津审判汉奸考察 …… 冯成杰／104
征兵与增粮：抗战时期国统区农村劳动力短缺问题
　研究 ………………………………………………… 杨国山／125
禁烟、司法与党争：1916年上海官运烟土案研究 … 赵　曜／141
抗战胜利后国民政府地方行政的困境
　——以1946年粤省公务员与审计处纠纷为例 …… 许梦阳／165

社会经济与企业

中华懋业银行的停业危机及清理(1929—1937)
　　……………………………………………………王　玉　徐　琳／187
有产者与大革命：北伐时期武汉资本避险心理
　　及政权影响 ………………………………………王晨光／209
脆弱的政商关系：抗战胜利后国民政府对大生纺织
　　公司的接收 ………………………………………张若愚／231
抗战前民营企业的技术扩散：以棉纺织业为中心 ……吴　静／258
盛宣怀接办汉阳铁厂公案再考 …………………………陈健鸿／278

思想文化与教育

抗战时期国民政府对沦陷区大学生借读教育研究
　　………………………………………………………………黄　伟／315
民初川沙文庙的筹建与地方精英的新旧嬗递
　　……………………………………………………杨　桢　徐茂明／346
近代史家与医家的交锋
　　——以吕思勉《医籍知津》与谢观《中国医学大辞典》的
　　校读为例 …………………………………………陈　腾／367
"福音"下的世俗竞利：鸦片战争前后在华传教士对
　　商务知识的传播 …………………………………徐悦超／387

学者介绍

亲历八十年沧桑，心系两世纪风云
　　——记中国金融学术界泰斗洪葭管先生 …………周育民／413

征稿启事 ……………………………………………………………／431

近代人物研究

孙中山、何天炯与对日招商：
以兴宁制铁、兴宁组合为中心

霍耀林

一般而言，招商是引导资源或项目从招商者手中到达投资者或使用者手中的一切经营活动。辛亥革命后，孙中山就认为应该将中国的经济建设提上日程，同时也向外国媒体阐明中国的实业建设计划，提出铁路优先，港口建设，矿产开发，农、工艺改良等。日本被称为孙中山的"第二故乡"，孙中山为筹措革命经费、振兴实业、富强中国，曾积极活动并动员革命党人对日进行招商引资。

对于辛亥革命后孙中山与日本之间的关系，既有研究主要从官、民两个视角展开，指出其特征为"公开批判与暗中求助"、孙中山坚持"实用主义战略，对日关系一直未曾改变"等。[①] 何天炯作为孙中山的得力助手，负责过筹款、接应同志、购运军械，历任秘书、顾问、参议等职。关于其及对日活动，近年来也取得了较为丰

[①] 李长莉：《从何天炯致宫崎滔天信函看孙中山第二次广东政府时期对日关系》，《近代史研究》2020年第1期；杜继东：《中国大陆地区孙中山与日本关系研究回顾》，《近代史研究》2005年第3期；俞辛焞：《孙中山与日本关系研究》，人民出版社1996年版；杨天石、狭间直树：《何天炯与孙中山—宫崎滔天家藏书札研究》，《历史研究》1987年第5期；李吉奎：《孙中山与日本》，广东人民出版社1996年版；久保田文次：《孫文・辛亥革命與日本人》，汲古書院2011年版。

富的研究成果。① 而关于孙中山、何天炯等的对日招商活动,部分研究中也有所涉及②,但所述不甚详,未能展现全貌。

近年来随着宫崎滔天家藏民国人物书札手迹的公开出版③,何天炯等关键人物的个人文集的编辑出版,及日本国内与孙中山、何天炯招商活动密切相关的如塚原嘉一郎④、秋山真之⑤、犬塚信太郎⑥、芳川宽治⑦等文书、函件的公开⑧,为新史实的补充提供了

---

① 李长莉:《从何天炯致宫崎滔天信函看孙中山第二次广东政府时期对日关系》,《近代史研究》2020年第1期;李长莉:《何天炯:被遗忘的辛亥革命元老》,《近代中国》2019年第1期;李长莉:《何天炯与东京同盟会本部》,《近代史研究》2012年第3期;李廷江:《日本财界与辛亥革命》,中国社会科学出版社1994年版;李长莉、久保田文次、宫崎黄石编:《何天炯集》,中国社会科学出版社2018年版。

② 李长莉:《从何天炯致宫崎滔天信函看孙中山第二次广东政府时期对日关系》,《近代史研究》2020年第1期;杨天石:《邓恢宇与宫崎滔天夫妇》,《档案与史学》1996年第6期。多々良友博:「日支組合と南支資源開発」(1)(2),『佐賀大学地域学歴史文化研究センター紀要』第10、13号、2016年、2018年。

③ 中国宋庆龄基金会研究中心编:《宫崎滔天家藏民国人物书札手迹》,华文出版社,八卷本,2016年11月已出两卷。石橋道秀・田中智美:「国民党及び南支石炭資源に関する資料」(一、二),『佐賀大学地域学歴史文化研究センター紀要』第6、7号、2012年、2013年。

④ 塚原嘉一郎(1878—1960),佐贺郡新北村(现佐贺市诸富町)寺井津生,庆应义塾毕业后,入三井物产。1915年,第一次世界大战中因日本占领青岛等功绩,授勋六等瑞宝章。1917年三井物产退社后,参与以主要开发中国矿业为目的的日支组合及广东兴宁铁山开发等。1932年以后,任东杵岛(现小城市牛津町)煤矿常务董事,晚年继续参与福冈苅田煤矿、长崎县高岛煤矿等。

⑤ 秋山真之(1868—1918),海军中将,松山(现爱媛县)出身,"二十一条"后,积极支持孙中山等的革命事业。

⑥ 犬塚信太郎(1874—1919),东京高等商业学校(现一桥大学)出身,历任三井物产香港支店长、门司支店长。南满铁道株式会社创立时,任理事兼矿业部长。

⑦ 芳川宽治(1882—1956),原韩国统监曾根荒助之次子,1905年(明治38年)东京高等商船学校毕业进入实业界,大正9年继承芳川家家督,曾任常磐矿业社长,台湾碳矿、足利纺织等董事长等。

⑧ 佐贺县立图书馆藏的塚原嘉一郎、秋山家书简等近年陆续电子化公开,网址https://www.sagalibdb.jp。

孙中山、何天炯与对日招商：以兴宁制铁、兴宁组合为中心

可能。本文拟通过对兴宁制铁、兴宁组合等的考察，管窥孙中山、何天炯等革命党人对日招商活动过程。

一、日支组合及其活动

在 1916 年 8 月 16 日杭州督署欢迎会上，孙中山讲到"今者共和再选，不容再缓，惟兹事千头万绪，而要以交通便利为第一要着"。他认为在八九月份所办之事的一件，是"兴办各种实业，以期振兴国产，杜绝漏卮"。其办法，包括开发矿业，以解决归侨及内地党人之不能自赡者，筹安置之法，"拟先于内地矿产中，择其尤者一二区。先筹开办，并拟于长江一带择地开垦"，已派人调查一切云。①

翌年 1 月，青木宣纯对北京报界说："孙文绝意政界，拟从实业方面着手"。②

1916 年 8 月 15 日，孙中山致函久原房之助，望携手合作开发矿业，云："兹有求教于阁下者，鄙人以为中国欲图逐渐改革，舍实业外无他。然则发展实业最优希望而又必要者，端在开办矿业。鄙人对此曾相当留意。现今各省前来磋商开办矿业者，为数甚夥。阁下经办矿业之丰富阅历及抱负，素为鄙人所敬佩。且此番所办实业，我意亟需与阁下共同经营。……如蒙阁下同意，即可在阁下打理协助下，以鄙人之名义首先设立测量勘察机构，立即着手实地调查。如调查结果发现良矿，或愿联合经营，即可进而研究办法。"③

久原接信之后，深表赞成，并通知决定派旧知中山说太郎由北京至上海商议。9 月 18 日，孙中山再致久原函，表示："开采矿山为敝国至上急务，如阁下之热心而有力者，对此实业能予赞助，实

---

① 李吉奎：《孙中山与日本》，广东人民出版社 1996 年版，第 456 页。
② 《黎元洪任总统时中南日关系资料》，《近代史资料》总 46 号，第 252 页。
③ 胜田主计：《确定中国借款方针》，王一凡、徐明译，《近代史资料》总第 45 号。

不胜庆幸之至。"①

孙中山这一计划,虽然最终未能如愿,但是其开办矿产、振兴实业、谋求改革中国之愿景由此可见一斑。

1917年6月7日,塚原从三井退职后来到上海,9日与孙中山在上海就日支组合②之事进行了详细商讨,确定了日支组合中方人员为:孙中山、张人杰、戴传贤、朱大符、廖仲恺、杨丙、丁仁杰、余建光、蒋介石、周日宣。③ 11日,中方与日方人员犬塚信太郎、秋山真之、塚原嘉一郎、菊池良一、芳川宽治等共同在上海签署《日支组合规约》④,日支

---

① 彭泽周:《近代中国之革命与日本》,台湾商务印书馆1989年版,第184—185页。段云章:《孙文与日本史事编年》增补本,广东人民出版社2011年版,第522页。

② 在日本,企业法人分为营利性法人的公司,和作为公益法人的社团法人、财团法人、特定非营利活动法人(NPO法人),及间于其中的中间法人即协同组合。组合,是以相互扶助为目的的中间法人,一般由中小企业联合结成,共同为实现更高目标而进行对彼此都有利的事业,增进作为组合成员的利益。与公司相比,组合在重视经济利益的追求的同时,对于组合内处于不利经济地位的组合员,进行相互扶助,致力提高组合共同的利益。

③ 日本佐贺县立图书馆藏档案「塚原嘉一郎関係資料」(第0180号)。

④ 《日支组合规约》
以开发中国富源为目的中日两国人组织组合而订规约如左:
一、本组合员中日各以　名组织之。
二、本组合办理中国各省之矿业及主要物产。
三、本组合之资本定为上海规银二十万两,必要时按次缴纳之,中日之出资额同额以　两为限度。
四、非中日两国组合员协议同意后,不得以组合员之权利让与组合以外之人。
五、组合之一切业务执行中日双方协议决定之,组合员不得一致之承诺不得以关于组合之事项漏泄于组合以外之第三者或与之为交涉商谈。
六、组合之存立期限自本组合规约签字之日起二十年为限,至期限满了后双方协议得延长之。
七、在组合存立期限内发生解散之必要时,双方协议决定之。
八、组合本部置于上海,支部置于东京。
九、组合规约以中日两国文制定之,组合员各自署名盖印各执一通。
十、组合之事业经营及其他一切设备别定细则,选定业务执行员担任之。
参考日本佐贺县立图书馆藏档案「塚原嘉一郎関係資料」(第0372号)。多々良友博:「日支組合と南支資源開発」,『佐賀大学地域学歴史文化研究センター紀要』第10号,2016年,第70—71页。

组合成立。

从该规约的内容上来看,规约开宗明义便称"以开发中国富源为目的",而其中第2条则提出本组合"办理中国各省之矿产及主要物产",可以看出日支组合的成立,主要仍然是为开发中国各地之矿产。关于日支组合的运行状况及开支状况,在兴宁制铁成立之后的一次议案中有所涉及。

日支组合东京事务所费:

房租 25 日元

报酬 400 日元(1918 年 5 月支出)

补贴 92 日元

消耗品 10 日元

电讯通信 20 日元

交际费 250 日元

杂费 30 日元

合计 827 日元①

日支组合的费用负担情况,在翌年兴宁制铁公司成立之时,关于日支组合实际支出的一半费用作为兴宁制铁公司的创立费,由公司负担②。不仅如此,从中日双方的参与人员上也可以看出,日支组合与其后的兴宁组合存在一定的继承性。

1917年8月2日,日本驻广州总领事太田光平拜会孙中山;同时,台湾银行地方支行的一个日本人带着一封领事馆的信件拜会孙中山,提议玉成一笔借款。③ 这笔借款是否谈成,尚乏资料,

---

① 日本佐贺县立图书馆藏档案「塚原嘉一郎関係資料」(第 0472 号);多々良友博:「日支組合と南支資源開発」,『佐賀大学地域学歴史文化研究センター紀要』第 10 号,2016 年,第 78—79 页。

② 日本佐贺县立图书馆藏档案「塚原嘉一郎関係資料」(第 0352 号)。

③ [美] 韦慕庭:《孙中山——壮志未酬的爱国者》,杨慎之译,新星出版社 2006 年版,第 344 页。

但据称：当时孙中山已与广东督军陈炳焜商定以榆林港和汕头为南下海军基地，并在海口和汕尾筹建两个煤炭补给港。据说孙中山已与日本三井物产会社签订购买煤炭合同。若煤炭供不应求，则由广东曲江和开平煤矿公司补充供给。①

9月，孙中山电召日人塚原嘉一郎到广州洽谈。当时日本军方正准备解决缺铁问题，对此异常积极②。当月，塚原嘉一郎从广东出发赴上海途中，会见了何天炯，并就何天炯故乡兴宁铁山调查之事签订了协议。12月，塚原归国后即着手推进该计划。1917年12月20日（在广州）何天炯致宫崎滔天书简中写道："拟于一礼拜后偕山田君到敝乡调查矿物，倘有良好之结果，则经济问题亦稍可活动耳。"③

31日，马场惟明受塚原委派出发前往中国；翌年1月18日，与何天炯从汕头出发，对兴宁及平远两县的矿山进行了调查；2月21日，两人返回汕头，其间探查到铁矿山两座，碳矿一座，储量相当丰富。④

3月，马场提交了该调查报告，马场称，日支亲善一语产生后已几经星霜，然未举其实之例颇多。尽管两国经济关系愈来愈密切，但国民之感情却流于疏隔，为两国带来诸多不利，当是有识者忧虑之处。此次调查区域与台湾一苇带水，且矿量储藏丰富，品质亦优，加之水利之便，极力建议支持何天炯开发该矿；考虑到该事

---

① 粤海关档案《各项时事传闻录》1917年8月3日条。
② 据山田纯三郎回忆，何天炯在第一次革命之时，曾将一块铁矿石样本携至日本，后经满铁分析，质地良好。山田遂将此报告给海军秋山真之，其时，日本方面正担心国内铁储备不足，遂于1917年9月应孙中山邀请，派塚原赴广东。（樱井真清：『秋山真之』秋山真之会，1933年，第263页）
③ 李长莉、久保田文次、宫崎黄石编：《何天炯集》，中国社会科学出版社2018年版，第70页。
④ 具体内容可参考日本佐贺县立图书馆藏档案「塚原嘉一郎关系资料」（第0334号）。

业可能招致当地居民的反对,建议由何天炯之弟何天瑞(字晓晖)经营。关于开采,马场也建议分为两期,第一期采用土法炼铁,并逐步将附近的当地经营的炼铁厂全部收购或合并,将炼出的生铁船运之汕头;第二期建设交通设施,在交通便利之处设洋式炼铁厂。①

二、兴宁制铁与兴宁组合

1918年2月22日,孙中山在宴请广东商界人士所作演讲中,在论述革命与建设关系时,以日本为例,谓:"目下日商从前富有万金,今变为百万;其银行前仅积存七八千万者,近至十余万万。以视我国商业,苦乐相去,何止霄壤?此无他,日有政府为之援助,其商人又均有学识、有眼光、有预备,故能乘此机会,以图发展耳。至中国旧日政府,向行奴视商民政策,既无学识,复无援助,故有机会不能起而乘之。"②

4月,受孙中山之命,何天炯赴日,进一步谈判开采事宜。20日,为开采兴宁铁矿及其他矿物,何天炯、芳川宽治、山田纯三郎、塚原嘉一郎、菊池良一等共同签署了《兴宁制铁公司规约》《兴宁组合规约》③,6月归国。④

---

① 日本佐贺县立图书馆藏档案「塚原嘉一郎関係资料」(第0181号、第0334号,两者内容相同)。

② 广东省社会科学院历史研究室、中国社会科学院近代史研究所、中山大学历史系孙中山研究室合编:《孙中山全集》第4卷,中华书局2006年版,第345—346页。

③ 原文为日文,日本佐贺县立图书馆藏档案「塚原嘉一郎関係资料」(第0347号);多々良友博:「日支组合と南支资源开发」,「佐贺大学地域学历史文化研究センター纪要」第10号,2016年,第72—75页。均由笔者本人译为中文。

④ 杨天石、狭间直树:《何天炯与孙中山》,《历史研究》1987年第5期。石桥道秀、田中智美:「国民党及び南支石炭资源に関する资料」「佐贺大学地域学历史文化センター研究纪要」第7号,2013年。

《兴宁制铁公司规约》：

一、本公司称为兴宁制铁公司,从兴宁铁煤公司购买铁矿、精炼、销售为目的；

二、本公司由如下六名组织成立,何天炯为代表；

三、本公司资本为十万日元,出资额为日支各半；

四、本公司利益处分为日支折半；

五、本公司之组合员为方便出资,可以自己的持股比例为担保,由其他组合员以年八分之利率融通出资；

六、组合员不得将自己的股份转让给组合员以外者；

七、本公司之文书整理保存在东京事务所,组合员可以于任何时候阅览。

《兴宁组合规约》：

一、本组合称兴宁铁煤公司,以开采、生产、销售、运输广东省兴宁县所在铁矿及其他矿物经营为目的；

二、本组合由如下六名组成,何天炯为代表；

三、组合员的持股比例为何天炯持十之五,其他各持十之一,各组合员以各自持股比例出资；

四、组合员为方便出资,可以自己的持股比例为担保,由其他组合员以年八分之利率融通出资；

五、组合员不得将自己的股份转让给组合员以外者；

六、本组合之文书整理保存在东京事务所,组合员可以于任何时候阅览。

5月1日,根据规约组合(芳川、塚原、菊池、何天炯)一致决议:(1)承认兴宁制铁公司的10万日元资本金打入账户;(2)经费预算另行决定[①];(3)截至1918年4月底,日华组合支出的经费

---

① 日本佐贺县立图书馆藏档案「塚原嘉一郎関係资料」(第0468号)。

11 176日元的一半计 5 588 日元作为本公司的创立费由本公司负担。①

当年9月,何晓晖向广东省兴宁县、财政厅等分别提出了采矿申请。依据其提交的说明书可知,该矿位于广东省兴宁县石马乡铁山嶂,总面积766亩40方丈。矿石可先通过陆路约40里运到兴宁,再由兴宁用帆船运至汕头,水路约400里。在汕头设一贩卖场,可经海运输送到上海、日本、美洲、香港、欧洲等地。当年12月30日,依据广东省财政厅采矿执照采字第五十三号,广东省财政厅依《采矿业条例》核准,给予采矿执照。②

兴宁组合成立后,依据公司组织及成立规定在东京(东京海上建筑物六层)、上海(上海法租界环龙路四号)、兴宁等设事务所,并设代表业务担当,东京为塚原嘉一郎、上海为山田纯三郎、兴宁为何天炯。各负责人的薪酬、事务所等每月的开支预算均有详细记录。不仅如此,召开过的会议记录也有部分保存,其中一次的议案中包含如下信息:

> 第一,何晓晖绝对有必要加入组合;第二,兴宁铁煤公司资本金之事,有必要将铁山和制铁进行分别会计;第三,兴宁制铁公司增资之件,目前十万日元已支出,不足部分每月从芳川事务所借支等;第四,土法炉及其他设备;第五,铁山调查;第六,溶矿炉及其他设备;第七,木炭之研究;第八,现在兴宁地方民众采收矿石之处理;第九,东京、上海、兴宁等采取共同的计算方式;第十,关于东京、上海、兴宁等使用人工之事。③

---

① 日本佐贺县立图书馆藏档案「塚原嘉一郎関係资料」(第0352号)。
② 多々良友博「日支組合と南支资源开发」、『佐賀大学地域学历史文化研究センター紀要』第10号,2016年,第76—77页。
③ 日本佐贺县立图书馆藏档案「塚原嘉一郎関係资料」(第0472号);多々良友博:「日支組合と南支资源开发」、『佐賀大学地域学历史文化研究センター紀要』第10号,2016年,第78—79页。

可以看出,兴宁组合运行初期就存在不少问题。

关于兴宁制铁、兴宁组合的开支状况,以1918年6月13日兴宁制铁公司经费预算为例①:

负责人报酬:山田(￥200)＄500－(上海在勤代表每月500美元,其中包含妻女补贴在外住宿费用等)。

何　(￥200)＄200－

塚原(￥200)

芳川(￥100)

菊池(￥100)

　　￥400－　＄700－

东京事务所经费:

房　　租￥50－

工勤费￥9－

文　具￥10－

通信费￥200－

　　￥269

与上述东京事务所日常经费相似,上海事务所日常经费为300美元、兴宁事务所日常经费为310美元。

根据现存的资料可以看出其支出总额状况如表1所示:

表1　上海事务所、兴宁事务所支出

时间	1918年8月10日	1918年10月14日	1918年12月31日	1919年1月31日	1919年2月28日	1919年3月25日
总额(日元)	111 417.14	115 999.23	124 654.40	125 453.16	127 071.77	128 457.71

---

① 日本佐贺县立图书馆藏档案「塚原嘉一郎関係资料」(第0468号);多々良友博:「日支组合と南支资源開発」、『佐賀大学地域学歴史文化研究センター紀要』第10号,2016年,第77—78页。

而具体的支出科目,以1918年8月10日的兴宁制铁公司的试算表为例,主要如下:

表2 兴宁制铁公司试算表(1918年8月10日)

借方(单位:日元)	科　　目	借出方(单位:日元)
	资本金	100 000
5 588	创立费	
97 913.17	预付款	
116	器　具	
	芳川事务所透支	11 417.14
1 400	报　酬	
515	补　贴	
100	房　租	
3 842.88	交际费	
117.77	消耗品费	
295.6	杂　费	
1 420.75	旅费	
102.1	通信费	
5.87	现　金	
111 417.14	合　计	111 417.14

后期的支出科目也与此基本保持一致,只是金额多少不同。这些支出当中10万日元的资本金为上海事务所的创立费、旅费等,具体用途等则未明,除去10万日元的费用则由芳川事务所借支。① 主要的资金流向从1918年8月10日的试算表中可以看出

---

① 日本佐贺县立图书馆藏档案「塚原嘉一郎関係資料」(第0467号);多々良友博:「日支組合と南支資源開発」,『佐賀大学地域学歴史文化研究センター紀要』第10号,2016年,第79页。

交际费、旅费、报酬占了主要部分。而从其他各期的试算表中也可以发现,事实上这三项支出一直都是公司的最主要支出。

三、10万日元问题

1919年之后的关于兴宁制铁、兴宁组合的经营状况由于史料的缺失暂未明,但是当年4月起中日双方围绕10万日元问题展开了持续一年多的艰难交涉。

1919年4月23日(在汕头)何天炯致宫崎函件中写道:"所托之交涉之件,延长一年之久,变象至此,深堪浩叹。山田、菊池、塚原诸君,皆鄙人之知己,今皆分道而驰,益觉前途之茫茫耳。唯芳川君与山田君等之恶感,究在何处,抑复杂至若何程度,鄙人实不得其详(一年以来,山田君并未以内容相告故也),至此件之搁浅不行,关于鄙人之立场之困难,固不俟言,而直接间接影响于该实业者尤大也(此事非面谈不详)。今势已至此,唯有请山田兄等谅吾苦衷。俟鄙人不至十分困难,则其厚意为吾生永不能忘。且以山田兄等之深通鄙国事情,其可经营之实业甚众,何必介于此些小之实业乎?兹请先生极力进行,尚望早日来沪也。"①

由于史料的缺乏,何天炯拜托宫崎交涉之件尚未明,但从内容看,应当和芳川、山田之间产生龃龉,为不致影响实业,随请宫崎代为疏通。

1919年6月,孙中山撰写《建国方略之二、实业计划(物质建设)》一书完成。在该书结论中,孙谴责了日本军阀,但对日本财政家尚存寄望。其中写道:"今则日本之军阀政策,又欲以独立并吞中国。""是吾中国军国主义者与反动者之主张,行将以日本化中

---

① 李长莉、久保田文次、宫崎黄石编:《何天炯集》,中国社会科学出版社2018年版,第72页。

国。""在近三十年间,日本于每一战争之结局,即获最厚之报酬,无怪乎日本之军阀,以战争为最有利益之事业也。"他宣称:"今中国已醒觉,日本即欲行其侵略政策,中国人亦必出而拒绝之。"而"日本之财政家当比日本之军阀派较有先见之明","如是日本即舍弃其垄断蒙古之政策而与列强相合成立新银团,若此新银团能实行其现所提倡之主义,吾中国人素欲以和平改造中国者,必当诚意欢迎之"。①

1919年7月4日,何天炯致函塚原嘉一郎,由于其家父身体微恙,忧虑不堪,打算近期归乡,"之前与山田所议之事,其结果未知如何,敬请示下,万事后谈"。

其与山田所议何事,推测可能与前述4月份所拜托之事相关,但尚需确切史料进一步证实。

7月27日,何天炯致函塚原称:

> 自山田回京后可谋之件,想目下尚无结果,是亦不得已之事也。唯鄙人与兄等已志同道合,无国界之分,则此后种种提携之事,决不应以今日之小小及潮而有所阻碍,自欧战告终,铁矿钨矿,俱受影响而落价。唯煤炭之商卖,尚有十分之希望,刻下敝友人在安徽宣城有一玉良之碳矿,日前特来商量可以合办,此矿曾终日本及中国及时多人调查,俱认为有甚大之价值,旧岁年末,日本商家,对于此矿曾有激烈之竞争,结果唯有失败,唯敝友人甚信任鄙人,且愿全权由鄙人办理。
>
> ……
>
> 若兄等认此件为不能进行或无进行之必要时,则请即日明荅覆,以免鄙人对于友人有迟延之咎也。②

---

① 广东省社会科学院历史研究室、中国社会科学院近代史研究所、中山大学历史系孙中山研究室合编:《孙中山全集》第6卷,中华书局2006年版,第395—396页。
② 日本佐贺县立图书馆藏档案「塚原嘉一郎関係資料」(第0329号)。李长莉、久保田文次、宫崎黄石编:《何天炯集》,中国社会科学出版社2018年版,第214—215页。

对此,塚原在稍后的回复中提出将"石炭样本、调查材料、对方希望条件"等详细资料备好后提交日本。①

9月9日,(在上海)何天炯致宫崎滔天书简中写道:"铁山事闻前田兄云,系因伊东②从中作梗,欲中止进行云云。夫伊东为先生旧友,弟亦颇识其人。倘该件议已纯熟,而为伊所妨碍,前田兄不与之争,因而罢手者,则前田兄之人格为无上高妙。独惜弟处境困难,又当国家多事之秋,对此功亏一篑之事,能勿痛心?兹事万恳先生向伊东说明原委,彼身居议员,又号支那通,与弟殊有交谊,再得先生从中疏解,使该问题死而复活,真如天之幸也。若伊东而欲得多事运动费者,请先生为我斟酌许之。广东大局日有起色,先生运动诸事亦渐可顺手。"③

此函中,何天炯所称之"铁山事",应该和前述7月份信中提及的安徽宣城之碳矿开发并无关联,从本年度的铁矿开发情况来看,可以推测此处之"铁山",应该和兴宁制铁有很大的关联。

9月21日、23日,何天炯两次发电报给塚原,请求打款10万日元。④ 24日,何天炯给山田发去电报,希望其能和塚原商量打款10万日元。⑤

9月25日,何天炯再次致函塚原、山田、菊池,其中称,"三先生把握矿山之件曾经诸君承诺极力赞助因之弟有种种之计划,今久不接函,未知近况何似。曾发电催促,而塚原兄以来电不明相覆,弟用益深焦灼,兹因宫崎先生回国之便特恳其代达鄙情,盖徒

---

① 日本佐贺县立图书馆藏档案「塚原嘉一郎関係資料」(第0529号)。
② 伊东知也(1873—1921),1895年以随军报社记者赴朝鲜和满洲,日俄战争时再赴满洲,后游历中国南方。与孙中山等革命党人交往密切,武昌起义后曾赴武昌考察战况,1912年当选众议院议员。
③ 李长莉、久保田文次、宫崎黄石编:《何天炯集》,中国社会科学出版社2018年版,第76页。
④ 日本佐贺县立图书馆藏档案「塚原嘉一郎関係資料」(第0479号、第0480号)。
⑤ 日本佐贺县立图书馆藏档案「塚原嘉一郎関係資料」(第0478号)。

函电往来恐有词不达意之嫌也"。

10月18日,(在上海)何天炯致宫崎滔天写道:"山田之件求于东京解决,小生无关之事(关于该山之件,可说内幕之一人。他日如云谣言,恐妨碍我等之进行)。承蒙告知芳川等诸君派遣技师之事,小生考虑,以为待南北妥协及排日思想稍息之后为最善之事(私议来年正、二月顷,当可告一段落,如是则排日也当缓和,此可断言)。万事相互出以诚意,各尽其能力。若以区区时间问题,不足计,所谓九仞之山,功亏一篑。请给芳川等诸君传言,诸君给我信任,则万事请安心。目下金价下跌不知其底止。日本金十万円不过为上海银约五万,实不能一展小生之抱负。若如此,则小生无一事可办也。"①

同日,何天炯在另致宫崎滔天书简中提出:"要求之十万金,②务望达到目的,然后石炭问题可提出另案,请与塚原氏商谈进行情况。关于派遣技师,马场君一人已足。现在交通便利,马场氏能使用中文,甚为合适。"由此可以进一步明确"十万金"问题与"石炭问题"应当为两件不同之事。

10月21日,何天炯收到宫崎滔天的回函。关于10万金问题,据推测,芳川、塚原诸君似欲再派技师为条件,如不允,则十万金亦难以支出。何天炯之意,汕头一带,正有军阀盘踞,排日之风

---

① 李长莉、久保田文次、宫崎黄石编:《何天炯集》,中国社会科学出版社2018年版,第78页。石桥道秀、田中智美:「国民党及び南支石炭资源に関する资料」『佐賀大学地域学歴史文化センター研究紀要』2013.3。

② 关于此处为10万円还是30万円,在《何天炯集》(李长莉、久保田文次、宫崎黄石编,中国社会科学出版社2018年版,第79页)中,收录有两封何天炯致宫崎滔天书简。据编者注,其中一封为日本佐贺县立图书馆藏档案「塚原嘉一郎関係资料」(第0336号),似为宫崎抄转给塚原,抄转信中有要求10万円与30万円的不同说法。但据笔者核对,该档案号并非第0336号,而是第0284号,且原信中「叁」字上用圆圈标出,并画有一斜线,结合9月21日、23日、24日,何天炯发给塚原及山田的电报,以及10月18日,何天炯在致宫崎信函中提到的10万円,此处似乎可以理解为该字系笔误。

旺盛，时机不适。当天，何天炯回函宫崎滔天称，"山田之为人，虽不满意之，然较之塚原等尚为了解敝国之情形……万事唯托先生鼎力"，或维持，或解释，相机而行。①

从此函中的芳川、塚原等欲再派技师赴汕头，而从何天炯则以当地军阀盘踞、排日之风正盛、时机不宜中可以推测，其一直坚持催促打款的10万金问题就是兴宁制铁公司的资本金10万元。

10月23日，何天炯再次致函宫崎滔天称："向芳川交涉十万之款，实一文不能少也。少则无事可为，不如不取之为愈也。"何还推测此时山田可能甚为惶恐，不知何之心情如何。希望宫崎能乘此机会向山田劝诱："何氏此刻甚为烦闷，君（山田）宜以力所能为者尽力助之（经济问题）（能得中银一万亦可），至君（山田）与芳川、塚原等等，皆有直接向之要求十万款之权利也。"何天炯认为此事为最初承认之事，不能因其内部纷扰而中止，希望宫崎能助其运筹，和平解决。② 24日，何天炯致函宫崎滔天，称嘱与山田交涉出金之事，请临机应变，以速达目的为主。③

10月27日，宫崎滔天在接到何天炯之函后，致信塚原询问之后其与藤村④、芳川商量之结果。另外还提到，何天炯当天来两函关于煤矿之事希望解决10万元问题，恐引起芳川之误解。⑤

---

① 李长莉、久保田文次、宫崎黄石编：《何天炯集》，中国社会科学出版社2018年版，第81页。

② 李长莉、久保田文次、宫崎黄石编：《何天炯集》，中国社会科学出版社2018年版，第81—82页。

③ 李长莉、久保田文次、宫崎黄石编：《何天炯集》，中国社会科学出版社2018年版，第82页。

④ 藤村义朗(1870—1933)，实业家、政治家、男爵。1894年入职三井矿山，1898年调任三井物产，之后曾历任上海支店长、三井物产董事、贵族院议员、大正日日新闻社长等职。（『コンサイス日本人名事典　第五版』2010年，第1145页）。从当年11月18日，宫崎致塚原函中，问及由藤村经手《孙文学说》等翻译出版问题，可以推测此函中询问之问题，似乎也应该与此相关。

⑤ 日本佐贺县立图书馆藏档案「塚原嘉一郎関係资料」（第0628号）。

在 10 月 30 日何天炯写给宫崎的函中称,接到家电,其父亲病重危殆,促其早归。关于芳川、塚原诸君之件,料想无圆满之希望……种种考虑之结果,以维持善状计,则实不如向山田诱劝其出金,或者彼鉴于情形及种种顾虑等,不能不屈从弟意也。①

11 月 18 日,宫崎致函塚原,再次询问之后"何天炯问题"②之解决状况,并称,接到何天炯来函言及父病重,此际关于 10 万元问题如有困难,希望尽力,就算 1 万元也可,助其早日归省。宫崎还言及其本人亦实在无能为力,欲借高利贷也无门,望塚原能行一时之方便。③

当年 12 月,何天炯几次收到宫崎来函,但是山田、芳川等诸氏之件,仍无解决。翌年 3 月 26 日,何天炯收到宫崎来函,谓东京诸事反复无常,深叹宫崎之心力交瘁。30 日,何天炯致函宫崎滔天,称其在日友人(山田宅居住之人)见到山田写给宫崎一函,该函中山田与菊池、塚原、犬塚之子等之铁山权利,均已交渡于芳川。何天炯对宫崎之应对充满期望。另外,何天炯在该函中提到芜湖之件,其欲请马场惟明技师来沪,着手调查,然后再寻资本家。函中何还向宫崎透露,滇、桂、粤风云日急,希望宫崎能来一观世局,但此等扰乱,却对资本家甚为不利,请其勿与彼等深谈。④

4 月 17 日,考虑到解决之困难,何天炯在致宫崎滔天函中称,愿意退让一步,原意要求日元 10 万,约为上海银 4.5 万元左右,如

---

① 李长莉、久保田文次、宫崎黄石编:《何天炯集》,中国社会科学出版社 2018 年版,第 83 页。
② 原函中为"何君问题"。考虑到之前之后,何天炯致宫崎滔天的信函中所写内容,推测此处之问题,仍为何天炯在函中所提之"十万元问题"。
③ 日本佐贺县立图书馆藏档案「塚原嘉一郎関係資料」(第 008 号)。
④ 李长莉、久保田文次、宫崎黄石编:《何天炯集》,中国社会科学出版社 2018 年版,第 86—87 页。

今只要 5 万日元即可。请宫崎相机而行。①

6月8日,何天炯在回复宫崎函中谓,由于芳川暂先敷衍,以待何氏所能接受之最低额之时机等,表示对于一年以来之交涉甚感失望,唯有暂时放弃。在该函的补充回复中,何天炯表示:"本以敝国时局多端,其不能活动之故,实因受经济之压迫,故欲以矿山问题,筹相当之金额。今非独无望,且得一凶恶结果,此诚数省对于世务无经验之报业,自恨亦复自笑而已。"②

6月10日,何天炯致函宫崎滔天称,前托芜湖矿事,倘无希望,则塚原受内之地图书类等,请先生决意取回代存为是。铁矿事件,所谓"羊肉不曾吃,惹得一身腥"。其到手 4 万元,除运动"许可"费 2 万元,保证金 1 万元,余 1 万日元系个人消费。查当时之中银 4 万元不过值 5.2 万多日元足有,今芳川云已用去 21 万数千日元等,彼等十五六万之金钱,用于何方面,无从索解。③

15日,何天炯在给宫崎的信函中抱怨,芳川缺乏诚意,去岁其老父垂死,彼亦不动毫末;反之,对于山田、塚原等,则慷慨使之消费,且不通知其,有蔑视其人格之嫌。18日,何天炯在回宫崎函中,言及该山问题,交涉至今,彼等要求一一实现,而自己之要求反一无答应,若山事全然无望,从此可以停止交涉。④

8月2日,何天炯在回复宫崎函中,再度请宫崎与芳川重为交涉,请芳川汇 2 万日元,以了急务。到 9 月,对于芳川之要求,何均一一应允,但芳川忽又生变,何天炯又无废约之能力,无可奈何。

---

① 李长莉、久保田文次、宫崎黄石编:《何天炯集》,中国社会科学出版社 2018 年版,第 88 页。

② 李长莉、久保田文次、宫崎黄石编:《何天炯集》,中国社会科学出版社 2018 年版,第 91—92 页。

③ 李长莉、久保田文次、宫崎黄石编:《何天炯集》,中国社会科学出版社 2018 年版,第 92—93 页。

④ 李长莉、久保田文次、宫崎黄石编:《何天炯集》,中国社会科学出版社 2018 年版,第 93—94 页。

10月10日,何天炯在回复宫崎函中,明确表示,芳川之件深劳臂助,唯其结果总必出于无希望之途,此后将放弃此问题,以免徒增心头之烦恼。在该函中,何天炯还另附英国工学士温少璠开采安徽宣城蔡村煤矿计划书,请宫崎物色有志愿此业者。①

1920年5月31日,兴宁组合在成立两年后迎来了一次大的变动。由于犬塚信太郎的离世,日方组合成员山田纯三郎、塚原嘉一郎、菊池良一将各自的权利全部让渡于芳川。同日,另一份备忘录中,芳川与塚原关于兴宁组合及兴宁制铁公司达成协议,何天炯、芳川、塚原3人继续经营兴宁组合和兴宁制铁公司,3人各自出资,何天炯负责矿区、芳川负责资金、塚原负责劳力。但是该备忘录也同时载明,需得到何天炯的承认后生效。②

当年11月底,关于兴宁组合及兴宁制铁公司的备忘录中则写道,由于时势的变迁(欧战结束排日风潮)及组合员之间的沟通欠缺,芳川拒绝继续提供资金,委托其他组合员善后,亦无良策,决定将权利与义务全部让渡芳川,芳川不得已而承认,将来关于该铁矿的开采如获成功,组合员全部承认给予芳川相当的报酬。③ 兴宁组合及兴宁制铁公司至此名存实亡。

四、结 论

辛亥革命之后,孙中山就提出开发矿产、振兴实业、富强中国

---

① 李长莉、久保田文次、宫崎黄石编:《何天炯集》,中国社会科学出版社2018年版,第99—100页。
② 日本佐贺县立图书馆藏档案「塚原嘉一郎関係資料」(第0364号);多々良友博:「日支組合と南支資源開発」,『佐賀大学地域学歴史文化研究センター紀要』第10号,2016年,第80—81页。
③ 日本佐贺县立图书馆藏档案「塚原嘉一郎関係資料」(第0354号);多々良友博:「日支組合と南支資源開発」,『佐賀大学地域学歴史文化研究センター紀要』第10号,2016年,第81页。

的愿景。而为谋求改革旧中国，发展日本式的商业经济，同时也为筹措革命经费，孙中山、何天炯等千方百计，通过电报、信件、周边熟悉的同志等积极对日招商引资。不仅如此，受孙中山委托，何天炯还亲自赴日与塚原嘉一郎、山田纯三郎、菊池良一等共同发起成立兴宁组合、兴宁制铁公司。

虽然从现有的史料中可以看出，兴宁组合、兴宁制铁可能并未给革命党带来多大的收益，加上1919年五四运动的爆发，国内反日情绪的高涨，兴宁制铁甚至都未坚持到真正开采之时，但通过此却不难看出革命党人曲折顽强的艰难招商历程。兴宁组合、兴宁制铁虽然只存在短暂的几年，但在辛亥革命后革命党人的种种的招商活动中，它不仅是一个有益的尝试，还为革命党人进一步的活动奠定了基础，积累了丰富的经验。

而从日本方面来看，这一时期日本经历了从大隈内阁向寺内内阁、原敬内阁的转变。众所周知，大隈内阁后期，为实现倒袁目的，曾积极支持日本国内外反袁势力，而寺内内阁时期又通过"西原借款"大力援助北京政府。这与革命党人的招商，尤其是在兴宁制铁、兴宁组合的筹建过程中，围绕10万元的资金展开长达一年之多的艰难交涉形成鲜明的对比，由此也在一定程度上反映出日本对缺乏稳固政权支撑的革命党人的不信任。

（霍耀林，江西省吉安市井冈山大学外国语学院副教授）

从刘鸿生家信看中国近代
社会演变的几个侧面

钟祥财

刘鸿生(1888—1956),字克定,浙江定海人。曾在上海圣约翰大学就读。职业生涯从运销开滦煤炭起步,后投身于实业救国,先后创办的企业有上海水泥厂、上海章华毛绒纺织公司、大中华火柴公司等,还经营码头、搪瓷、航运、金融及保险等业。抗战爆发后,他离开上海,到香港、重庆和兰州等地再次创业。中华人民共和国成立后,他从香港回到上海,积极参加社会主义经济建设,并担任全国人民代表大会代表等多项社会职务。

刘鸿生是中国近代宁波籍企业家中的代表性人物。在学术界,对其经营思想及其实践的研究已有不少成果,其中由马伯煌主编、10多位科研人员参加、历时6年、完稿于1964年的《刘鸿生企业史料》(上、中、下册)(上海人民出版社1981年版)以资料翔实、分析得当而被频繁引用。此书编撰很大程度上得益于上海社会科学院经济研究所内容丰富、保存完好的原始档案。现在看来,这些资料尚有进一步分析研究的空间和价值。几年前,笔者承担了上海市哲学社会科学规划项目"刘鸿记账房档案信函部分整理",阅读了1万余页、约250万字的第一手资料,发现这些家信不仅记录着刘鸿生企业的跌宕起伏,刘家两代人的思想交流,而且留下了他的子女们的成长足迹。在历史研究中,家信的真实性和可信度较高,是社会生活多侧面的生动体现。本文拟从经营理念、政治态度和家庭关系等角度,对刘鸿生家信所折射的中国近代社会图像作一展示。

一

作为一位爱国实业家,刘鸿生不仅把自己的经营活动同国家民族的命运联系起来,而且希望通过与子女的坦诚沟通,达成共识,使自己辛勤开创的事业后继有人,长盛不衰。在他们的家信中,对国家前途的关切、对社会经济的认识、对企业经营的谋划,是远隔重洋信件往来的重要内容。

1932年1月28日,在美留学的长子刘念仁致信父亲说:"自从我到了美国后,似乎我对于国家的观念格外的 Sensitive 了。当我看见一个美国人同一个菲列宾人谈话时的神情,我就不自而然的会感到一个没有国家的人民精神上所感受的痛苦。同时我也显露得出当美国人同美国人谈话时,他们的语气又同对日本人或中国人谈话时不同。虽然他们对待外国人是很亲善有礼。但是我总感得尔从前对我所说的'Blood is always thicker than water'——这句话的真确了。父亲! 请允许我这狭义的爱国心;可是一个人没有国家做后盾是多么的丧耻可怜的人啊!"[①]同年2月19日,他告诉父亲:"屈指到了这里已快六个月。侥幸极,我的身体反比在上海时健强得多,可是我的心里却不时在思虑,上海近来不知糟到如何地步。每次我翻开报纸看,总使我提心吊胆。虽然你的电报,能暂时安慰我些,可是看报上近来的形势,中日的战事,大有延长的可能。现在上海闸北一带,想早已被倭寇炸毁无存,听说商务印书馆的损失甚巨,此外生命财产的损失,更何可胜计。要是在这地

---

① 上海社会科学院经济研究所藏《刘鸿记账房档案》14-017:0135—0136。

球上还有一个中国人,总不要忘记把这仇报了。中国是可以穷,可是不愿为了买仇货而穷。我们中国人是可以死,可是不愿被仇人灭亡了。国亡人不亡地凌迟而死。慈爱的父亲,我盼望你宁可容忍少赚利,永远同日人经济绝交。"①1933 年 3 月 30 日,刘念仁在信中写道:"未来(了)我又得向尔劝告,此后请尔再不买日本货。因为尔现在是个负有很大责任的中国商人。万件事情,总是上行下效。要是有智识的商人,各个能实行抵制,无智识的当然会依法效行。为我们将来子孙解放起见,为我们国家将来存一线希望起见,我们中国人应该要理会到这一层。要是我们中国真能争气四五年,将国货渐渐地提倡,土产渐渐地发展,我觉得我们不一定要用外国货。现在列强所以扬武宣威的在日内瓦称霸,他们的势力何尝不是由剥夺弱小民族的市场而来。"②

对此,刘鸿生在 1933 年 4 月 28 日的回信中说:"你信末劝我抵制日货,我对此事已实行好久了。你看我所办的实业,那一样不以抵制舶来品为目标呢?最重要的两样(水泥与火柴)尤其与日货冲突得利害。火柴的原料以前多用日货,我们的采办专员顾丽江先生在几年前就一概改买西洋货了。目下正在研究如何改用国货,有许多小厂专用日本原料,成本轻得许多,我们为爱国的缘故,也只好忍痛去熬。你不说,我也不必说与你听,现在我不能不略为写一点,使你可以格外安心些。"③

1935 年 2 月 10 日,在日本留学的六子刘念悌致信刘鸿生说:在上海的时候,曾听父亲说起,家里的开销太奢侈,又由于种种原因无法改变,相对于中国目前的贫穷落后,富人们追求享受的生活亟须克制,否则会激化社会矛盾,"愿大人排除万障,实行大人素来

---

① 上海社会科学院经济研究所藏《刘鸿记账房档案》14 - 017:0131。
② 上海社会科学院经济研究所藏《刘鸿记账房档案》14 - 042:0071。
③ 上海社会科学院经济研究所藏《刘鸿记账房档案》14 - 042:0106—0107。

之愿念,以身作则,为全国倡,则国家幸焉,民众幸焉"。① 对当时社会上流行的"中日经济提携"等论调,他颇不以为然,认为"日本素怀侵略中国之野心,其蹂躏于吾国殊苛酷,岂有真心求助中国之良念耶"。② 2月17日,刘念悌再次写信表示:中国的经济有自己的特点,需要农业为其他部门的生产提供原料,为民众提供口粮,日本和中国发展经济关系,无非是想把中国作为它的原料产地,如果照此办理,"那末中国的工业尚有发展的可能性吗? 中国就是甘受自居供给资本主义国家的制品的原料的殖民地吗"?③

同时,随着在国外学习的深入,刘鸿生的孩子们也对父亲的经营模式提出了各自的建议。1931年11月29日,刘念仁在信中说:"父亲我还有句话得向你陈说,就是我总觉得你现在经手的事业太多(如煤球,水泥,搪瓷,火柴等等),用你一人的力量当然管不了许多。并且像这种Professional Business在外国都聘请专家的。我们不能教一个学水泥的去管理搪瓷,但是也不能教一个学搪瓷的去弄水泥。虽然他们或许是极精干的专家,学非所用,很容易到弄巧成拙的现象。在美国的资本家你看看他们赚的钱很多,可是他们大都却专于一门而精于一门,因为办理一件事情,总比办理几件事情来得容易,他们可以专心一志向这门事业集中的研究。像Ford和Rockefeller,在他们的公司和厂内,不知道聘请多少专家。唯其专于一门,才可费这许多精神精益求精。"④1933年3月18日,他提醒刘鸿生要慎重考虑成立集中管理的企业集团的事:"大约在三四月前,我记不得谁曾同我说起你想组织Holding Company持股公司。这件事情在你未组织前,盼望你仔细考虑一下。因为你所经营的事业如火柴,呢绒,搪瓷,水泥等等,性质都很

---

① 上海社会科学院经济研究所藏《刘鸿记账房档案》14-042:0064—0065。
② 上海社会科学院经济研究所藏《刘鸿记账房档案》14-042:0063—0064。
③ 上海社会科学院经济研究所藏《刘鸿记账房档案》14-042:0058—0059。
④ 上海社会科学院经济研究所藏《刘鸿记账房档案》14-042:0235—0236。

不同;要是组织 Holding Company 起来,恐怕损多益少。"①他结合美国的情况写道:"他们为了办的是同样事业,所以也比较容易(Centralize)集中管理。你假若要办集中管理的话,我劝你还是多费些时间同关于这事有经验人去讨论。不要草率从事,将来深悔莫及","在你现在的地位,与你所经营的事业,容不得走错一条路或轻易尝试,因为这利害太大。西谚有云:'The fool to learn everything from his own experience. The wise to learn from others' Mistake.'事事都要根据自己的经验是愚蠢的,从别人所犯的错误来吸取经验才是聪明的。"②

1935 年 1 月 13 日,刘念悌致信父亲说:"当儿等离沪时,大人正以频发之开滦任务问题为难,未知现下已有解决办法否?敬乞祈大人以正义支持公道,奋斗到底,假令彼直我屈,亦当处以公正,甘受损害,纵使开滦事失败,招商局之任务,仍得继续执职,盖招商局自大人掌理之后,日见进步,将来颇有发展之希望。假若大人遽而弃职,前功将尽废,于招商局之前途必起重大打击。故儿祈大人于可能范围,宁弃私就公,牺牲一个人之利益,以报效国家。儿等不求大人为富豪,但求为中国之一伟大领袖。"③

对孩子们的意见,刘鸿生是乐于听取的。1938 年 9 月 24 日,他在写给四子刘念智的信中说:"正如你所说的,儿辈均已成人,头脑已发展成熟,因此我时常考虑汝等意见。事实上,我对你们比任何人,包括我自己在内,都信任。"④

从上述往来信函中,可以看到 20 世纪上半期中国经济发展的若干特点,如外国侵略对民族资本企业的巨大冲击,欧美企业专业化发展趋势与中国近代民族企业家谋求多样化经营和集中管理的

---

① 上海社会科学院经济研究所藏《刘鸿记账房档案》14 - 042:0108。
② 上海社会科学院经济研究所藏《刘鸿记账房档案》14 - 042:0110—0111。
③ 上海社会科学院经济研究所藏《刘鸿记账房档案》14 - 042:0066。
④ 上海社会科学院经济研究所藏《刘鸿记账房档案》14 - 041:0107。

差异,如何处理商业利润与国家利益、企业与政府之间的关系等,两代人对这些问题的看法有交流,有磨合,更不乏共识。

二

中国近代经济是在外辱内乱的环境中延续和发展的,国家安危和民族矛盾不仅决定着刘鸿生企业的生存状况,而且深刻影响着刘家第二代的政治倾向和成长轨迹。

1932年1月28日,刘念仁在给父亲的信中猛烈抨击日本侵华的暴行:"从这两天这里报纸上的报告,知道我的家乡已陷到最危急的境界。在这一二分钟内,日本的炮舰能使繁华的上海化为瓦砾,我亲爱的同胞骨碎肉飞。人孰无情,听得这些耗音焉得不使我心悸肉跳。可是中国目前的情景未免使我太失望了。上次大人来示云及商业上中日之关系,但是我总感到中国除了同日本通商外,大概总不至没有旁的方法来救济。"他还说:"六弟(即刘念悌——引者注)到日本读书,我是很赞成。至少我盼望他能学到像日本人一般的热血爱国将来可替国家社会造福。在目前中国虽然紧急关口,可是我却不愿为了狭窄的passion把我的理智都埋杀。日本依旧是一个可敬可佩的国家;可是他永远不能同中国合作。至少为了利害的冲突是难同中国合作。"①

1935年8月22日,五子刘念孝从美国写信给父亲,表达了对国内时局的忧虑:"我个人对于南京政府政策,实在不敢捧揭。我们的外交,简直颓唐胆怯不堪。满洲不抵抗的主义,完全宣布我们中国上下良心不良,不能在正理无畏精神方面奋斗。以致到今蛊毒全国,灭亡之期,近在眉睫。私人不恨日本良心不发,即怨中国

---

① 上海社会科学院经济研究所藏《刘鸿记账房档案》14-017:0135。

老大无用。"①"假使中国政府还是异想借力于外,只更显着中国的委弱,把民心委顿更不可以画谕,结果必屈服于敌人之手;霹裂一打,把整个的中国,做了日本的真正的殖民地。人民不复人民,与道上豕狗之类,有何异耶!"②

就是基于满腔的爱国热情,刘念悌走上了革命道路。刘念悌(公诚)(1914—1991),在国内读的是清华大学,后赴日本东京帝国大学深造。如前所述,他对日本的侵华野心早有警觉,抗日战争爆发后,他中止学业,毅然回国。1938年,他在延安的抗日军政大学学习,并加入中国共产党。此后,他一方面参与刘鸿生企业的经营管理工作,同时接受党的指示,促成了刘鸿生在新中国成立后的回归。他当选过党的十二大代表、全国人大代表、全国政协委员。

抗战爆发后,刘念悌在和父亲的通信中,不仅频繁交流对局势的看法,而且坦诚叙述自己的政治观点。1939年2月26日,刘念悌在给父亲的信中表示:他对共产主义有共鸣,认为共产主义"乃实行三民主义民生之最善政策",在他看来,实行资本主义经济的国家,"决无铲除特权阶级之可能",所以,"依儿现在所有见闻,深望将来中国能实行共产主义,以利民生,而获得一般大众之真正幸福。未知大人以为如何"?③

同年5月6日,刘念悌在信中向父亲详细汇报了在延安的生活工作情况,如响应毛主席对抗大学员的号召,积极参加了当时的延安大生产运动,具体工作包括挖土、播种、除草、挖窑洞、修道路、经营合作社等,并被评为劳动模范,"父母亲想必亦可开(心)也。儿自生产运动后,身体益加壮健矣"。④ 他还写道:"此间民间组织

---

① 上海社会科学院经济研究所藏《刘鸿记账房档案》14-019:0027—0028。
② 上海社会科学院经济研究所藏《刘鸿记账房档案》14-019:0030。
③ 上海社会科学院经济研究所藏《刘鸿记账房档案》14-041:0014—0016。
④ 上海社会科学院经济研究所藏《刘鸿记账房档案》14-041:0004—0005。

之完善,更非外面所可比",妇女均有参加工作的机会,边区农业展览会、工业展览会相继举办,还有小型机器厂、纺织厂、印刷厂、无线电材料厂及手工业程度之纸厂,及其他家庭工业等,此外,由于延安周围资源丰富,边区政府除急谋建设"一自然科学研究所作为技术之堡垒外,更积极欢迎外界投资,开发边区"。①

这年的10月1日,刘念悌在重庆致信母亲和兄弟妹妹,表达了对亲人的思念和坚持抗战的信心,他请母亲原谅他没有及时写信告诉自己的行踪,因为客观条件不许可,"我早就知道母亲同我亲爱的兄弟姊妹都很怀念着我的。其实我也同样怀念着你们。所幸我们家里个个无恙,这是值得庆幸的"。② 对于国家和家庭的未来,他是抱有信心的,在他看来,"值得庆幸的是,我们的家庭同我们的国家一样,是向着进步的一方面变化着。虽说在物质方面,我们是蒙受着重大的损失。'抗战建国'! 在这两年中,西南大后方确有惊人的建设,而在我们的家庭里面,也在这两年中有了很多的'建设'"。他还对刘鸿生年逾五十仍然艰苦创业、不甘落后的精神大加赞赏。③

1940年1月29日,他写信给在上海的兄弟们,鼓励他们在这民族复兴的历史时刻,到内地去看看,参加到抗战和建设的伟大事业中去,以免错失良机,成为憾事,而且现在后方的各项条件也在逐步改善,"父亲在内地兴办了许多事,终有地方需要你们工作的,只要你们要求父亲,我想决不成问题,即退一步,我看香港也要比上海好多呢,至少精神粮食可以自由摄取"。④

与此同时,刘鸿生四子刘念智也已经在企业经营和社会活动方面发挥着日益重要的积极作用。应该说,抗战时期刘鸿生对国

---

① 上海社会科学院经济研究所藏《刘鸿记账房档案》14-041:0008—0010。
② 上海社会科学院经济研究所藏《刘鸿记账房档案》12-072:0233。
③ 上海社会科学院经济研究所藏《刘鸿记账房档案》12-072:0234。
④ 上海社会科学院经济研究所藏《刘鸿记账房档案》12-072:0169。

民党官僚资本的认识不断深化,抗战后政治态度的趋于开明,其子女们的正面疏导是不可忽视的促成因素。

三

刘鸿生接受过西方教育,又深受传统文化影响,他在给儿子们起名时分别嵌入了仁、义、礼、智、孝、悌、忠、信等代表中华民族传统美德的文字,同时为了方便在上海圣约翰大学读书和出国留学,几个儿子均有英文名字,如 Franklin(刘念仁)、Julius(刘念义)、Hannibal(刘念礼)、Johnson(刘念智)、George(刘念孝),等等。在刘鸿生家信中,夫妻之间、父母和子女们之间的情感倾诉真切感人,其中透露出宁波籍企业家重视亲情的文化气息,也留下了时代变迁在代际传承中的细微痕迹。

刘鸿生经营有方,家境富裕,但他对子女要求严格,其二子刘念义回忆说:"我父教育子女,对体魄和耐劳精神的培养很重视。我们小时穿着极简单,甚至穿破衣破鞋袜,但我家有健身房设备,我们要玩木工,他就给我们设一木作间,置备木作的全套家具,并常以学习斯巴达人精神教育我们。"①这种教育理念对孩子们产生了重要影响。

1933年3月30日,刘念仁致信父亲,表明了不做纨绔子弟的心迹:"老实说,要是我喜欢做纨绔子弟,我就不必远涉重洋到美国来念书。我在上海的生活,甚么都比这里舒服。要是我想'恶劳好逸',我也就断不会选 Harvard 和 Pennsylvania 去念书。至于我在这里是不是尽我责任读书,像我这样年纪,这是我自己的本分。我是用尔的钱,可是读我自己的书。我并不能当尔泰山长靠。将来还不是要自己谋生,才有出息。并且我返国后也不一定在尔这里

---

① 上海社会科学院经济研究所藏《刘鸿生企业史料》4-008:0034。

做事情。要是尔用得着我,我就在尔公司中做个职员,我并不盼望尔将我另眼看待。要是我是有本领尔就用我,要是不(行)的话,尔尽可另请高明。做父亲的是有责任培植子弟,可是尔并没有责任做我长靠的泰山。对于这层尔尽管放心。"①

对此,刘鸿生回复说:"我并没有丝毫意思疑心你做事不肯负责任,这也是你过于多虑才有这种误会。你信中所说将来愿意自立等语,这是很正当的思想,有知识的青年应该有这种志气。虽然你的口气,因为上文有种种误会的地方,不免说得过火一点,但我因为你的见解很不错,我也并不生气……我不但对于你有很深的信任,就是对于义儿(指刘念义——引者注)等,既已到了相当年龄与学识时,我也是很信任的,你以后切不可再拿自己所猜想的意思来疑心我。"②

如果说在子女教育问题上刘鸿生的观念具有明显的现代特点,那么在情感交流方面,刘鸿生家庭保持了传统的优良美德。逢年过节,做父亲的自然牵挂远在异国他乡的孩子,1930 年 2 月 5 日,他写信给刘念义说:"韶光易逝,阳历新年刚过,阴历新年又已过去矣。新年中汝哥弟妹等均放年假,在家一堂欢聚,天伦之乐,无以复加。独惜汝兄弟三人以远在英国,不能回家全聚,终不免令人恋恋耳。今年阴历新年,虽经政府明令废去旧历,然民间习惯终难改革,依旧异常热闹,且犹过之。"③而后生也不忘问候长辈,同年 9 月 1 日,刘念义等写信给祖母:"亲爱的祖母,莲莲妹(刘莲莲,刘吉生之女——引者注)曾写信来说你近来精神好,喜打牌……我们有一果园,内有甜蜜的桃,杏,梨,苹,同杨梅,四弟(指刘念智——引者注)时常乘人不备去偷吃,吃饱然后慢步回来,结果被

---

① 上海社会科学院经济研究所藏《刘鸿记账房档案》14-042:0069—0070。
② 上海社会科学院经济研究所藏《刘鸿记账房档案》14-042:0015—0016。
③ 上海社会科学院经济研究所藏《刘鸿记账房档案》14-011:0163。

人查出,于是他们严加防备,可是仍不生效,因为四弟做贼本领甚大;有时饭后大家分食水果,他独谦让,不愿取其一,实在他早已吃厌了。亲爱的祖母,我们很想寄些桃子给你,你要吗?不过你须应允我们送舟山杨梅来。"①

这种浓浓亲情不仅存在于家庭成员中,对待保姆,刘家子弟也视同亲人。1930年9月1日,刘念义等在信中写道:"亲爱的阿姆,我们时常记着你的,不多三年将回来看望你的;近来你身体好吗?英国有许多美丽的地方,我们时常去的。五六弟(指刘念孝、刘念悌——引者注)时常讲起你,他们不是都很长大吗?亲爱的阿姆,将来我们几兄弟出世(成长)起来多吗(么)使你快乐啊!……亲爱的阿姆,在英国没有咸蟹,咸蛋吃的,回国后你愿请我们客吗?三哥(刘念礼——引者注)很长很健,二哥(刘念义——引者注)很壮很强,四弟(刘念智——引者注)很喜欢吃水果。再会吧。上帝使你长寿快乐!"②

随着年龄的老迈,在刘鸿生乔迁新居之际,保姆提出要回老家去,刘鸿生也准备同意,但孩子们表示反对,他们恳请父亲挽留保姆。1932年5月16日,刘念仁在信中写道:"在我离国时,阿姆心里觉得很难过。她流着泪对我说:'二官(指刘念义——引者注),三官(指刘念礼——引者注),四官(指刘念智——引者注)到了英国去后不知几时来,现在尔又要到外国去。大概在我的生前是再也看不见尔们的了。'年老人心中的难过当然是很难形容。我也只得这样安慰她:'阿姆!尔放心,我到了外国一二年就得回来,现在父亲,五官(指刘念孝——引者注),七官(指刘念忠——引者注)都在家里,尔一定不会感得两样的。'我话虽这样说,可是心里在想:为什么阿姆要这样忠心的待我们家人呢?要是她也像那些献媚奉

---

① 上海社会科学院经济研究所藏《刘鸿记账房档案》14-012:0071。
② 上海社会科学院经济研究所藏《刘鸿记账房档案》14-012:0065。

承的亲戚友朋们,当我们家里中落时,她决不肯照常的勤恳劳苦的工作。要是她为了我们待她特别的好,可是她在我们家里同旁的佣人,受同样的待遇。自父亲八岁起直服务到今日,快三十年的辛苦工作,不怨不艾,依旧碰(拼)着老命工作。我在这世间真找不出第二个这样的人。她服务我们自幼至长大,不知经了我们多少的怨骂,甚至咀击,可是她总是忍耐地替我们工作。祭祀祖宗,虽是件枉落的事情,可是我家里旁的佣人,谁愿同她那样地肯替我们的祖宗牢记不忘。她对我们刘家的工作,服务,尔一定比我知道得多。所以我也不必再一一的写下去。我现在的要求是请尔们无论如何留她在我们家里,因为她待我们家人胜比她的家人一般;同时我们也应该当她同家里人一般。她现在年纪老了,要是让她返乡,胜比送她的老命一样,因为一则她在我们家里住惯了,遽然返家生活顿时的变迁难免不发生变化。二则要是病,上海的医生究竟比乡下的好得多。我是最不相信,人死了[在]新宅,对于我们就会不幸的话。所以从前舅公归温州,父奶妈归南浔,我觉得是很无谓。即使阿姆将来或病笃故世在我们家里,我们非特不应当认这是件不幸的事,并且应得认为这是件我们应做的事。她为了我们活做了三十年,我们让她死在家里,也不算是件过分的事。我祈求尔们能留她在家里。"①这一请求被刘鸿生接受了。

对待孩子们的婚姻大事,刘家内部出现过不同观念的碰撞,他们的处理方式也是较为理性的。例如,长子刘念仁几次向父母表达了对自己未来伴侣的想法。1832年10月31日,他致信母亲说:"上次尔向我谈及□□□女士,我们在上海时一向以友谊相待。我很不愿对女友太以感情用事。因为我自己很知道自己的弱点,要是对于交情滥用后,对于自己将来的幸福很有关系。最近我到了这学校后,写给她的信很少。实在呢!为了功课太忙。她待我

---

① 上海社会科学院经济研究所藏《刘鸿记账房档案》14-017:0110—0111。

很好,脾气也很好,不过,我的性情或许太怪癖,不愿为了交情好,就谈到恋爱或婚姻事情。一个人只能结一次婚,结了婚后,终身的幸福就定了,要是将来意见不合,非特我自己不快活,并且还害了她。何况,我在这里至少还得住二年,何必要耽误她的青春。所以我现在不再同她通信了。"① 同年 12 月 20 日,他告诉父亲:"有许多事,我本想不必在信上谈的。可是不谈了又深恐将来弄成僵局。关于□女士,我们在上海一向以友谊相待。我并不盼望将来会越出朋友范围之上。她的品性才能或许很好,不过恋爱这件事似乎并不是这样的简单。""这几句话我本来不想写,可是含糊下去,深恐他日彼此误会。藉此给你明了我的真意。好得父子间又没有什么不可明说的话。"②

又如,1935 年,在英国留学的三子刘念礼要定终身大事了,但母亲不同意,于是他致信母亲说:"大人所教训几句话都是极有道理的,儿当从命听闻,以后放在脑中,把他记住。儿拜读母亲大人来信之后,就把这信寄到巴黎给□女士,因为儿亦要她听得母亲大人的教训。□女士阅读之后,当得益不少。现在国内政治纷乱,商业衰弱的时代,娶安居好乐奢华家门的千金来做妻子本来是和(很)危险的,儿从小在自己家里,有母亲大人指导,晓得俭朴生活的好处,对于这方面的需要是不会忽略的,时常同女士说话提起,节俭二字与我二人将来生活上的快乐是极有关系的,女士虽是在富贵之中养大的,可是天质极美,晓得儿说话有道理,亦很肯服从。母亲若然现在不相信,将来儿等回家之后,就可自己看明了。"③

刘念义也帮弟弟说情。他在 10 月 22 日写信给母亲说:"我早已知道你对于那事不会十分满意的,你根本没有逢见□小姐过,所

---

① 上海社会科学院经济研究所藏《刘鸿记账房档案》14-017:0158—0159。
② 上海社会科学院经济研究所藏《刘鸿记账房档案》14-017:0173。
③ 上海社会科学院经济研究所藏《刘鸿记账房档案》14-015:0012—0013。

以对于她你也不能说好,也不能说不好。但是三弟说你反对的原由都不在□小姐身上,确为了她母亲的关系。你思想本是旧的,我也明白你的意思,大半宁波人都是那般的。但我们仔细一想就能明白□小姐的困难了……□小姐现在与我也很熟,照我看来,她是的确很有知识,很懂事的。她自己也明白她母亲的大过,说她不好因为她母亲的过处(错),这真是极不应该。母亲呀,请你再去想一想吧!三弟心中觉得很不高兴,因为你反对他的订婚,你为什么不放量放量,使得各人都快乐高兴。"①

刘鸿生的态度如何呢?他理解儿子,为儿子如何说服母亲出过主意,最后各方达成了协议。1935年12月17日,刘鸿生写信告诉儿子:"汝与□小姐之婚事,经长时间的商酌与切实的讨论,汝母亲算表示许可……且对于新妇尚提出条件数条,以为非此不可。汝母曾屡次要求余交汝阅看,余以须细加考虑,故迟至今日始行交汝。平心而论,在旧礼教家庭中,此项条件并不若奇,但在受过欧化的女子心中看来,是否可以遵从,则不得而知。今将条件开列于后,汝接信后,务望斟酌办理,切勿武断进行。好在汝离归国之时尚有数月,如有不能实行之处,汝不妨直接禀告汝母,与之熟商。"②至于这些条件的内容,则无非是宁波人家里的老规矩。

追求自主婚姻是五四以后青年男女的心声,刘鸿生的孩子们当然不例外,只是在一个富豪家族中,它是和传统观念的延续、血脉亲情的眷顾互相胶着在一起的。而正是这些有温度的、跳动着时代脉搏的家书文字,保留了中国近代社会经济的演进和曲折、政治的变动和分化、文化的更新和融合的可信记录。

(钟祥财,上海社会科学院经济研究所研究员)

---

① 上海社会科学院经济研究所藏《刘鸿记账房档案》14-015:0009—0010。
② 上海社会科学院经济研究所藏《刘鸿记账房档案》14-042:0033—0034。

陈宝箴、盛宣怀与"湖南新政"

廖太燕

晚清是中国历史上名才辈出的时代,陈宝箴、盛宣怀即是其中的代表,对这批历史人物的征考和研究不仅可以见出个体的生平履迹、修身处事等,也能够走入历史现场,洞悉延续的真相和机要。陈宝箴、盛宣怀的准确结识时间已难稽考,而彼此评价甚高的他们从光绪二十一年(1895)后交接始多,陈氏称盛氏"才气魄力,驾轶等彝"①,"以闳通致远之才,大涵细人,无所不赅","雄襟卓识,已足自有千秋"②;盛氏对陈氏亦有盛赞。他们的联结多在公务上,"湖南新政"期间两人信札、电函往返频繁,讨论过赈灾、矿务、铁路和练兵等议题。

一、协办赈灾

光绪二十一年秋,湖南长沙、衡州等府所属州县被旱成灾,茹草饿毙、流民散卒的现象极其严重,陈宝箴备文上奏后又与前任巡抚吴大澂奏请开办赈捐,抚恤灾民。经驰电告援,各地督抚先后汇

---

① 陈宝箴:《致盛宣怀》,《陈宝箴集·下》,中华书局 2003 年版,第 1697—1698 页。
② 陈宝箴:《致盛宣怀》,《陈宝箴集·下》,中华书局 2003 年版,第 1701 页。

解协济,如湖北拨银两万两,浙江、山西、四川各汇解一万两。十二月中旬,陈宝箴致电时直隶总督兼北洋大臣王文韶,谈及世变益亟,而湖南独处一隅声息阻滞,"极形不便",办理赈灾等事务关系重大,特请派干员于次年春开冻后,"酌带匠役,至湘勘路"。① 王文韶迅即转电时在上海治病的津海关道盛宣怀,让他设法筹垫巨资。二十四日,盛宣怀电知陈宝箴已经设法垫款 10 万两,将派义绅严作霖前往协助,请尽快详示灾情和地名,主张选择受灾最重的县区专放义赈。② 同时,王文韶与盛宣怀互相通电,商讨解决办法。

光绪二十二年(1896)正月初,陈宝箴致电盛宣怀,对他谆劝义绅协赈,慷慨垫款的行为深表谢忱,认为应当先赈济灾情最重的醴陵,并逐步推及到茶陵等县。③ 盛宣怀电复陈宝箴,严作霖将带查户熟手于月内起程,到时要借助官轮;垫款须照章核奖,已请王文韶"援协赈晋边之例,由津关印实收",因为王氏"按月咨部,较为迅速",筹措集款多余的部分均派往湖南。④ 不日,陈宝箴再电,提到醴陵的赈济款缺乏,而极贫居民达 30 万之众,困难极大;款项办理当与吴大澂熟商,"奏请援顺直赈章办捐,声明就本省及湘省服官他省者劝办,故议不作外办,折收磁销,且以捐事久成弩末,全在好善乐施及邻省协拨,乃有济耳"。⑤ 盛宣怀回应此次属于义赈,"向不浮销,但须照章给予奖叙",依照此前山西赈灾旧例,完结后由自己详请专案奏销,并无障碍,并询问何日可以附片奏咨,如何措词等。⑥ 二月二日,陈宝箴电询,各省拨款均将具奏,而垫款系由王

---

① 陈宝箴:《致王文韶》,《陈宝箴集·下》,第 1480 页。
② 盛宣怀:《致陈宝箴》,《陈宝箴集·下》,第 1483 页。
③ 陈宝箴:《致盛宣怀》,《陈宝箴集·下》,第 1480—1481 页。
④ 盛宣怀:《致陈宝箴》,《陈宝箴集·下》,第 1484—1485 页。
⑤ 陈宝箴:《致盛宣怀》,《陈宝箴集·下》,第 1482 页。
⑥ 盛宣怀:《寄陈宝箴》,《陈宝箴集·下》,第 1485 页。

文韶奏咨,将来专案奏销是否仍由其处理?① 盛宣怀答复赈灾银分由自己、谢家福和黄祖络或捐或垫,将来议赈专案奏销由王氏与湘省巡抚会奏。② 本月中旬,陈宝箴告知盛宣怀,严作霖挈款12万两到湘后即前往醴陵办赈,并向王文韶、盛宣怀、黄祖络等为赈灾所作的努力致谢。③

起初,因受现实条件制约,赈灾办得不顺利。三月六日,陈宝箴致函盛宣怀,谈到因大雨连绵,山乡人居零散,给严作霖查户口、赈灾造成麻烦,尤其是醴陵出现饿毙、自经及沿门坐食、聚众滋扰等状况,原因在于此前了无布置,一旦患在眉睫难以处理。长年恶劣的气候导致农民颗粒不收,要救助者众多,即便是当地绅富也无法自办平粜与捐助赈需,当务之急是先设粥厂解决民众的饥困问题。④ 数日后,他再函盛宣怀,提到黄祖络打算与盛氏合局代办捐款,章程却与此前湖北旧例不同,他担心效果不佳,"告以碍难减折融销之故,抑好施仗义之士或念湘灾为数十年所仅有,不与例振同科,不待招徕而慨垂援拯,则不妨与鄂捐分道而驰。如必须设法变通,则归并尊处义捐,仿晋边协振成案,均请夔帅奏咨请奖,似可酌行,不审曾与公议及否"?⑤ 他另有附笺,谈及严作霖等在醴陵查赈,人手不足,持续时间会很长,而待哺者情殊惶急,经过商议先按官赈人数普赈20天,再行确查,但是官赈举动往往稍迟,又有冒滥、不实不尽之弊,必须核实稽查后再作处理,省府已经嘱咐庄心安到醴陵察度情形,酌中调剂。

赈灾持续了两个多月,依然困难重重。五月十二日,陈宝箴致函盛宣怀,谈到赈灾之事吃紧,旧谷既尽、典质已空,原本能够自给

---

① 陈宝箴:《致盛宣怀》,《陈宝箴集·下》,第1485—1486页。
② 盛宣怀:《寄陈宝箴》,《陈宝箴集·下》,第1487页。
③ 陈宝箴:《致盛宣怀》,《陈宝箴集·下》,第1486—1487页。
④ 陈宝箴:《致盛宣怀》,《陈宝箴集·下》,第1697—1698页。
⑤ 陈宝箴:《致盛宣怀》,《陈宝箴集·下》,第1700—1701页。

者亦束手待毙;醴陵灾情尚未结束,衡山、浏阳、攸县又有燃眉之急;可以倚靠、能够任事之人不好寻找;经费困难,湘省筹赈局用于腾挪之款难以持久;各县多无早稻,而青黄相接有几个月空缺期,让人焦灼不安。他指出醴陵大约用去白银8万两,请盛氏告知严氏将剩余的4万两立即拨给省筹赈局以弥补资金无法周转之需;施子英、吴大澂所筹两笔款项即请归垫,不必放赈。① 盛宣怀复电言明已经嘱咐将剩余4万两全部留存,听任拨放,而施子英等所收2万余两须遵谕归垫。② 六月中旬,盛宣怀致函陈宝箴,专门谈了垫款的问题,"此外垫款自当专指劝捐,惟鄂捐可以融销,渐形踊跃;湘捐开办,数月未有过而问者。天下大政原宜核实施行,而为法制所束缚,虽贤者亦不能不借蹈虚剂责实之穷。湘捐归垫,若非援照各省设处融销之法,恐终有垫无归,不审钤阁纡筹别有长策否"?③

如王文韶所言,盛宣怀"代筹湘赈不遗余力",并主动承担代垫款项的空亏,光绪二十三年(1897)九月,盛氏去函谈到与黄祖络所筹垫赈银12万两,"当经台端奏准劝捐归还,由北洋大臣按月咨部,并奉函示,应照部章收兑三成实银等因。……时值鄂省开办赈捐,外办章程较部章不及一半,湘赈如不援照办理,势必无人过问,以致亏耗甚巨"。④ 经最终核算,此次赈灾所收之数与原垫之数空缺巨大,盛宣怀处垫付5万两,亏空3.3万两,黄祖络处垫付4万两,亏空2.6万两,且后任道台均不肯代为弥补,全数捐赔又力不能及,所以盛氏请陈氏从严作霖所交赈灾余款8万两中酌情提取2.6万两发回补还黄氏所欠库款,其他不足之数由自己自行设法补进。

---

① 陈宝箴:《致盛宣怀》,《陈宝箴集·下》,第1705页。
② 盛宣怀:《致陈宝箴》,《陈宝箴集·下》,第1489页。
③ 盛宣怀:《上陈宝箴书》,《陈宝箴集·下》,第1710页。
④ 盛宣怀:《上陈宝箴书》,《陈宝箴集·下》,第1718页。

直至光绪二十五(1899)年,湖南赈灾一事方才了结,陈宝箴和继任巡抚俞廉三先后数次汇报善后详情,列明收支银钱、谷米数目等,并请给作了大贡献的盛宣怀、严作霖等人予以奖赏。

二、同理矿务

赈灾期间,陈宝箴、盛宣怀也讨论了矿务。光绪二十二年四月十四日,陈氏致函盛氏,谈到湘人近来倾心于研究西学、重视考察矿藏、安的马尼等资源的发现为奏设矿务局打好了基础,自己将派人在浏阳、益阳先行开采,定购洋炉,广通销路,但因"不谙西法",日后要随时仰叨教旨。① 盛宣怀回应湖北炼铁厂急需优质煤,马鞍山煤质不适合炼铁,购买开平等地的焦炭又受交通制约,听闻宁乡苦竹寺所产的煤样灰少磺轻适宜炼铁,运输近便,可以指派天津调来的矿师邝荣光先行勘探,如果地宽层厚即行开办,只要顺利可以日产原煤数百吨,"乡民可浚利源,厂中得资接济,实为两省利赖之大端"②,假如不济则请邝氏就近到萍乡看看,文廷式正计划用机器开挖以惠及梓邦,必定乐观其成。五月十日,盛宣怀针对陈宝箴前函所谈萍乡办煤奸商与铁厂收煤委员、司事勾结售卖劣质煤,可能导致外国工程师以为萍乡煤不可用而断绝财路的问题作了答复,指出经过核查所言属实,煤矿掺杂造成了极坏的影响,张之洞用人不当,十分可惜,但撤换委员、司事选调专人管理后发现所到之煤仍多掺杂,原因在于船户作弊,无法挽回。文廷式堂弟文廷钧愿意承担萍乡煤矿采运的任务,计划用小轮船到湘潭拖带,速度也快,正好可以解决这个弊端。湖北炼铁厂设有一个炼炉,如果萍乡、郴州的煤矿可用就能增开一炉,每天出铁120吨即可铸造3里

---

① 陈宝箴:《致盛宣怀》,《陈宝箴集·下》,第1701—1702页。
② 盛宣怀:《上陈宝箴书》,《陈宝箴集·下》,第1707页。

多的钢轨,那么芦汉铁路分头兴工3年乃可完成。宁乡煤原本最好,但地方绅士向来惑于风水,急需开导;应当指派邝荣光多勘察几个点,随时寄煤样交给铁厂化验,以求合用。盛氏谈到西方列强大肆劫掠,令人忧虑,必须一面加紧修建芦汉铁路,一面加快训练大枝陆兵,否则到时无兵可调,纵有铁路也起不到任何作用。① 陈宝箴函复邝氏已到,即将前往宁乡勘验,但没有机器只能采用土办法;铁厂对煤的需求为湖南的发展提供了广开利源的好机会,定当尽力而为。②

之后,他们就煤样化验和借用工程师等问题持续交流。六月中旬,盛宣怀函告陈宝箴,为了化验苦竹寺煤样是否合用,希望再送10吨运寄铁厂验看,如果能用则请从速兴办。大凡开矿必先通开销路,湘煤正好可以满足湖北铁厂每月所需,宁乡煤矿的开办问题自然迎刃而解。土办法开采产量少,无法满足需求,而开动机器要借助洋人,恐怕与湖南民众难以融洽相处,只能启用邝荣光,所需的机器铁厂可以通融移拨。③ 八月十四日,盛宣怀电告陈宝箴,邝荣光认为宁乡煤堪称优质,却因地理环境受限不好采办,想回到开平煤矿任职,而湘鄂煤铁之间的利益关系至关重要,洋矿师来不了,只有邝氏会用西法挖煤,尚请陈氏重赏劝其留下,责成迅速开办,所需机器一并由其详细呈告。④ 月底,陈宝箴回复邝氏已经允诺留下,但须前去接家眷,次年二月再返湘;宁乡煤矿完全可以满足铁厂两个炼炉的需求,只是运道成本稍重;已经函电郑官应告借抽水机、起重机。⑤ 盛宣怀不时居中调节,将陈电转致郑官应,并请郑氏尽快告知宁乡煤样的化验结果。郑氏回复称宁乡煤不适合

---

① 盛宣怀:《上陈宝箴书》,《陈宝箴集·下》,第1708—1709页。
② 陈宝箴:《致盛宣怀》,《陈宝箴集·下》,第1704页。
③ 盛宣怀:《上陈宝箴书》,《陈宝箴集·下》,第1710页。
④ 盛宣怀:《致陈宝箴》,《陈宝箴集·下》,第1491—1492页。
⑤ 陈宝箴:《致盛宣怀》,《陈宝箴集·下》,第1491页。

炼焦,已将化验单禀复陈氏,并借去机器。

光绪二十三年(1897)三月十九日,张之洞、盛宣怀致电王文韶,谈到湘潭煤上好,因洋矿师赴湘不便,陈宝箴商调邝荣光,但始终未成,而制轨为造路的根本,希望顾念大局仍饬邝氏速来。王氏解释原定邝氏在湖南或开平各任职半年,不料回来就病了,此前他受到湘省乡民穷诘,因此未回湖南。随后,盛宣怀多次致函陈宝箴,如四月二十九日谈到"强兵富国在铁路,而镕铁制轨在开煤,不用机器不得开至深处,不用西法不能安置机器。鄂铁之利钝,视湘煤之成否为准"。① 五月五日,他称湘人在陈宝箴引导下关注时务,变化神速,他日定能毅然决然地挽回时局;近来日本煤价倍涨,本国仅有开平产煤而不敷用,湖南煤矿富甲天下却缺好矿师,采煤业难以大举,导致湖北铁厂炼钢量少,坐视数千万购买钢铁的费用外流,令人痛惜。② 五月十四日,他强调宁乡、衡阳等处煤矿运输便利,既能使湖南及当地民众获利,也是湖北铁政的倚赖,必须做好勘探、试炼和开采工作。既然洋矿师无法前来,可以承示邝荣光先勘漂港,再行安置机器。开平煤矿不放人无非是担心湖南煤矿大兴减损他们的利益,如果终究来不了只能准许洋矿师勘视,以免旷时縻费。假如来年缺少好煤,轨价、桥料等1 000多万的实利只能送与外国了。③ 六月四日,他说到曾与陈三立讨论过矿务、铁路的紧要,但邝荣光不来,洋矿师难到,就无计可施了。④ 针对矿师人选的问题,陈宝箴七月六日问过盛宣怀,听闻吴述三与邝荣光不相伯仲,如果胜任即与刘坤一商议,刘处可以用洋矿师,或可通融。⑤ 盛宣怀复电表示吴氏谙熟开井、安机和化学,如果能够商调

---

① 盛宣怀:《致陈宝箴电》,《陈宝箴集·下》,第1729页。
② 盛宣怀:《上陈宝箴书》,《陈宝箴集·下》,第1712—1715页。
③ 盛宣怀:《上陈宝箴书》,《陈宝箴集·下》,第1715—1716页。
④ 盛宣怀:《致陈宝箴电》,《陈宝箴集·下》,第1730页。
⑤ 陈宝箴:《致盛宣怀》,《陈宝箴集·下》,第1502页。

自然可行,当下必须设法迅速解决湖北各厂严重缺煤的问题。①

延至十月四日,陈宝箴对盛宣怀擢升综办芦汉铁路事去信祝贺,告知湖南近期已经完成勘修设电驿路一事,士民同声无间言,另"邝荣光言宁乡不便用机器取煤,已另于湘潭小花石开办,煤亦甚佳,然宁煤颇旺,即用土法多办,每月亦可出三千吨"。② 月末,盛宣怀对陈宝箴主持的湖南新政大加赞许,认为受各国欺凌之际发展实业至为关键,中国对火力机器的使用十分频繁,仅凭开平一家煤矿不足用,如果出现梗阻,水陆机力均会关停。他对陈氏计划将煤矿分别官办或商办表示认可,指出如果要办成大煤矿,须先派洋矿师测勘方有把握,江宁、长阳等煤矿用华人矿师,即便采用西法也难获效,虚縻岁月殊为可惜;谭嗣同年壮才明,愿担小花石煤矿之任,特嘱咐他前来拜谒面商,请告知筹划之策。③

在陈宝箴、盛宣怀、张之洞和王文韶等人的筹划和努力下,湖南矿务顺利地得到处理,成立了管理机构,办起了官私公司,为此后湘煤的大开发奠定了基础。

三、共商铁路

陈宝箴、盛宣怀关于修建铁路的讨论起自光绪二十三年。是年七月八日盛氏致电张之洞,指出粤汉铁路的勘探即将展开,要确定究竟是途经江西还是湖南,请陈宝箴电商示知。张之洞乃与陈氏商议,陈认为"论民情,则似江易湘难。然修路便否,当以地形为据,民情可以人力斡旋。请派修路工师,勘明江、湘道里远近、形势难易,即以定经由之准"④,强调入湘修路地理环境便捷,也符合民

---

① 盛宣怀:《致陈宝箴》,《陈宝箴集·下》,第1504页。
② 陈宝箴:《致盛宣怀》,《陈宝箴集·下》,第1706页。
③ 盛宣怀:《上陈宝箴书》,《陈宝箴集·下》,第1720—1721页。
④ 陈宝箴:《致张之洞》,《陈宝箴集·下》,第1504页。

意,并誓言做好辅助、配套工作。盛宣怀建议先派熟悉地形之人逐条勘探路线,以避险就夷、舍远图近,如果用洋人工程师须由华人引导;而陈氏指出既然定议可以明降谕旨让粤、湘、鄂各省遴选委员,兼派当地绅者协同勘测,因衡阳刚闹了涉洋的案子,主张不用洋人工程师。

在此前后,刚占了秦皇岛的德国提出承办山东铁路、矿务等要求,并告知法国有从广西龙州开铁路途经湖南抵达湖北的意图,让张之洞、陈宝箴等心生焦虑,担心德、法染指粤汉铁路,遂加快议事进程。十一月八日,陈宝箴电知张之洞,谈到汤聘珍、熊希龄、谭嗣同等呈请设立湘粤铁路公司,同日致电盛宣怀,"汤聘珍等呈请创立湘粤铁路公司,集股开办,公举现署臬司长宝道黄道遵宪为总办,以专事权而通湘、粤之气,并请转咨电奏,先行立案等因",并请问如何与谭继洵等挈衔电奏以及电告南北洋大臣之事。① 张之洞和盛宣怀商议后提醒陈氏成立公司应当注意的事项,为了避免矛盾主张创设粤汉铁路总公司,所涉三省各出一位总办,以便分权共利,利益均沾。

年末,王文韶、张之洞、盛宣怀连上《合词致总署请代奏赶造粤路电》《会奏议办粤汉铁路摺》,强调兴办粤汉铁路的重要性,并谈及路线设计的方案,"原议由粤至鄂绕道江西,道里较湖南为迂阔(远),而形势、利益亦迥殊。臣等与湖南抚臣陈宝箴函电互商,该抚臣电称:'国家创兴大政,以立自强之基,芦汉已行,鄂粤继举,江湘莫非王土,岂能有所阻扰?况湘人素怀忠义,近来士绅尤多通晓时务。不泥故见。'"熊希龄等齐至湖北与张、盛面商,认为"如取道郴、永、衡、长,由武昌以达汉口,则路较直捷。湘中风气刚健,他日练兵,可供征调;矿产尤丰厚,地利亦可蔚兴。此粤汉铁路之宜折

---

① 陈宝箴:《致盛宣怀》,《陈宝箴集·下》,第1518页。

而入湘者又一也。"①张之洞、盛宣怀与王文韶指示三地督抚和绅商做好准备,决定暂时不用洋人工程师,先借用詹天佑、邝景阳到湖南大概勘测一番。盛宣怀随后告知陈宝箴已经同张之洞等奏请湘粤两省会商筹办铁路,同时提醒可能会引起胶澳方面的反对。②确实,他们与容闳为修铁路事有了矛盾。容闳认为天津经山东德州至江苏镇江(简称"津镇铁路")为南北往来孔道,应该修筑铁路以便民兴利,主张设立铁路公司,招集洋股,得旨"如所议行";盛宣怀表示质疑,因为招集洋股会导致铁路权为外国人强占,并且一旦津镇线获准实施,芦汉线和粤汉线则可能永无成功之日。

光绪二十四年正月二十六日,王文韶、张之洞和盛宣怀所上《粤汉铁路紧要,三省官绅(绅商)吁请通力合作,以保利权,并筹议借款》摺片获奉上谕:"妥议招股、借款各节,并选举各省绅商,设立分局,购地鸠工,认真办理。""另片奏请暂用中国工师勘路等语,詹天佑、邝景阳二员,已谕令胡燏棻暂时借调,即著陈宝箴派员协同该二员,将湘省应造铁路之地测量勘绘。"③同日,盛宣怀致电王文韶、张之洞和陈宝箴,主张速电芦津铁路督办胡燏棻令詹天佑、邝景阳即赴湖北,并请陈氏与官绅议明所走的路线,派熟悉地理之人至鄂等候,待詹、邝一到即从鄂湘交界处起勘至湘粤交界处,择定趋向,绘好草图,注明疑歧之处,则洋人工程师自然省事,"因借款、招股,须凭洋工师图说,始能信从"。④ 随即,他们遭遇了人员调任和办理贷款的难题。二月六日,盛宣怀告知张之洞、陈宝箴,京兆府不肯调出詹天佑、邝景阳,推荐的另外4人或去世或不能用,只能依赖洋人工程师,请商议好各个州县如何提供保护的问题。⑤

---

① 《陈宝箴集·中》,第1210—1211页。
② 盛宣怀:《致陈宝箴》,《陈宝箴集·下》,第1509页。
③ 《陈宝箴集·中》,第1204—1205页。
④ 盛宣怀:《寄王文韶、张之洞、陈宝箴》,《陈宝箴集·下》,第1579页。
⑤ 盛宣怀:《寄张之洞、陈宝箴》,《陈宝箴集·下》,第1580页。

九日,陈氏致电张之洞、盛宣怀,对使用洋人工程师表示不乐观,指出最好借用詹、邝,假如确实不行则由湘鄂委员偕同汪乔年从江夏开始勘路,路经湖南十县到广东边境,沿途会同州县,联络各地绅士随同踏勘标记,告谕乡村市镇乃奉旨行事,各处绅民俱可入股分利;进入广东后会同洋人工程师再沿这条路线而下回到湖北,这样既能熟知线路,而且地方也已周知,便于保护洋人工程师。① 二十五日,盛宣怀致电王文韶、张之洞和陈宝箴商议向哪国借款,以何种方式借款,特别提到美国银行的贷款利率,他认为国事日难,机会稍纵即逝,如果同意可以请驻美公使伍廷芳即拟约定。② 次日,他电知张、陈二人:"自以先定粤汉美款为是。"③

之后,贷款和集股成了他们讨论的中心议题。三月三日,盛宣怀致函陈宝箴,谈到德、俄索要无度,英、美、日各有利益,国事难为,而造路、开矿以训练民兵又刻不容缓;勘测谨按陈氏所言执行,但须告知进度才好安排洋人工程师待命,自己会派出能画图、精通英语的罗国瑞协助;又谈及各项建设如何商办、官办分理和官绅如何入股铁路或其他官办企业之事。④ 二十七日,盛宣怀致电王文韶、张之洞和陈宝箴,谈到广东方面对勘路一事不重视;已经发起昭信股票,但大家对集股不大信任;有人建议先办芦汉铁路,假如"粤汉缓,必为英法夺,时值瓜分瓦解,而同舟心志不齐,恐非我二三人所能挽救"。⑤ 陈宝箴答复"既有借款,目前不急招股,似与昭信股票并无窒碍。台端若借有美款,自可立伸其说耳"。⑥ 不日,

---

① 陈宝箴:《寄张之洞、盛宣怀》,《陈宝箴集·下》,第1580—1581页。
② 盛宣怀:《寄王文韶、张之洞、陈宝箴》,《陈宝箴集·下》,第1584页。
③ 盛宣怀:《寄张之洞、陈宝箴》,《陈宝箴集·下》,第1584页。
④ 盛宣怀:《上陈宝箴书》,《陈宝箴集·下》,第1723—1724页。
⑤ 盛宣怀:《致王文韶、张之洞、陈宝箴》,《陈宝箴集·下》,第1595页。
⑥ 陈宝箴:《致盛宣怀》,《陈宝箴集·下》,第1594页。

盛氏通知张、陈等人做好准备，"美款已成，即有人来勘路"。①

进入五月，相关事宜的讨论和解决日渐清晰。五月八日，盛宣怀电告陈宝箴，粤汉铁路所贷美款已由伍廷芳代草合同，而因战事耽搁，洋人工程师暂缓来华，国内配套工作尚未做好，不必过于着急；张之洞主张先造武昌至长沙一线，因为所经州县不多，省会人手也充足，如果可行可以马上派洋人工程师勘估；德人锡乐巴精于铁路，谙熟华语，可以作为洋人工程师担起勘估之任。② 十七日，陈宝箴询问盛宣怀，已经过了两个月，罗国瑞始终未到，导致湖南出现无法借款、铁路改由外国人建造的谣言，他急切地问"究竟借款如何？能否开办"？③ 十九日，盛宣怀告知张之洞、陈宝箴，粤汉铁路所借美款由伍廷芳画押，合同已经寄到，但须勘估整条路线方能付款开办；美国工程师不准遽入，詹天佑、邝荣光无法暂借，罗国瑞因病迟延，确实令人棘手焦心。他对湘绅"不集款，不速办"的诘责作了辩解，指出大笔借款两月办讫实属不易，事务无法开展在于中美合同的规定，应先准许美国人至湘勘路，以免延宕。④ 二十一日，陈宝箴致电张之洞、盛宣怀，谈及如果美国借款确实，可将永州一路纳入其中，以杜绝法国人觊觎，而通过干路、枝路的调整可以节省数百里路程。⑤ 二十六日，盛宣怀致电张之洞、陈宝箴，认为关于干路、枝路的规划合理，请将具体情况、里数等电示，好与伍廷芳协商，要阻止法人觊觎必须尽快会奏立案，又讨论了如何还款的问题，"俄、法、德要索路权，皆及矿务，以矿利百倍于路。直、晋、豫全矿皆与俄、意、英定约，余利归外人七十五分，限期六十年。北方无尽利权，均已属人。湘矿不久必属英法，可否归并总公司，亦借

---

① 盛宣怀：《致张之洞、陈宝箴》，《陈宝箴集·下》，第1596页。
② 盛宣怀：《上陈宝箴书》，《陈宝箴集·下》，第1725—1726页。
③ 陈宝箴：《致盛宣怀》，《陈宝箴集·下》，第1604页。
④ 盛宣怀：《寄张之洞、陈宝箴》，《陈宝箴集·下》，第1608—1609页。
⑤ 陈宝箴：《寄张之洞、盛宣怀》，《陈宝箴集·下》，第1606页。

美款开办?余利湘得若干分,为练兵费;美得若干分;总公司得若干分,帮还湘债"。① 如果同意可以与来华美人商定,预为立案,以免被动。次日,陈宝箴回复,指出张之洞所议借美款兼办永州枝路之法可行,"至养路之有无把握,此公司事,非所能知"。② 3人就修路之事持续磋商,而该年八月二十一日陈氏被即行革职,张之洞为此忧虑不已:"以后湖南教案、开埠、铁路三事,必然枝节丛生,三湘无安枕矣!铁路如必不能办,只可缓办;教案、开埠,人岂容我缓哉?且路款已借,亦不能缓。思之忧灼,夜不成寐。"③

四、结　语

综上可见,自1895年年底—1898年秋,陈宝箴与盛宣怀一度书信、电函往返频繁,倾心沟通,他们的交流并非私人层面的酬酢问候,而是广涉国事政务。盛氏尽心竭力地协助陈氏办理赈灾,又为湖南发展矿务、修建铁路等事宜出谋划策,切实解决了许多难题,在推动湖南走向现代化方面作出了大贡献。此前的研究未能论及盛氏的作用,也未从陈、盛之间的交接的角度进行阐释,洵为一大缺憾。同时,通过陈、盛之间的交接可以知悉新政尽管得到了张之洞、王文韶和不少湘籍士子的大力襄助,依然面临诸多障碍,不时陷入内外交困的境地。一是国外列强的强势挤压。其势力延伸到采矿、修铁路等牵系国家命脉的事业,他们或径直豪夺资源,或借助银行资本的力量软性操控。二是外省官僚势力的牵制。清代中后期以来,新技术的使用、人员的培养等多起自北方或重在北方,再向全国逐步蔓延,后发的南方需要借助其力量,或向其取经,

---

① 盛宣怀:《寄张之洞、陈宝箴》,《陈宝箴集·下》,第1612页。
② 陈宝箴:《致盛宣怀》,《陈宝箴集·下》,第1611页。
③ 盛宣怀:《致陈宝箴》,《陈宝箴集·下》,第1621页。

或讨要专家,如陈宝箴在借用矿师时一再被刁难,即便是交谊深厚的王文韶亦爱莫能助。湖南矿务之兴必然减损北方同类实业的利源,不免遭到抵制。三是境内民风的窒碍。近代湘省诞生了一批睁眼看世界的士人,守旧势力也异常强大,他们仇视洋人,发生过攻击洋人的事件,导致无法使用洋人专家任事,坐失良机;他们迷信堪舆,认为勘探、修铁路等会破坏风水,或不予配合,或加以反对,部分地位高、声望大的乡绅更是直接与陈宝箴抗辩,从而阻碍了新政的推行,延缓了本地现代化的进程。

(廖太燕,中共江西省委党校副教授)

两广总督徐广缙革职后行迹考述

王 涛

徐广缙,字仲升,号靖侯①,安徽太和人②,生于嘉庆二年(1797),

---

① 钱实甫编:《清代职官年表》(中华书局1980年版)把徐广缙字作"仲深",诸书又多以"靖侯"为徐广缙字;谢巍编:《中国历代人物年谱考录》(中华书局1992年版)言"徐广缙,又字仲绅",疑误。据《徐氏宗谱》《思补斋自订年谱》,仲升为其字,"靖侯"为其号。

② 徐广缙原籍和冒籍问题,可参阅王涛:《徐广缙籍贯争议及其解决刍议》;吴海涛主编:《皖北文化研究集刊》(第1辑),黄山书社2009年版,第256—265页;王涛、徐敏:《海山仙馆〈尺素遗芬〉石刻事涉徐广缙诸问题研究》(刊于《2015年广州学与城市学地方学学术报告会论文集(历史文化·城市规划和发展)》),该文初稿见王涛:《海山仙馆〈尺素遗芬〉石刻事涉徐广缙诸问题研究》,《2015年广州学与城市学地方学学术报告会论文集》,广州,2015年8月。徐广缙"冒籍入学"而致籍贯为河南鹿邑问题,近日查得《郸城文史资料》第4辑收有徐公卿:《徐广缙祖籍考》短文一篇,其中记录了关于徐氏籍贯问题的口传资料:"据双楼集(原属鹿邑县,今属河南郸城县)90多岁的徐天来老人讲:大清同治年间,双楼集西北李楼村有一人,某夜被人杀死在徐家家堂庙里,死者亲属状告到鹿邑县衙,诬说为我徐家所杀,县里公差到徐老家见人就抓,闹的鸡犬不宁。我徐家派几位长者到太和县徐寨找到告老还乡的徐广缙老大人。他一听说是鹿邑来的人,徐大人很亲切地说,太和县徐寨是我的家,鹿邑的徐老家也是我的家。家父徐瀚,幼时随祖父在河南陈留读书,用河南鹿邑籍参加了河南的举人考试,自那时起,我家世代都成了鹿邑人。豫皖交界,鹿、太相邻,况且咱都是家族爷们,有事只管说。当几位老人说明来因后,徐大人安慰说,只要人非枉杀,事情好办。你们只管在这里安心住上几天,我派人去鹿邑一趟就是了。心急如焚的几位老人哪能住得下呢?当他们徒步回到家时,被抓去的人早已都从鹿邑放了回来,我们双楼一带的人都说'这场官司咱徐家打赢了'。"徐文从上述口传信息出发,亦得出了徐广缙是安徽太和人的认知。见政协郸城县文史资料研究委员会编:《郸城文史资料》第4辑,豫内准印第89024号,1989年,第161—162页。

嘉庆二十五年(1820)进士①，官至两广总督。徐氏最为人所知的是领导了1849年反英入城斗争。由于有效阻止了英人入城，徐广缙获得了时人的高度赞扬。清代地理学家张穆言："窃谓此番举动，其为壮国威者犹末，而振十年颓靡之人心者，其功甚钜。"②西方史家亦认为该事件是"十九世纪中国外交大成功"③。借此事件及两广总督任上积累下来的声望，赛尚阿革职后，徐广缙随即接任钦差大臣，全权负责剿办太平军。然而由于太平军发展势头迅猛，加之清军将帅不和，徐广缙并未能挽回颓势。咸丰二年(1852)，武昌失陷，咸丰帝极为震怒，下令严办徐广缙。徐广缙本人不仅受到严厉处罚，广东、北京、安徽等地的家产也遭到查抄，其子徐桐孙一并革职，甚至徐广缙在广州的衣物等亦变价处理。④ 当前徐广缙研究主要集中在1849年中英广州入城与反入城斗争上，对其革职后的情况则关注不多，⑤甚至造成了诸如徐广缙死于1858年的误

---

① 中国近代史知识手册编写组编：《中国近代史手册》，中华书局1980年版，把徐广缙成进士时间定为1802年。该书1984年北京青年出版社再版时仍持1802年成进士说。陈海岭：《徐广缙与广州人民反英入城斗争》(《史学月刊》2001年第4期)一文亦把徐广缙成进士年定为1802年。据民国《徐氏宗谱》《仲升自订年谱》《清实录》《明清进士题名碑索引》，徐广缙中进士年为嘉庆庚辰年，即公元1820年，1802年说为误。

② 张穆：《与徐仲升制军书》，《月斋文集》，收入《清代诗文集汇编》编辑委员会编：《清代诗文集汇编》，第616册，上海古籍出版社2011年版，第347页。

③ [美]魏裴德著：《大门口的陌生人——1839—1861年间华南的社会动乱》，王小荷译，中国社会科学出版社1988年版，第117页。

④ 徐广缙：《仲升自订年谱》，第393页；《河南巡抚陆应谷奏陈奉旨查抄已革两广总督徐广缙原籍财产摺》，收入段自成、李景文主编：《清代河南巡抚衙门档案》，中国社会科学出版社2012年版，第33页；《穆特恩等奏覆遵旨估变革员徐广缙衣物作价情形摺》，收入薛瑞录、吕坚主编：《清政府镇压太平天国档案史料》，第7册，社会科学文献出版社1993年版，第373—374页。

⑤ 目前徐广缙研究主要有夏笠：《徐广缙与1849年广州城反入城斗争》，《上海师院学报》1983年第2期；陈海岭：《徐广缙与广州人民反英入城斗争》，《史学月刊》2001年第4期；赵利峰：《徐广缙时期的粤澳关系》，收入范立舟主编：《历史文献与传统文化》第9集，南方出版社2002年版，第44页；张胜林：《署理湖广总督徐广（转下页）

解。①鉴于此,本文以徐广缙革职后的境遇为研究对象③,希望对深化徐广缙及其相关的晚清历史研究有所帮助;同时,试图通过徐广缙及其家族活动来反映当时的皖北社会,从而在某种程度上回应学界研究捻军敌对面和皖北基层社会的呼吁。

一、徐广缙革职后的下落

法国人加勒利、伊凡在《太平天国初年纪事》一书中传递了这样一个信息:"宣布武昌府被攻陷的谕旨在北京邸抄刊载后不久,有一个悲惨的消息在广州传播:据说徐广缙知道他又被革斥,陷入绝望,便服毒自杀了。然而人们传说的这个绝望行动中的某些细节,却有几分令人宽慰,因为,据说他是吞金叶子自杀的!故事是这样的:中国的毒药学可与官军将帅的军事学媲美。一个大人物要自杀的时候,便取一两金叶,用那薄到几乎没有重量的金片捏

(接上页)缙革职问罪前后》,《武汉文史资料》2005年第10期;王涛:《徐广缙籍贯争议及其解决刍议》,吴海涛主编:《皖北文化研究集刊》第1辑,黄山书社2009年版;王涛:《徐广缙"冒功说"辨析》,《志鉴》2010年第2期;刘家富、王涛:《徐广缙生卒时间辩误》,《历史档案》2010年第4期;李兴武编著:《徐广缙年谱》,黄山书社2014年版。其中,张胜林:《署理湖广总督徐广缙革职问罪前后》曾依据《清实录》和《太平天国初期纪事》,对徐广缙革职前后情况作过介绍,惜过于简单且并未涉及徐氏参办豫皖军务和归里后情形。

① 徐广缙卒年有1858年、1868年、1869年、1870年4种说法,其中以1858年说为盛。笔者依据民国《徐氏宗谱》《仲升自订年谱》等资料,曾对此问题进行考辨,认为徐广缙卒年致误各有原因,实际卒于同治八年十二月十七日(公历1870年1月18日)。详参刘家富、王涛:《徐广缙生卒时间辩误》,《历史档案》2010年第4期,第128—130页。遗憾的是,新近出版的《徐广缙年谱》表述徐广缙卒年时仍然标注为1869年(李兴武编著:《徐广缙年谱》,黄山书社2014年版,第1页),忽视阴历与公历转化问题。

② 本文所涉徐广缙事迹主要指1853年徐广缙革职起至1870年徐氏逝世。此段时间笔者称之为晚年,理由在于,此时徐氏虽仅56岁,但经过1849年广州城事件和此后的凌十八起义的耗损,加之被革职的打击,身心精力俱耗,其形态犹似晚景。

成一个小球,然后把这珍贵的丸药吞下去。据天朝的生理学家说,这些小球一到胃里就溶解了,分布在胃壁上,好像用手涂上去一样。腹内镀了金,失去了功能,这位不幸的官员微睡几个小时后,便停止了呼吸。"①在徐广缙自杀问题上,作者在行文中使用了"据说"两字,反映了时人对徐广缙落职后下落的猜测。加勒利和伊凡均为当时在华法国人,加勒利曾为传教士,后任法国驻华公使馆翻译,伊凡则是法国驻华公使馆医官,他们合著的《太平天国初年纪事》是作为研究太平天国运动的史料译介到中国的。由于是"亲见亲闻",并"参阅公使馆档案"②,从中我们也可以看出外国人对徐广缙革职后下落的不了解。该书起初虽谨慎地在有关徐广缙的传闻中加上"据说"两字,但很快在行文中认定徐广缙当时已自杀,并以诗一般的语言描绘了徐氏的死亡过程。这当然是推测,有丰富的想象力在内,同时也有迎合欧洲读者的味道,反映了咸丰初年一般民众和在华外国人对徐广缙个人结局的认识情况。1857年,广州富商潘仕成令其子潘桂、潘国荣"校勘历年知交亲笔尺素,其已归道山者择摹上石,汇入海山仙馆藏真三刻之后"③,徐广缙致潘仕成信赫然在列,潘氏把徐广缙归入"已归道山者",某种程度上也说明了士绅阶层同样对徐广缙革职后境况的不了解。实际上,关于徐广缙落职后的结局,当时社会上流言四起,自杀只是其一。加勒利等人还提供了徐广缙被清廷砍头和投降叛军的说法:"至于徐广缙,有人说他在一次新的失败后已经自杀了;有人说他已经被砍头了,果真

---

① [法]加勒利、伊凡著:《太平天国初期纪事》,[英]约·鄂克森佛译补,徐健竹译,上海古籍出版社1982年版,第111页。

② [英]约·鄂克森佛:《英译者序言》,[法]加勒利、伊凡著:《太平天国初期纪事》,[英]约·鄂克森译补,徐健竹译,第1页。

③ 潘桂、潘国荣辑:《尺素遗芬》,据广东省中山图书馆藏咸丰七年至同治三年刻石拓本影印,收入陈建华主编:《广州大典》第387册,广州出版社2015年版,第676页。笔者查阅期间,《广州大典》尚未上架,承编目部老师惠允进入编目室查阅、拍照,特此致谢!

如此,那就应验了他离广州时的凶兆。但又有些人也许知道的更清楚些,说他已经投降叛军了。"① 中译本作者在翻译过程中曾对书中讹误进行过附注说明,但涉及徐广缙之死,却并未意识到其中的问题。这在一定程度上说明了研究者对徐广缙革职后下落的认识。

武昌城陷后,徐广缙是否自杀了?清政府调徐广缙镇压太平军,朝野上下对其充满期待,但当时革命形势发展迅猛,太平军锐不可挡。岳州、汉阳、武昌相继失陷,尤其武昌失守,作为清政府丢失的第一个省会城市,加之清军死伤惨烈,城中30余万军饷尽为太平军所得,清廷上下极为震惊。咸丰帝震怒之余,斥责徐广缙军情缓急只凭禀报,处事如在梦中,指责其从长沙到湖北的拖延,遂下旨"徐广缙著革去两广总督,拔去双眼花翎,仍以钦差大臣暂署湖广总督"。② 此时咸丰帝并未对徐广缙弃而不用,而是命令他:"兼程前赴武昌,会合向荣妥筹兜剿,一面知照罗绕典、台涌等严防上游,一面飞咨陆建瀛、张芾等各派精兵,溯流而上,一律截击,毋得再有迟延。湖北省城文武下落,并著迅速查明具奏。至武昌省中截留军饷三十余万,尽为贼得,军营支用如何接济?此时拨饷在途者尚有若干?著徐广缙飞催前途绕道解运,并须加倍慎重。"③ 当时的舆论氛围对徐广缙极为不利,朝野把武昌失守及作战不利的责任归之于徐广缙。诸臣纷纷上奏,要求严办徐广缙。咸丰二年十二月二十二日,礼科掌印给事中毛鸿宾奏请赐徐广缙自裁:"查徐广缙由粤赴楚,节节耽延,几及三月之久。迭奉谕旨,饬催至三,竟自置若罔闻。比入楚境之后,又复显违圣训,不能择隘防守,失陷岳州,致贼匪长驱北省。而皇上鸿慈逾格,不即逮治,尚令带

---

① [法]加勒利、伊凡著:《太平天国初期纪事》,[英]约·鄂克森译补,徐健竹译,第129页。

② 《清文宗实录》卷79,咸丰二年十二月癸巳,《清实录》第40册,中华书局1986年版,第1052页。

③ 《清文宗实录》卷79,咸丰二年十二月癸巳,《清实录》第40册,第1052页。

(疑为"戴"之误——引者)罪自效。若稍有天良,宜如何奋发有为,勉赎前愆。乃自武昌被围以后,亿万生灵倒悬水火之中,明知宵旰焦劳,盼其赴援,乃藉搜捕土匪为名,延宕不前,坐使省垣重地陷为贼有。查其前次奏报折内,一云毫无把握,再则云坐视贻误,是其自定爰书,诚为无可解免。据其情罪,较之赛尚阿尤相倍蓰。赛尚阿之罪止于调度乖方,而逗留规避尚无其事。徐广缙则有意玩误,居心更不可问,宜乎两湖绅士无不痛心而切齿也。每见其前后陈奏情形,自相矛盾,欲盖弥彰,如在梦中,诚如圣谕所云者。我皇上以用人失当,自愧自恨,仰见圣躬自责之诚。邸报传抄,读者莫不流涕。臣愚以为皇上之用赛尚阿,将略诚非所长。若徐广缙当时重望,渥荷先帝殊恩。且其人并非庸碌无能之比,果肯殚竭诚悃,知尽能索,因而偾事,未尝不可宽其一线。今则拥兵观望,尾贼徐行,此等居心,其用人者所能逆料!况军务正在吃紧之际,大小文武莫不揣测圣主之宽严,为进退之计。若稍予贷宥,又谁肯轻舍躯命,戮力疆场耶?伏望皇上乾纲独断,速简贤员,前往更代。一面将徐广缙革拿,即以所赐遏必隆刀谕令自裁,一如高宗纯皇帝诛讷亲故事。一面明降严旨,剀示琦善、陆建瀛,使懔然知所儆畏,则号令所至雷厉风行,无一人敢再蹈覆前辙,以之迅奏肤功不难矣。"①同日,福建道监察御史富兴阿又奏请援照乾隆年间故事,将徐广缙等人处死。② 二十四日,翰林院编修袁希祖奏徐广缙"故意迁延,拥兵自卫,坐视不援,以致省城失守,应请革职拿问治罪"③;詹事

---

① 《毛鸿宾奏请严申国典赐徐广缙自裁置经略事权统一以振军威折》(录副奏折),收入薛瑞录、吕坚主编:《清政府镇压太平天国档案史料》第4册,社会科学文献出版社1992年版,第265—266页。

② 《富兴阿奏陈徐广缙向荣罪状昭著请法成宪以肃戎行折》(录副奏折),收入薛瑞录、吕坚主编:《清政府镇压太平天国档案史料》第4册,第267—268页。

③ 《袁希祖奏陈主帅迁延省城失守请旨治罪并另简大员折》(朱批奏折),收入薛瑞录、吕坚主编:《清政府镇压太平天国档案史料》第4册,第284—286页。

府左春坊左庶子冯誉骥亦奏请将徐广缙革职拿问，冯氏认为"纵圣恩高厚，不即加诛，亦当拿问治罪，不宜令其仍为统帅"①。此外，主张严办徐广缙，奏请处死徐氏的还有刑科给事中张祥晋等人。②对徐广缙更为不利的是，咸丰帝对徐广缙的前方调度和具体安排也极为不满。徐氏在军事部署重在防止太平军回窜两广，而咸丰帝判断太平军即将东下，担心失去财赋之区。③以上种种，最终导致了咸丰二年十二月二十六日下旨将徐广缙革职拿问④，徐氏于咸丰三年正月初六日接到该谕旨⑤，此后"即遴委文武赍送印信，静候委员来营起解"。⑥咸丰三年三月二十一日，咸丰帝正式下旨，批准了内阁、刑部等部门的意见，徐广缙被"定为斩监候，秋后处决"⑦。由于时局的发展，咸丰帝随即下达了赦免徐广缙的命令："咸丰三年五月十四日内阁奉上谕：前有旨，将赛尚阿、徐广缙按律定为斩监候，秋后处决。因思贼匪现已由安徽窜入豫省归德，各路带兵大员奉命征调，星速赴剿，而该革员等以失律羁囚，置身事外。值此军务紧急，岂容安坐待毙耶，赛尚阿著发往直隶，交纳尔经额差遣委用，徐广缙著发往河南，交陆应谷差遣委用，均责令

---

① 《冯誉骥奏陈军务孔亟请将徐广缙向荣拿问治罪特命曾国藩统理军务》（朱批奏折），收入薛瑞录、吕坚主编：《清政府镇压太平天国档案史料》第4册，第286—288页。

② 《张晋祥奏请将徐广缙军前正法片》（录副奏折），收入薛瑞录、吕坚主编：《清政府镇压太平天国档案史料》第4册，第314页。

③ 《寄谕徐广缙等敌意在东窜必须分兵保护武汉下游与陆建瀛会合截击》（剿捕档），收入薛瑞录、吕坚主编：《清政府镇压太平天国档案史料》第4册，第297—298页。

④ 《谕内阁著将徐广缙革职拿问交刑部治罪向荣即授为钦差大臣专办军务所有军营文武统归节制》（剿捕档），收入薛瑞录、吕坚主编：《清政府镇压太平天国档案史料》第4册，第304—305页。

⑤ 徐广缙：《仲升自订年谱》，第392页。

⑥ 徐广缙：《仲升自订年谱》，第393页。

⑦ 《谕内阁著将徐广缙即照裕诚等所拟按律定为斩监候秋后处决》（剿捕档），收入薛瑞录、吕坚主编：《清政府镇压太平天国档案史料》第6册，第86页；《清文宗实录》卷89，咸丰三年三月乙丑，《清实录》第41册，第185页。

戴罪自效。该员等具有天良,宜如何感愧,力图报效?倘再不知奋勉,或有胎误,朕惟有执法徒事,决不宽贷。该部知道。钦此。"①

徐广缙之所以被赦免,与当时的社会形势密不可分。太平军建都南京后,兵分两路,一路由林凤祥、李开芳、吉元文等挥师北上,进行北伐;一部由赖汉英、石达开、秦日纲等溯江而上进行西征。林凤祥、李开芳部向北推进极为迅速,1853年5月8日太平军开始北伐,5月下旬就进入安徽境内,5月28—6月6日短短几天,北伐军攻克了凤阳、怀远、蒙城等地。6月10日抵亳州,阵斩亳州知州孙椿,克亳州城。亳州陷落,河南亦岌岌可危,京畿地区受到严重威胁。另外,太平军北伐也刺激了当时正在兴起的豫皖两省的捻军运动,促进了豫皖等地捻军的勃兴。面对如此局势,清廷无暇深究徐广缙调度失机之责。两个月后,咸丰帝于五月十四日发布赦免命令。对于时局与自己被赦的关联性,徐广缙自言"因发逆北犯,攻陷归德,扰及腹地"②。咸丰帝的考虑是"贼窜豫境,河南、直隶均须办理防堵,赛尚阿、徐广缙系军营获罪大员,岂容置身事外?且该革员等在军营与贼接仗,于贼情当能略悉"。③

综上,徐广缙革职后并未自杀,而是一度被议定为处死,但由于时局发展,随即释放。至此,徐广缙脱离了南方太平军战场,结束了显赫的督抚生涯,开始了"戴罪自效"的剿捻岁月。

二、参办豫皖军务

徐氏出狱后,咸丰帝巡幸南海,其"例应道旁碰头,连蒙召对两

---

① 《谕内阁著将赛尚阿发往直隶徐广缙发往河南效力赎罪》(剿捕档),收入薛瑞录、吕坚主编:《清政府镇压太平天国档案史料》第7册,第137页。
② 徐广缙:《仲升自订年谱》,第393页。
③ 《清文宗实录》卷94,咸丰三年五月庚申,《清实录》第41册,第311页上。

次"。① 徐氏对此充满感激之情:"召对两次,方惭才疏智短,陨越贻羞,乃苟隆恩再造,宥其既往,予以自新。从此暮齿余生,悉出君赐。感恩图报,镂骨铭心。虽病体未痊,不暇顾矣。"② 从此,他不顾年老力衰、体弱多病,全力投入到军政事务中。徐广缙五月十四日赦出,于"六月抵达大梁,七月至归德防堵",③ 由河南巡抚陆应谷差遣。

徐广缙逝世30余年后,河南归德府士绅陈锡祐、王祖同请求为徐广缙开复原官,禀文中特别提及其在归德府的事迹:"吾乡士庶爱戴感激,至今追念不忘者,尤在保卫归德府城一役。"④"维时发逆北窜,土匪四起,永夏沦陷,郡城危险,徐绅协和士绅,激励团练,率数百疲敝之兵,内则布置严密,外则乘间出剿,极力撑柱,捕获著名匪首任朝重、任景、关东寅、周和尚等四十余犯,斩枭示众,郡城赖以保全,土匪亦各敛迹,此则徐绅固守危城,保全桑梓,尤为合郡士绅所感念不忘者也。"⑤ 徐广缙自订年谱中亦述及此事:"六月,驰抵大梁。七月,派赴归德,防堵残破之余,土匪蜂起。疲兵羸卒,数不盈千,势弱力单,未能大创。赖与王郡伯宪和衷共济,极力撑持,数月之间,捕获任朝重、任景、关东寅、周和尚等首要四十余犯,斩枭示众,四乡颇见安静,道路方可通行。"⑥ 防守归德之事发生在咸丰三四年间,此时太平军北上,河南境内捻军兴起,永城、夏邑相继失守,徐广缙与归德府知州一起防守归德,双方相持半年之久,归德得以保全,永、夏等地也相继收复。⑦ 咸丰四年九月,捻军围城不断,由于过度劳累,加之徐广缙原配王夫人去世,徐广缙"哀

---

① 徐广缙:《仲升自订年谱》,第393页。
② 徐广缙:《仲升自订年谱》,第393、398页。按:国家图书馆年谱丛刊本《仲升自订年谱》此部分内容有错置,第393页后内容应接398页。余类似情况不一一说明。
③ 民国《徐氏宗谱》卷1《录府县职绅所造事实册》,第10页。
④ 民国《徐氏宗谱》卷1《录府县职绅公恳三司转详禀》,第1页。
⑤ 民国《徐氏宗谱》卷1《录府县职绅所造事实册》,第10页。
⑥ 徐广缙:《仲升自订年谱》,第398页。
⑦ 民国《徐氏宗谱》卷1《河南巡抚奏折》,第12页。

逝伤离,归来无日,怆感之余,旧疾举发,不能支持",遂"咨呈豫抚到杞县就医"。① 咸丰五年,"有他省疆吏过杞,睹余病态,奏事之便,带叙道出杞县,面见徐某气弱体羸,颇形困顿,旋准豫抚来咨,恭录寄谕徐广缙,著徐广缙毋庸办理军务"。② 此后,徐广缙暂时脱离了剿捻前线,在安徽太和老家养病达两年之久。咸丰八年,徐广缙复由胜保奏调赴营,咸丰帝下令"徐广缙著赏给五品顶戴,随同胜保办理军务"。当时"皖豫两省军务悉归会办"。③ 时年62岁的徐广缙,纵有报效之念,但病体已无法容许其在仕途上滚爬,何况其早有辞归之心。④ 尽管如此,徐广缙表现也极为努力,《徐氏宗谱》言:"七月十五日,到安徽马头城营次,亲身督队临敌,有炮子落于麾下,左右皆伏地避之,力劝后退,徐绅厉声说'敢言退者斩'。全军赖以不溃,贼亦遂退。"⑤不过,徐广缙此种状态持续极其短暂,其"八月十五日猝中风痰,医调匝月,心神依然迷惘,复经胜都护奏明回籍调理,十月抵家"。⑥ 从此结束仕途生涯,开始了长达11年之久的里居生活。

三、与皖北苗、捻之交涉

咸丰八年是捻军活动的高峰期。⑦ 徐氏家乡太和所在的皖北地区是捻军的发祥地和主要活动场所,徐广缙归里后碰到的现实问题是如何在动乱的皖北地区保障自己、家人及族人的安全。聚

---

① 徐广缙:《仲升自订年谱》,前揭第398、395页。
② 徐广缙:《仲升自订年谱》,前揭第395—396页。
③ 徐广缙:《仲升自订年谱》,前揭第397、394页。
④ 年谱引所作诗文云:"有疾便辞何待暮,吾衰早至不因骄",见徐广缙:《仲升自订年谱》,第396页。
⑤ 民国《徐氏宗谱》卷1《录府县职绅所造事实册》,第10页。
⑥ 徐广缙:《仲升自订年谱》,第394页。
⑦ 参阅捻军研究学会编:《捻军研究》第2集,2000年。

族而居是19世纪中期皖北地区的普遍现象,①徐广缙家族在这一点上表现得极为明显。徐氏于明朝初年由山东诸城迁至太和地区,②经过400多年的繁衍,逐渐发展壮大。徐广缙祖父徐锡智任职广东海康县知县后,徐氏一族在政治上逐步取得地位,经济上得到保障,其家族文化水准也迅速提高,徐氏后人在科举考试中的优势渐渐表现出来。徐广缙与其父徐瀚及其兄徐广绂3人均中进士,其中广缙、广绂俱入翰林院,民间有"父子三翰林"之谓。③ 徐氏曾如此描述本族科举盛况:"连绵科第几同衣钵之传家,有联云'高玄祖孙父子叔侄弟兄同登蕊榜,甲乙丙丁戊巳庚辛壬癸代有科名'。"④徐氏家族的真正崛起是因徐广缙、徐广绂兄弟。民国《徐氏宗谱》言:"吾徐氏迁太和以来已四百余年,迨叔曾祖伯华公、仲升公蜚声翰院,内入台中谏垣,外为封疆大吏,任重连圻,爵赝五等,其余或躬赝一职,或身列贡举。"⑤徐氏族人除少量外迁外,大部分居住太和一带,他们有共同的谱牒、宗祠、家规、坟茔,构成了"家族共生共存的纵向依赖性"。⑥ 正是有了一个聚族而居的庞大家族,归里后徐广缙才有对抗捻军的家族基础。也正是这个庞大的家族,迫使徐广缙在动荡不安的皖北地区寻求自保之策。作为

---

① 毛立平:《十九世纪中期安徽基层社会的宗教势力—以捻军淮军为中心》,《清史研究》2001年第4期,第14—23页。

② 关于徐氏迁入太和时间,民国《徐氏宗谱》在叙述家族表述为洪武年间,徐广缙在《仲升自订年谱》中则记为"永乐年间",不能遽断孰是,笔者笼统言之"明朝初年"。

③ 据笔者调查,"父子三翰林"一说在徐氏后人中广泛传播,有文字记述的目前仅见徐广缙六世孙徐悦堂主编的《徐氏大宗谱》。按:所谓翰林,即中进士后改为庶吉士入翰林院学习,广缙、广绂兄弟入翰林院学习是事实,其父入翰林院则无文字记载,民国《徐氏宗谱》、民国《太和县志》、《鹿邑县志》俱不载徐瀚入翰林事,称徐广缙父徐瀚为翰林可能是民间的误解。

④ 徐敏修:《徐氏宗谱序》,民国《徐氏宗谱》卷1,第1页。

⑤ 徐敏修:《徐氏宗谱序》,民国《徐氏宗谱》卷1,第1页。

⑥ 张研:《试论十九世纪中期战乱前安徽双重统治的格局》,《清史研究》2001年第4期。

地方士绅,尤其像徐广缙这样曾任封疆、显赫一时的大吏来说,其虽致仕,但在地方上依然有着极强的号召力。同时,动乱时士绅们也往往把安定族人视为当然责任。

徐广缙寻求自全所依恃的一是圩寨,再就是团练。他主张非"坚壁清野无以遏其锋,首先筑寨,并劝喻乡人集资练勇,互相保卫,四乡闻风兴起,团结自固",①后人称"首倡筑寨,团练互卫,县城得以保全者,广缙与有功焉"。② 当时皖北除捻军势力较为强大外,还活跃着另外一支力量,即苗沛霖集团。1856年5月,苗沛霖以抗捻为名筑圩修寨,开办团练,此后势力迅速膨胀,特别是苗氏1857年被胜保招抚为门生后,发展更为迅速。徐广缙归里后的第二年,苗沛霖的势力发展到豫皖两省10多个州县,拥有部众10余万,他时叛时降,亦官亦匪。③ "滋扰皖省凤各属,豫省南、汝、光、归、陈各属,到处风鹤。苗练更假公济私,从之则征其丁壮,索其馈饷。不从,即祸患立至,肆行煽诱。"④对素孚众望的徐广缙,苗沛霖"屡以甘言相诱,凶焰相逼"。但徐氏敏锐地察觉到苗沛霖的居心所在,对苗沛霖毫不理睬,并劝乡人戚友毋为动摇。苗沛霖联合天、捻攻打颍州,"颍郡六属沦陷四城,阜阳附郭亦被困数月,而太和独保无虞,四乡蹂躏亦少"。⑤ 时任太和知县的杨积中对当时的情景曾有记述:"至于苗逆,借名团练,挟制官民,他处无不望风景附,甘心听其号令,分派某寨为第几营,某练总为第几营营主者,领苗逆之旗,接苗逆之信,出人出粮,无不乐从。且有籍苗逆威势夸耀于人以为荣幸,逼胁乡里以为得计,而太邑绅民从无其事,惟知

---

① 徐焴等《仲升自订年谱》跋语,见徐广缙:《仲升自订年谱》,前揭第404页。
② 民国《太和县志》卷8《人物·政绩·徐广缙》,第634—637页。
③ 池子华:《晚晴枭雄苗沛霖》,安徽人民出版社1999年版。
④ 徐焴等:《仲升自订年谱》跋语,见徐广缙:《仲升自订年谱》,前揭第403页。
⑤ 徐焴等:《仲升自订年谱》跋语,见徐广缙:《仲升自订年谱》,前揭第403—404页。

听官指麾,誓不误入苗党……苗逆屡次虚张声势,多方恫吓诱胁,而太民只知保境自宁,从不效尤他处,出人出粮,被其逼吓,堕其术中。"①正是这种保境自守的方式使太和一度"独保无虞"。但随着苗沛霖集团"逼胁日甚","附近郡城之东、南、北各民团皆被苗团收附。不下数百圩……即太和、颍上新随苗练之众亦多至百余"。时太和有圩寨256个,面对日益发展的苗沛霖势力,和"人心汹汹,惟怯附从"的势态,徐广缙对苗沛霖集团始终采取不合作的态度,坚持不依附苗沛霖集团,从而使其居住地成为"不苗不捻之地"。

应当指出的是,徐广缙对抗捻军和苗沛霖集团,徐氏家族是其依恃的主要力量。其中,最为得力者是其族弟徐明远。徐明远,名尚智,字明远,曾随徐广缙办理簿书,"历官府道,徐广缙事无大小,悉以语之,政声卓著"。徐广缙夫人王氏于广州去世,徐明远不远万里从海路将王夫人灵柩和徐广缙家眷带回。徐广缙夸其识力坚定,尝谓"惟明远胆识过人,宏济此艰,吾子孙为岭外人矣"。从广州回后,徐明远即"与弟励臣以保卫桑梓为己任"。徐明远兄弟互相配合"公(明远——引者注)善谋远筹于内,励臣有勇将兵于外,义举首倡,远近响应,南至沙河,北至洳水,前中后三营互相救援,土匪敛迹。故邻县残破者多,太邑依独称完善"。② 抗捻期间,徐明远又与人议修圩寨避捻。从史料看,牵头筑寨的是徐广缙,考虑到徐广缙当时的身体状况及其身份地位,具体操办的应是徐明远。除徐明远外,帮助徐广缙合力保护徐氏家族及太和的还有徐广缙的堂弟徐广绎。"徐广绎,号巽甫,澎次子,出继从伯济,后为大宗,才高识卓,道光己未举人,五赴礼部试不第,大挑以知县用,历游从兄广缙幕,饶计划,大疑大难,悉任取决,甚为广缙所倚重……咸丰

---

① 杨积中:《续御寇方略》,收入聂崇岐:《捻军资料别集》,上海人民出版社1958年版,第128页。
② 朱永清:《明远公冥寿序》,民国《徐氏宗谱》卷2,第2页。

初,捻匪起,襄广缙筑寨避乱,附居赖以保全者数百家。"①此外,徐广缙兄广绂亦是徐氏家族自保的得力人员。徐广绂,字黻堂,己丑进士,改庶吉士,曾任吏科给事中,吏科掌印,户科给事中,工科掌印等职,后因弟广缙抚云南时引例回避,遂不复出。倭仁为其所撰墓志铭中透漏了徐广绂在抵抗苗沛霖及捻军中的作用:"咸丰己未、庚申间,发捻猖獗,凤台苗沛霖阳治团练,阴怀逆志,骄纵擅威福,君决其必叛,绝弗与通,并戒乡人勿为所惑,苗逆撼甚,将甘心焉?人咸为君危,君持之益坚,苗逆寻败,太和不染于逆者,君之力也。"②

对苗沛霖的态度,徐氏兄弟是一致的。"咸丰己未、庚申间"即咸丰九、十年,正是徐广缙因疾归里的前两年。当时徐广缙"病魔缠扰,直至五月始渐次就痊,而耳聋足软,杖而后行,心力衰耗,诸事健忘,老态龙钟,竟成废物矣"。③ 以徐广缙的病情看,对抗苗捻,广绂当出力不少。

在对待苗沛霖集团上,不仅广绂、广缙兄弟态度趋同,徐氏族人的态度亦是一致的。民国《太和县志》载有徐广缙堂弟徐广绶拒苗事迹:"徐广绶,字印侯,庠生,道光中赴乡闱,已拟售而失,遂无意进取,日与戚族诗酒流连。咸丰末苗沛霖受抚后督乡团于颍,胜保及抚道以下皆命助饷,声势赫然。一日,遣其党诣广绶游说,不为动,乃款以宾筵,申前意,巽语危词,加以迫胁,广绶须发怒冲,推食案,厉声曰:吾惟知率诸团向义,违逆死无惧耳。同座皆惊惶失次,其党以广绶素负众望,舍之去。"④

由此可见,晚年的徐广缙归里后与苗、捻的对抗不仅有其个人的力量,更有其可依恃堪用的族人。利用家族的纽带合力互卫,用

---

① 民国《太和县志》卷8《人物·孝友·徐广绎》,第686—687页。
② 倭仁:《伯华公墓志铭》,民国《徐氏宗谱》卷2,第1页。
③ 徐广缙:《仲升自订年谱》,第394页。
④ 民国《太和县志》卷8《人物·义行》,第723页。

宗族的凝聚力,以少数有声望的人为核心,集中力量进行自保自卫是当时苗、捻之外第三种势力得以生存的一种形式。还应当看到的是,徐氏一族有着很强的官仕背景,尽管其已脱离官场,但就情感和思维方面仍与之有着千丝万缕的瓜葛,这就决定徐氏除自卫自保外,还有着协助官方的一面。当其自卫自保的力量强大到超过外部威胁时,其必然把剩余的力量转移,从而使民间社会和官方的军事力量黏合在一块,进而壮大官方势力,使皖北原本薄弱的基层社会得以强化。这种情况的出现,使捻军的失败多了一股外在的迫力,对当时已经处于弱势的皖北捻军更为不利。联合天、捻攻颍失败后,苗沛霖势力衰败,自顾不暇,1863年2月,皖北捻军遭到僧格林沁的毁灭性打击。苗沛霖集团成为清军攻击的目标,太和地区面临的苗、捻两大威胁大为减轻,徐氏力量遂靠向官军,与官方联合攻捻。1863年5月,胜保攻破邢圩,但朱圩一直强攻不下,僧格林沁亲率兵到太和,徐明远即率团练助剿。①

在抵抗苗捻寻求求得自保一事上,除家族力量外,徐广缙还得到了地方士绅的支持:"田振拔,字超凡,监生,咸丰辛酉夏四月捻匪裹挟难民县境,徐广缙量为资送,不给,振拔解囊助若干,广缙酬以诗云有:'正愁力薄乏康济,漫说名高传缙绅。幸有田郎能慷慨,万钱助我活流民。'"②正是太和的这种整体氛围,使得该地成为苗、捻势力无法进入的不苗不捻之地。

四、结　　语

综上所述,徐广缙革职后并未死去,而是与当时蓬勃兴起的另一支反清力量——捻军紧密联系在一起,他迅速加入了剿捻的行

① 朱永清:《明远公冥寿序》,民国《徐氏宗谱》卷2,前揭第3页。
② 民国《太和县志》卷8《人物·义行》,第727页。

列,其在剿捻中的地位和作用,虽不如处于统帅的袁甲三、胜保等人,但也起到一定的作用。徐广缙的个人遭遇在咸丰初年落职大臣中具有典型性。咸丰初年,太平天国事起,一批颇被朝野看好的清廷大员临危受命,奉命镇压,其结局是陆续失利,纷纷败落于官场。对清政府来讲,面临的是覆亡的走向,于这些落职大臣而言,败落则意味着个人命运的转折,他们中的大多数由此从个人仕宦的顶峰,跃入人生的低谷。随着时局的演进,捻军兴起,这些落职官员的个人命运再次发生转向,尽管此次转向使他们的处境有所起色,不过终究无法归复到个人权势的巅峰状态。此间曲折,颇耐人寻味。

(王涛,江西省社会科学院历史研究所副研究员)

社会政治与司法

全面抗战初期中共孙中山纪念与马克思纪念的融通*

秦 勤

抗日战争期间纪念活动成为应对民族和国家危难的关键举措,大量纪念活动在国家、社会团体和个人的主导下不断操演,成为增强政治合法性和动员民众的重要载体。中共经由纪念话语,在孙中山纪念与马克思纪念间建立了较为直观且深刻的联结,将原本较为疏远的两个纪念活动聚为一体,两者间潜藏的共通性得以凸显,从而达到巩固国共合作和增强政治合法性的目的。这正如分属两类的音乐在灵活巧妙的指挥下生成一曲美妙的二重奏。孙中山与马克思作为深刻影响现代中国历史进程的关键人物,相关的纪念史研究佳作迭现。① 但目前学界多注重个案分析,缺少

---

* 本文为湖南省教育厅重点项目"纪念活动与现代中国历史记忆建构研究"(19A322)的成果。曾参加2020年8月中国历史研究院主办的"中国人民抗日战争暨世界反法西斯战争胜利75周年"学术研讨会,承蒙黄正林、陈默、吴志军、侯中军等先生指教,谨致谢忱。

① 关于孙中山纪念,陈蕴茜:《建筑中的意识形态与民国中山纪念堂建设运动》,《史林》2007年第6期;陈金龙:《孙中山与纪念活动的功能表达》,《华南师范大学学报(社会科学版)》2016年第5期;郭辉:《新中国成立以来孙中山纪念话语的时代演变》,《党史研究与教学》2017年第1期。关于马克思纪念,赵付科:《中共早期纪念活动与马克思主义中国化》,《当代世界与社会主义》2011年第6期;陈金龙:《经典作家纪念与马克思主义在中国的传播》,《求索》2017年第9期,郭辉:《中国近百年来恩格斯记忆的流变与书写特征》,《东南学术》2020年第4期,等等。

对孙中山纪念与马克思纪念的关联性研究。因此,本文拟以中共在5月5日和3月12日前后①的纪念文本为对象,厘清两者间的交汇融通,凸显中共在抗战这一民族复兴的关键时期充分运用纪念活动应对抗战现实挑战的努力。

一、双重纪念视野中的文本分梳

国共两党在紧张的抗战时局下展开较为紧密的合作,这成为中共同时纪念马克思与孙中山的政治背景之一。早在中共成立以前,诸如李大钊、陈独秀等早期领导人则运用纪念话语表达政治理念,而影响纪念话语的关键因素则在于现实政治的发展走向。②中共早期领导人及时根据政治现状而调整自身的宣传话语成为应对时局的必然之举,而纪念活动则因其与历史和现实关联甚切而为人重视,成为政治宣传重要媒介。

全面抗战爆发前,国共两党关系既有冲突亦有合作,所谓铜山西崩、洛钟东应,政治关系的分合聚散同样影响到纪念话语,由此使得纪念话语成为观察政局演变的窗口。概而论,此阶段的纪念话语既有着反帝国主义反军阀的面相,如:1919年的五七纪念中,张闻天主张"吾们把增加火势的材料:武力政治、强横的中央集权、卖国、安福系、腐败的政党,一切费(废)除,然后建设这健全的

---

① 5月5日,又称五五纪念,既是孙中山在广州就任非常大总统的日期,也是马克思诞辰。3月12日,既是孙中山逝世的日期,与之相近的3月14日则是马克思逝世的日期。在这两个日期前后,中共通过对两位伟人的纪念活动传达出多样的纪念话语。
② 李大钊、陈独秀等领导人曾在五一纪念、五四纪念以及十月革命纪念等活动中撰文表达自身的政治理念,尤为强调将纪念话语与政治现实相结合,并根据实际局势演变而增添新的内容。如李大钊认为五一纪念,应把它搞得"活活泼泼,一年过一回,一年有一年的意义,一回有一回的意义"。详见李守常(李大钊):《五一纪念日于现在中国劳动节的意义(1922年5月1日)》,《李大钊文集》,人民出版社1984年版,第557页。

民主共和国";①同时也有推进劳工运动的面相,如在1920年的五一纪念中,李大钊借之以启发工人觉悟,推进"一日工作八小时"的劳动运动。② 当然,中共还借助孙中山诞辰纪念和逝世纪念维护国共合作和推进中国革命。在1925年3月的孙中山逝世纪念中,恽代英强调国共两党的革命者不要畏惧压迫,因为"压迫是不足怕的,他将使革命快些成功"。③ 而当第一次国共合作破裂后,纪念话语又成为否定国民党政治合法性,号召民众反抗其统治的文化资源。一直到全面抗战爆发后,民族危难空前加深,促使中共纪念话语再次转向,从反对国民党转变为承认国民党政治地位和强化国共合作局面。④ 由此可知,全面抗战前的中共纪念话语已具多重面相,此种灵活的宣传话语为全面抗战爆发初期中共纪念话语转变奠定了思想基础。

全面抗战爆发之初,中共借助纪念话语以弥合两党长期以来的裂痕与分歧,尽力将双方的冲突转变在合作的话语框架中。中共择取相近时间共同纪念马克思与孙中山,将两者呈现于同一场域,在加深民众认识的同时也从更深层次建构起马克思与孙中山的联系,进而以纪念话语为沟通世界革命与中国革命的津渠。基于分梳当时中共主办的报刊得出,中共自1937—1940年合计刊发13篇共同纪念马克思与孙中山的文章,如表1所示:

---

① 张闻天:《"五七"后的经过及将来(1919年7月11日)》,《张闻天文集》,中共党史资料出版社1990年版,第545页。
② 李大钊:《"五一"May Day 运动史(1920年5月1日)》,《李大钊文集》,人民出版社1984年版,第216页。
③ 恽代英:《孙中山先生逝世与中国(1925年3月14日)》,《恽代英文集》,人民出版社1984年版,第641—647页。
④ 林绪武:《论民主革命时期中共对马克思、恩格斯、列宁的纪念》,《马克思主义研究》2012年第11期。

表1 双重纪念文本一览表

篇　　名	刊　物	发表时间
《纪念孙中山与马克思》	《新中华报》	1939年3月13日
《纪念马克思孙中山》	《新中华报》	1939年3月16日
《纪念两个伟人孙中山与马克斯》	《新中华报》	1940年3月12日
《纪念马克思与孙中山》	《解放》	第66期(1939年3月)
《纪念马克思和孙中山》	《新华日报》	1938年5月5日
《纪念两个伟人——马克斯和孙中山先生》	《新华日报》	1939年5月5日
《伟大的五五纪念》	《新华日报》	1940年5月5日
《纪念马克思与孙中山》	《新华日报》	1941年5月5日
《纪念五五学习科学的革命理论》	《抗敌报》	1937年5月6日
《今年的"五五"》	《抗敌报》	1938年5月4日
《纪念五五》	《抗敌报》	1939年5月5日
《纪念孙中山与马克思》	《抗敌报》	1940年3月13日
《掌握马克思主义的理论武器》	《晋察冀日报》	1941年5月6日

具体而言,从纪念文本的发表时间来看,其中1937年仅1篇,1938年2篇,1939年5篇,1940年3篇以及1941年2篇,集中于国共关系较为密切的1939年和1940年。而从报刊出版地角度看,《解放》《新中华报》(合计4篇)的出版地在陕甘宁边区的政治中心延安,《新华日报》(合计4篇)的主要出版地在陪都重庆,而《抗敌报》《晋察冀日报》(合计5篇)主要出版地在晋察冀边区政治中心河北阜平。此外,中共在双重纪念文本中还载以孙中山和马克思的图像,以直观浅白的形式呈递出两者的关联。各地纪念文本的数量大致相当,不论是国统区还是陕甘宁边区,抑或位于敌后的晋察冀边区,都积极地展开纪念活动,利用纪念话语传达出对马克思与孙中山的尊崇,以此加深两者联系和密切两者所象征的国共两党的关系。

全面抗战初期中共孙中山纪念与马克思纪念的融通

中共选择了5月5日和3月12日作为共同纪念马克思与孙中山的时间点。5月5日纪念同时包含马克思诞辰纪念与孙中山就职纪念,而3月12日前后则是马克思和孙中山逝世的纪念时间,由此成为发掘和宣传革命记忆的重要时间场域。1937年的五五纪念中,《抗敌报》社论指出:"纪念五五是自己年历史上两个伟大的日子,对于今天的中国人民是具有伟大的意义的。"①在1938年的五五纪念中,中共指出:"在一百廿年前,一八一八年五月五日,诞生了一个世界的伟人、科学社会主义的创造者、无产阶级革命的导师、被压迫民族解放运动的热烈拥护者——马克思。在民国十年,辛亥革命遭受失败后的十年,一九二一年五月五日,中华民国第一任临时大总统孙中山先生又在广州就任非常大总统的职位,重新树起南方革命政权的基础。"②《新华日报》刊文称五五纪念昭示了马克思的历史功绩,他创造性地发现并运用科学社会主义指导被压迫的无产阶级和民族的解放运动,更是世界无产阶级运动的革命导师。5月5日也是孙中山领导革命运动的重要节点,标志着中国革命的进程的接续与复兴。推而论之,5月5日因马克思诞生而具备世界无产阶级革命起点的意涵,同时也是孙中山就任非常大总统领导第二次护法运动的关键节点,前者象征着世界革命的蓬勃展开,后者则代表中国革命的再次兴起。因此,五五纪念将孙中山与马克思深刻地联系在一起,成为世界革命与中国革命交融互通的标志。

在1939年的五五纪念中,孙中山与马克思的联系得以再次确认,"五五是一个有伟大历史意义底纪念日,这就是因为两个伟人马克斯(思)诞生和孙中山先生就任非常大总统底纪念日子"。③

---

① 社论:《纪念五五学习科学的革命理论》,《抗敌报》1937年5月6日,第1版。
② 《纪念马克思和孙中山》,《新华日报》1938年5月5日,第1版。
③ 《纪念两个伟人——马克斯和孙中山先生》,《新华日报》1939年5月5日,第1版。

到了1941年五五纪念,中共在双重纪念中观照了抗战时局。随着日军增加兵力扩大侵略规模,恰逢其时的五五纪念成为动员民众积极反抗日军侵略的政治仪式,"在这国际帝国主义战争正从欧洲非洲蔓延到亚洲,并且日益向全世界各处扩大之际,在这全世界各资本主义国家的广大工人阶级劳动群众正遭受着惨痛的压迫和屠杀,而一方面他们正日益觉醒,积极从事民主和平之际,以及伟大的中华民族抵抗日本帝国主义的侵略坚持抗战将近四年的现在,来纪念这两位革命的巨人,实在有其重大的意义"。① 五五纪念话语成为世界无产阶级反抗压迫与中华民族反抗日军侵略的集中表达,内中融合了无产阶级革命运动与民族解放运动等二重意义。抗战时期的五五纪念逐渐成为常规活动,有助于将马克思与孙中山这两位在世界和中国革命进程中的关键人物紧密联系,以创造中国革命与世界革命的通路,扩大中共革命话语的影响力。

3月12日是孙中山和马克思逝世的纪念时间。1939年3月13日,《新中华报》刊文称:"三月十二日是中华民族革命的伟大领袖、三民主义的创造人——孙中山先生逝世十四周年纪念日。三月十四日是世界无产阶级及全人类解放运动的伟大导师、科学共产主义的鼻祖——马克思逝世五十六周年纪念日。在今天的大时代中来纪念这两位伟人是有特殊意义的。"②中共纪念话语明确了孙中山与马克思的历史地位,前者是推动中华民族解放的革命领袖,而后者则作为世界民族解放运动领袖而为人铭记。在1940年3月13日的纪念中,《抗敌报》刊文指出:"三月十二日是中华民族一代伟大人物孙中山先生逝世十五年周年纪念日。三月十四日是科学共产主义创始人、人类社会历史发展规律

---

① 《纪念马克思与孙中山》,《新华日报》1941年5月5日,第2版。
② 《纪念孙中山与马克思》,《新中华报》1939年3月13日,第1版。

的发现者、世界无产阶级及全人类解放运动的伟大导师——马克思逝世五十七周年纪念日。"①双重纪念旨在突出两位革命领袖的关联,进一步阐述两者的共通性,纪念话语的阐发,孙中山纪念与马克思纪念的融通逐渐凸显出来,成为推动民族解放事业的重要媒介。

概言之,国共关系变迁与中共纪念话语呈现较为紧密的关联,国共关系较好时期双重纪念文本明显增多;而随着相持阶段的到来,国共两党间关系的风波渐起,故中共在纪念话语中逐渐放弃了双重纪念的形式。

二、相通的民族抗争精神

在抗战局势下,民族抗争成为双重纪念的重要内容,中共纪念话语着力贯通近代中国历史进程中的重要事件与抗战现实的联系,以此来突出抗日战争在中华民族抗争历史中的关键地位。

在1937年的五五纪念中,时文称:"马克斯的一生曾致无限的同情于被压迫的民族,如赞助爱尔兰的解放运动,波兰民众的独立运动,而对于鸦片战争、亚罗船事件、英法联军和帝国主义对中国的一切政治经济的侵略,他都表示了极大的痛愤。"②此言强调了马克思对被压迫民族的同情心理,不论是爱尔兰、波兰还是中国的民族抗争运动,都突出弱小民族的抗争精神在马克思政论中的重要地位。在1938年5月5日的马克思诞辰纪念中,中共称马克思"是第一个用科学的方法研究中国问题和中国社会的理论家和政治家。他曾经对于贩毒的鸦片贸易表示强烈的反对,他曾经对于鸦片战争、对于亚罗船事件、对于英法联军,表

---

① 《纪念孙中山与马克思》,《抗敌报》1940年3月13日,第1版。
② 社论:《纪念五五学习科学的革命理论》,《抗敌报》1937年5月6日,第1版。

示痛切的愤慨"。① 由此可见,马克思关注鸦片战争并非浮光掠影般仅表同情,而是采用科学方法研究中国问题和论证英、法等国的侵略行为,还从中提炼出中华民族的抗争精神。范文澜称马克思将鸦片战争视为近代民众革命的发端,是中华民族的反侵略斗争,"广州数万人民所代表的沿海各省反侵略的群众运动,尤为百年来民族运动的前锋"。② 范文澜认为马克思明确了鸦片战争性质,并用科学方法论证中国人民反抗斗争的正当性与合理性,强调了马克思对中华民族解放运动的同情与支持,深化了马克思纪念中的民族抗争意涵。

中共在国难日蹙的局势中灵活运用纪念话语来勾连马克思主义与抗战现实。马克思主义的革命性对于民族复兴和国家发展具有深远意义,"永远摆脱我民族内部一切关于榨取、倾轧、欺凌的一切苦痛是最彻底地代表我民族的利益,是我民族历史上从未实现的崇高理想,而要达到这点,除了运用马克思列宁主义科学思想,根据各种民族、历史运动的规律及其具体的条件所提出的方法,是没有别的道路的"。③ 正因为马克思主义具备超越其他理论的现实价值,故中共号召时人接纳和学习马克思主义,将其作为指导抗战的思想武器。在1938年的五五纪念中,中共号召"在今天抗战的烽火中,正需要武装我们的头脑,求得正确的社会科学智识,放在我们前面的任务,应当加深马克思主义的研究,从国际工人运动中,取得经验和教训,来争取中华民族解放的胜利"。④ 正因为抗战的艰巨性,中共主张不断普及马克思主义以提升国人对时局的思考和应对能力。马克思及马克思主义作为中共意识形态的关键

---

① 《纪念马克思和孙中山》,《新华日报》1938年5月5日,第1版。
② 范文澜:《辛亥革命:三条路线斗争的结果》,《解放日报》1944年10月10日,第4版。
③ 陈伯达:《纪念马克思与孙中山》,《解放》第66期,第21页。
④ 《纪念马克思和孙中山》,《新华日报》1938年5月5日,第1版。

内容，在中共纪念话语中尤为重要，不仅为抗战现实提供思想资源，同时也有助于意识形态宣讲和政治文化的凝聚。

中共还申明坚持抗战是完成马克思与孙中山历史使命的途径。在1938年五五纪念中，《新华日报》刊文称马克思的指示和"孙中山先生终身奋斗的目标——自由平等博爱的中华民国，还没有完成，正遗交我们今天在抗战中，在战胜日寇的战争中，来建造独立自由幸福的新中国"。① 马克思曾预想中国将成为自由、平等、博爱的民主共和国，而孙中山领导的革命运动仅部分地实现了这一设想，正当自由、平等、博爱等现代观念尚未普及之时，中华民国因日军侵略而遭遇到深重的民族危难。1939年5月，时人称"这两位伟大的天才革命家，高度发挥他们的伟大革命精神，点燃照亮中国和全世界被压迫着由黑暗到光明的明灯。马克思这个天才的指示，孙中山先生终身奋斗的目标——自由、平等、博爱的中华民国还没有完成，正遗交给我们"。② 故纪念话语言明建设现代国家的历史使命已由马克思到孙中山转移到抗战时期的全国民众肩上，抗战建国因之而成为举国上下同心一致的奋斗目标，这无疑为提振国民抗战精神打了一针强心剂，"在民族危机严重的今天，我们纪念五五，只有拥护国共两党为民族生存而长期合作，巩固扩大统一战线，支持全民族对日持久抗战，提升民族自尊心与自信心"。③

综上，中共纪念话语着力钩沉孙中山与马克思言行中的民族抗争精神，明确其中蕴藏的中华民族解放意涵，在印证近代国运曲折往复之际也使中国革命进程与世界革命潮流相呼应。正如美国卫斯理大学柯文（Paul Cohen）教授指出历史至少有三个层面，称

---

① 《纪念马克思和孙中山》，《新华日报》1938年5月5日，第1版。
② 《纪念五五》，《抗敌报》1939年5月5日，第3版。
③ 《纪念五五》，《抗敌报》1939年5月5日，第3版。

之为"历史三调",即经历、事件与神话。① 许多历史都具有这样的三重性,而将鸦片战争和太平天国运动进一步贯通起来的正是内中的抗争精神,这也与抗战时期的民族解放目标一脉相承,而历史记忆阐发与民族抗争精神凝聚成为超越历史本身的更高存在,历史记忆也更具现实意义。

三、趋同的民主追求

中共的纪念话语阐明了马克思对太平天国运动的评价,勾勒出他对现代中国的政治理想。纪念话语进一步说明马克思政治理想与中国革命的通联,马克思的"中华共和国"理想在孙中山领导的革命运动中变为现实,中华民国更成为"中华共和国"的现实化身,基于此,孙中山的民主革命实践与马克思的科学论断的联系被建构起来。

在1940年3月12日马克思逝世纪念中,《新华日报》称马克思曾预言自由、平等、博爱的中华共和国终将建立。② 而在实现这一目标的过程中,近代中国的各种革命运动皆参与其中,既有太平天国运动等农民起义,也有辛亥革命等资产阶级运动。其中,太平天国运动是近代农民运动的代表,马克思正是基于太平天国运动中具备的现代因素,认为它冲击了2000多年的封建统治秩序,并推动了中国的近代化进程,也勾勒出对现代中国的政治理想,即由古老帝国一跃而为崭新的民主共和国。③ 在纪念孙中山中,陈伯达亦称马克思希望中国迅速地由传统帝国进入有一定历史进步作

---

① [美]柯文:《历史三调:作为事件、经历和神话的义和团》,杜继东译,江苏人民出版社2000年版,第4页。
② 《纪念两个伟人孙中山与马克斯》,《新中华报》1940年3月12日,第1版。
③ 《纪念孙中山与马克思》,《新中华报》1939年3月13日,第1版。

用的崭新生活，①即指自由平等的现代社会。事实上，太平天国运动虽成功建立了具备新因素的农民政权，但因其统治阶级的执政理念未能脱离传统而迅速失败。在中共纪念话语中，马克思从已然失败的太平天国运动中看到中国人民推翻民族压迫和封建统治以及追求民主共和国的奋斗精神。

孙中山领导的辛亥革命成为马克思政治理想转为现实的具体实践。在1939年五五纪念中，《新华日报》强调孙中山"在辛亥革命中把马克斯这个预见实现了，推翻了满清专制，建立了中华民国，但是辛亥革命是暂时失败了。而孙中山先生以'满清覆亡''余孽尚存、军阀专擅、政治日窳'于民国十年在广州就任非常大总统，继续为真正的中华民国而奋斗。"②在中共纪念话语中，辛亥革命后建立的资产阶级共和国正回应了马克思的政治预想，即建立自由、平等和博爱的"中华共和国"，这一理想由孙中山"第一次把它实现，建立起中华民国，但是不久，辛亥革命遭受了失败，继满清专制政府而统治中国的又是封建军阀。孙中山先生百折不回，始终继续为真正的中华民国而斗争，并于一九二一年又在广州就任非常大总统，树立南方革命政权的基础"。③ 从具体的革命进程看，孙中山领导的辛亥革命将马克思的政治理想变为现实，且当中华民国民主政治进程遭遇困境和挫折时，孙中山仍不屈不挠并在广州就任非常大总统，依托南方革命政权进一步推进民主革命。事实上，中国虽经由辛亥革命推翻了满清专制统治，建立起资产阶级民主共和国，但纵观其整个发展历程，"民主"在民国政治体系中多名不副实，④诸多民主权利难以为国民党之外的政党和广大民众

---

① 陈伯达：《纪念马克思与孙中山》，《解放》第66期，第19页。
② 《纪念两个伟人——马克斯和孙中山先生》，《新华日报》1939年5月5日，第1版。
③ 《纪念马克思和孙中山》，《新华日报》1938年5月5日，第1版。
④ 社论：《伟大的五五纪念》，《新华日报》1940年5月5日，第1版。

享有。

五五纪念成为马克思的政治理想和孙中山革命实践的交汇点,这一提法不仅贯通了马克思主义与孙中山革命实践的关联,同时也理顺了世界革命和中国革命的关系。换言之,经由中共纪念话语的塑造,孙中山领导的革命运动出则联通于世界革命,入则融会于中华民族解放和民主政治进程的洪流之中。

在这一语境下,中共借助纪念话语增强自身政治合法性。具体而言,中共将马克思主义的科学性和对三民主义的继承性作为自身合法性的来源。其一在于中共是马克思主义的继承者和实践人,中共在这一理论的指导下有能力保障民族解放运动的正确方向,由此即产生了政治合法性。① 马克思主义的科学性与预见性不仅体现在马克思对民主中国的政治理想,还体现在它对社会规律的准确把握,科学共产主义的特点是"它不是根据于空想,不是根据于主观的憧憬,而是根据于具体的民族社会历史发展的必然的客观规律,规定一定的科学革命方法和步骤,经过一定的必须经过的各种革命阶段,而奋斗以达到共产主义"。② 因此,科学性是中共政治合法性的前提,若无科学理论的指导终将妨害民族解放事业。其二是中共继承了孙中山的三民主义,将民族解放与民主追求视为自身的奋斗目标,故被赋予了历史的合法性。中共继承了近代中国的优良思想和革命传统,其中包括了孙中山的革命理想,"孙中山先生是中国近代一个伟大的思想家革命家,中国的马克思主义者正努力为孙先生的革命思想的实现而奋斗"。③ 同时,中国共产党融合两种思想的政治目标,"以马克思列宁主义科学的理论作武器,更英勇地领导着广大的中国人民,争取中华民族的独

---

① 《纪念孙中山与马克思》,《抗敌报》1940年3月13日,第1版。
② 陈伯达:《纪念马克思与孙中山》,《解放》第66期,第20页。
③ 《纪念马克思和孙中山》,《新华日报》1938年5月5日,第1版。

立自由幸福,愿与孙中山的忠实信徒共同为实现孙中山先生的新三民主义共和国而奋斗,以完成中国人民的新民主主义的革命"。① 在1940年3月12日的孙中山逝世纪念中,中共主张实行三民主义,以便引导民众经过抗战建国彻底胜利的阶段,达到中华民族与中国人民的彻底解放,建设自由平等幸福的共产主义社会。② 因此,中共的纪念话语说明了三民主义是抗日民族统一战线的思想基础,而遵从这一主义"既不是取消科学共产主义的理论,又不是取消共产主义的关于各个革命阶段的政纲。只要有中国无产阶级这个阶级存在,科学共产主义的理论、共产主义关于各个革命阶段的政纲便会出现,便会存在,并在一定时候会变成完全的现实"。③ 基于此,中共证明了抗战时期的三民主义与马克思主义并行不悖,均指导着中共的政治行动,这也成为中共政治合法性的来源。

综上,中共同时纪念马克思与孙中山的实质在于以联通马克思主义和孙中山的革命理念,将其所代表的共产主义运动同近代中国的革命实践融为一体。在纪念话语中,马克思对中国的评述以及和孙中山对马克思及其学说的解析穿插互动,突出了马克思的政治理想和孙中山的革命实践前后接续,这种创造性的联系经由纪念话语的阐述逐渐推广开来,成为中共同时继承马克思主义和孙中山三民主义的思想基础。

四、马克思主义与三民主义的理论赓续

抗战时期马克思主义是中共挽救民族危亡、争取民族解放的

---

① 社论:《纪念五五学习科学的革命理论》,《抗敌报》1937年5月6日,第1版。
② 《纪念孙中山与马克思》,《抗敌报》1940年3月13日,第1版。
③ 陈伯达:《论孙中山先生及其学说——〈三民主义概论〉增订版序论》,《解放》第116期,第27页。

思想指针,而三民主义是孙中山为推翻满族的民族压迫、实现民主政治的革命原则,中共运用纪念话语阐述两者的关联和现实价值,以应对和协调多种思想错杂局面。事实上,若对两种思想不予贯通而任其隔膜疏离,则可能造成中共党内思想莫衷一是,甚至出现严重的思想分歧而滞碍抗战大局。

中共纪念话语肯定了马克思主义在改造三民主义过程中的作用。陈伯达明确了孙中山引介马克思主义的贡献,当"马克思主义在西方举世风从的时候,马克思在以满腔热情纵论中国这伟大民族的前途的时候,那时中国人还不知道马克思主义。同盟会时代,感谢几位革命民主主义者如孙中山先生和朱执信先生首先片段地介绍了马克思主义到中国来"。① 孙中山等人虽片段地介绍了马克思主义,但在引介过程中也吸收其中部分观点来充实三民主义。纪念话语认为,这是马克思与孙中山思想的交汇点,有助于将两种思想进一步勾连而厘清近代中国革命思想的内在发展理路。

中共纪念话语强调马列主义与三民主义的融通是革命要素从世界传入中国的象征,经两相调和融化后生成的革命化三民主义则是中共的继承对象。新三民主义在国民大革命时期发挥了关键作用,这也成为抗战时期国共合作政治基础。于中共而言,既然三民主义中已融入了马克思主义而成新三民主义,且国民大革命早已证明新三民主义的合科学性与现实价值,故抗战时期中共秉承新三民主义、争取抗战胜利和民族解放则是同时继承马克思与孙中山的意志的最好体现。换言之,抗战时期中共的诸多政治活动兼具民族性与世界性。中共号召应努力研究和继承三民主义,为实现三民主义而奋斗,"今天中国人民正努力于抗战,从抗战的胜利中建造独立自由幸福的新中国,这正是执行马克思的指示,继承

---

① 陈伯达:《纪念马克思与孙中山》,《解放》第66期,第19页。

孙中山先生的遗志"。① 中共继承三民主义既是基于其极强的革命性,也源于其对民族解放和民众利益的充分关切,更是中共在马列主义的指导下结合本国革命与社会现实的政治抉择。

马克思主义是中共继承三民主义的理论依据,也保证了中共思想的独立性。鉴于部分党员对三民主义的认识不尽一致,故有必要在纪念话语中说明中共继承三民主义的依据,教育党员立足于马克思主义来正确认识三民主义,进而将其视为国共合作的思想基础。而中共坦言抗战时期三民主义的指导地位源自科学共产主义,"对于这共同纲领的理论了解,我们是尊重了吸收了中山先生革命思想方面的精华,但是如果我们不是根据科学共产主义的理论,我们就无法把中山先生革命思想的精华加以最正确的处理,并在历史最恰当的地位来了解它"。② 为进一步厘清马列主义与三民主义的关系,陈伯达从社会基础、理论基础、学说地位、政治纲领、革命方法以及革命主力等方面予以说明,从而明晰马列主义与三民主义的关系,强调马列主义在很大程度上发展了三民主义,使之更为适应中国的革命实际,若无马列主义和中共的帮助,则不可能产生真正革命的三民主义。唐蕻则着重突出两者在思想基础方面的区别,"共产主义的哲学思想基础是唯物论,中山先生的哲学基础是唯生论,共产主义对社会历史理论的基础是唯物史观,中山先生则是唯生史观",③而马克思主义对三民主义的改造则成为其科学性的体现。

基于马克思主义与三民主义的深刻联系,中共主张继承两者以推进抗战事业的发展。历史地看,马克思主义促使三民主义更加革命化,为国民大革命的顺利展开提供了思想指导。"三民主义的革命性,不能离开马克思主义这一基本出发点,否则,它将是反

---

① 《纪念马克思和孙中山》,《新华日报》1938年5月5日,第1版。
② 陈伯达:《论孙中山先生及其学说——〈三民主义概论〉增订版序论》,《解放》第116期,第27页。
③ 唐蕻:《拥护中山先生的革命传统》,《群众》第9卷第6期,第9页。

动的。汉奸汪精卫的伪造三民主义就作了这一证明,目前反共顽固派的歪曲三民主义也在证明这一点,孙中山先生之所以是伟大的革命家,就是因为他是在马克思主义这一基本出发点上,创立了联俄、联共、扶助工农三大政策和革命的三民主义。"① 由此可知,三民主义之所以在不同阶段指导着国家政治的发展,其关键原因在于吸收马克思主义。因此,若将两者割裂对立则可能造成三民主义的僵化。在1944年3月孙中山逝世纪念中,中共抨击当时借三民主义来反对马克思主义的观点,他们不但固守和夸大文化中落后成分,以"反对中山先生的民主革命原则及其三大政策,而并不限于反对社会主义和共产主义的科学思想"。② 中共阐明马克思主义与三民主义间的联系,一定程度上驳斥认为两者截然对立的观点,有助于在宣传政治理论的同时强化其对中国社会的关联。

中共不仅是无产阶级应积极参与抗战救国事业,还进一步明确了抗战时期民众的历史使命。如前所述,新三民主义是三民主义接受马克思主义的改造而生成的先进理论,到了抗战时期,新三民主义仍具有重要价值,它不仅应为国共两党和其他政治力量所遵从,而且其他社会阶层亦应学习和接受三民主义,明晰自身在当前时局中的地位、责任和前途。中共依托纪念话语,强调要"了解真正的孙中山先生的三民主义,并且把它和各种各样的假三民主义区别开来。了解马克思列宁主义,及其在中国环境中的运用。必须放大自己的眼光,把自己看成历史进程中一定阶段的直接担当者,而克服某些从旧社会中带来的狭隘的行会的思想"。③ 中共不仅要求学习马克思主义,还进一步主张运用马克思主义来回应攻击和污蔑中共的种种言论。在1940年3月12日的纪念中,中

---

① 社论:《掌握马克思主义的理论武器》,《晋察冀日报》1941年5月6日,第1版。
② 唐蕻:《孙中山、林肯和列宁》,《新华日报》1944年3月12日,第4版。
③ 刘少奇:《"七七"抗战二周年纪念致中国工人们》,《解放》第77期,第19页。

共号召"坚决与那些诬蔑马克斯（思）主义的人作斗争。马克斯（思）主义在中国的发展和胜利，就是中国人民的伟大胜利，就是中国民族解放和社会解放事业的胜利"。① 马克思主义在严重的国难中意义重大，社会各界皆应接纳这一理论来应对抗战需要，而不是固守门户之见，排斥其他的进步思想。由此可见，中共的核心关怀仍是促成全国各阶级各阶层团结抗战，"根据马克思对于弱小民族战斗的指示和孙先生的未竟事业，彻底发挥共产主义与三民主义的革命精神，广泛深入的解释共产主义的现阶段与孙先生三民主义的关联，保证以国共二党合作为基础的抗日民族统一战线的愈臻巩固和扩大，以争取抗战的最后胜利和民族解放"。②

总的来说，三民主义与马克思主义之间既有差异也有共通，而抗战时期中共纪念话语更多地强调共通性。从革命的发展进程看，三民主义曾指导了国人推翻民族压迫，建立资产阶级民主共和国。到国民大革命时期，国共两党在反对军阀的革命目标下实现了国共合作，其中的思想基础则是马克思主义改造后产生的新三民主义。到了抗战时期，民族与国家的危难空前加深，全民动员成为赢得抗战胜利的关键要素，故中共借助纪念话语凸显马克思主义的科学性与三民主义的共通性，使之成为教育党员和凝聚人心的思想资源。

余 论

马克思与孙中山、马克思主义与三民主义之间的融通成为全面抗战初期中共纪念表达的重要政治话语。中共通过创造性地运用相同的时间来纪念孙中山与马克思，不仅发掘了马克思和马克思主义与中国历史的深切联系，还将马克思的政治理想和孙中山

---

① 《纪念两个伟人孙中山与马克斯》，《新中华报》1940年3月12日，第1版。
② 奋思：《今年的"五五"》，《抗敌报》1938年5月4日，第1版。

的革命实践相勾连,尤其强调马克思主义在改造三民主义过程中的贡献,从而构建了两者的理论和实践关联。中共纪念话语阐明了马克思主义符合中国革命的发展规律,主张依靠其科学指导应对抗战局势的挑战。中共还在孙中山革命精神和三民主义的指导下,不断追求民族解放和民主政治。中共成功地拼合了两种思想主张,不仅在一定程度上缓和了长期以来国民党的敌视情绪,也有助于中共党员正确认知两种思想的关系,为抗战事业的发展奠定了思想基础和政治基础。

中共纪念话语中的马克思对鸦片战争和太平天国两个事件的核心阐述皆围绕于反抗侵略,相较于鸦片战争体现出的民众反抗精神,太平天国运动被视为近代中国对民主政治和现代国家的探索以及自由、平等、博爱等现代观念的萌发。质言之,中共纪念话语不断宣传马克思的科学论断,将反抗侵略的民族解放和追求民主政治目标融合在一起,从而贯通民族革命与社会革命,其中民族革命指中日问题,社会革命指向国共问题,这两大问题在抗战时期始终联系在一起,纪念话语成为兼容两大目标的重要载体,也成为影响中共政治活动的重要因素。到了抗战时期,中共面对艰难时局,更加深刻地意识到马克思和马克思主义与近代中国的密切关联,因此还在此中融入对抗战现实的关怀。

总而言之,中共对孙中山和马克思的共同纪念既有助于生成近代中国由马克思到孙中山再到抗战时局中的全体国人之间的革命继承关系,逐步实现革命链条的向前延伸,在不断厚增的革命语境中阐明了中共对民族解放和民主政治的不懈追求。抗战时期中共借助纪念活动,在灵活应对抗战的同时不断深化马克思主义中国化的发展进程,这一极具价值的二重奏则成为中共维护抗日民族统一战线,推动民族解放的美妙乐章。

(秦勤,湖南师范大学历史文化学院博士研究生)

报刊舆论、话语重构与社会变迁：
1905年上海会审公廨案新探

曾 荣

近代中国日益发达的报刊舆论，往往在一些重大事件中扮演着催化剂的作用，引发内外政策的演变、话语内涵的重构，乃至社会思想的变迁。1905年上海会审公廨案爆发后，中国知识阶层与趋新人士借助报刊舆论的力量，发动各界民众及社会团体举行声势浩大的集会抗议行动。基于"租界主权"事关"国体"的认知，官、绅、商、学界人士纷纷加入"文明排外"行动之中。随着中西舆论战与国内民众的罢市风潮的不断演进，"国民外交"的话语内涵以及国民参与外交的思想理念，由此经历了新的洗礼和升华。

学界既往对上海会审公廨案发生的背景、交涉经过与影响作了探讨，但缺乏报刊舆论引导下的国民参与外交问题深入考察。①尤其是中西舆论较量背景下"国民外交"话语内涵的重构、国民参与外交思想理念的演变，以及"租界主权"之争的产生、发展与影响等问题，仍有进一步探讨的空间。而从报刊舆论推动与引导的视

---

① 蔡晓荣：《清末民初上海会审公廨中美商民的混合诉讼及交涉》，《历史研究》2019年第1期；侯庆斌：《晚清上海会审公廨讞员群体与租界华洋权势变迁——以陈福勋、葛绳孝和金绍城为例》，《历史教学问题》2019年第4期；张丽：《上海公共租界会审会廨收回始末》，《史林》2013年第5期；褚晓琦：《袁树勋与大闹会审公堂案》，《史林》2006年第6期。

角,历时性考察上海会审公廨案发生后的"租界主权"之争,或可揭示国民参与外交思想理念的演变和"国民外交"话语内涵的重构,进而呈现近代中国社会思想深层变动的历史趋向。

一、案发后的舆论引导与各界集议

1905年12月8日,广东已故官员黎廷钰的妻子黎王氏,与随从携带15名女孩乘船由川返粤,途经上海时因人诬告拐卖女孩而被拘捕,当即被送往上海会审公廨审理。在当天的审查中,经黎王氏出示女孩买身契约,中国谳员关炯之等人遂以"拐骗人口"罪名证据不足,拟判暂押入会审公廨候讯。然而,英国陪审员、副领事德为门(B. Twyman)要求将黎王氏等人押入工部局女牢,双方僵持不下之际,巡捕房捕头木突生却率人在公堂上大打出手,造成会审公廨的两名廨役重伤,副谳员金绍成亦险被木棍击中,冲突中德为门和巡捕破门而出,并将黎王氏等人强行押往英租界工部局女牢,由此酿成一场事关租界主权问题的会审公廨案。①

上海会审公廨案的发生引起舆论的轩然大波,尤其是上海各大报纸,纷纷谴责英租界当局的无理之举。9日,《中外日报》的评论严厉声讨中国廨差被殴之事,认为"以公堂之上,而有此不合情理之事,似于文明之誉大有亏损"。② 同日,《新闻报》社论则将此案与国家"主权"联系起来,称上海"以极文明之地方而有极野蛮之新闻,以极严肃之公堂而有极扰乱之举动,以极尊贵之人格而有极轻率之行为",这是对我国主权的严重侵犯,然"主权所在,断不可自我而失之",呼吁各界民众"全力以争此仅存之权"。③ 10日,《申

---

① 熊月之:《大闹会审公堂案解读》,纪念关炯之诞辰120周年学术研讨会编:《关炯之先生诞辰一百二十周年纪念文集》,1999年,未刊,第14页。
② 《论廨差被殴受伤并及狱员事》,《中外日报》1905年12月9日。
③ 《论大闹公堂》,《新闻报》1905年12月9日。

报》社论直接表示,英方大闹公堂"是蔑视我国体",其强行关押黎王氏等人之举"是贱视我华人之代表也"。①

随着案发后民众激愤情绪的持续高涨,加之舆论界的宣传与鼓动,一场由中国知识阶层与趋新人士共同推导的文明排外行动逐渐酝酿起来,而民众集会成为这次行动的先导。当时,包括商务总会、公忠演说会、沪学会、文明拒约会和广肇公所等团体,从案发次日起至17日,多次集会声讨英方在案件中的野蛮之举,呼吁国民起而维护租界主权,形成了一股强大的民众抗议浪潮。

在报刊舆论的鼓动下,短短数天内,上海绅、商、学界等团体集会十余次,参与者4万多人次,其中戈朋云、严承业、刘人杰、冯仰山等人参与数个团体或组织,俨然成为集会抗议的骨干,由此形成抗议上海会审公廨案的巨大声浪,造成社会舆论的强烈反响。而在9日下午商务总会的集会上,"寓沪绅商及各帮各业代表"数千人齐集商务公所,"素有声望之绅商"马相伯、曾铸等人相继演说,严厉声讨"英陪审官举动野蛮,殊失文明国之气度","全体决议,一由商务总会致电商部转告外部,一由绅商迳电外部",要求将英副领事撤回。②

从当时的集议情况来看,一方面,国人认识到英方殴官之举,"皆有夺我主权之意",即此案并非一般案件,而是关涉中国"国体"和租界"主权","吾等商民万不可不有策以抵制之";另一方面,国人意识到抵制之策须以"文明"为要旨,尤其是广大商民,认为英方捕人殴官,"实属野蛮举动,然中国对付之策仍须和平"。此外,高度评价中国官员维护租界主权之举,并力图保护与拘留。由于上海会审公廨谳员关炯之和副谳员金绍成于案发后,迫于压力请职,这引起各界极大愤慨。《申报》宣称"盖租界主权之所以逐渐失去

---

① 《论会讯公廨哄堂事》,《申报》1905年12月10日。
② 《记上海绅商集议捕头在公堂斗殴事》,《中外日报》1905年12月10日。

者,皆由从前各谳员唯唯诺诺之所致也",而"关谳员于此事实能力争主权,现既因此辞差,本埠商民必须竭力挽留"。①

《申报》此议反映了民众心声。在舆论的引导和推动之下,12月10日,上海公忠演说会5000余人在徐园集会,戈朋云、严承业、刘人杰等人相继演说,他们对中国官员被辱与主权被侵之事表示强烈愤慨,要求撤换英方副领事,惩办肇事捕头,"并此后工部局宜增华董,至西陪审官与捕房之权须定限制,而女犯押西牢一事亦当争回"。需强调的是,当天上午上海道台袁树勋邀集上海各界绅商在闸北洋务局进行商谈,众绅商表示,"关谳员办理此事力争主权,实为从前各谳员所未有,现万不可允其辞差",袁氏"亦甚以为然,既又议定由官商合电至英外部力争此事,其电费归道宪担任"。作为上海地方官员,袁树勋主动与广大绅商进行接触,征询意见并当众表示:"本道必能俯顺舆情,为后之任租界谳员者劝,并望各绅商转告大众勿过激愤。"②

随后,袁树勋践行上述承诺,电告各国领事称:英国副领事德为门、捕头木突生等人"以公廨定章如弁髦,视中西官长如儿戏,不图文明之国而有此野蛮之人,公堂为华洋观瞻所系,如此胆大妄为,尚复成何体统",认为德、木两人严重违规,须革职查办。③ 在与各国领事积极交涉、据理力争的同时,袁氏还力促各界文明对待,切勿暴动,以免影响交涉。

借助于日益发达的报刊舆论,近代西方"国家""国民""国权"等观念逐渐深入国民人心。而在租界主权事关"国权"的社会认知下,涉案的中国官员关炯之与金绍成维护租界主权之举,得到绅、商、学界人士的高度评价,他们认为两人的举动,一反以往清政府

---

① 《汇录哄闹公堂事》,《申报》1905年12月10日。
② 《汇录哄闹公堂后商议对付情形》,《申报》1905年12月11日。
③ 《汇录哄闹公堂后商议对付情形》,《申报》1905年12月12日。

官员在对外交涉中丧权失利之弊,称赞此举将有力引导各界民众起来维护国家主权。

对此,11日《申报》刊发时论称:"此次争夺女犯哄闹公堂","谳员能尽官守,能保主体,能争国权","挽回垂失之权利",实为历年来中外交涉难得一见之事。① 显然,关、金两人之举赢得了广大国民的认同,上海道台的积极劝说也为缓解上海会审公廨案后众商民的激愤情绪起到了一定作用,故而在11日商学补习会举行的集会上,苏筠尚、严承业、冯仰山等人演说时呼吁国民"文明"对待此案,称"现在不可暴动,听候商务总会如何办法,如不能争回主权,咸宜各尽国民天职,凡各商家及各住家陆续迁居南市或城内,以避租界捕头之凶。盖西员既习此野蛮举动,商人惟有远而避之,惟此等办法不可强迫,亦不必急切,惟誓必达此目的而后止"。② 可以说,上海会审公廨案发生后的报刊舆论,已经成为联结政、商、学等界人士黏合剂,而报刊舆论引导下社会各界人士与地方政府官员的互动,无疑有助于推动案件交涉的走向,进而引发话语重心的重构、社会思想的变迁。

二、报刊舆论影响下的案件交涉与"文明排外"

上海各界人士集会抗议之时,已初步认识到此案关涉租界"主权",必须加以"文明"对待。尤其是知识阶层和趋新人士,他们以报刊舆论为阵地,向绅商学界及社会民众灌输文明排外思想。受此影响,当时包括商学补习会、商业求进会、商学会等各界团体均自觉提倡文明排外。以商业求进会为例,该会人士通过演说、集会与散发传单的方式,劝导国民施以"文明之手段","万不可轻举妄

---

① 《论谳员不应辞差》,《申报》1905年12月11日。
② 《汇录哄闹公堂后商议对付情形》,《申报》1905年12月12日。

动,兆野蛮之名,致节外生枝,反令大吏为难,务各自勉是幸"。①

舆论风潮的走向直接推动了近代中国"国民外交"话语重心的重构。随着民族主义情绪的日益高涨,中国知识阶层与趋新人士逐渐感受到下层民众的强大力量,由此提出"外交之本体实在国民"的响亮口号。11日,《外交报》刊载《论民气之关系于外交》一文,对国民为外交之本体进行了详细论述,文章称:"积民而成国,国有外交,即国民与国民之交涉也,国民不能人人自立于外交之冲,于是有外交当局以代表之,代表者所权之利害,即国民之利害也,所执之政策,亦国民之政策也。"鉴于庚子年间义和团野蛮排外的惨痛教训,该文作者还大力倡导文明排外,认为:"合群仇教之政策,至拳匪而达于极点矣,此等无意识之政策,不能不归咎于国民程度之太低,然而国民渐涉历于外交界,则亦以此为端倪矣。故由是一进步,而遂能以正当之政策、文明之举动,为外交官之后援,虽尚在隐现绝续之交,而要已足为我国外交自昔未有之变相。"②

"外交之本体实在国民"口号的提出,具有深刻的时代背景与深远的历史意义。质言之,该口号的提出表明,时人对国民在外交中的地位和作用予以重新审视,即置疑和否定清政府的外交政策,实现了国民在外交中"本体"地位的转变。

国民外交思想的重构,往往深刻影响着民众行动的走向。12日,上海商学会3 000余人开会,"集议西捕辱官对付之方法",会上尤惜阴、黄培炎等人相继发言,称"中国今日须官民合力,保护国权,如不允撤换副领事之要求,吾商民当联成一大会,再议办法"。当天,"崇海同乡会"百余人集会,与会"诸君莫不慷慨激昂",纷纷提出维护租界主权与保护国体的要求。③ 当天下午两时许,"四明

---

① 金跃东译,邓云鹏校:《一九〇五年大闹公堂案史料》,《档案与历史》1988年第1期,第34页。
② 《论民气之关系于外交》,《外交报》第130期,1905年12月11日。
③ 《汇录哄闹公堂后商议对付情形》,《申报》1905年12月13日。

同乡会"6 000余人亦集会于四明会馆,尹鹤林、孙纪刚、戈朋云等人在演说中呼吁:"现在外务部尚无切实办法,我人民只须静候,切勿暴动,致贻外人以口实,万一此次事端我道台退让,我外务部退让,则我人民当立定主意,至死不肯退让",故此案"对付之法,当持之以坚忍永久,切勿轻举妄动,以文明之手段示外人,不以有始无终,虎头蛇尾之办法相对待"。①

由此可见,在强烈的民族主义情绪的激励下,国人通过有组织地集会、演说与散发传单等方式,表达对外国列强野蛮行径的不满,以及维护租界主权的坚定决心。与以往不同的是,国人借助于报刊舆论,在集会抗议中能够以"文明排外"相互号召,尤其是上海绅、商、学界人士,在"外交之本体实在国民"的社会认知下,大家齐心协力,共同参与集会抗议活动,以强有力的舆论,表达参与外交的意愿。对此,时人不无称赞地表示:"官绅集议,共谋对付之方法,以维秩序而保治安,此诚自上海开埠以来未曾有之奇变也。"②

对于中国民众的正义要求,上海租界工部局却仍然持强硬态度,不肯做出任何让步。与此同时,工部局密切监视沪上民众的集会抗议,并派阿姆斯特朗(Armstrong)等人混入人群探听会议内容,借此探知上海各界人士"要求挽留会审公堂谳员关先生并要求撤换陪审员德为门"等讯息。12日,阿姆斯特朗在给租界总巡捕卜司赖根的报告中称,上海民众的集会出现了新动向,即他们准备"对一切英国货进行抵制",借此使"外国人屈服"。次日,卜司赖根向工部局致函,诬称上海民众"每次会议都变得比前一次更无秩序,更趋于引起骚乱,它的危险在于暴民们可能会掌握领导权并在来不及控制时就造成严重的骚乱"。③ 对此,工部局于13日当天

---

① 《记四明同乡会集议事》,《中外日报》1905年12月13日。
② 《论租界居民今日应尽之义务》,《申报》1905年12月13日。
③ 金跃东译,邓云鹏校:《一九〇五年大闹公堂案史料》,《档案与历史》1988年第1期,第27、30页。

召开紧急会议,总董安徒生在会上表示,"华人煽动分子采取暴力行为的气氛越来越浓厚","考虑到整个局势,他已征得英国当局的同意,即除了港内2艘军舰以外,再把'彭纳万契'号留下",企图以武力威慑造成对上海民众的高压态势。①

面对上海租界工部局的蛮横态度与武力强压,上海各界群情激愤,纷纷集会商议应对之策。13日当天,"沪学会"2 000余人举行集会,穆恕济在演说中斥责"西人违背约章殴辱华官,损失国权莫此为甚",呼吁大家"设法抗争,但不可为暴动之举",而应当"文明"对待,并提出"将租界商业移至南市"、租界损失概不赔偿以及"联合各会以厚力量"的建议,表现出对社会团体力量的关注和重视。与此同时,"文明拒约社"1万余人亦举办大型集会,社长冯仰山当众呼吁:"租界华官自有权保卫华民,万不可任外人侵夺,凡我寓沪士商应设法抵制。"与会的戈朋云、刘人杰、严承业等人相继演说,纷纷"筹议对付英陪审官嗾捕殴官之策"。②

针对英方调集军舰,企图对上海民众实施武力打压的局势,14日,上海玉业同人集会商议应对之策。此次集会到场者1 000余人,与会者鉴于"此事发见之日,至今已有六日,而尚无切实办法,深恐我中国官场仍照旧例,终于一无结果",决定采取"对付之法",即"国民只须预备英人不允之后,举行抵制之策。惟抵制之法,须持之以坚忍,行之以和平。虽英人有兵舰炮火,我不暴动一毫不相侵犯,彼必无如我何也"。③ 戈朋云在集会演说时亦强调文明排外的重要性,呼吁大家"不使用暴力,不给外国人以枪口对准中国人

---

① 上海市档案馆编:《工部局董事会会议录》第16卷,上海古籍出版社2001年版,第610、611页。
② 《汇录哄闹公堂后商议对付情形》,《申报》1905年12月14日。
③ 《记玉器同业集议事》,《中外日报》1905年12月15日。

的借口"。①

如果说此前上海各界集会旨在维护国体、争回主权,那么15日举行的潮州会馆集议,则将注意力转移到案件本身,即强调租界当局处置失当,并且要求将黎王氏等人立即释放。关于此案起因,肇始于黎王氏等人被捕。而经调查后发现,案件系"轮船中人因争酒资起见,而怀愤于黎黄氏,遂以此诬之也"。② 对此,戈朋云、严承业、刘人杰等人于潮州会馆集会时登台演说,宣称"黎黄氏系粤东宦妇,无端遭此不白,实关我粤全部",呼吁潮州和广肇两帮人士采取措施联合抵制:一方面,电告清政府商部和外务部,请其向英国公使正式抗议;另一方面两帮人士"钱业不与银行往来,轮船则共坐招商局华船,以发其端,如西人再不允办,吾同胞惟有万众一心,其谋迁避"。③

随着案件调查结果的出炉,加之各界民众集会抗议声势的不断高涨,相关抵制办法也逐步酝酿开来,这无疑给英国租界当局造成巨大震动,从而使案件交涉出现转机。时任英国驻华公使的萨道义(E. M. Satow)认为,案件调查结果表明,上海租界工部局"董事会在这件案子上犯了一个错误,因此他建议董事会同意领事团的要求,立即释放犯人"。同时上海租界领事阔雷明向工部局转发租界领事团的电函,要求"把此案的一些犯人立即而且无条件地予以释放",并发表声明称,"同意今后所有女犯仍由中国政府监禁"。对此,工部局总董安徒生虽表示"深感惊奇",但也不得不将黎王氏等人于15日释放。④

---

① 金跃东译,邓云鹏校:《一九〇五年大闹公堂案史料》,《档案与历史》1988年第1期,第33页。
② 《记潮州会馆集议事》,《中外日报》1905年12月16日。
③ 《汇录哄闹公堂后商议对付情形》,《申报》1905年12月16日。
④ 上海市档案馆编:《工部局董事会会议录》第16卷,上海古籍出版社2001年版,第611、612页。

值得注意的是,15日下午,工部局捕房按要求释放黎王氏等人时,并非交由会审公廨,而是直接送到广肇公所,以示对会审公廨的蔑视与侮辱。对于英方的失当之举,广肇公所同人极为愤慨,当天在广肇医院集会抗议。梁少梅在会上高呼:"黎黄氏等以中国命妇无辜受辱,虽经知误释放,我广帮须合筹办法,使其赔偿"。此议得到与会者一致赞同,决定立即"电致英外部诘问"。① 与会的《时报》编辑俞孚崎亦同意"联名发一份电报给伦敦英国外交部",并提出警告租界工部局,"如果我们的要求得不到满足,我们商人就要罢市"。②

与此同时,留日学生李叔同在《大陆》杂志刊文,痛斥英方"不审曲直,不问是非,押我宦妇,闹我公堂,辱我命官,其无理枉法,至于极矣",呼吁广大国民群起力争,"此而不争,则我民奴,此而不争,则我国墟,此而不争,则我种夷"。③

诚然,包括广肇公所在内的各界人士,对黎王氏等人无故被捕后的草草释放极表不满,对英方尤其是租界工部局的嚣张态度亦极为愤恨,由此通过集会演说、通电抗议、宣扬抵制英货等方式,希冀达至撤换涉案的英领事德为门和查办租界捕头木突生的目的,然而英租界当局显然不肯做出任何实际性让步,这无疑使怒不可遏的民众情绪迅速激化。

17日,上海商业求进会6 000余人在四明公所举行集会,当场发言者达12人之多,而与之前沪上集会抗议所不同的是,此次集会提出"一撤换英副领事;二革办西捕头;三工部局添设华董;四定中国官与西官以后办事之权限;五以后华人不论男女一律不押西牢"的具体要求,表现出对领事任命权、警权、人事权、办事权与关

---

① 《记广肇公所集议事》,《中外日报》1905年12月16日。
② 金跃东译,邓云鹏校:《一九○五年大闹公堂案史料》,《档案与历史》1988年第1期,第36—38页。
③ 光明:《论上海大闹公堂事》,《大陆》第17号,1905年10月23日。

押权等租界主权的高度重视。① 与此同时,与会者情绪激昂,力图将抵制英货之议推向实施的轨道,不仅"宣布明天将开始广泛的停业",还将实施抵制之日"作为新的一年的开始和中国新世纪的黎明载入史册"。② 显然,英国租界当局对中国主权的侵犯激起了国民强烈的屈辱感,在清政府与之交涉迟迟未果之时,激愤的上海民众已四处散发关于停业罢市的通知和揭帖,此时中国国民抵制行动亦犹如弦上之箭,蓄势待发。

三、中西舆论较量与罢市风潮

上海会审公廨案发生以来,随着中国知识阶层与趋新人士的宣传鼓动,以及在上海各界集会演说的推动下,国民传统的抵御外侮的民族意识被注入了新的内容,即对中国主权尤其是领事裁判权的维护和争取。这一趋势伴随着中西舆论之交锋而得以不断强化,并使争取权势和借重舆论成为"国民外交"话语的新内涵。

中外舆论均对此案做了动态报道,报道的重点包括案件交涉的进展、案发后上海社会局势、民众情绪及其动向。由英国人主办的《文汇西报》于案发次日即刊文宣称:"此次之事,致令租界之人甚为震动,中国商务总会、各国领事与中国各会馆均已预备开特别会议,以便抵抗外人对待会审官之举也。"③与此同时,作为当时上海最具影响力的外文报纸《字林西报》在报道该案时居然提出:"闹公堂之原因,皆由中国官员欲思反对外人租界内之势力而起。"④ 显然,由英方主导的报纸对中国民众争取租界主权之举持敌视态

---

① 《记商业求进会集议事》,《中外日报》1905年12月18日。
② 金跃东译,邓云鹏校:《一九〇五年大闹公堂案史料》,《档案与历史》1988年第1期,第38、39页。
③ 《西报记巡捕大闹公堂详情》,《中外日报》1905年12月10日。
④ 《字林报论哄闹公堂事》,《申报》1905年12月12日。

度。事实上，由于中西舆论在报道中的倾向明显不一，两者不但相互论争、互相攻讦，而且引发了一场针锋相对的舆论战。

针对《字林西报》关于租界权势之议，《申报》于12月12日刊文反驳道："彼不肯放弃租界内之势力，而谓中国反肯放弃势力耶？夫以最有名誉之西报而乃作此论说，则非中国人所能解矣。"①不仅如此，国内舆论界普遍认为，此案并非普通案件，而是一桩关涉"租界主权"尤其是"领事裁判之权"与"民事"权的重大案件。对此，《时报》主笔陈冷鲜明指出：英方"侵我主权，辱我国体，此非一二人之耻辱，而我国民之公愤公耻"，此案英人"尽夺华官之主权，是领事裁判之权不特可治，旅华之外人且直可辖华人之民事也"。②

《中外日报》注意到案发后"上海全埠官绅士商痛心于主权之被夺，华官之受侮，莫不大为震动，愤愤不平"之情状，在报道该案时注重发动和引导各界民众参与到文明排外斗争中来。针对英方媒体所谓"华人效法日人之所为""排外之心日以增高"的诬指，该报严厉反驳道："夫华人有无排外之心，姑不置论，然既谓为师法日本，则日本所与宣战者，扰乱和平之俄国耳，非与素来和好之诸国一律生衅也。华人若效法日人之所为，则上海之官商士庶与西人相处已久，岂于彼已对待之何若？"《中外日报》犀利的言辞显然触动了英租界当局，尤其是该报对英国素以"文明之国"自称不以为然的态度，引起了英租界工部局方面的强烈不安。③

13日，即《中外日报》上述评论刊发次日，英租界工部局召开内部会议。会上，工部局总办濮兰德（Percy Bland）特意"提请会议注意最近华文报纸所刊登的一些文章，其中特别是刊登在《中外日

---

① 《字林报论哄闹公堂事》，《申报》1905年12月12日。
② 《论西捕殴闹公堂事》，《时报》1905年12月11日。
③ 《论西人宜明白华民不平之故》，《中外日报》1905年12月12日。

报》的一篇,据认为这篇文章是要煽动群众闹事。总办建议,根据目前情况,既然在会审公堂提出起诉是不可能的,董事会就应警告这些报纸的编辑:如果他们继续在这个问题上触犯法律,他们的报纸可能会被查禁"。尽管"董事会反对这一做法",但仍然"决定写信警告这些报馆说,他们的行为可能会导致严重后果"。①

然而,租界工部局的警告并未产生实际影响。13日当天,《中外日报》题为《各西报论大闹公堂驳议》的时论,更是一针见血地指出:"各绅商与各华字报皆发明公论,以期力保中国之主权,意至善也;本埠各西字报则皆偏袒西人,意图扩其强权,或貌托平和,或意在力争,而揣其用意,则要不出乎此。"与此同时,该报还向国人疾呼:"如我之政府与封疆大员不再与外人争执竭力挽回,则日后租界寓居之华人,其所处之境界必致暗无天日而后已。"②

近代中国的民族危机诱发了社会危机,社会危机又引发了时人对舆论的关注和重视,随着国民主权思想和国家观念的进一步强化,在中国知识阶层与趋新人士的宣传和鼓动下,时人开始对这场事关租界主权的中西舆论战进行深刻反思。12月17日《申报》刊载的《论今日舆论之资格》一文即是其中一例。该文称述:"舆论为最后之战胜","此次争押西牢,违背旧订之章程,固为众人所共晓,争回争回亦已众口一词矣,然或民气一瘼不能坚持,则要求之目的既不能达,舆论之资格亦因丧失",长此以往,"外人将不但蔑视我政府,并我之民曁而亦蔑视之,致亡原因将在是矣",因此,"政府藉舆论为后援,而舆论因政府而见效,我国之前途其庶有望乎"。③

中西舆论战是罢市风潮的先兆,其焦点在于租界主权之争。

---

① 上海市档案馆编:《工部局董事会会议录》第16卷,上海古籍出版社2001年版,第610、611页。
② 《各西报论大闹公堂驳议》,《中外日报》1905年12月13日。
③ 《论今日舆论之资格》,《申报》1905年12月17日。

就在上文发表的第二天,上海各界民众为抗议会审公廨案英方失当之举而开始停业罢市。18日上午9时,数千名民众在租界工部局老闸捕房周围和市政厅前举行示威,当见到捕房巡警手持警棍,试图以武力驱散示威人群时,愤怒的民众再也遏制不住心头的怒火,冲入老闸捕房并放火焚烧。随后,示威群众冲进工部局市政厅,当即遭到守候在那里的巡捕枪杀,不久英国军舰之水兵也闻讯赶来镇压,示威群众被迫散去,冲突造成中国民众死伤30余人。

对于上海公共租界的罢市风潮,租界外国人士惊恐不已。18日当天,法国驻华公使吕班(Pierre René Dubail)急电法国外交部,"要求海军司令派一艘战舰到上海",以图自保。① 英国在上海的海军陆战队亦随即登陆,分别驻扎在各领事署、巡捕房等处,随时准备对示威群众进行逮捕和镇压。

应当注意的是,在流血事件发生后,包括《申报》《大公报》《中外日报》《新闻报》等在内的各大媒体,均以力劝民众"文明"而勿"暴动"为舆论导向,其论调颇为一致。19日,《新闻报》发表评论称:"吾文明华人聚会演说,皆劝人不可暴动,如有暴动即属破坏团体"。② 当日,天津《大公报》时论亦倡导文明对待,并重申:"外部覆华商电,有静候办理,毋得暴动之语。"③《中外日报》则于当天刊登上海道台的告示称:"若因罢市而后酿成别项暴动,不特本道一片血心付之流水,即尔等合群爱国之热诚亦将不能人人体谅。有理转为无理,且恐有无赖匪徒藉此滋闹,重为尔等之累。"并劝说国民"勿听无稽之言,勿为非礼之举,以顾大局而保国体"。④《申报》时论也呼吁国人"以和平为主义,文明为对付,劝告众人勿为暴动

---

① 《吕班致外交部》(1905年12月18日),《法国外交部档案》,NO107。引自章开沅等编:《辛亥革命史资料新编》第7卷,湖北人民出版社2006年版,第15页。
② 《劝各帮开市》,《新闻报》1905年12月19日。
③ 《论上海公廨因案交涉》,天津《大公报》1905年12月19日。
④ 《上海罢市纪事》,《中外日报》1905年12月19日。

者",并谴责引发暴乱之人,认为:"此等无意识之辈,其于保国权、图治安之事固不知为何物,所谓文明野蛮之分别亦不复知为何事,此固与商界、学界所持之意见绝不相侔,而有志之士所同声痛恨者也。"①

商民的罢市行动无疑惊动了中外政府当局,为了阻止民众的示威游行,控制罢市风潮引发的不安局势,清廷外务部电令两江总督周馥"即日前往上海,确切查明情形",要求将"此次滋事首要各犯讯究惩办,并将疏防之地方文武各官分别奏参"。② 周馥接旨后,即与英租界工部局举行会谈,会谈中周氏告以中方将"立刻逮捕某些煽动分子和无赖,并答应今后要制止不适当的群众集会"。③

在舆论界劝诫以及两江总督周馥等恶劣查办的共同推动下,至12月21日,上海公共租界的罢市已悉数停止,各大商店均恢复营业,国人要求撤换领事、查办捕头、增加华董等却仍然没有得到落实,似乎连日来各界民众团体的集会、抗议之举已宣告失败。

在此情形下,中国知识人士对此次租界主权之争中国民参与外交之得失进行了深刻反思。其中,《外交报》刊发的《论排外当有预备》一文的观点颇具代表性。一方面,该文深刻反省外交失败之因,认为国民"今日之所持以与外人争衡者,初不越乎集会演说、罢市停工二途,集会演说外人皆置之不顾,罢市停工则莠民必乘机为乱,不可复止,而外人乃得援以为口实,而因以大扩其利权,是二者皆有大利于外人,而有大害于中国者也。挟此术以与外人争,外人固祷祀以求,而愿中国之出此,事若数举,足以亡国而有余矣"。另

---

① 《论租界当急筹恢复治安之法》,《申报》1905年12月20日。
② 中国第一历史档案馆编:《清代军机处电报档汇编》第3册,中国人民大学出版社2005年版,第109页。
③ 上海市档案馆编:《工部局董事会会议录》第16卷,上海古籍出版社2001年版,第613、614页。

一方面,文章明确提出:"今之举国皆群言争公利之时,当再告之以排外之预备。盖预备二字,为今古办事之不二法门,而尤今日之急务也。"如此方能"遂其保全利权之目的"。①

《外交报》上文表明,争取权势和借重舆论,作为当时中国民众在内忧外患时局下所特有的思想理念和行动口号,既是国民将"文明排外"思想运用到对外交涉的结果,又反映了清末收回利权运动进程中民众的国家观念、权利意识的进步和增强。

四、结　语

20世纪初是近代中国新闻事业史发展的重要时期。作为当时中国新闻事业中心城市的上海,无疑是中外各大报刊媒体相互争竞、交锋与影响的重要场所。尤其是在中国内忧外患的时局下,国民外交的行动蔚为壮观、影响深远。而在这场事关租界主权的外交行动中,中国知识阶层与趋新人士以报刊舆论为阵地,引导和发动民众参与外交,从而对当时的社会民众产生重要影响。

尽管在上海会审公廨案发生之前,民众已经从"文明排外"的角度出发,对国民参与外交问题进行了深入的思考和探索,但在思想和行动上的影响,绝对没有此案来得那么强烈。一方面,他们有意识地总结戊戌时期中国知识阶层与下层民众相分离的状况,逐渐认识到下层民众的强大力量,通过日益兴盛的报刊舆论,积极发动和引导下层民众参与外交,使中、下层民众逐渐连为一体。另一方面,他们汲取了半个世纪以来救亡图存的经验教训,深刻反思庚子前后国人的野蛮排外之举,并且借助报刊舆论等工具,使国民传统的"抵御外侮"的民族意识注入新的内容,即对租界主权尤其是领事裁判权的维护和争取。这一趋势伴随着中西舆论争论的开始

---

① 《论排外当有预备》,《外交报》第131期,1905年12月21日。

而不断得以强化,并由此使国民参与外交的重心转向争取权势和借重舆论等方面,国民外交话语的内涵由此发生重构。

可以说,近代中国日益发达的报刊舆论,在一些重大突发事件中扮演着催化剂的作用,往往引发内外政策的演变、话语内涵的重构,乃至社会思想的变迁。诚然,当论及近代中国报刊舆论与重大突发事件的关系,我们首先想到的是1915年中日"二十一条"交涉前后,国人通过新闻报道、报刊评论、团体集会、宣传演讲等方式参与外交,酝酿和发动了一场规模宏大的国民外交运动。当时两国报刊舆论针锋相对,逐渐形成中日国民外交"相对抗"局面。[①] 纵观近代中国新闻史,这种中外舆论交锋、对抗的场景,无论是在五四运动前后,还是抗日战争时期,均屡见不鲜。而如果追溯这股中外舆论交流、争竞与对抗浪潮的起源,则与上海会审公廨案前后的中西舆论战,似有重要渊源。

需要指出的是,在上海会审公廨案交涉迟迟未果之际,激愤的民众因罢市和示威游行而最终激成暴乱,国人所奋力倡导的"文明排外"思想似乎在盘旋一周后又回到了原点。事实上,"文明排外"这一发生在社会历史重大转型时期的思想文化现象,或许只有经过多次的打击、挫折和反复,才会取得一种螺旋式的上升。就此而言,上海会审公廨案发生后的"租界主权"之争,反映了国民参与外交理念演变的趋向,折射出近代中国社会思想的深层变动,而在国民参与外交行动不断演进的背景下,如何妥善运用报刊舆论的作用问题,也成为贯穿近代中国始终的难题。

(曾荣,广东外语外贸大学马克思主义学院教授)

---

① 《中日外交之种种》,《时报》1915年2月18日。

从问题到难题:抗战胜利后
天津审判汉奸考察*

冯成杰

抗战胜利后,为维护国家纪纲,伸张民族正义,国民政府开展了检举、逮捕和审判汉奸的工作。学界在汉奸惩治问题上已有不少研究成果,一方面集中关注对个别大汉奸的审判和国民政府整体审奸情况;另一方面从战后审判汉奸的个案出发,探讨汉奸身份认定、军统参与审判、整肃汉奸中的国民党派系之争等问题。[①] 相关研究缺少从地方法院视角考察对职级较低汉奸的审判过程及其存在的问题与难题。本文利用档案、报刊等资料,论述天津对汉奸的检举、逮捕、审判过程及遇到的各种问题,以此揭示国民政府惩

---

* 本文系 2020 年河南省哲学社会科学规划青年项目"日伪统治下华北沦陷区城市居民日常生活研究"阶段性成果之一。

① 可参见王庆林:《战后国民政府对汉奸的审判(1945—1949)》,暨南大学硕士学位论文,2006 年;张铮:《抗战胜利后国民政府对汉奸的惩治——以天津地区为中心的研究》,天津师范大学硕士学位论文,2014 年;张世瑛:《从几个战后审奸的案例来看汉奸的身份认定问题(1945—1949)》,《国史馆学术集刊》,2001 年;罗久蓉:《军统特工组织与战后汉奸审判》,本书编委会编:《一九四九:中国的关键年代学术讨论会论文集》,台北:"国史馆",2000 年;王春英:《战后"经济汉奸"审判:以上海新新公司李泽案为例》,《历史研究》2008 年第 2 期。其中,张峥以《益世报》为核心资料探讨了天津审奸的成果及特点,但因资料单一,未关注到审判过程,对审理过程中存在问题和困难亦未有详细论述。

治汉奸的态度。

一、社会舆论与检举汉奸

社会舆论对汉奸的态度,体现在各类话语建构和传播上。报纸杂志将不同群体关于惩治汉奸的言论汇集,以供读者阅读,还参与话语建构,表明自身立场,发挥舆论效应,影响民众。抗战胜利后,饱受日伪蹂躏之苦的民众,强烈呼吁严惩汉奸,"宜用极刑,汉奸无大小,其祸国殃民的罪行则一"。① 社会舆论对国民政府惩治汉奸的迟缓,表达不满。"国家的纪纲,人民的愿望,都需要快办汉奸,未捕的毋使漏网,已捕的赶快送法院公开审判定罪,不要再迟延了。"② 对于惩处汉奸,《大公报》批评"做得还不够严、不够快",认为"这是关乎民族气节国家体面的大事,绝不容马虎延宕",催促政府"快快的办,严严的办"。③ 有舆论认为,"逮捕汉奸的工作并不如理想的满意,这是因为漏网的汉奸太多,有的仍在军警界供职而逍遥法外"。④ 对于审判汉奸,"必须迅速提审,公开审判,并准许人民团体代表观审"。⑤ 国民参政会顺应民意通过"请政府严惩汉奸,本忠奸不两立之训,贯彻到底,以伸张正义,而维民族气节案"和"请政府迅将惩治汉奸法规切实执行案",并送交国民政府采择。1947年,司法行政部意识到"全国民众对于汉奸罪犯无不主张从严惩处,藉以整肃法纪,振奋人心"。⑥ 简言之,抗战胜利后国

---

① 天闻:《惩治汉奸宜用极刑》,《新上海》1945年第1期,第3页。
② 《快审大汉奸》,天津《大公报》短评,1945年12月29日,第3版。
③ 《快办汉奸,严办汉奸》,上海《大公报》社评,1945年11月12日,第2版。
④ 《请快逮捕敌宪兵队翻译特务等》,天津《大公报》1946年1月5日,第3版。
⑤ 《捕奸与惩奸》,天津《大公报》社评,1945年12月27日,第2版。
⑥ 中国第二历史档案馆:《中华民国史档案资料汇编》第5辑第3编,政治(1),江苏古籍出版社1999年版,第357页。

内形成了严惩汉奸的舆论氛围。

在严惩汉奸的舆论氛围下,亦存在对汉奸减轻处罚的呼声。法学博士丁作韶认为,汉奸"或为环境逼迫,或为生活驱使,不得已而服务于伪组织之下,以苟延生命,虽其身在伪廷,实则心存祖国。所谓通谋敌国,反抗本国,询属少有"。① 有舆论主张,非巨奸大恶"本于胁从罔治之义,不妨以大赦了之"。② 有的则建议"对于罪行轻微汉奸,情有可原,司法院可著一解释,以资救济"。③ 名绅靳云鹏等以国家际此多难之秋,主张对惩处汉奸似应稍予放松,以期自新,并获报效国家之机会。④ 随着内战形势变动,国统区经济日趋恶化,为缓解经济危机,汉奸假释更成为监狱减少囚粮供应的应急之策。社会上虽有宽大处理汉奸案的声音,但在抗战胜利初期只能淹没于严惩汉奸的主流呼声之中。

为安抚社会舆论及现实需要,国民政府着手对汉奸进行检举。国民政府接收一地后,面临的工作千头万绪,很难将工作重心集中于抓捕汉奸。一些汉奸隐遁起来,若没有民众检举很难发现线索。沦陷时期,任玉祥任伪易县警备司令赵玉昆的副官,其间作恶多端,后逃匿北平充伪宪兵,战后隐迹新园澡塘,充修脚工人。经人向天津警备司令部稽查处检举,已被逮捕,将解送高分院依法审理。⑤ 曾任伪盐山县保安第一大队副大队长的张海清,胜利后隐匿天津,后被人检举,经河北高等法院天津分院检察处侦讯,认定张海清担任伪职,协助日军多次讨伐抗日部队,并有放纵部属奸淫

---

① 丁作韶:《汉奸案件之检讨》,《法律知识》1947年第1卷第12期,第4页。
② 郭卫:《法治庸言:大赦与汉奸》,《法令周刊》1946年第9卷第17期。
③ 李朋:《关于汉奸假释》,《法律知识》1947年第1卷第10期,第1页。
④ 《靳云鹏等为汉奸呼吁减刑》,天津《大公报》1947年11月29日,第3版。
⑤ 《汉奸任玉祥,隐迹新园澡塘,被稽查处逮捕》,天津《大公报》1946年11月14日,第5版。

抢掠罪嫌。① 检举使一批隐藏的汉奸被发现,并受到法律制裁。误会或是挟私怨报复的情况时有发生。1946年4月30日,军委会参议孙桐萱控告宋棐卿附敌祸国,勾结敌伪侵占战前赁与东亚毛纺织公司的房产地亩,及存于该公司股票国币35万元。天津市警察局调查"所得与原呈所控相距甚远,似因离别多年,音信隔绝,而生误会情事"。② 孙桐萱的检举是由于误会宋棐卿于战时侵占其财产所致,最终以双方和解收场。

1946年3月,戴笠呈文蒋介石,"各地人民检举汉奸多有挟嫌诬告或受奸党挑拨纠众要挟,影响社会安宁"。据此,蒋介石要求行政院研议具体防制办法,行政院司法行政部认为,"可依惩治汉奸条例第七条、刑法第一六九条、第一三六条、第一四九条、第一五零条各规定分别处理"。③ 11月13日,国民政府作出定期结束检举汉奸的决定,"人民或团体对于抗战期间汉奸之告发,以1946年12月31日为限,逾期之告发,检察官不予置议。但国家之追诉权及被害人告诉权不因此而受影响"。④ 1946年12月,天津市政府以"接到院令太迟"为由,认为"应先期布告周知,俾人民得就当未截止以前,尽量检举"。⑤ 翌年1月,国民政府北平行辕致电天津市政府"关于汉奸案件之检举,亟宜定一期限,俾可早日结束,以免

---

① 《张海清被检举,冀高津院提起公诉》,天津《大公报》1948年3月8日,第5版。
② 天津市政府:关于市民等检举汉奸的函件及所属各局查办情形,1945年11月—1946年12月,天津市档案馆藏,2-3-5-7150。
③ 天津区汉奸财产清查委员会:法令及其他文件,1946年4月,天津市档案馆藏,16-1-1-4。
④ 国民政府行政院:为定期结束检举汉奸事给天津市政府的令,1946年12月19日,天津市档案馆藏,J0002-2-000052-063。
⑤ 天津市政府市长:为定期结束检举汉奸事给天津市各局处的训令,1946年12月28日,天津市档案馆藏,J0002-2-000052-064。

人心动荡不安"。① 时人亦言,"惟有于检举汉奸酌定一相当时期,于此时期内,作大规模之搜检,任人民尽量指摘"。②

国民政府虽提出定期结束检举汉奸,但又不得不顾及社会舆论的反应。1947年1月,行政院提出厉行检举"曾任伪组织简任职以上公务员或荐任职之机关首长者;曾任伪组织特务工作者;曾任前两款以外之伪组织文武职公务员凭藉伪势力侵害他人经告诉或告发者;曾在敌人之军事政治特务或其他机关工作者",因"上述各款汉奸被拘者,固所在多有,而漏网不乏其人,亟应加紧绳处",行政院要求"各机关对于伪组织相关机构之汉奸,合于该条规定者,应即依法厉行检举"。③ 国民政府先有定期结束检举汉奸的训令,后又发出厉行检举的电文,引起天津市政府公务人员的不解。孔令朋指出,"按院令发文字号虽属不同,而一则定期结束检举汉奸,一则厉行检举汉奸,显相抵触",提出"可否呈请解释"。④ 行政院希望尽快结束人民或团体对汉奸的检举,以安定社会秩序,但对职务高、危害大的汉奸由政府机关继续实施检举。1947年2月,国民政府重申"人民或团体告发汉奸已逾1946年12月31日,不予置议,惟各机关对于伪组织相同机构之汉奸在厉行检举之列者,仍应遵照院令依职议检举"。⑤

因受被检举人身份、检举程序及检举人担心报复等因素影响,检举效果大打折扣。河北高等法院第一分院规定,"市民举发或控

---

① 国民政府主席北平行辕:为定期结束检举汉奸事致天津市政府的代电,1947年1月20日,天津市档案馆藏,J0002-2-000052-067。
② 郭卫:《法治庸言:大赦与汉奸》,《法令周刊》1946年第9卷第17期。
③ 国民政府行政院:为属行检举汉奸事给天津市政府的训令,1947年1月27日,天津市档案馆藏,J0002-2-000052-070。
④ 孔令朋:为定期结束检举汉奸事致天津市长的呈,1947年2月4日,天津市档案馆藏,J0002-2-000052-069。
⑤ 国民政府行政院:为属行检举汉奸事致天津市政府的代电,1947年2月21日,天津市档案馆藏,J0002-2-000052-073。

告汉奸须依法定程式,向法院购买刑事状纸(每份法币九元),依法应注明举发或控告人之真实姓名、详细住址,举被告人犯罪事实、犯罪时日及地点,附呈证据"。第一分院接到多起市民检举函件,惟经受理者只有徐树铭一案,其余不合法定程式。① 复杂的检举程序使市民望而却步,"'市民举发须依法定程式'的举发法,小民真是不敢用,恐遭人暗算,再者怕见官,因此就不愿举发了"。② 1945年10月,高玉璞检举袁文会的材料中提到"自告诉后,万分恐惧,恐遭彼党羽加害,特请准保护"。③ 因担心报复不敢检举的情况不在少数。

报刊媒体扮演了引领社会舆论的角色。媒体表达严惩汉奸的意向,既是彰显正义,又隐含恢复社会秩序的诉求。国民政府因应舆论导向,鼓励民众参与检举,从而揭发出一批隐匿的汉奸,一定程度上缓和了民众对汉奸的不满情绪,对弘扬民族正气、提高民族意识起到了积极作用。检举中不可避免地出现误会、报复等,负面效应的显现导致此项活动的终结。

二、终落法网:逮捕汉奸

1945年12月5日,天津军警秘密出动,抓捕汉奸。翌日,天津地区重要汉奸均已落网,包括齐燮元(伪治安总署督办)、温世珍(伪天津市长)、方若(伪市政府参事)、邸玉堂(伪市商会会长)、徐树强(伪警察局特务科长)等。《大公报》认为,"北方捕捉汉奸,早应该办,现在实现了,实给乱纷纷的北方局面减少了纷乱"。④ 12

---

① 《津汉奸即移送法院,漏网者有三名自行投案,市民举发须依法定程式》,天津《大公报》1945年12月14日,第3版。
② 《处理日俘与惩治奸逆》,天津《大公报》1945年12月21日,第3版。
③ 天津市政府:解释汉奸刑法,1947年5月,天津市档案馆藏,2-2-1-868。
④ 《平津捕奸》,天津《大公报》短评,1945年12月7日,第3版。

月7日,伪天津社会局长朱崇信等多人被捕,市民"莫不长舒一口气,同声称快"。为顺利抓捕逃匿的汉奸,北平行营呼吁"早日自首",希望民众"协助政府,秘密具报"。① 有些汉奸自知难逃法网而投案自首。12月13日,陈宝清、李子箴、王士海投案。

在逮捕汉奸过程中,各机构权限不清,以致时起纠纷,蒋介石"准令戴笠负责主持"逮捕汉奸事宜。在蒋介石的授意下,各地军统成立肃奸专员办事处,后发展为肃奸委员会(简称"肃委会")。因存在以汉奸罪名没收财产、长期羁押的情形,肃委会要求天津当局"今后对汉奸案件务须妥慎处理,不得牵累无辜"。1946年4月,天津肃委会结束使命,奉令"立即停止逮捕汉奸,以后汉奸案件均由法院逮捕办理"。② 实际上,天津党政军机构逮捕汉奸的情况仍时有发生。1946年9月,天津市政府提出,"逮捕汉奸必须由法院依法办理,其他党政军团各部门不得擅行逮捕,否则即以违法越权论罪"。③

汉奸被捕后,由看守所负责羁押。天津肃委会要求"汉奸在羁押时,如有死亡,应照取像片报局备查,并应请当地法院派员检验,填给死亡证明书存查"。汉奸在看守所患病治疗问题,天津肃委会规定,"凡囚犯患传染病应设法隔离医治以免传染;重危病症亦应在所妥为医治,不准保外以防流弊;囚药费准由公家发给,惟须取具合法医生证明及正式药费单据报核,否则碍难核销;零星小数医药费准事后检据报销,如系大宗款项,必须事前报核"。针对在押汉奸犯畏罪自缢身亡的情况,天津肃委会要求看守所负责人"务应

---

① 《平津捕奸继续进行,行营布告着未就逮汉奸自首,汉奸藏匿地址希望人民密报》,天津《大公报》1945年12月8日,第2版。
② 天津区汉奸财产清查委员会:法令及其他文件,1946年4月,天津市档案馆藏,16-1-1-4。
③ 天津市政府市长:为逮捕汉奸必由法院办理事给市政府会计处的训令,1946年9月28日,天津市档案馆藏,J0002-2-000878-007。

严密看管,昼夜勤巡,以防意外,如再有此类情事发生,定予严惩不贷"。①

因天津被捕汉奸数量众多,看守所无法容纳,汉奸邸玉堂的宅邸成为特别看守所,关押齐燮元、温世珍、周迪平、方若、邸玉堂等。据报道,方若"平常无可消遣,几个气味相投的汉奸,搓搓小麻将,还铺纸挥毫,大画乌鸦"。② 因是私宅临时作看守所,难免存在管理漏洞。据肃委会内卫股员毕高亭、于敬芳报称,"邸玉堂平日在其宅内情景骄慢,不受管束。因受命对彼等应予优待,未便甚加管束,该逆更得意忘形"。看守所由宪兵守卫,肃委会人员负责管理,因隶属不同系统,双方龃龉不断。1946年3月17日,守卫宪兵排长将宪兵岗位撤去,而命令内卫员担任警卫。内卫股员认为,"宪兵应受内卫人员之指挥",并抱怨"彼等竟喧宾夺主,不但不服从指挥,并处处刁难,致使内卫人员无法执行职权"。对此,肃委会与宪兵十九团联络,以设法制止该排长滥用职权,经协商,"现驻该所之内卫股员及宪兵排长一律调换"。肃委会有规定,"凡在押讯办人犯,未经呈准,不得与任何人接见"。对于邸宅特别看守所在押犯人接见亲属的情况,肃委会要求驻守宪兵"切实遵照所订规则,不得擅准各犯接见亲友"。③ 汉奸关押期间,受到优遇,也能反映国民政府在惩治汉奸上的态度。

三、"正义不会缺席":汉奸受审与判刑

为给惩治汉奸提供法律依据,1945年9月27日,国民政府公

---

① 天津区汉奸财产清查委员会:法令及其他文件,1946年4月,天津市档案馆藏,16-1-1-4。
② 哈公:《方药雨狱中画乌鸦》,《海风(1945)》1946年第23期,第2页。
③ 天津区汉奸财产清查委员会:法令及其他文件,1946年4月,天津市档案馆藏,16-1-1-4。

布《处置汉奸案件条例草案》;11月23日,公布《处理汉奸案件条例》,确定应厉行检举的10类汉奸。12月6日发布《惩治汉奸条例》,对汉奸量刑作了具体规定。天津的汉奸审判具体由河北高等法院第一分院负责,1948年后,改称河北高等法院天津分院。随着对汉奸侦查工作的结束,审判提上日程。1946年4月,中央监察委员会要求"各地已就捕之汉奸应即加增审判人员,迅速公开审判"。① 河北高院第一分院刘荣嵩表示应"集中人力,尽先处理汉奸案件"。②

(一) 公诉

检察官提起公诉后,由法院对汉奸嫌疑人进行审判。首先,审判长讯问嫌犯的姓名、年龄、职业、住址等基本信息,后由检察官诵读起诉书。公诉书中一般将其职务、所犯罪行予以说明,然后根据其行为,来判定触犯《惩治汉奸条例》《特种刑事案件诉讼条例》《刑事诉讼法》的具体条目。以薛铁铭和王鸿霖的公诉书为例,可了解起诉内容,以及判刑依据。沦陷时期,两人充伪天津市警察局特高科股长及特务员,协助日本便衣逮捕抗日志士。被告实有《惩治汉奸条例》第3条之罪嫌,合依《特种刑事案件诉讼条例》第1条、《刑事诉讼法》第230条第2项提起公诉。对那些罪行昭彰的汉奸,起诉书会提出应予以重判。曾任天津日军宪兵队特务的魏文汉、王金舫刺杀耀华学校校长赵君达,其凭借特务身份及职务关系,而刺杀抗日人员,应依《刑法》第55条从重处断。③

---

① 天津市政府市长:为惩治汉奸事给市政府会计处的训令(附原函一件),1946年4月23日,天津市档案馆藏,J0002-2-000879-032。
② 《法院积极准备大赦,审奸工作加紧进行,大赦详细办法尚未到达》,天津《大公报》1947年1月7日,第5版。
③ 天津市地方法院及检察处:函件收条河北天津地方法院缴纳诉讼存款之收款证,1948年7月,天津市档案馆藏,44-2-289-242366。

（二）辩论

检察官宣读完起诉书后,审判长宣布开始辩论。在此环节,检察官陈述汉奸罪行,被告当庭辩论,律师则进行辩护。以伪工务局长刘孟勋汉奸案为例,检察官指出刘孟勋"充任伪天津市府外事室主任,为温世珍充当舌人。1940年4月15日调任伪工务局长。至1942年兼任伪天津市献铜献铁献金献机委员会委员,负供给敌人军用品原料之责"。检察官认为,刘氏"通谋敌国反抗本国并供给敌国军用品原料之行为已臻明确。其行为实犯《惩治汉奸条例》第二条第一项第一款、第四款之罪,请予依法判处被告相当罪行"。刘孟勋答称,"检察官说我为温世珍充当舌人与事实不符,因为有翻译及秘书办理其事,不能用外事主任去当舌人。我并无兼充献铜铁金献机委员会委员,那是敌人随便安插名义也未可知。我仅记得有收集废铜铁委员会的组织,也许是委员。任事之时于心亦有愧意,所以常常帮助国人之爱国抗战者,现时后悔已未及了,请求体恤下情,从轻判决"。刘孟勋的律师辩称,"被告所否者为未为温世珍充当舌人,又否认充任伪天津市献铜铁委会的委员,仅记得有收集废铜铁委员会委员的事实。被告对于保护学生,拯救地下工作人员及护送赴后方工作人员等行为,全已供述明白"。辩护律师认为,"被告既有营救国人及帮助地下工作人员之事实,应当酌量情节予被告一个自新之路,从轻判决"。① 辩护律师援引北平伪教育局长的判刑,指其"毫无营救国人及帮助地下工作人员之行为,现在高等法院业经判决,仅处有期徒刑六七年"。② 刘氏的律

---

① 讯问刘孟勋:关于为温世珍充当舌人等事的审判笔录(1947年2月15日),天津市档案馆:《日本在天津侵略罪行档案史料选编》,天津人民出版社2015年版,第635—636页。

② 讯问刘孟勋:关于为温世珍充当舌人等事的审判笔录(1947年2月15日),天津市档案馆:《日本在天津侵略罪行档案史料选编》,天津人民出版社2015年版,第636页。

师希望审判长判刑不要高于六七年的时间。

(三) 汉奸辩解

多数汉奸将加入伪政权归因为迫于生活、环境的压力。刘孟勋称,"因家中无人照料且未结婚,往内地手续亦甚困难"。① 曾任伪财政局长的李鹏图将就任伪职归因于"当时的环境如不允就恐发生了危险"。② 在沦陷区,确有一些人迫于生活压力,担任伪职,而有些人未必如此。1938年1月,曾任天津市公署参事的张同亮声称,"在丁忧时未得同意而发表命令,也因生活及环境所迫"。③ 张同亮参加伪政权与环境有关,因其岳父是王揖唐,与方若也有亲戚关系。辩护律师往往以生活所迫加入伪组织为由,要求法官减轻刑罚。王少卿曾任日本警察署特务,他的律师提出"被告七七前即任巡捕,完全为生计所迫,职务甚轻,地位不高,尚不能构成汉奸罪行,应请宣告被告无罪"。④

不少汉奸声称虽供职伪政权,但对日本人并非言听计从。温世珍声称,当伪市长时要求日人"尊重我个人道德和人格,中国行政主权独立,建立机构实行预算"。面对法官的审问,温世珍避重就轻,不正面回答问题。⑤ 温世珍之所以能成为担任伪市长时间最久的一位,说明其与日本合作较好。刘孟勋刻意淡化受日本控制的事实。在被问到"委派当伪外事室主任时也须日本人同意"

---

① 天津市档案馆:《日本在天津侵略罪行档案史料选编》,天津人民出版社2015年版,第625页。

② 天津市档案馆:《日本在天津侵略罪行档案史料选编》,天津人民出版社2015年版,第687页。

③ 天津市档案馆:《日本在天津侵略罪行档案史料选编》,天津人民出版社2015年版,第616页。

④ 天津市档案馆:《日本在天津侵略罪行档案史料选编》,天津人民出版社2015年版,第823页。

⑤ 天津市档案馆:《日本在天津侵略罪行档案史料选编》,天津人民出版社2015年版,第609页。

时,他回应"不必经日本人同意,市长就可以委派的"。① 刘孟勋的辩解显然不能成立,曾任伪宣传处长的陈啸戡供称,"伪津市府顾问及外事室主任非得日本人同意不得任用"。②

对自己不利的事实,汉奸多不作正面回应。当被问道"曾以衡阳失陷意义重大为题发表言论"时,温世珍回答"不记得"。③ 刘孟勋在被问到"1942年伪组织办理兴亚纪念时你还发表过文字"时,答以"向来没有发表言论及文字"。当法官出示"登报的文字存案"时,则沉默以对。④ 丁作韶称,"沦陷时期报章杂志完全是日敌情报处所假名发表,是人所共知的"。⑤ 此种说法虽不无道理,但是汉奸协助日本进行宣传产生不利抗战的效果,即使受到操控,也不能成为脱罪的理由。焦世卿和邸玉堂也有类似的表述。钱业公会会长焦世卿供称,"钱业公会曾向日军献金一百万元,是被逼迫献出的,其他行业也被迫献金"。⑥ 在为日军搜集铜铁的问题上,邸玉堂称是"压迫我们办的"。⑦

很多汉奸表示有营救国人、协助抗战的义举。刘孟勋供称:

---

① 天津市档案馆:《日本在天津侵略罪行档案史料选编》,天津人民出版社2015年版,第630页。

② 天津市档案馆:《日本在天津侵略罪行档案史料选编》,天津人民出版社2015年版,第635页。

③ 天津市档案馆:《日本在天津侵略罪行档案史料选编》,天津人民出版社2015年版,第610页。

④ 天津市档案馆:《日本在天津侵略罪行档案史料选编》,天津人民出版社2015年版,第632页。

⑤ 天津市档案馆:《日本在天津侵略罪行档案史料选编》,天津人民出版社2015年版,第642页。

⑥ 天津市档案馆:《日本在天津侵略罪行档案史料选编》,天津人民出版社2015年版,第652页。

⑦ 天津市档案馆:《日本在天津侵略罪行档案史料选编》,天津人民出版社2015年版,第645页。

"王敦荣、何汝基均被逮捕,全是我营救出来的。"①虽然很多汉奸嫌犯辩称有协助抗战之举,但正如检察官所言,"被告虽辩称有协助地下工作情事,那只能作为量刑标准,不能引作无罪之依据"。②对于"通谋敌国,图谋反抗本国"的指控,多数汉奸嫌犯多表示并无此种行为。张同亮就向法官表示,"绝对没有作通谋敌国,图谋反抗本国之行为"。③

《处理汉奸案件条例》规定"曾为协助抗战工作,或有利于人民之行为,证据确凿者得减轻其刑"。④ 这是多数汉奸嫌犯表示有协助抗战之举的原因所在。同时汉奸嫌犯辩解多是回避问题,但法官在审判中不会受其脱罪辩解的影响,而是根据证据进行辩驳。

(四)证人作证

审判过程中,证人出庭作证是必不可少的环节。王少卿审讯国民党特工荣常安时,有"严刑拷打、威逼口供"之举。荣常安作证称:"王少卿协助日人审讯,用一个藤棒打我,说不该和日本人捣乱,应当做顺民。他逼着我把工作组织情形向日本人说出。"⑤为鼓励民众告发,法院保证保守秘密,陈诉人姓名、住址均已剪去,侦讯时毋庸到场。⑥ 审判时很多证人因担心报复而未出庭作证。

汉奸嫌犯亦可寻找证人。曾任伪天津市警察局长的阎家琦找

---

① 天津市档案馆:《日本在天津侵略罪行档案史料选编》,天津人民出版社2015年版,第635页。
② 天津市档案馆:《日本在天津侵略罪行档案史料选编》,天津人民出版社2015年版,第642页。
③ 天津市档案馆:《日本在天津侵略罪行档案史料选编》,天津人民出版社2015年版,第617页。
④ 中国第二历史档案馆:《中华民国史档案资料汇编》第5辑第3编,政治(1),江苏古籍出版社1999年版,第338页。
⑤ 天津市档案馆:《日本在天津侵略罪行档案史料选编》,天津人民出版社2015年版,第817页。
⑥ 河北高等法院天津分院及检察处:沧县伪保安队长纪虎城汉奸嫌疑,1946年4月,天津市档案馆藏,43-2-69-19536。

来8位证人出庭作证。瀛仙书馆经理邓焕章作证称,"日本征集营妓,天津原定200名,后来阎家琦交涉减为80名,并非警局替日寇强征妓女"。前伪察省主席刘翼飞证明"阎在任时并不扰民,而且也绝未替日本搜括物资"。① 这些证人显然是为阎家琦洗刷罪名。抗战末期,阎家琦确实与国民党方面取得联系,但任伪警察局长期间做了很多不利抗战的事情。

有的因拒绝为汉奸出庭作证遭到报复。汉奸犯高铁侯被判处10年有期徒刑,关押在天津西头监狱。他控告称:"以前袁文会要他出庭作有利的证据,遭他拒绝。春节期间,袁文会的党羽遂买通狱吏,将他吊起来毒打。"典狱长表示,"高铁侯素来就喜欢胡闹,春节时偷喝了酒,自己摔伤了一点,现在已经医好"。② 此事的来龙去脉很难调查清楚,但高铁侯遭受报复的可能性极大,不然不会轻易将矛头指向流氓头目袁文会和狱警。

(五) 宣判

法庭审讯、辩论等环节结束后就是宣判。法官依据《惩治汉奸条例》《刑法》及《特种刑事案件诉讼条例》的相关规定进行判决。《惩治汉奸条例》第2条明确规定对通谋敌国而有"图谋反抗本国;图谋扰乱治安;招募军队或其他军用人工役夫;供给、贩卖或为购办、运输军用品或制造军械、弹药之原料等"之一者处死刑或无期徒刑;"犯前项各款之罪、情节轻微者处五年以上有期徒刑;预备或阴谋犯第二条之罪者处一年以上、七年以下有期徒刑"。③ 判决结果可分为四类。

---

① 《阎家琦案昨续审,八位证人替说情》,天津《大公报》1948年11月14日,第5版。
② 《在押一汉奸,控告狱吏,典狱长说已感化悔过》,天津《大公报》1948年2月24日,第5版。
③ 天津市政府:惩治处理汉奸条例公布施行,1947年12月1日,天津市档案馆藏,J0002-2-000634-002。

第一,巨奸重判。1946年4月,中央监察委员致函天津市政府,要求对"曾任伪政府特任官以上或省市长之汉奸,应由政府饬送法院从速公开审判,从重治罪"。① 从重处置伪政权的高级官员是惩治汉奸的一个重要原则。周迪平被判处"有期徒刑十二年,褫夺公权十年"。② 除周迪平外,担任过伪天津市长的汉奸判刑均较重。温世珍经冀高一分院判处死刑。张仁蠡被判无期徒刑。潘毓桂首次被首都高等法院判处无期徒刑,声请更审后,法官以"迭查证件,发觉你以很多国家资产贡献敌人,罪恶昭彰,特改判死刑"。③

第二,小奸重判。有些汉奸虽未担任重要职务,但因其行为产生的影响较大,判刑相应较重。邸玉堂曾任伪天津市商会会长,协助日军搜集铜铁4 000余吨,强征自行车数千辆,两次献金达110万元,还随同伪市长张仁蠡献机4架。④ 经冀高院一分院审理,邸玉堂被判处"无期徒刑,褫夺公权终身"。⑤ 曾任敌宪特务的尚金波以"通谋敌国,充任有关军事之职役,处无期徒刑,褫夺公权终身"。⑥

第三,缓刑判决。伪市长高凌霨让方震甲出任伪职,方曾坚决谢绝两次,后在胁迫下担任伪职仅4个月。鉴于方震甲担任的职务较高,以"通谋敌国,图谋反抗本国"罪名,但因任职时间极短,未造成大的损害,"处有期徒刑一年,褫夺公权三年,缓五年"。⑦

---

① 天津市政府市长:为惩治汉奸事给市政府会计处的训令,1946年4月23日,天津市档案馆藏,J0002-2-000879-032。
② 《汉奸案子》,上海《大公报》1946年8月9日,第2版。
③ 《潘逆毓桂,改判死刑》,上海《大公报》1948年3月19日,第2版。
④ 天津市档案馆:《日本在天津侵略罪行档案史料选编》,天津人民出版社2015年版,第645—648页。
⑤ 《邸玉堂判无期徒刑》,天津《大公报》1946年6月6日,第3版。
⑥ 《伪津海道尹陈中和判处无期徒刑,敌宪特务刘庆祥死刑,尚金波无期徒刑》,天津《大公报》1946年3月26日,第3版。
⑦ 《司法汉奸三人判刑》,天津《大公报》1946年5月15日,第3版。

第四,无罪释放。一些有汉奸嫌疑的人员并没有做不利抗战或危害国家的行为,被无罪开释。伪塘沽商会会长马寅增和伪情报员李兆兴被宣判无罪。① 经冀高院侦讯,伪新民会副会长张燕卿曾从事地下工作,已予不起诉处分而开释。②

天津汉奸嫌犯多数被判处有期徒刑,少数被判处无期徒刑,死刑判决寥寥无几。极少数虽被判处死刑,但直至天津解放也未被执行,温世珍、潘毓桂均是此种情况。

四、从问题到难题:审判汉奸之困境

从法院对天津汉奸的审判来看,很多汉奸被冠以"通谋敌国,图谋反抗本国"的罪名,但即使如此,汉奸刑期似乎与罪行不相匹配。这或许是法官为了应付舆论的需要。法院的判刑标准更多的是看重汉奸的行为,除伪市长外,其他无论是政府机关首长还是商业协会会长,均是按照与日军的合作程度,判定其是否为汉奸以及进行量刑。司法院对"曾在敌伪管辖内充任同业公会理事长及理监事一类职务之职,是否汉奸"的解释为,"应视其有无《惩治汉奸条例》所列之犯罪事实决之,不能为概括之断定"。③ 为图便利,法院在实际操作中,一概按照职务进行判定。

天津对汉奸的审判存在缓慢、量刑较轻的问题。河北高院第一分院自1945年年底开始审理汉奸案件,直至1948年还未审理结束,足见其审奸之缓慢。从天津汉奸的判刑情况看,几乎没有死刑,即使有也一直未予执行。多数汉奸被判处刑期较短的有期徒

---

① 《审奸工作加速进行》,天津《大公报》1947年7月1日,第5版。
② 《国内时事:司法—审理汉奸》,《见闻(上海)》1946年第1卷第13期,第16页。
③ 中国第二历史档案馆:《中华民国史档案资料汇编》第5辑第3编,政治(1),江苏古籍出版社1999年版,第343页。

刑。此种情况并非天津独有。1946年，山西"捕奸仅二三百起，漏网之汉奸为数极众，已捕之汉奸判刑群认太轻"。① 从各省法院处理汉奸案件来看，截至1947年4月底止，检察院经办汉奸案件，起诉2 742人，不起诉13 342人；审判方面，科刑10 818人，判决无罪3 880人，科刑之中判处死刑272人，无期徒刑731人，其余判处有期徒刑年限不等。②

抗战前汉奸中不少曾在政府中任职，与国民政府官员有着千丝万缕的关系，这成为惩奸的隐性阻力。战后，国民政府限制任用伪职人员，但因现实环境所迫，不得不留用部分伪职人员。1946年8月，天津市政府留用1 421人，约占全数1/3弱。③ 市长张廷鄂认为，"留用人员，均属优良安分，不只将伪组织时之公物文件保存无遗，且于接收后十个月过程中，勤劳奉公，协力接收工作"。④ 接替张廷鄂任市长的杜建时对"留用旧有人员及后方派来人员合作无间"表示赞许。⑤ 行政院也认识到"参加复员公务员为数不多，致各机关于接收时，不免留用伪职人员"。⑥ 伪职人员的留用势必影响政府对汉奸审判的态度。

从对天津汉奸的判决情况看，有坚持"汉奸只问罪行，不论职务"原则的一面。有些汉奸职务虽高，但判刑不重，而有些汉奸职务虽低，但因其逮捕抗战人员等行为，导致判刑较重。舆论界对国民政府惩治汉奸存在一些片面认识，认为惩处汉奸"在执

---

① 《山西汉奸漏网者多》，天津《大公报》1946年10月16日，第4版。
② 《各省处理汉奸案件统计》，《法学月刊》1947年第2期，第70页。
③ 天津市政府人事处处长张锡羊：为报告府内留用伪职人员数量事致张市长的呈，1946年8月31日，天津市档案馆藏，J0002-3-006042-008。
④ 《政院令"伪职员"停职，张市长覆电请体恤，去年由渝来津者仅十人，留用职员优良安分颇为得力》，天津《大公报》1946年8月23日，第5版。
⑤ 《复员一周年，市政府检讨工作》，天津《大公报》1946年10月4日，第5版。
⑥ 国府行政院长宋子文：为查报留用伪职人员情形及其人数与籍贯事给天津市政府的训令，1946年10月15日，天津市档案馆藏，J0002-3-005310-013。

行上又非太困难太复杂的事",实际上从侦查、审讯、复审来看审判汉奸是一个复杂的过程。舆论对国民政府审判汉奸力度的批评,隐含对其接收乱象、物价高涨等问题的不满。有论者认为,"舆论对汉奸案件刨根问底般的报道也让政府受到极大压力",审判效率低下与"政府在处理案件时如履薄冰的态度是有关系的"。① 面对严惩汉奸的呼声,国民政府不得不做出姿态,以安抚民心。"法官似又以人言可畏,不无成见。处理案件,宁失之入,毋失之出,免滋物议。凡经政军机关移送,或经人告发之案,检察官几无不提起公诉,起诉后法院几无不判刑"。② 《大公报》撰文指出惩治汉奸"关乎民族气节、国家体面的大事,绝不容马虎延宕,而在执行上又非太困难太复杂的事"。③ 惩治汉奸决非《大公报》所认为的那样容易,实际上是一项十分复杂的工作,面临诸多困难。

第一,法院工作人员奇缺。关于审奸问题,河北高院第一分院院长刘荣嵩称:"此事院方亦大感苦恼,现只有推事一人,再加民刑两庭长及院长本人,亦只有四人,以仅有之四人,于审理一般案件之外再加汉奸案二百余件,工作进行之困难可想而知。"④战后,社会环境纷繁复杂,法院不仅要面对堆积如山的汉奸案件,民事、刑事案件也接踵而至,导致案件审理缓慢。

第二,犯罪证据收集困难。主要汉奸的犯罪证据,可在日伪档案或报纸上搜集到,而多数汉奸的犯罪证据,很难搜集。平津沦陷后,"有人把名字更改,为的是替日本人做事,可以胡作非为,不为

---

① 张铮:《抗战胜利后国民政府对汉奸的惩治——以天津地区为中心的研究》,天津师范大学硕士学位论文,2014年。
② 丁作韶:《汉奸案件之检讨》,《法律知识》1947年第1卷第12期,第5页。
③ 《快办汉奸,严办汉奸》,上海《大公报》社评,1945年11月12日,第2版。
④ 《法院积极准备大赦,审奸工作加紧进行》,天津《大公报》1947年1月7日,第5版。

熟人知悉。一旦日人失势,摇身一变照样是好人"。检举是获取汉奸犯罪证据的有效方式。有市民投书《大公报》指出"小民恐遭人暗算,再者小民怕见官,因此就不愿举发了"。① 受多重因素限制,法院搜集汉奸的犯罪证据困难重重。

第三,汉奸势力错综复杂,影响审判。一些汉奸曾是帮会首领或特务,虽遭到审判,但其部属众多,导致当事人不敢检举、作证。袁文会是天津著名帮会首领,沦陷后成为有名汉奸,指控袁文会的高玉璞提出"自告诉后,万分恐惧,恐遭彼党羽加害,特请准保护"。② 河北高院天津分院指其"党羽众多",担心"由本院审判,量刑轻,必舆论哗然,影响对于法院之信仰,重恐激起暴动或他变",为"免生意外",提出将袁文会汉奸案移到外地同级法院审理。③ 伪驻日大使徐良以汉奸罪,经河北高等法院天津分院判处死刑,徐不服上诉,发回更审。津市名流张伯苓、丁懋英、靳云鹏、常少川对徐之家世知之颇详,具状为徐请求减刑。④ 后来徐良由死刑变为无期徒刑。

第四,战后,一些汉奸嫌疑人员成为政府公务员,加大了惩治汉奸的难度。在调查徐朝彦、孙慎言汉奸嫌疑一案中,因两人均系财政局职员,河北高等法院第一分院检察处需要公函财政局"将二人送处候讯"。⑤ 沦陷时期,汉奸徐铁夫开设亚洲书局,包办奴化教育用品及中小学奴化教科书等。战后,徐铁夫取得

---

① 《处理日俘与惩治奸逆》,天津《大公报》1945年12月21日,第3版。
② 天津市政府:解释汉奸刑法,1947年5月,天津市档案馆藏,2-2-1-868。
③ 河北省高等法院天津分院及检察处:袁文会汉奸案,1946年,天津市档案馆藏,43-129-751。
④ 《徐良叛国案更审,津高分院昨开调查庭,张伯苓等具呈代请减刑》,天津《大公报》1948年5月4日,第5版。
⑤ 天津市财政局:伪市府法院关于防范进步人士及审讯敌伪时期汉奸的文件,1946年2月,天津市档案馆藏,56-2-2138。

天津稽查处某职。① 在"应否加以逮捕"的问题上,警察局还要与稽查处沟通。

第五,汉奸逃亡问题。经过警局、军统、肃奸委员会、法院等多部门的协作,天津市主要汉奸均已落网,但仍有不少汉奸逃亡隐匿各地。1947年4月,天津仍有统计在册的汉奸59名在逃。②

第六,国家政局的演变。国共内战造成天津经济萧条及社会治安混乱。监狱关押众多汉奸,因物价上涨,狱方经费有限,囚粮供应成为一大问题。河北高院天津分院特制定保释在押犯人办法,以图缓解狱方压力。内战形势影响对汉奸的处置。王斌于1945年12月以汉奸罪,被判处有期徒刑3年。天津市政府以王斌"对于军事学术素有研究,于城防建筑以及剿匪工作尤具经验,现本市急需修建城壕碉堡"为由,请求"准予保释"。③

正是由于以上种种原因,导致惩奸进程十分缓慢。因汉奸雄厚的财力和宽广的人脉关系网使得原本公正的审判被侵蚀。袁文会最终被判处"有期徒刑十年,褫夺公权十年"。④ 袁文会汉奸案竟然一拖再拖,显然受到地方势力的影响。判刑较轻有安抚帮派势力,维持社会安定的目的。法院受到地方势力的影响,本来判刑相对较轻,由最高法院发回更审的汉奸案件中不少又被减刑,其中缘由不乏因发现新证据等,但也反映出司法审判的不公。与国民党审判汉奸的迟缓相比,中共在抗战胜利后迅速开始了惩治汉奸的工作。中共在各根据地设立人民法庭,公开审判汉奸,一批汉奸

---

① 天津区汉奸财产清查委员会:法令及其他文件,1946年4月,天津市档案馆藏,16-1-1-4。
② 《在逃汉奸五十九名》,《益世报》1947年4月5日,第2版。
③ 天津市政府:关于该府所属人事调派任免及保释汉奸和调查警局人事纠纷的呈文公函,1946年7月—1949年1月,天津市档案馆藏,2-3-5-6069。
④ 《袁文会杀人部分,处有期徒刑十年,大赦减刑便宜了他》,天津《大公报》1947年12月13日,第5版。

被处以死刑,深得民心。

五、结　　语

抗战胜利后,惩治汉奸是国民政府重树政治权威和政权合法性的有利契机。在舆论和现实需要的考量下,各级地方政府展开了检举、逮捕、审判汉奸的运动。检举使汉奸无处遁形,但也存在误会、挟私怨报复的问题。逮捕和关押汉奸中出现肃奸机关之间的矛盾,凸显国民政府各机关之间互动的欠缺。天津汉奸审判过程中,存在判刑较轻、司法不公等问题,但不可过于苛求,抗战胜利后初期国民政府不会将审判汉奸放在一个重要位置。秩序的重建与经济的恢复、发展才是国民政府的急务。之后的国共内战以及经济的崩溃又会对审奸产生一定影响。总体而言,天津地区的汉奸审判存在瑕疵,且与中共的惩治汉奸的迅速与果断相比,显然处于被动状态,但不可否的是,审判过程基本按照相关法律的要求进行。在国共内战形势下,汉奸审判的久拖不决,严重干扰了法院正常的司法工作,成为国民政府统治失败的一个诱因。

(冯成杰,河南师范大学历史文化学院副教授)

征兵与增粮:抗战时期国统区农村劳动力短缺问题研究*

杨国山

在战时,粮食是重要的国防资源和民生资源。粮食问题是战时中国的一项重要议题,值得深入研析。对战时粮食危机中的劳动力短缺问题及其与兵役制度的关系,学界目前鲜有专文论述。关于抗战时期中国粮食问题的研究,海内外学界已取得较为丰硕的成果。既有研究多侧重探讨田赋征实政策[1]、战时粮食危机及政府的管制举措。[2] 关于战时人力管制及兵役制度的相关研究,或从宏观层面进行整体性论述,或聚焦于个别省份的兵役状况[3],

---

* 基金项目:国家社科基金后期资助(20FZSB089);教育部人文社科青年项目(17YJC770037);中国博士后面上基金一等资助项目(2017M610416)。

[1] 陆民仁:《抗战时期的田赋征实制度》,《近代中国》1991年第83期;侯坤宏:《抗战时期田赋征实的实施与成效》,《国史馆馆刊》复刊第4期;[日]笹川裕史:《重庆战时粮食政策的制定与执行》,Workshop"1930—1940年代中国之政策过程"事务局编:《1930—1940年代中国之政策过程》,南京大学图书馆港台特藏室馆藏打印稿2003年,第15—25页。

[2] 金普森、李分建:《论抗日战争时期国民政府的粮食管理政策》,《抗日战争研究》1996年第2期;陈雷:《抗战时期国民政府的粮食统制》,《抗日战争研究》2010年第1期;杨国山:《市场发育与粮食危机:以抗战时期重庆市为例》,《江西社会科学》2015年第12期。

[3] 张燕萍:《抗战时期国民政府兵员动员述评》,《抗日战争研究》2008年第4期;莫子刚:《抗战时期贵州役政之初探》,《抗日战争研究》2008年第4期。

对于战时征兵与增粮的交叉互动关注不够。本文在利用中国第二历史档案馆、陕西省档案馆和武功县档案馆等所藏的原始档案、地方报刊及其他诸多史料的基础上,以陕西省为论述重点,对抗战时期国统区农村普遍存在的劳动力短缺问题做一探讨,并揭示政府在统筹农村劳动力过程中所面临当兵与种粮的两难困境,以期丰富学界对于战时粮食问题与兵役制度及其互动关系的认识。

一、农村劳动力短缺是国统区的普遍现象

抗战进入相持阶段后,国统区的粮食危机持续发酵。为了应对严重的粮食危机,国民政府发起了粮食增产运动。劳动力是粮食生产的核心问题。抗战期间,农村劳动力缺乏,成为国统区的普遍现象。① 据费孝通先生在云南禄村的观察,禄村人民普遍感到劳工缺乏,"一谈起就摇头,连县长都在发愁"。虽然费孝通认为劳工的缺少暂时可以拿农村中的闲人补充,但他又声明这不过是临时解决的办法,并且只能就滇中一隅的情形而言。② 在四川农村,"每逢农忙季节,我们总听到农忙请不到工人的诉苦"。陈仪在1941年兵役会议上也指出福建劳力缺乏的严重程度:"从崇安、建阳、南平、沙县直到永安、连城、长汀这一路沿途随处可以看到许多很大的村庄,现在都是颓垣残壁,杳无人烟,田园没有人耕种了,触目皆是蔓草遍地,荆棘丛生。"③

战时农业生产所雇用的长短工人数逐年增加,据此可窥知劳力缺乏之一斑。据中央农业实验所统计,大后方15省雇用长工的农家,1937年约670万户,1938年增为690万户,1939年达到700

---

① 王光仁、林锡麟编:《战时各省粮食增产问题》,农产促进委员会1942年版,第25页。
② 任扶善:《战时农工问题》,《新经济》1941年第5卷第6期。
③ 陈仪:《民族的发展与战争》,《闽政月刊》1941年第8卷第5期。

万户。雇用短工的农家,1938年约有1560万户,1938年增为1620万户,1939年达1680万户。被雇的长短工人数也逐年增加。1937年大后方15省长工总数为930万人,1938年增为950万人,1939年达970万人。1937年短工的工数(即工作日数)约71 800万工,1938年增为77 400万工,1939年达87 000万工。① 雇用长工的农家和长工人数虽然不断增加,但是雇用长工的农家每户平均雇用长工的数目则并未增加。1937—1939年,每户平均雇用长工都是1.4人。由此可见,大后方农村劳动力需求量增加的主要原因并不是由于农业生产的增加,而是由于征兵、征工与农民改业等原因,造成农户劳力缺乏,以前无须雇工的农家非雇工不足以维持其固有的农业生产规模。农林部的调查则显示,1940年,后方15省缺乏人工达500万人。②

劳动力的大量缺乏,导致农村雇工特别困难,且工价高昂。在四川,农户雇不到长工,到秋收割稻时只好临时雇短工1名,除每日给工资5元多外,尚须以酒肉为餐,否则即无人可雇。③ 四川省缺乏人工的农家比例为22.3%,仅略高于全国水平。相比之下,陕西省农村雇工则更为困难。据时人观察,陕西省"乡间人士甚少,工价趋势日增"。④ 城固县劳力缺乏,工资高涨,每日高达3元,"甚且亦难雇得"。⑤ 凤翔县"壮丁缺乏,供不应求,而当地雇工价高,为一般贫农力不能负"。⑥ 随着战事的延长,农村劳力的缺口越来越多,再加上物价飙升,导致战时各省的农工工资快速上涨。

---

① 韦文:《抗战中大后方的农村经济概况》,《解放》1941年第133期。
② 曲直生:《粮食增产问题(下)》,《中扫联合版》1942年9月24日。
③ 蒋绍炎:《移民就食之建议》,《西安晚报》1941年4月8日,第1版。
④ 《保安团官兵助民割麦》,《西京日报》1942年6月8日,第3版。
⑤ 《城固驻军代民割麦》,《西安晚报》1940年6月17日,第1版。
⑥ 《奉令以农忙期近转奉委座电令转饬所属切实帮助农民收割麦禾等因仰即遵照分别办理具报由》(1940年6月),武功县档案馆藏,武功县政府民政科档案,24-1-1178。

由于人工昂贵,农家经济有限,农民对于农业生产大多草率完成。① 据卢前参政员考察,劳力缺乏严重的地区,难以雇工,"虽增益其贵而应者寥寥,遂使盈亩嘉禾弃而不割",以至于"田间谷穗弥望堆积未收"。由于劳动力短缺,大后方各省普遍出现收成减低、收割延期、耕地荒芜等问题,影响了粮食生产。②

二、多管齐下:应对劳动力短缺的举措

战时农村劳动力缺乏,"实为共同之理解与普遍之现象"。③为破解此难题,国民政府相继颁布各种法令,采取多种措施,最大限度地动员各界人力从事农业生产,补充农村劳力。

其一,加强城市人力管控,引导闲散劳力回乡务农。抗战爆发后,大批农村劳动力为了躲避农村征兵,舍弃耒耜,涌入城市,另谋新业。蒋介石对此非常重视,多次下达手令,要求各地清查涌入城市的"与抗战业务无关之工人",逐步加以取缔,④饬令各级政府加强人力节制工作。为此,重庆市1942年12月1日公布《重庆市人力节制办法》,其规定,重庆市内应该予以取缔限制的人力主要包括人力车夫、轿夫、奢侈品制造业贩卖员工、事涉迷信的员工、擦鞋擦背工人、旅馆业饮食业娱乐场所的从业员工、公私雇佣夫役、无业游民等。政府认为这些都属于"与抗战无益的人力"。经清查登记后,被取缔的员工导入生产部门。重庆市1943年取缔车轿夫

---

① 陈德彰:《人工昂贵对于农业的影响》(第七篇),《现代农民》1939年第2卷第11期。

② 卢参政员前等30人提:《请政府速定食粮政策以安农事而利民食案》,国民参政会秘书处编:《国民参政会第四次大会各项提案原文》,1939年11月,第91页,中国第二历史档案馆藏,财政部档案,3-6-116。

③ 《中央通令全国组织妇女代耕队》,《浙江民众》1940年第1卷第3期。

④ 李剑华:《人力调查登记之方法及其实施》,《社会工作通讯》1944年第1卷第9期。

7 600余人，均改就其他职业。陕西省也命令各县政府对于境内无业游民严行登记，强迫垦殖官荒。1944年，人力节制办法逐步推广于后方各大都市。将城市里的部分闲散人员遣返回农村，既可减轻城市治安的压力，同时也能缓解农村中的劳动力短缺问题。此外，一些适龄壮丁请托亲友在政府机关谋取职衔，以此规避服兵役，①以至于部分政府机关成为劳动力逃避兵役的避难所。为此，行政院颁行《机关公役限制及登记办法》，加强对机关公役的管控，严令"各机关对于人员任免，极应慎重办理"。

其二，推动公耕、代耕。公耕是指未出征的民众协助出征军人家属耕种田地。陕西省鉴于"各县所征壮丁什九来自农村，出征以后，田园未免荒芜"，特订定《兵田公耕办法》，通令各县县长切实遵照。该办法规定出征抗敌军人家属除能自耕者外，如因壮丁出征致使田地乏力耕种，其家属应报告该管甲长，召集全甲未出征的民众代为义务耕种。公耕兵田不得受出征家属的任何招待与报酬。为确保该办法切实施行，各甲长、各出征军人家属应出立负责兵田公耕字据。每逢民众耕种收获时，县府须派员赴各县乡村切实调查兵田公耕情形，并将所得报告转呈陕西军管区司令部。② 1941年8月，军政部颁布《征属田地义务代耕办法》，要求各地以保为单位，组织义务代耕队，以保长为队长。凡属保内18—45岁的男子，除出征抗敌军人家属外，均应编为队员。义务代耕队纯属义务劳动，不接受出征抗敌军人家属的任何报酬。队员若不能从事耕作，可以出资雇工代替。如果拒绝代耕，就会被处以10元以下的罚款。③ 除了中央层面的代耕法令外，各省也纷纷制定适合本地实

---

① 《严禁包庇兵役》(1941年7月)，中国第二历史档案馆藏，教育部档案，5-1-14799。
② 《军管区司令部订定兵田公耕办法》，《陕行汇刊》1941年第3卷第3期。
③ 《征属田地义务代耕办法》(1941年8月28日)，《浙江省政府公报》1941年第3328期。

情的代耕细则。如福建省制定《福建省各县优待出征抗敌军人家属实施代耕办法》,规定代耕办法为:以 1 保或 1 甲或数甲为单位,于各甲内征集未出征的民众,分组出工,代为耕种,不得索取任何报酬。① 地方政府的公耕代耕举措在一定程度上减少了因劳力缺乏而导致耕地荒弃的情况发生。

其三,发动驻守各地的军队、保安队,协助当地农民从事农业生产。抗战爆发之初,劳力缺乏的县份就已发动针对出征军属的协耕运动。陕西省宝鸡县、眉县、韩城县、凤翔县等地分别发动当地驻军组织割麦队,分赴各乡助民割麦,并利用休息间隙,宣传兵役。② 1939 年,鉴于"各省壮丁应征缺乏,农忙之际,供不应求",蒋介石饬令各省主席应详细规划,就其所辖地带划分区域,帮助农民收割稻粮,并规定凡在驻地 30 里附近的乡村待割禾稻皆应由各地区附近所驻官兵全体动员协助收割。陕西省据此制定 3 项具体实施办法,由驻扎在各县的团队长官亲率全体官兵分赴各乡帮助农民割麦插秧。③ 随着抗战的推进,劳力缺乏日益严重,驻军协助农民耕作,成为蒋介石"极为关切的一种办法"。他多次给各地驻军颁发手令:"此后各机关部队,应按当地季节,不待命令,即行适时协助农耕收割,俾收齐一之效果"。④ 国民政府于 1941 年颁布《抗战期间各部队协助农民耕种收割办法》,令各部队在农忙时节帮助农民耕种收割。协助耕种收割的部队应随带炊事兵自备给养,不

---

① 《征人田地实施代耕》,《闽政月刊》1940 年第 6 卷第 2 期。
② 《奉令以农忙期近转奉委座电令转饬所属切实帮助农民收割麦禾等因仰即遵照分别办理具报由》(1940 年 6 月),武功县档案馆藏,武功县政府民政科档案,24-1-1178。
③ 《奉委座电为饬所属保安团队切实帮助农民收割稻粮而利抗战军需等因遵即规划进行办法三项电仰遵照办理报核由》(1939 年 9 月),武功县档案馆藏,武功县政府民政科档案,24-1-11788。
④ 饶荣春:《粮食增产与战时农业改进》,《抗战建国史料——农林建设(二)》,秦孝仪主编:《革命文献》第 103 辑,台北:国民党"中央党史"委员会 1985 年,第 324 页。

得向农民收受丝毫报酬。① 为此,各地方政府洽商当地驻军、省保安团队及军事机关,遵照军事委员会颁行的《抗战期间各部队以连为单位于防地十里以内由长官率领协助农民耕种收割办法》,协助农民耕作。② 陕西省保安特务大队组织"助农割麦队",在西安城郊何家村等处协助农民割麦,"只尽义务,不受酬劳","深为农民感佩,附近百姓闻悉争先求助"。③

其四,号召农村妇女参加农业生产。在中国传统社会,农村妇女的活动范围有限,大部分妇女只在家做饭、洗衣、抱小孩等,不参加农耕,只有贫农、雇农家的妇女,在农忙时节需要到田间劳动。④ 战时,人工费昂贵,农家为降低生产成本,除非紧急情况下,尽量少雇或者不雇劳工。此时"土地耕种的重任,自然必须放在妇女同胞的肩上"。1940年,在国民参政会第一届第五次会议上,伍智梅参议员建议组织妇女代耕队,发动妇女从事农业生产,把"男耕女织变为女耕女织",以"补救壮丁出征后,农村人工之缺乏"。该提案得到国民政府的肯定,国民政府通令各省遵行,组织妇女代耕队。⑤ 1941年3月8日,宋美龄出席重庆妇女界纪念"三八"国际妇女节大会,勉励全国妇女同胞从事耕稼:"男子以出征当兵为荣,女子应以务农耕稼为荣","男子应当兵争取军事胜利,女子应务农参加经济生产"。⑥ 1942年,蒋介石电令全国积极提倡妇女耕种,饬令各省妇女组织妇女运动促进会,动员妇女从事粮食生产。由

---

① 《抗战期间各部队协助农民耕种收割办法》(1941年4月),陕西省档案馆藏,陕西省建设厅档案,72-8-89。

② 《陕西省补充农业劳动力办法》(1941年9月),陕西省档案馆藏,陕西省建设厅档案,72-8-113(1)。

③ 《军队协助农民割麦》,《西京平报》1944年6月7日,第2版。

④ 《陕西省委妇女部关于妇女工作的报告》(1939年6月),中央档案馆、陕西省档案馆:《陕西革命历史文件汇集》(甲13),内部资料1994年,第149—150页。

⑤ 《中央通令全国组织妇女代耕队》,《浙江民众》1940年第1卷第3期。

⑥ 竹如:《抗战中的妇女》,《西京日报》1942年6月5日,第4版。

于政府的行政动员,再加上现实经济因素的影响,许多地区的农村妇女被动员起来,一些省份纷纷组织妇女耕种模范队。① 战事迫使农村妇女走出家门、走向农田,从积极的方面来看,这有利于打破农业生产的性别分工,促进农业劳动力的女性化,同时也推动了女性的解放。

可以说,上述举措对于缓解一时一地的劳力匮乏问题,起到了一定的积极作用。据统计,四川保安部队于1941年春秋两季,协助平民耕种收割,成绩卓越。助耕区域覆盖成都、永川、郫县、万县、达县、绵阳、资中、渠县等66县,参加人数12 378人,协助收割的田亩共100 754亩。② 此外,部队的助耕行为也深受当地民众的欢迎,在一定程度上融洽了军民关系。陕西省保安处所属各团队官兵把协助驻地农民割麦当作夏季中心工作,"农民深为感激"。③ 略阳县国民兵团组织割麦插秧队为人民义务割麦插秧,"受其嘉惠者无不颂声载道"。④ 耀县驻军发动千余名士兵,协助农民收麦,"全县民众莫不称颂"。⑤ 驻扎在城固县的部队发动全营官兵帮助驻地附近农民收割小麦,不收丝毫报酬。"贫户受惠实多,同声感颂,对于士兵极表敬爱",特意制作锦旗,献给部队,藉表崇谢。⑥

但以上办法都是权宜应急的治标之措,无法从根本上解决劳动力短缺问题,对其实际功效我们也不宜过于乐观。就公耕、代耕而言,"能按照中央及省府法令规定切实办理者,实居少数"。⑦ 在国民参政会上,有参政员批评道:"出征抗敌军人家属,政府虽命令

---

① 《川省粮食增产方案》,《新蜀报》1942年3月28日。
② 《川保安部队助民耕种》,《西京日报》1942年6月26日,第3版。
③ 《保安团官兵助民割麦》,《西京日报》1942年6月8日,第3版。
④ 《略阳国民兵团协助农民工作》,《西安晚报》1940年6月21日,第1版。
⑤ 《耀县驻军协助割麦》,《新秦日报》1943年6月11日,第2版。
⑥ 《城固驻军代民割麦》,《西安晚报》1940年6月17日,第1版。
⑦ 蔡天石:《优待出征抗敌军人家属办法之检讨及其改进》,《服务》1940年第4卷第12期。

优待,而考诸实际能实受其惠者,尚不及抗属总数十分之一。川省如是,他省亦然。"①代耕的实际成效并未达到理想效果,政府当局对此也是承认的。国民政府军政部长何应钦在1940年兵役会议上指出优待征属工作存在许多缺点,其中一个突出问题就是"代耕队和义务帮工队,原为最易办而最切要的,但多未能收到实效"。②

三、当兵与种粮:征兵对于劳动力短缺的影响

战时农村劳力缺乏的主要原因是大量的军事征发导致农村劳力分流。"农村中之身强有力者,被抽调集训,因而农村人力,供不应求,故业农之家,咸感人力缺乏。"③时人估计,战时我国农业劳动力缺乏的原因,基于兵役、工役者占64%,改业及外出谋生等占36%。④

抗战期间,国民政府总共征兵约1392万人,⑤征兵总数虽然不少,但是相比于我国庞大的人口基数,征兵比例并不算高。实际上,征兵对于农村劳力的影响,并不限于所征壮丁的人数,更为广泛的影响则是役政腐败引起的壮丁逃亡。抗战时期的兵役制度虽然标榜平等、平均、平允三原则,但在具体实践过程中则是弊窦丛

---

① 胡参政员景伊等25人提:《根绝捉拉买替冻饿打骂之非法征调兵役案》,国民参政会秘书处编:《国民参政会第四次大会各项提案原文》,1939年11月,第101页,中国第二历史档案馆藏,财政部档案,3-6-116。

② 何应钦:《今后役政应改革之点》,《四川兵役》1940年第3卷第3期。

③ 陈德彰:《人工昂贵对于农业的影响》(第七篇),《现代农民》1939年第2卷第11期。

④ 王达三:《从劳力问题看集体耕作的提倡》,《农业推广通讯》1941年第3卷第7期。

⑤ 兵役部役政月刊社:《抗战八年来兵役行政工作总报告》,时代印刷出版社1945年版,第47页。

生。正如冯玉祥所感慨:"役政如疫政,弊病有万端。"①征兵"普遍引起了民众的恐慌和憎厌,民众一听到兵役,就仿佛大难临头似的";②"一提到兵役就谈虎色变";③"对于服兵役率皆视为畏途"。④ 兵役弊政对农村劳力的影响大致体现在以下几方面:

首先,兵役弊政引起农村劳动力大量逃亡。征兵多在农忙时节,那些有可能被拉为壮丁的人,就想尽各种方法逃避兵役。据时人统计,壮丁逃避兵役的方法达14种之多。⑤ 陕西省周至县"壮丁多以服兵役视为畏途,故一闻征召时即行逃逸"。⑥ 壮丁大多逃往城市或深山老林,沿海地区如浙江青田等地的壮丁,甚至逃到欧洲。⑦ 贵州都匀征兵不公,"杀死保甲长而全家逃亡之事不断发生"。农民逃宿山中,两个月内便汇集1万多名壮丁,以鸟枪、土炮、大刀、矛为武器,据险以抗政府。⑧ 据李有义1941年在云南某县的调查,一年之内23个出外的壮丁中,只有7个是当兵,其余16人中有9个是为逃避兵役而出走的。由此可见,征兵引起的农村劳力出逃比例是非常惊人的。按照兵役法规定,如果壮丁逃避兵役,则只罪其本人,并没明文规定累及其父兄。然而,各县办理兵役人员中的不肖分子则藉端生事,对逃避兵役人员的父兄百般恐

---

① 冯玉祥:《役政专刊题词》,《兵役部一年来实施专刊》,兵役部役政月刊社,1945年。
② 《为达成长期抗战之目的必须一致努力推行兵役制度案》(1938年4月),中国第二历史档案馆藏,教育部档案,5-1-89。
③ 王德建:《办理兵役的几个先决问题》,《浙江潮》1938年第17期。
④ 《限制各中小学校按规定学龄招收学生以裕兵源而免规避案》(1940年),武功县档案馆藏,武功县政府民政科档案,24-1-1169。
⑤ 苏永:《怎样消弭壮丁逃避兵役》,《地方行政》1941年第2卷第3期。
⑥ 《陕西省周至县司竹乡兵役协会调查表》(1941年4月),中国第二历史档案馆藏,农林部档案,23-2-10379。
⑦ 希勒:《抽调壮丁的形形色色》,《中国农村》1938年第16期。
⑧ 《为呈报都匀役政不良激起民变情形鉴核由》(1944年5月),中国第二历史档案馆藏,国民政府训练总监部和军委会政治部档案,772-1-604。

吓勒索钱财,故各地流传着"有子弟跑,父兄花钱就完了"的说法。① 陕西省部分地区的农民甚至以自残的方式来躲避兵役,"青年将自己的大腿放在大车轮子之下轧断的,老子将地约贴在墙壁上逃走了的,宁愿不要家庭,也不去当壮丁"。② 张治中认为,"抓壮丁"的结果就是使得壮丁大量逃亡,严重影响春耕。③

除远逃他方外,另一种规避兵役的方法则是花钱贿买。大后方各地都产生了一群专门代人服兵役的兵贩子。"此辈兵贩子,卖身代替,迫入营后,又复设法逃脱,循至卖而复逃,逃而复卖,竟有一人顶替兵役至三五次以上者。"④据陕西省政府派员视察,贿买贿卖之风气遍及陕西全省,⑤"成为普遍恶风"。⑥ 由于农村劳力缺乏,壮丁的价格也逐年增长。据调查,陕西省的壮丁价格1939年约60—100元,1940年上半年约300—500元,1940年秋冬季500—600元,个别地区甚至标价1 000—3 000元。⑦ 壮丁价格的逐年激增,可以从侧面反映农村劳力缺乏的问题日益严重。雇买壮丁、贿赂兵役人员,增加了农民的经济负担,使其无法扩大对粮食生产的资金投入,甚至许多农户因雇买壮丁而倾家荡产。

---

① 《请省府咨请军管区司令部通令各县遇有壮丁逃避兵役时应按兵役法罪其本人不应罪其父兄以杜弊端而利役政案》,陕西省临时参议会秘书处编:《陕西省临时参议会第一届第四次大会记录》,编者自刊1941年7月,第102页。
② 《陕西省委青年工作委员会关于半年来青年工作的报告》(1939年7月27日),中央档案馆、陕西省档案馆:《陕西革命历史文件汇集》(甲13),内部馆存1992年,第288页。
③ 张治中:《张治中回忆录》,文史资料出版社1985年版,第148页。
④ 杨光钰:《视察役政之前瞻与后顾》,《陕西兵役》1942年第3卷第4、5期合刊。
⑤ 张道藏:《陕南三年来役政之回顾与展望》,《陕西兵役》1940年第1卷第1期。
⑥ 《视察团视察报告》,陕西省临时参议会秘书处编:《陕西省临时参议会第一届第五次大会记录》,编者自刊1942年1月,第80页。
⑦ 《陕西省委组织部关于安康地区国民党特务活动情形调查材料》(1941年2月20日),中央档案馆、陕西省档案馆:《陕西革命历史文件汇集》(甲17),内部馆存1994年版,第37页。

其次,征兵不公加大了农村劳力缺乏的阶层性差异。无权无钱的农村劳力是征兵的主要对象,陕西省多数县份均存在这种情况,如:商南县富水镇"仅拉贫家人应征,无论祭子独子均得要应征";商南县金山乡"征兵仅抽无情面的人,而有情面的即可抗不应征";①千阳县"一些无钱没面子的青年被拉进兵营"。② 有些地方实行看似公平的抽签征兵制度,其实也是"抽派一些贫家子弟,没有金钱贿赂和没势力来运动的";③"有钱有势者,虽七兄八弟既不应征,复不缴纳缓役金,地无立锥之农工,虽单丁独子亦必应征"。所以时人讽刺道,抽签法本质上就是"抽钱法",钱多者,即可免;无钱者,必被抽。长安县韩森乡第13保保长袁福生兄弟5人,均已符合征兵年龄,却永久不征。该保内任何人家壮丁,均须由袁福生雇买顶替,从中渔利,人称"包办壮丁专家"。④ 渭南县清明乡第五保甲长雷子英与村民张生荣有过节,便借征兵报私仇。结果,张生荣的3个儿子,两个被征,一个被倒卖顶替,致使其家中田地无人耕种。⑤ 独丁被抽的情况也普遍存在,甚至有些保甲长专门挑独子家庭抽丁,以逼迫其送钱行贿。时人对此批评道:"软弱者单丁不免,强豪者三五不征。"⑥连时任陕西省政府主席蒋鼎文也很无

---

① 《陕西省商南县兵役协会调查表》(1941年6月),中国第二历史档案馆藏,农林部档案,23-2-10379。

② 武三元、贺允恭:《略谈抗战年间千阳征兵概况》,中国人民政治协商会议陕西省千阳县委员会文史资料研究委员会:《千阳文史资料选辑》第3辑,1986年,第112页。

③ 《据报关于各地兵役流弊情形嘱查核办理由》(1939年10月),中国第二历史档案馆藏,国民政府训练总监部和军委会政治部档案,772-1-967。

④ 《呈为包庇壮丁盗卖壮丁虐民蠹国诈勒索民财为恶作非藉公报私伏祈查核严办法处事》(1944年),陕西省档案馆藏,陕西省参议会档案,2-1-158。

⑤ 《为狼狈为奸征尽三子倒卖壮丁倾家荡产藉报私仇恳请绳拘伏法以维法纪而儆贪污更恤良懦由》(1944年),陕西省档案馆藏,陕西省参议会档案,2-1-158。

⑥ 《视察团视察报告》,陕西省临时参议会秘书处编:《陕西省临时参议会第一届第五次大会记录》,编者自刊1942年,第80页。

奈地说道:"为什么有钱有势的家里有好几个壮丁,可以不服兵役,而无钱无势的孤子独丁,就应该服兵役!这未免太不公平了!"①

再次,征兵不公加大了农村劳力缺乏的区域性差异。征兵弊端不仅表现为社会阶层的差异,甚至一省之内的不同地区之间也出现了明显的不公。地方社会集体舞弊的现象频频发生。长安县新筑镇共有住户253户,该镇虽然每年均有配赋应出壮丁数,但直到1944年,抗战已达7年之久,该镇从未征发一人,以致其他各镇民情沸腾,怨声载道,大呼不公。新筑镇之所以能一丁不出,其原因就是该镇经济力量较强,"其他各保钱财不能相与抗衡"。该镇大权握于韩全杰等人之手,镇商会每月向各户摊派公费23万元,此款一部分用于活动长安县各级主管兵役人员,其余大部分则中饱私囊。后来该镇被人告到长安县府,韩全杰四处钻营、多方活动,县政府坐视不理,结果韩全杰相安无事。后又被人上告至咸长师管区,请其依法惩办,结果仍是石沉大海,渺无回音。② 商业发达的地区抽丁少,甚至不抽丁;而以农业为主的地区,反而被大量抽丁。这种人为制造的不公平现象,加剧了农村劳力缺乏的区域性差异。

"被捉去的人,大多是小百姓",而粮食生产的主力军恰恰是这些"小百姓"。一到征兵时期,"壮丁都惊惶逃避,甚至自相残害,没有人敢下田耕种,把农时完全耽误了"。据姚光虞观察,在个别兵役弊端严重的地方,"乡村所剩者,不是老弱,就是妇孺,壮年的农夫实在稀少得很,因为劳力缺乏,农业不能为集约的经营,无形中生产量减少,甚至有些地方,因为劳力过于缺少,差役过于繁重,竟

---

① 蒋鼎文:《兵役人员应由的警觉》,《陕西兵役》1941年第2卷第1,2期合刊。
② 《呈为奸商恃财妄为全保规避兵役长安县府及咸长师区坐视不理只得再陈事实恳祈彻查究办藉平众怨以端役政而利抗战》(1944年11月),陕西省档案馆藏,陕西省参议会档案,2-1-158。

至土地无人耕种,任其荒芜"。① 征兵对于劳动力影响如此之大,以至于四川省政府屡次向重庆国民政府请求缓征兵役,其理由即为解决农村劳力缺乏问题,以维持农业生产。国民政府也答应四川缓征两月,以便错开农忙时节。但是由于兵役征发过程中的种种弊端并未彻底革除,民众逃避兵役的现象仍然非常普遍。所以,缓征兵役的方法对于解决农村劳动力缺乏问题,并没有明显效果。

四、余　论

足兵、足食是战争的先决问题,兵不足则外溃,食不足则内虚。1940年7月以后,大后方的粮价持续猛涨,粮食危机引起朝野内外的一致关注。蒋介石在1941年全国财政会议上痛切训词:"如果目前粮食问题不能解决,不仅是有关于抗战与建国的问题,而且是社会问题亦无从解决。"②在次年的全国粮政会议上蒋介石又明确强调:"在此战时,我们国家除了军事以外,在经济方面,最重要的就是粮政。"③为应对严重的粮食危机,国民政府发起粮食增产运动。"征兵与增粮争人"的难题随之产生。

国民政府采取的一系列应对农村劳动力短缺的举措,带有明显的应急性质。这些权宜之举,对于缓解一时一地的劳力匮乏问题,起到了一定的积极作用,但无法从根本上解决问题。直到抗战后期,各省仍然面临农村劳力匮乏的问题:河南省"壮丁从戎,劳力缺乏,食粮问题逐趋严重";④福建省"年来征调壮丁及征服工

---

① 姚光虞:《战时农业劳力问题》,《农业推广通讯》1941年第3卷第4期。
② 蒋中正:《第三次全国财政会议训词》,《财政评论》1941年第6卷第1期。
③ 林学渊:《出席全国粮食会议经过报告书》,福建省粮政局调查室印,第5页。
④ 《为拟具促进冬耕增加生产意见多项由》(1943年10月),中国第二历史档案馆藏,农林部档案,23-1-1771。

役,致使农村劳力益感不敷";①浙江省"农村劳力奇缺";②江西省"各县壮丁历年征召,农村劳动力日见减低"。③可以说,农村劳动力缺乏是抗战期间始终困扰国民政府的一大难题。农村劳动力缺乏导致粮食作物的耕作渐趋粗放化,农田由精耕而粗耕,由粗耕而不耕,后方各省均有此种现象。④ 随着抗战时间的延长,粮食作物的单位面积产量逐渐下降。

其实,在战争期间,人力缺乏几乎是各国普遍存在的问题。英美两国对于战时的农业生产非常重视,"把在田地上从事生产和去前线打仗看得一样重要"。美国总统罗斯福也在战时宣布,美国300万农业工作人员延期征调,⑤然其兵员仍可有序地源源供应。这与其完善的战争动员机制不无关系。

相比之下,抗战前的中国并没有完成现代化,甚至应对现代战争的基础性制度都尚未建立。例如,与人力动员密切相关的户籍制度。如果具备完善的户籍制度,"壮丁的年次、数目,均了如指掌,则征召新兵,有如按图索骥,实在看不出有什么难处"。但是抗战期间,国民政府没有完善的户籍制度。正如陈诚所指出的:"清查户口,却不是想做就做的事,姑不论人手、经费、技术等问题急切不易解决,单就时间来讲,几千年做不好的工作,要于仓促之间应手而成,天地间也没有这样便宜的事";"户籍一天办不好,兵役行

---

① 《福建省三十二年度利用隙地垦殖荒地增产杂粮玉米等专门报告》(1944年6月),中国第二历史档案馆藏,农林部档案,23-1-2095。

② 《浙江省三十三年度粮食增产实施计划目录》(1944年5月),中国第二历史档案馆藏,农林部档案,23-1-1968。

③ 《江西省粮食增产总督导团三十二年度垦殖荒地与利用隙地增产杂粮专报》(1944年4月),中国第二历史档案馆藏,农林部档案,23-1-1685。

④ 王光仁、林锡麟编:《战时各省粮食增产问题》,农产促进委员会1942年版,第28页。

⑤ 《农民缓服兵役》,《现代农民》1943年第6卷第6期。

政就一天不能弊绝风清。"①战时农村劳动力缺乏所折射出的深层次问题是国民政府没有建立起完善的现代化战争动员机制,这进一步加剧了当兵与种粮之间的矛盾与张力。

(杨国山,山东大学马克思主义学院讲师)

---

① 何智霖编辑:《陈诚先生回忆录——抗日战争(上)》,台北"国史馆"2005年版,第333页。

禁烟、司法与党争：
1916年上海官运烟土案研究

赵 曜

从清末推行全面禁烟开始,历届执政者皆视"禁烟"为政治正确,但暗贩烟土以图财利的事件在官方或民间时有发生。1916年护国战争后,爆发于上海的官运烟土案惊动了中外各方政治势力,较多的证据将幕后主使指向唐继尧主政的云南当局,这对当时禁烟、司法及民初政局走向产生了举足轻重的影响。近年来,有学人对此案引发的政治斗争有所关注,①至于该案所涉及的中英禁烟关系、各方势力之反响、民初云南贩烟之因由,以及案件的交涉与审理等问题尚缺乏深入探讨。

本文以1916年上海烟案的爆发、审理及中英交涉为主线,比勘中外报刊报道,辅以日记、文集及部分档案史料,拟借此认识民初禁烟、司法和政治斗争的复杂面向。笔者查阅各相关档案馆,鲜有发现官方档案对此案的记载。② 与之相反,彼时的中外报刊及

---

① 目前学界仅有个别研究对该案进行了初步介绍,论述方面也只对涉案人物张耀曾在被揭发后所引起的政治斗争有所注意,且文章的重点并不在案件本身。代表性文章有:周宁:《上海"私土案"与民初政争》,硕士学位论文,中国人民大学历史学院,2011年。

② 通过查阅,云南省档案馆、上海市档案馆均未见与该案相关的档案;截至目前,国内官方文书中仅见中国第二历史档案馆整理出版的《政府公报》中有三处与（转下页）

私人日记却有大量报道与记载,侧面印证了该案在官方视野中的私密及隐晦。①

一、烟案揭发及各界反响

1916年6月,护国战争因袁世凯的猝然离世而中止,北京方面迅速组建新内阁,并任命云南都督府参议张耀曾为司法总长。② 同时,北京政府宣布取消肃政厅、任命新内阁、恢复旧约法及大总统选举法,拟定于"阳历八月初一日召集参众两院议员在北京开会"。③

七月,新任司法总长张耀曾奉命赴京就职,与其同行的还有应邀赴京、赴沪接洽谈判的滇省国会议员及代表。其中袁嘉穀、孙士

(接上页)案件直接相关的内容,一处为1916年8月26日大总统关于沪海道尹周晋镳被免职的命令,但在此处并未说明为何被免职。而报刊中却详细记载周晋镳是因涉烟案而被免职;(中国第二历史档案馆编:《命令》,《政府公报》,8月26日第232号,第1页。)另一处为9月1日京师地方监察厅致上海地方检察厅的公函,该公函记载:在案件受到会审公廨宣判后,全国禁烟会要求京师地方检察厅传讯涉案的在逃嫌疑人袁嘉穀,但该厅以"此案发生既在沪上","且人证物证均在最先受理之处,道路遥远,传闻异词本厅未便悬揣"等由推辞予上海地方检察厅(《京师地方监察厅致上海地方检察厅公函》,《政府公报》,9月1日第238号,第14页)。第三处为10月15日大总统关于唐继禹因涉上海烟案而被免职的命令(《命令》,《政府公报》,10月15日第280号,第4页。)国外档案则有一篇记载该案的详细函电(见已出版的英国外交部档案:Sir J. Jordan to Viscount Grey, September 13, 1916, The Opium Trade 1910-1941, Vol. 3, 1913-1916, Part X (Wilmington, Delaware: Scholarly Resources Inc, 1974), pp.16-18)。

① 因该案涉及政府声誉,关于是否在《政府公报》中刊登有关烟案的消息,北京政府内部有过讨论。例如沪海道尹周晋镳在8月25日被免职的命令,据《申报》1916年9月16日消息称:"国务会议决定上海道尹周晋镳免职并拟成罢职命令,但徐秘书长私将此条抽去不列入当日命令。内谒院员询及此事后,徐始送呈总统盖印。"(《英民论府院权限问题(续昨)》,上海《申报》1916年9月5日,第1张第3版)

② 《中央命令》,《共和滇报》1916年7月22日,第3页。

③ 《新内阁已成立矣》,《共和滇报》1916年7月7日,第3页。

奇等为政事代表赴京"筹南北统一之大计"①；警察厅长唐继禹、兵站总监缪嘉寿、第七军长刘祖武等为军事代表，"赴上海开军事大会，以谋统一进行事宜"。②

云南代表团抵沪之后，寓居于上海湖北路孟渊旅社，其间突然遭到洋药公司禁烟联合会检举而被捕房搜查。据称在诸代表的行李内搜获云南烟土4箱，后又于沪海道尹公署隔壁空屋内抄获云土20箱。③ 唐继禹的副官孙世奇，滇省政事代表王竹村、王铁珊、陈和庭，军事代表叶香石及前闸北光复军统领李征五等因此被拘解会审公廨。④ 云南代表团因携带大量烟土被英方缉捕的消息迅速传开，社会各界一片哗然。

高层官员贩运烟土事关中国政府的名誉，北京政府因此格外重视。新任大总统黎元洪在知晓案发地完全属于中界界内后，"因之勃然震怒，立即召见段总理交谕各部从严查办"，并要求"将人赃引渡内地官厅从重讯究，并将某某归案严讯"。⑤ 总理段祺瑞以此事关重大，且未悉案件实情，故对此处理十分保密，"闻十五日段总理对于该案曾召集各重要人物另开秘密会议"，"其详情若何因□防极为严密，无从得悉"。因"上海发现烟土案牵连重要人物甚多，于国家名誉上殊关重要"，故国务院于十七日再次召集特别

---

① 《送各代表赴京接洽序》，《共和滇报》1916年7月20日，第3页。

② 《军事代表已委定》，《共和滇报》1916年7月19日，第5页。

③ "The Yunnan Opium Case, Further Discovery Of Arms," *The North-China Daily News*, Vol. XCVI, No. 16002（August 9 1916），p.8.

④ 王竹村：云南都督府秘书，与袁嘉穀均为政事代表，因滇省政事代表唐督军赴京。袁嘉穀因拜会浙江吕督军，抵沪后已赴杭，故未被缉捕。陈和庭：即陈钧，前云南内务厅厅长，案发时为云南财政厅政事代表。王铁珊：滇督军署副秘书长。叶香石：即叶荃，云南第五护国军军长，此次奉滇督军命令赴京，与唐继禹同为军事代表。唐继禹：唐继尧之胞弟，任云南警务厅厅长。唐继禹半路抵香港时由肇庆都司令邀赴广东，并未来沪。

⑤ 《七志离奇骇怪之烟土案》，上海《申报》1916年8月16日，第3张第10版。

会议一次,按照查报情形详加讨论,"会议详情因政府对于此案颇守秘密,故无从得闻,仅悉此案了解后对于禁烟问题决以严厉认真办法禁绝"。①

北京政府各部对巡捕房于租界外抓人之举反应强烈。司法部首先致电上海方面,认为闸北华兴路完全属于华界,"究竟当时搜查手续是否照章而行,起获赃犯曾否移交内地官厅讯办";因案情牵涉重大法权,故要求上海方面"除分别电查外,应将此案先后情形据实电部,以凭核办"。与此同时,外交部致电上海官厅,认为"此案关系重大,闸北地属国土,刑律定有专条,起获人赃亟宜移解内地官厅从重讯办,方为正当"。② 内务部亦通饬江苏省长严密调查,也认为"该处为完全华界,巡警密布,事前曾否知会照章协查,事后如何办理"。③ 由北京政府各部的一系列表态可知,政府首先强调了英方对中国司法主权的破坏。司法权是主权国家最为重要的标志,即使认定中方官员贩运烟土的事实,在华界范围当属中国内政,英方亦无权擅自越界抓人。

受外人控制的上海江海关表态则截然不同。有消息称,江海关税务司曾收到云南蒙自税务司来电,要求为滇省议员与新任司法总长来沪时优待免验行李并予以配合,故在负责审查入关方面难脱干系。江海关遂向北京总税务司通报,"夹带大宗违禁物品殊与海关责职攸关,除延请律师提出控告外,应请咨饬严究核示遵办"。④ 在此之后,随即转函公共公廨,"因同行之人有夹带私土被捕房搜获,情事关系烟禁,且违关章税司,拟于日内向贵公廨正式起诉,并嘱派员观审"。⑤ 1916年,由英籍税务司把控的江海关,急

---

① 《段总理密议上海烟土案》,天津《益世报》1916年8月17日,第3版。
② 《六志离奇骇怪之烟土案》,上海《申报》1916年8月15日,第3张第10版。
③ 《七志离奇骇怪之烟土案》,上海《申报》1916年8月16日,第3张第10版。
④ 《五志离奇骇怪之烟土案》,上海《申报》1916年8月14日,第3张第10版。
⑤ 《八志离奇骇怪之烟土案》,上海《申报》1916年8月17日,第3张第10版。

于向租借公廨起诉的举动也许间接反映出英方对此案的态度。

云南方面,滇督唐继尧通电北京政府,要求彻查案件,严惩烟贩,其陈词却难免有为涉案的滇省官员辩护之嫌:"查滇省所派赴京代表陈钧、叶荃等,均属品学兼优、洁清自好之士,决不至徇法营利私带烟土,此可共信。惟此次该代表等出省之时,因赶赴船期,除所带仆从外,同行之普通人甚多,并有多数商人在内,挟带烟土必系随从人等与普通商人勾结包庇之所为。当经就近飞派妥员驰往彻查,从严究办。"①由于涉案的部分官员为云南绅耆,当地声望很高,滇督所述"品学兼优、洁清自好"的判断也不无根据;同时,唐继尧对涉案嫌疑较大的唐继禹与袁嘉穀并未提及,仅要求暂时剥夺陈庭和的议员资格,其余人员继续北上面陈筹议。耐人寻味的是,唐继尧在该份通电中并未对深陷其中的司法总长张耀曾辩白。

身为国民党领袖之一的新任司法总长张耀曾,受此案牵连而深受非议。此人虽在唐继尧手下任参议,又具有云南籍的身份,案发后却立刻激烈发声反驳,并通电全国,认为同行者"检查时竟欲冒称耀曾随员名义,希图免验,尤堪发指",特别申明此次同行者均系云南各军政代表及其随员,"且舟车虽同,护照各异,他人之行李若干,内容如何,既非耀曾所能知,亦非耀曾所应问"。张氏对此案的发生十分愤慨:"他人私挟烟土事前实无由,闻知此心耿耿可质天日,至舞弊玩法之徒罪大恶极",并已函告公共公廨彻查主使,依法严惩,"事关国家体面,深恐以讹传讹"。② 显然是力图撇清与案件之干系。

英国方面对此案似乎早有准备,不仅在竭尽所能地进行调查,并委派律师代表洋药公司与江海关一同对涉案官员提起公诉。其指控中国官员犯有三重罪状:"将大量鸦片私自贩运至上海,这是

---

① 《唐督军电请严办烟贩》,天津《大公报》1916年8月25日,第1张第3版。
② 《五志离奇骇怪之烟土案》,上海《申报》1916年8月14日,第3张第10版。

违法的";"私自藏匿拥有非法鸦片",违背禁烟第266条定例;"藏匿不当的进口的鸦片"。① 此外,英国陪审团在案件审理时还对中国新闻界进行了强烈的谴责,质疑中方新闻的虚假报道。②

民间组织与媒体亦在案件事发后陆续参与其中,"全国紧密注视,国人无不关心,皆谓事关政界之声誉,国家之形象"。③ 全国禁烟联合总会第一时间上书国务院并转呈大总统,认为此案不但破坏中英双方10年禁烟约定,使外人"难免不生明禁印药,暗售土药之疑,以冲突禁烟条件来请责在中国已被惩之烟贩",而且"难免不有只许官家放火,不许百姓点灯之谬论来相诟病,内政外交势必增加一重障碍",④遂要求立刻引渡案犯,由我国政府参照禁烟条例自行处以重典,"庶体面可期保全,烟禁不至破坏"。

天津《大公报》社评也对历来免验士子、官员行李的做法提出质疑,"从前科举时代,凡赴试者之舟车,行过各处关卡时,概免验行李,所以优待士子也。而无耻之穷措大,往往暗带私货,以图微利。今科举废而选举兴,于是向之所以优待士子者,移而优待官员,其行李过关卡时,亦免检查,而上海之大烟土案,乃因是而发生"。暗中讥讽国内"验民不验官"的现状,"中国之上流人,多愿以盗贼自恃,而尤鸣得意也","其意若曰法岂为我辈设哉"?⑤

综观各方的反响与因应举措,英方视此案为禁烟不力的证据对中国提出严厉指控;北京政府尽力斡旋,希冀以英方干涉司法主权之由将嫌疑人移交中方审判,避免被动;云南方面表面服从严惩

---

① "The Yunnan Opium Case, Severe Censure By The Assessor," *The North-China Daily News*, Vol. XCVI, No. 16013(August 22 1916), p.8.

② "The Yunnan Opium Case, Chinese Press And False Reports," *The North-China Daily News*, Vol. XCVI, No. 16013(August 22 1916), p.8.

③ 《大私土案之余闻》,上海《民国日报》1916年8月24日,第3张第10版。

④ 《全国禁烟联合总会上国务院转呈大总统呈文》,天津《大公报》1916年8月18日,第2张第7版。

⑤ 《闲评一》,《大公报》1916年8月18日,第1张第2版。

办案,暗中则有为滇省涉案官员开脱之嫌;深陷案中的司法总长张耀曾态度激烈,一再申明自身并不知情,乃受牵连所害,并表明愿意"俟本案水落石出,得有私带烟土之确实主名后,再行北上"①;民间团体则以禁烟与司法两方面对政府提出质疑。涉案方各执一词、态度迥异的现象,背后隐藏着深刻的历史渊源和盘根错节的利益关系。

二、中英禁烟纠葛及滇省暗贩烟土之因由

事实上,英方不遗余力地追查烟案与北京政府颇为紧张的态势、与清末中英双方达成的禁烟条约密切相关。受中外条约限制,咸同年间清廷一度将鸦片贸易合法化。庚子以后,以英国为首的西方各国社会兴起了反对鸦片的浪潮,加上清廷几十年"以土抵洋"方案的实施,使得洋药的销量与利润在中国有所下降。随着西方传教士的不断努力和请愿,英国关于传统鸦片贸易的政策有所变化,晚清禁烟最大的桎梏也开始松动。

与英方协商谈判成为中国禁烟的症结所在。光绪三十二年八月初三日(1906年9月20日),清廷下发谕旨,宣布推行禁烟与新政相结合的改革,并提出"应请饬外务部与英国使臣妥商办法,总期数年内洋药与土药逐年递减,届期同时禁绝"的建议。②

与此同时,清廷正式照会英国政府,将拟定起草的谈判条件交于英国驻华使馆。③ 双方经过反复交涉,于光绪三十四年中英双

---

① 《孟渊旅社查获私土案(二)》,上海《民国日报》1916年8月11日,第3张第10版。
② 《呈筹拟禁烟办法十一条缮具清单》(光绪三十二年十月初六日),中国第一历史档案馆藏,军机处全宗,03-7403-008。
③ 《驻华英使朱尔典与外务部侍郎唐侍郎绍仪往来公函》,1907年2月6、7、9日,《英国蓝皮书·为中国禁烟事》,《外交报》第225期,第25—26页。

方达成六项协议,其中包括"印度洋药以运往各国之全数为限制,以印度出口五万一千箱之数为定额,按年递减五千一百箱,自1908年为实行之始,十年减尽"。① 协议规定的洋药入华方案暂行3年,确定3年试行期限结束时中国政府履行完禁烟相应的义务,从而继续执行印度政府每年向中国出口鸦片减少1/10的政策。② 宣统三年(1911),英方通过会勘认定中方禁烟"成效卓著",双方再次重启谈判,于5月9日签订《禁烟条件》,规定:"七年之内,中国每年减种当以英国按照此次条件及附件所载每年减运之数为比例,一九一七年全行禁尽。"③

辛亥鼎革之后,中英双方继续遵守《禁烟条件》,奉行分年渐进禁烟的政策。值得注意的是,若中方到1917年期满时不能按期禁绝,英国将实施例如加倍输入洋药等惩罚性措施。清末双方拟定条约时,时人已对此状况颇为担忧,"政府与各国驻使严订禁烟条约,洋药进口按年递减,内地亦递减种植。如十年后中国不能禁绝,应将洋商损失之利加倍赔偿,关系何等郑重","倘临期不能禁绝,外人必照约索赔,恐磬全国之财力,亦难赔偿"。④ 烟案发生后,万国改良会即通电全国各界警示其严重性,"倘不幸查有一二处种运,则中国十数年来全国人士奔走号呼之功,付诸流水,弛禁赔款,辱国丧权"。⑤

英方通过侦查此次案件企图达到两个目的:其一,禁烟条约

---

① 《外务部奏覆陈筹议禁烟与各国商定办法折》,《英国蓝皮书·为中国禁烟事》,《外交报》第236期,第35页。
② Foreign Office To India Office, April 2, 1910, *The Opium Trade 1910–1941*, Vol. 1, 1910–1911, Part I, p.27.
③ 王铁崖:《中外旧约章汇编》,生活·读书·新知三联书店1957年版,第711页。
④ 《直隶京官奏参禁烟不力》,《时报》1907年7月31日,第3版。
⑤ 《万国改良会关于禁烟之通电》,天津《大公报》1916年10月21日,第2张第6版。

期限将至,通过查证中方禁烟不力的事实,可在届时谈判中施加惩罚压力;其二,英国每年输入的烟土因短时无法出售,故尚在中国的存土数量巨大(上海尤为突出)。倘若禁烟期限已满,存留的烟土将可能被依法停止出售或销毁。英方试图以此次案件为筹码,以图延长期限,销售存土。"近闻英土商以期限将满,特别要求多展期限,以便将存土售完,此事非常危险。徐云,前曾接英商两电,一云如政府允许展期,该商即愿多加税银1600万等语;追第二电即云,如不允许展期,不但加税毫无,即现纳之税亦当停止,迹近要挟。"①

烟案发生之际,弗雷泽爵士(Sir E. Fraser)向英国官方报告在华存烟销售状况时也表示,印度鸦片销售的前景"令人失望"。"截至(1916年)7月底,上海和香港的存烟数量为3 549.5箱,而1915年7月底的存量为5 349.5箱。若按此清关速度,即每月150箱,存货售出依然需要将近两年之久。"②

事实上,这样的估计已经非常乐观,据英方报表数据显示,这种清存率一直在下降,按照下降的平均速度与时限考量,出售所有库存的印度鸦片"将需要将近三年半的时间"。③ 结合上述材料推论,若能寻找禁烟不力的证据而迫使中国政府屈服展现,自是英方情理之中的手段。

从现有资料看,基于维系财源之动机,云南官方暗贩烟土似乎亦有渊源和现实需求。清末新政时期,滇督锡良行雷厉禁政,使云南烟患得到有效控制。民国肇始,云南依旧遵奉北京政府实施禁政,但民间存土甚多,官方暗中收售烟土的行为已有苗头。鉴于禁

---

① 《丁义华与徐树铮之谈话》,天津《大公报》1916年9月14日,第2张第7版。

② Sir J. Jordan to Viscount Grey, September 13, 1916, *The Opium Trade 1910-1941*, Vol. 3, 1913-1916, Part X, p.16.

③ Sir J. Jordan to Viscount Grey, September 13, 1916, *The Opium Trade 1910-1941*, Vol. 3, 1913-1916, Part X, p.16.

政之后烟价上涨且有利可图,1913年,由云南财政司司长陈价主导,与民政司司长罗佩金及内务司司长陈钧商议后"组设收销存土公司,将省中所存烟土,陆续收买,运至蚂蝗堡销售出外"。① 因低价强制收买烟土的行为触碰了本地烟商与烟农的利益,收销存土公司在运营一年后便在反对声中关闭。

烟商的反对无法阻止官方对利益的追逐,暗中销售的行为并未中断,将收销存土公司化为若干小型组织各自秘密经营,自找出路已见端倪:"贩运的方法,越出越奇,有夹在牛皮中运出的,有装在火腿罐头内运出的","当时'云土'不但运到安南,还由安南辗转运到广州、汕头、澳门、上海等地,大概路线愈长,价格愈高"。② 可见在沿海地区售卖烟土有着极高的利润回报。烟案发生后的法庭调查也有印证:"在混合法院审理的云南鸦片案中发现,云南种植鸦片的本地售价为每磅5美元,而目击者称,上海的价值为每磅150美元。"③

此次烟土案,与云南当局进行收销存土关系密切,其向外销售烟土的行为在外界早已不是新闻。据起诉方穆素安(*Mr. Musso*)律师陈述:"查云南土出产甚多,向来推销各行省,广东近已堆积。滇省都督府积有一千余万元之多,现拟运往长江一带消售,故政界中禁烟各职员对于此事非常注意,秘密调查至本月七号。据调查员报告,滇省议员来沪行李内夹带云土有一百二十余万元之多,原告得报切实复查后,即请公堂给谕,会同老闸捕房前往湖北路孟渊旅社该议员等寓所搜查。"④

---

① 云南禁烟委员会编:《云南禁烟纪实》第1册,"沿革",云南禁烟委员会1937年版,第1页。

② 宋光焘:《鸦片流毒云南概述》,《云南文史资料选辑》第1辑,云南省政协文史资料委员会1963年编印,第86页。

③ "From Day To Day," *The North-China Daily News*, Vol. XCVI, No. 16012 (August 21 1916), p.10.

④ 《九志离奇骇怪之烟土案,公廨研鞫之第一幕》,上海《申报》1916年8月18日,第3张第10版。

另一方面,因护国战争扩充军备所需,导致本不富裕的滇省财政更加捉襟见肘。袁世凯与云南当局矛盾爆发前夕,已极力削减云南军费,"如民国三年度军费预算尤为三十二万余,至四年度则锐减为二十四万余,即两年比较相差已至四分之一",①滇省陆军主力仅存两师一个混成旅及一队宪兵。而至1916年6月双方停战后,唐继尧名义上已将护国军扩充至8个军,且蔡锷所率第一军、黄毓成所率第四军仍留在四川,李烈钧所率第二军仍部署于广东。在失去中央协款支持和急速扩充军备的背景下,筹集军饷十分迫切。此次派滇省代表北上谈判,一项重要任务即为云南争取军队撤离的善后费用,总款高达800余万元。

唐继尧为解决战时财政压力,设立"中华民国护国筹饷局","隶于军政府以筹集军饷充中华民国护国各军之军实"②,总局设于云南省会陆军偕行设,分局设于各县至国内外重要商埠。该局以劝募、彩票和抽收烟厘三种方式来筹集军饷,③但抽收烟厘碍于禁烟与舆论压力,并未公开宣传。筹饷局的组织方式颇为隐秘,用"三七、虫草、黄连、贝母之类,以代表烟土的名称"用以掩人耳目。④ 与云南总商会一同组织外销时,更是密议规定:"不给收据,必不得已,由商会给以公益捐之收据可也",此举"事关重大,仍须保密"⑤,"以防交涉,而免张扬"。⑥ 揆诸史料,在庞大浩繁的军费开支背景下,云南禁烟

---

① 墨江庚恩旸著:《云南首义拥护共和始末记》上册,云南图书馆1917年版,第133页。

② 《中华民国护国筹饷总局简章》,《云南首义拥护共和始末记(上册)》,云南图书馆1917年版,第142页。

③ 云南近代史编写组:《云南近代史》,云南人民出版社1993年版,第188页。

④ 李子辉:《云南禁烟概况》,《云南文史资料选辑》第3辑,第75页。

⑤ 《运物密议》(1919年),原件存于昆明市工商联档案《云南总商会禁烟局卷》,载陆复初主编:《昆明市志长编》第12卷,"靠贩卖鸦片起家的商业帮别",第360页。

⑥ 《云南筹饷局总办黄石致云南总商会函》(1919年),原件存于昆明市档案馆,转引自云南近代史编写组:《云南近代史》,第189页。

实际上已成为无足轻重的噱头,烟案被揭发亦在预料之中。

三、中英交涉与案件审理

在该案开审前夕,上海地方法院受北京政府指令,仍不断与英方进行交涉。上海法院认为,不仅搜获鸦片的华兴路处于中国境内,"仅中国当局应对此案负责",而且"未经他的同意和签名的搜查也是非法的";"混合法院(会审公廨)授权的直接搜查以及同一法院的非法审判构成了争论,这不仅蔑视和牺牲了中国的司法权,而且损害了中国作为主权大国的国家尊严"。①

英方则坚决表示,他们"无法相信有关没有事先通知中国警察的谣言"。② 考虑到前述英方为条约到期后设定的违约处罚,这样的表达绝非对涉案关节的单纯判断,英方竭力回避案件首先涉及的司法主权归属,反复强调案件本身的属性,与案件走向可能对英方获得巨大利益的期待不无关联。

除此之外,上海地方还致函《字林西报》(*North China Daily News*)编辑,请求将其报道中的人员信息做更改,"即所涉人员不是国民议会议员,已经确定他们只是在北京举行的会议的代表,更具体地说是云南省政府的代表,并且不隶属于中华民国国家立法机关","可以放心地认为,没有国民议会议员可以参与其中"。③ 可以看出,在厘清真相之前,北京政府已开始努力降低该事件的负面影响,并试图将云南代表与中央政府的关系进行剥离。

---

① "The Yunnan Opium Case, Chinese Demand For Prisoners," *The North-China Daily News*, Vol. XCVI, No. 16006(August 14 1916), p.8.

② "The Yunnan Opium Case, Chinese Demand For Prisoners," *The North-China Daily News*, Vol. XCVI, No. 16006(August 14 1916), p.8.

③ "The Yunnan Opium Case, Status Of The Accused," *The North-China Daily News*, Vol. XCVI, No. 16008(August 16 1916), p.7.

与英方强烈的交涉并未使中方取得审判权。8月17日清晨,老闸捕房指令中西探捕将人证一并押解至上海英租界公共公廨进行审理,此案的庭审正式开始。一同出席庭审的还有道尹公署、淞沪警察厅、地方检察厅及江海关各代表。第一、二次庭审主要围绕来沪免验行李函电是由何人所发的问题展开。

据江海关税务司代表劳勃司(Mr. Robert)上堂陈述,8月2号江海关税务司曾收到云南蒙自税务司来电,要求为滇省议员与新任司法总长来沪时优待免验行李。在烟案发生后,江海关复电蒙自税务司询问该电由何人所发,于12日收到回复,"谓新任司法总长张耀曾嘱发"。但据负责接待滇省代表的道尹公署顾问杨润之投诉,向上海海关发电免验行李者并非司法总长张耀曾,而是滇籍议员袁嘉谷,"道署接到袁嘉谷来电,道尹委我分往施监督及海关税务司处请为免验行李"。①

西报的报道也证实蒙自海关的免验电报并非张耀曾所发。穆素安(Mr. Musso)律师在调查蒙自电报时得到张总长的投诉,"他从未要求海关关长提供便利,毫无疑问,有人欺骗性地使用了他的名字来获得这些特权"。② 最终会审公廨的调查结果为:"该电冒名者为云南政府代表、前教育司司长袁嘉穀",沪海道尹周金箴以"此项请求并非不当有之事"为由,遂将"抄录电稿派一书记至税务司处据情申请,税司遂发出免验行李之训令"。③

有趣的是,此时北京政府的国民党系高官已对张总长持死保的态度。8月12日的英文京报透露出一则重要信息,案发后张耀曾以

---

① 《九志离奇骇怪之烟土案,公廨研鞫之第一幕》,上海《申报》1916年8月18日,第3张第10版。

② "The Yunnan Opium Case, Text of Letter," *The North-China Daily News*, Vol. XCVI, No. 16011(August 19 1916), p.8.

③ 《轰传一时之大私土案(六)》,上海《民国日报》1916年8月15日,第3张第10版。

总长自居,以为外国捕房绝不敢公然擅自拘捕,但"会审公堂之传票毫无情面之可寻",已将其出票拘捕,"张君实在被拘者之列,即坚不吐姓名者也"。①

在得知张耀曾被捕的消息后,即将出任外交总长的唐绍仪立刻出面寻找英国人求情,"至唐绍仪君即极力为张总长开脱,但无效果,最后乃运动上海交涉员向英捕房求情,为张君顾全体面"。② 报界亦得知其坚决的态度,"唐绍仪原定偕张耀曾一同来京就职,近因烟土案发,张不能即来,唐亦不愿任外交闻"。③ 与此同时,英方也获得了国民党将力保张总长的消息,"关于上海的鸦片丑闻,国民党通过了关于张先生品格的信任投票;其他政党没有表现出攻击他的意愿,而是希望由政府决定此事"。④ 经过政府的斡旋,"张氏业已开释,以其秘书代张到案"。⑤ 在案件开审后,与其他几位嫌疑人不同,英方律师对张耀曾明显持积极的态度。

除此之外,第二次庭审还重点关注了闸北光复军统领李征五帮运烟土的问题。据李征五供述:"他已经在上海居住了20多年。在八月之前,他不认识任何被告。"案发后,王竹村曾来求情帮忙转运行李,他遂与周道尹进行商议。周道尹在明知"行李中可能还有其他违禁物品"的情况下,令其将行李转走。在试图存放法租界贝勒路友人家无果后,道尹令其将20箱行李存至公署毗连之空屋内。⑥ 换言之,从滇籍议员代表来沪之时,周道尹便知行李疑似有存违禁

---

① 《上海烟案》,天津市历史博物馆编:《天津市历史博物馆馆藏北洋军阀史料》,天津古籍出版社1992年版,第586页。
② 《上海烟案》,《天津市历史博物馆馆藏北洋军阀史料》,第585—586页。
③ 《专电》,天津《大公报》1916年8月18日,第1张第2版。
④ "The Yunnan Opium Case," *The North-China Herald*, Vol. CXX, No. 2559 (August 26 1916), p.396.
⑤ 《上海烟案》,《天津市历史博物馆馆藏北洋军阀史料》,第586页。
⑥ "The Yunnan Opium Case, Text of Letter," *The North-China Daily News*, Vol. XCVI, No. 16011(August 19 1916), p.8.

物品存在,授意搬运行李的实际操纵者便是道尹本人。

本案的第三和第四次庭审主要围绕嫌疑人孙士奇、王竹村、王铁珊、陈和庭、叶香石来审理,并就烟案背后主谋的问题依此进行诘问。在审问"唐继禹居何官职,滇省有无亲戚,现在滇督何人"时,虽然孙士奇拒不配合,但其言语的蛛丝马迹不仅未能使上司唐继禹脱离干系,而且使烟案主使嫌疑转移到了滇督唐继尧身上。王竹村则将有限的信息透漏于法庭:"唐继禹与唐继尧系同族";"唐继禹与缪姓(缪嘉寿)等已赴广东,到沪时海关并未查验行李,同伴中推袁嘉穀为首"。① 除此之外,两人对所犯事实拒不交代,由此还引发西方记者的嘲笑,"一名记者在我们关于云南鸦片案证人证词的报告中发现幽默:房间中的搜寻在继续,除四把毛瑟手枪和弹药外,未发现鸦片"。②

另外 3 人的供述对案情进展也有了突破。除王铁珊表示他对所述犯罪一无所知,而且有证人表明"当他听到搜索和打开箱子的消息时,并不特别担心"外,③陈和庭和叶香石的陈述对明确袁嘉穀的嫌疑提供了有力证据。据陈和庭描述,滇省各代表在抵达上海之后,于 7 日因事与张耀曾、袁嘉穀、叶香石一同赴杭州拜谒浙江吕督军。8 日夜,吕督军收到沪海道尹来电查获烟土案事,遂将其转至滇省来行代表,众人皆以此事甚为奇怪。于是 9 日上午陈和庭便与袁嘉穀、叶香石一同返沪。

庭审律师询问得到电报后袁嘉穀的反应,陈和庭认为并未看出有无异样,而叶香石则爆出:"我与张、陈等均异常愤恨,请为澈究真相,非杀主脑携带之人,不足以谢天下,并谢云南同乡。惟观

---

① 《十一志离奇骇怪之烟土案,公廨研鞫之第三幕》,上海《申报》1916 年 8 月 20 日,第 3 张第 10 版。

② "From Day To Day," *The North-China Daily News*, Vol. XCVI, No. 16011 (August 19 1916), p.10.

③ "The Yunnan Opium Case, Severe Censure By The Assessor," *The North-China Daily News*, Vol. XCVI, No. 16013 (August 22 1916), p.8.

袁嘉穀神色有异,其时各人阅毕报纸均不发言。"①西报也对这一供述予以证实,"他的肤色有了变化,变得面色苍白","司法部长还谈到袁的脸色变得多么苍白"。② 另外,法庭还将收缴的云南财政厅烟土运单给予财政厅厅长陈和庭查看,陈依旧称不知内情。对以上3人的审判,为袁嘉穀涉嫌该案提供了旁证,同时也将云南财政厅卷入此案,增加了滇省官方各部门配合贩卖烟土的嫌疑。

在庭审期间,中国官方依旧不断向英方进行交涉。江苏省省长称:"政府已经准备好在中国法律允许的范围内对罪犯进行严厉的处理。但是首先,这个问题应该由中国城市法院还是由混合法院审理,必须通过外交方式解决。"③确实,案件由谁审理,事关司法主权,英方把持审理权本身,首先是对中国主权的侵犯,重要性与危害性不容小觑。

最后一次庭审中,上海电报局局长汪洋到堂接受审问,法庭要求其将所涉电稿呈堂审阅,但汪洋以所有电稿照章应守秘密予以拒绝:"本局长系到堂作证,并非在被告地位,电局与交通部直接非奉交通部命令,不能擅专将电稿呈出,并称局长系有职务之人,如堂上无事,即须告即退堂。"④从以上可知,中国官方对本案的审理并不信任,始终认为应先解决司法权和审判权的问题。

由英方主审的该案,最终由英国副领事向拘押公廨的被告宣读判决结果:滇省政事代表王竹村为第一罪人,因此案发现后操纵主持种种办法,判押西牢9月;唐继禹副官孙世奇因受不正当命

---

① 《十一志离奇骇怪之烟土案,公廨研鞫之第四幕》,上海《申报》1916年8月22日,第3张第10版。

② "The Yunnan Opium Case, Severe Censure By The Assessor," *The North-China Daily News*, Vol. XCVI, No. 16013(August 22 1916), p.8.

③ "The Yunnan Opium Case," *The North-China Herald*, Vol. CXX, No. 2558 (August 26 1916), p.350.

④ 《十四志离奇骇怪之烟土案,公廨研鞫之第五幕》,上海《申报》1916年8月23日,第3张第10版。

令代为经营管理烟土,判押西牢4月;政事代表王铁珊不应串通杨文林等帮助搬运烟土,且所供不实,判押3月;闸北光复军统领李征五不应帮助私藏烟土,着罚洋1 000元充公;政事代表陈和庭虽所供不实,但本案并无证据,从宽与军事代表叶香石一并开释,所有搜获之烟土悉送海关焚毁。此外,因"云南省议员袁嘉毂是这一可耻事件的主要负责人,据了解,已为逮捕他而签发了逮捕令"。①

此案虽已宣判,但众人皆知的案件主要嫌疑人唐继禹、袁嘉毂早已不知去向;司法总长张耀曾由北京政府出面为其求情开脱,免于判刑;而滇督唐继尧是否主导贩卖烟土,仍难脱嫌疑。②

四、导火与余波:案情下的民初禁烟、司法与党争

1916年,上海官运烟土案的爆发给民初各方带来重要影响。于禁烟而言,无论北京政府和云南当局,迫于中外舆论的压力而全部回到禁烟的轨道上来。事实上,袁世凯为筹计称帝资金时早已开始勾结英人一同打击土烟、贩卖洋烟而从中获利:

> 袁氏当国,帝欲熏心,觊金钱以资运动。违反国法,荼毒国民,不惜决烟禁之大防,使全国将绝之鸦片为之复活。特派

---

① "The Yunnan Opium Case," *The North-China Herald*, Vol. CXX, No. 2561 (September 9 1916), p.511.

② 据江苏省长齐耀琳电称:"上海发见烟土一案,唐继禹犯有重大嫌疑,当经电令传案讯明,以释群疑。兹据称唐继禹踪迹不明,显系情虚畏审,应请先行褫夺官阶,如果到案后讯明确无关系,再请开复处分。"大总统遂于1916年10月15日命令:"唐继禹著即褫去陆军步兵少校原官,并褫夺勋章,由上海法庭侦查归案,依法讯办。"但之后该令便不了了之,唐继禹也并未到案受审(《命令》,《政府公报》,10月15日第280号,第4页)。此外,沪海道尹周晋镳也于8月25日因烟案被黎元洪免职(《命令》,《政府公报》,8月26日第232号,第1页)。据《上海通志》记载:"9月26日,因私运大宗云南烟土案,判科罪8个月。"(《上海通志》第44卷,"人物",第6554页)

蔡乃煌为苏粤赣三禁烟督办，藉禁烟之名行卖烟之事，遂与上海洋药土商迭立合同包销烟土，六千箱展禁于十八个月内（即至明年三月），每箱报效袁氏三千五百元，悍然设局公卖，任人自由贩买、自由吸食。①

英国为保障其在华的存烟顺利销售，对袁世凯试图弛禁的态度心怀鬼胎。1915年3月15日，中方代理财政总长周学熙曾与英使朱尔典密议，询问英国政府是否反对为将印药存土转移到中方而设立一个鸦片官方垄断售卖机构。驻英公使朱尔典对此的态度则暧昧不清。一方面，碍于中英禁烟条约的签订，不能摒弃条约禁烟宗旨，冒天下之大不韪而公开支持中方进行鸦片专卖，故而提醒中方此意见在两年前即已被提出，但被搁置；继之提醒中方是否考虑到官卖鸦片带来的国内舆论压力。另一方面，则默许中方对此的计划，要求官卖鸦片不在已经禁运的省份售卖，以防止禁烟计划的退步，且"英国政府不会反对存土的合理合法处理"。②

一言以蔽之，英国政府对此鸦片官卖计划是默许的，仅以不允许售往各禁运省份作为禁烟的掩饰。英属印度政府对中方收购鸦片的计划大为欢迎，赞誉此方式对烟商公平且合理，但认为"这是中国政府自己的决定"，与英国及印度政府无关。③ 到1916年9月，洋药联合会试图延长该售卖存烟的协议，英国驻上海总领事在致伦敦的函电中报告了英方在背后的动作和努力："我已经报告了为延长联合会与中国当局之间将于明年3月31日到期的协议而作出的种

---

① 《邹鲁建议厉行烟禁》，上海《申报》1916年9月19日，第2张第6版。

② Sir J. Jordan To Sir Edward Grey, March 22, 1915, *The Opium Trade 1910 - 1941*, Vol. 3, 1910 - 1911, Part Ⅸ, p.12.

③ "India Office To Foreign Office, India Office, May 31, 1915," *The Opium Trade 1910 - 1941*, Vol. 3, 1910 - 1911, Part Ⅸ, p.17. 关于英国政府与中方密议存烟销售计划的研究，已有个别学人予以关注，具体参见：杜枭澂：《民国初年东南地区中英禁烟交涉(1912—1918)》，硕士学位论文，河北师范大学历史文化学院，2014年。

种努力,但我拒绝以任何方式与这一计划联系在一起。"①

从上述上海烟案发生的过程来看,英国此时捡起"禁烟"的利剑责难中方,是虚伪狡诈的。有消息称,此次烟案即为蔡乃煌手下为英人所侦破。"此次破获滇客烟土","则谓由驻滇蔡乃煌余党当在滇时即为其侦知,于是不动声色跟踪来沪密报,禁烟特派员蔡叔曼转报洋药公所,是以破获此案出后闻蔡氏亦迭电中央报告"。②侦查此案的目的,一者可以打击土药在中国国内的销售,为其贩卖洋烟扫清市场阻碍;二者可为袁世凯攻击云南护国进行舆论造势。因此,英方早已知晓云南贩卖烟土的行径,此时的做法更像是在守株待兔,借此获利。③

---

① Sir J. Jordan to Viscount Grey, September 13, 1916, *The Opium Trade 1910-1941*, Vol. 3, 1913-1916, Part X, p.16.

② 《九志离奇骇怪之烟土案:公廨研鞫之第一幕》,上海《申报》1916 年 8 月 18 号,第 3 张第 10 版。

③ 烟案破获的另一种说法则来自时任滇省当局的两位官员:"这时的唐继尧正在做想当副总统的迷梦,然而缺乏政治资本,特别是需要钱",于是唐继尧、唐继禹兄弟两人将驻迤西旅长施继伯存在昆明的 10 多万两烟土没收,"经过唐继尧左右谋臣筹划结果,决定把上述没收的烟土连同旧有项下(警察缉拿的、各县没收解省的、海关没收交来的、等等),共计二十万两,利用云南代表北上的机会,运到上海出售"(刘幼堂:《社会人士刘幼堂供稿》,《昆明市志长编》第 8 卷,"唐继尧乘机扩张势力和抬高个人地位",第 366—367 页)。又由袁嘉毅"托其亲家王小斋函嘱上海顺祥经理与青红帮接洽,并由唐继尧密电上海护军使何鲁林与上海道保护照料"(李子辉:《社会人士李子辉供稿》,《昆明市志长编》第 8 卷,"唐继尧乘机扩张势力和抬高个人地位",第 368 页)。待到上海搬运烟土至孟渊旅社时,"不料天顺祥经理事先派杨小山与帮口接洽,帮中人不重视,并未与帮中首领说妥,致抬烟的力伕刁难勒索,而照料烟箱的副官等又照其在滇的作风,喝骂力伕。当时虽经旅舍主人调停,开发了力费,而彼力夫等皆参加帮口,于是报其首领告密于捕房";(李子辉:《社会人士李子辉供稿》,《昆明市志长编》第 8 卷,"唐继尧乘机扩张势力和抬高个人地位",第 368—369 页)并将消息告知于报界(刘幼堂:《社会人士刘幼堂供稿》,《昆明市志长编》第 8 卷,"唐继尧乘机扩张势力和抬高个人地位",第 367 页)。事实上,蔡乃煌手下提前侦破烟案与滇省官员回忆的说法并不冲突,其结果无非是增添了几分被披露的偶然成分。当然,这些消息在官方的档案中并未记载,案件具体如何发生,是否含有被栽赃和夸大的成分,尚有待新史料的发现,但从此消息中亦能窥得诸多事实的端倪。

英国外交部档案在记载此案时,也透露出会审公廨私下参与侦查的行径和目的:"为了执行洋药联合会与中国当局之间的邪恶协议,混合法庭的整个机制,以私人间谍和告密者大军为补充,致力于防止走私本地鸦片,其目的不是保护人民免受有害药物的侵害,也不是保护国家(中国)的收入,而是为了保护印度鸦片交易商的利益免受廉价中国品种的竞争。"①

烟土案的揭发,使云南方面受到了前所未有的舆论压力,中外媒体不断发文对其谴责。法报对此评论:"滇籍议员以私运烟土不惜牺牲个人名誉与国家体面,其体面其主旨果安在哉?"②大公报刊文此次烟案使"中国国体、云南名誉业已丧失殆尽"。③ 令人意外的是,袁世凯的死亡导致南北双方迅速媾和,使得本来可能成为攻击云南的把柄变得骑虎难下。北京政府的继任者不得已在各方面进行斡旋化解,以图减轻事件导致的不良影响。

会审公廨的审判结束后,黎元洪以大总统名义就禁绝鸦片约期将至再申禁令,痛斥官商各界存在的贩烟活动:"深虞猾吏舞文,奸商玩法,或托词稽征罚款,或私自存土运销,阳假官符,阴扬毒焰,一隅横溃,功败垂成,是负友国之盛心,而失人民之责望。用特重申前令,著内务、司法两部,行知各该地方官吏,恪遵禁令,严切施行。其有犯种运售吸诸罪者,并由法庭从重惩治。"④

上海官运烟土案的爆发激起了民众与政府新一轮的禁烟热潮,为1917年中英禁烟会勘、1919年北京政府在上海焚毁所有收购的外国存烟奠定了舆论和民意基础。显然,英国方面最初低估

---

① Sir J. Jordan to Viscount Grey, September 13, 1916, *The Opium Trade 1910-1941*, Vol. 3, 1913-1916, Part Ⅹ, p.17.
② 《法报对于烟案之评论》,天津《益世报》1916年8月16日,第3版。
③ 《云南烟土案之真象》,天津《大公报》1916年9月6日,第2张第6版。
④ 《大总统就禁绝鸦片约期将届再申严禁令》(1916年9月19日),马模贞、国家禁毒委员会办公室编:《中国禁毒史资料》,天津人民出版社1998年版,第667页。

了该案对社会的影响,据其后来判断,"整个事件使人们对反鸦片运动以及新政府在此方面的诚意问题重新燃起了兴趣,其影响几乎不免要加强改革者的力量"。①

云南方面为了缓解各方舆论压力,在禁烟条约到限之前,亦采取了铲除地方烟苗、革除烟患等措施。唐继尧在给国务院通电汇报云南禁烟情况时,解释了护国运动时烟土弛禁的因由,"及上年冬,举义兴师,军务位偬之际,边远各属难免不乘隙疏纵。大局定后,整理内政,与任省长等筹商办法,复膺兼权民政之命。每念鸦片为祸之烈及中英烟约关系之重,期限之迫,不胜焦灼,视事之初,誓以全力专注此事"。② 由于案发事涉主权而授人以柄,因小失大,教训无疑是惨痛的。

为亡羊补牢,云南施行了严厉的处罚条例,对边地夷民及抗铲之区,"遴派军队,分驰前往补助";并告知国务院待云南烟禁查毕后,再电请院部照会英使派员会勘,"彼时若仍有烟苗存在,道尹撤任请付惩戒,知事以下一律以军法从事,土司革职,子侄不准承袭"。③ 在此之后,唐继尧的确履行了承诺,于1917年的中英禁烟谈判时顺利完成中外实地会勘,英国官方也结束了对中国的鸦片输入。

此案牵涉甚多,首先在司法方面,英方在中国领土管辖范围内出兵逮捕国人,无论事先是否通知,都是侵害中方司法主权的表现。然而,在租界林立、各方政治势力倚靠外国势力的民初社会,司法主权即使被侵害,执政者多是敢怒不敢言。烟案的揭发、交涉

---

① Sir J. Jordan to Viscount Grey, September 13, 1916, *The Opium Trade 1910–1941*, Vol. 3, 1913–1916, Part X, p.18.
② 《云南唐继尧来电》1916年9月23日,《政府公报》9月27日第263号,第23页。
③ 《云南唐继尧来电》1916年9月23日,《政府公报》9月27日第263号,第23页。

再到审理的过程,完整显现出司法主权被外方强暴时,无论如何交涉亦最终难以摆脱困境。

于中方而言,民初颁行的禁烟法律条文被执政者视为草芥。在兵戈相攘的年代,当危及统治时,"禁烟"既可以利用"寓禁于征"的方式作为筹款手段,又可成为攻击其他政治势力的舆论武器;而需要谈判媾和时,对"违禁"实施软处理亦能作为相互妥协的筹码。司法秩序在民国政局混乱的情况下左右易变、形同虚设,逐步沦为执政者维护自身统治的工具。对法治精神的理解和实践,在民初社会仍然任重道远。

烟案虽已宣判,但由此引发了北京政府内部更为激烈的派系斗争。根据张耀曾日记所写,1916年贩运烟土之事确实与其无关:"此事为唐继禹勾结一二宵小所为,余丝毫不与闻","本可详细宣布,以释群疑。惟事涉唐蓂赓及其左右,并牵及外人,情形复杂,能言不能办。且于云南首义面子有伤,尤恐为帝制余孽可乘,扩大政潮,故宁忍受天下之嘲骂,只辨明与己无关,而不肯详言其经过情形"。① 由此可知,张耀曾为护及云南护国体面,个人在烟案上承担了过多的骂名,并且因此案与唐继尧的关系交恶。②

民初政坛,"维护法律的国会议员与迷信强权的武力派并存,

---

① 张耀曾:《求不得斋日记》(1928年7月17日),杨琥编:《宪政救国之梦——张耀曾先生文存》,法律出版社2004年版,第242页。

② 张耀曾对烟案及与唐继尧关系的影响有详细回忆:"世人攻余,辄引土案,一若确凿万分者,殊可笑也。此事为唐继禹勾结一二宵小所为,余丝毫不与闻。此凭良心质鬼神而无愧者也!事发,余主严办,并发密电,诘责唐蓂赓,中有'此事污国家、误云南、卖朋友'等语,以此蓂赓及其一派,遂衔恨于余,断交者数年。余事后调查,于此事真相已得大半。本可详细宣布,以释群疑。惟事涉唐蓂赓及其左右,并牵及外人,情形复杂,能言不能办。且于云南首义面子有伤,尤恐为帝制余孽可乘,扩大政潮,故宁忍受天下之嘲骂,只辨明与己无关,而不肯详言其经过情形。实则余为法律家,使余良心为审判官,可决然曰无罪!盖余于此事,事前无所闻,且彼等深恐余闻知也。"(张耀曾:《求不得斋日记》(1928年7月17日),《宪政救国之梦—张耀曾先生文存》,第242页)。

前者的政治影响力往往受到怀疑"。① 而国民党政学会领袖张耀曾正是"国会议员派"的代表人物,此时因深涉烟案,国民党及"国会议员派"受到"武力派"督军团的强力攻击。9月2日,张勋通电北京,认为烟土案判决有失公允,要求对张耀曾"停其职权,听候查办";并攻击国会"众议员等党同伐异,一味盲从,尤失其代表人民之资格"。② 9月13日,张勋联合倪嗣冲、张作霖等"武力派"都督再电北京,"今张腼颜就职辱国,实羞与为伍。如张绝不解职待讯,勋等唯有一律辞职,或宣布与该部脱离关系,任司法独立于国中"。③

张勋等人的举动非但遭到北京政府的驳斥,而且其目的引起了各方媒体的注意。英文《京报》评论:"搜集我人所可得证据,已证明武力派与国民党一派近顷已发生冲突,故电报之攻击司法总长也。或系武力派推行其一种策略之举动,于此亦可以反证其攻击唐绍仪氏之缘由","盖以唐张二氏均为国民党之领袖众所公认者也,夫以中国如是之地位,设再为权利之竞争,危险已甚"。④

然而,张勋时隔一周再次纠集13省代表共同密议罢黜张耀曾之事,并于23日共电北京,"应请即日罢斥张耀曾,即交法庭公开审判已谢天下"。与此同时,唐绍仪也遭到督军团的通电反对。武力派意图罢免国民党系5位总长,解散国会,废止临时约法。⑤ 最

---

① 谭群玉:《制度转型下国会议员与武力派的政治角力——以1918年军政府改组为中心》,《近代史研究》2009年第2期,第44页。
② 《大多数国民认张勋为代表否》,上海《民国日报》1916年9月6日,第2张第7版。
③ 《张勋等又有骇人听闻之电》,上海《民国日报》1916年9月16日,第1张第2版。
④ 《论各督军之请罢张耀曾总长》,《天津市历史博物馆馆藏北洋军阀史料》,第919页。
⑤ 《东报所纪(记)之徐州会议》,天津《大公报》1916年9月28日,第1张第2版。

终,唐绍仪于25日不堪压力辞去外交总长职务①,张耀曾请辞未果,但也被排除在内阁之外。

此次事件,一定程度上加剧了信奉政党政治的国民党与"武力派"军阀的分裂。英文《京报》如此预测:"倘不设法以常识去除此种政治上之阴谋,则今日愚笨偏私之辈及伟人党魁者流或将酝酿中国复为一度之革命矣。"②行至次年,此社评竟一语成谶,因黎段府院之争,张勋一度进京复辟帝制,国民党系对北京政局彻底失望,因此南下广州掀起护法运动,成立军政府,掀起民主革命的新浪潮。

(赵曜,中山大学历史学系博士研究生)

---

① 《唐绍仪来电辞职》,《顺天时报》1916年9月26日,第4版。
② 《论各督军之请罢张耀曾总长》,《天津市历史博物馆馆藏北洋军阀史料》,第919页。

抗战胜利后国民政府地方行政的困境

——以1946年粤省公务员与审计处纠纷为例*

许梦阳

抗战胜利后,国统区社会局势动荡,经济衰败严重,而沦陷区接收等问题使社会矛盾更加尖锐。国民政府对困境处理失当,导致更严重的危机。各地学生、商人、工人等群体抗争浪潮迭起,不断地冲击国民政府的统治根基。1946年春,汉口、杭州、福州、广州等地的中下层公务员群体,也因复员、薪酬待遇不公和物价飞涨而参与抗争运动,①其中以广东省级公务员与审计处的矛盾纠纷颇具代表性。关于该事件的记载,见于《中国审计史》《广东省志·审计志》,②仅略述事件梗概及对审计制度的影响,对于事件前因后果及社会反响等述论不尽完善。通过对档案及报刊史料的梳理,可发现该事件爆发成因颇为复杂,且后续影响较大。深入研究该历史事件,一方面对抗战胜利后广东地方政局和社会经济困境的剖析与研究具有意义,另一方面能对民国时期公务员群体的研

---

* 本文系国家社科基金重大项目"中国近代民众运动全史(1919—1949)"(项目编号:19ZDA211)及南京审计大学重大课题"中国审计史资料的收集、整理与研究"(项目编号:NSZD201730)的阶段性成果。

① 《福州近闻》,上海《大公报》1946年7月6日,第7版。

② 李金华主编:《中国审计史》(第二卷),中国时代经济出版社2004年版,第202—203页;曾寿喜主编:《广东省志·审计志》,广东人民出版社2002年版,第58页。

究提供参考。①

一、纠纷发生的背景

战时广州沦陷,人民饱受摧残。1945年9月9日,省主席罗卓英宣读《告广东省同胞书》,声明战后广东省政首要是复员还业,调查战损、减免田赋、减轻租息、保护治安,对于华侨、学生、军人等群体做出妥善安置;其次厉行法治、推行自治、肃政风、植国本;最后是促成农业增产、建设工业、发展经济、加强外贸等民生领域的建设。② 可见战后初期,广东地方当局希望稳定局势有所作为,然而事与愿违,日寇投降1个月内,因国民政府正规军尚未抵达,广州管控出现混乱真空期。所谓"先遣部队"涌入广州,治安迅速恶化,日伪抛售物资粮食,③黑市猖獗使经济也陷入混乱。

"先遣队""地下军"等游杂流窜、军纪败坏,对社会安全造成严重危害。正规部队"新一军"入城后治安稍定,国民政府宣布在广州禁用伪币并恢复法币流通。由于市面法币稀缺无处兑换,广州民众生活艰难。"商人在这个浪潮里的损失都取偿于货价,因此物价飞涨了。更有由后方来的人都带着大量的法币,买东西的胃口

---

① 相关抗战后公务员复员与待遇问题的论文主要有:何家伟:《南京国民政府公务员薪俸制度研究》,华中师范大学博士论文,2007年;何家伟:《"人人优异"——国民政府公务员考绩制度略论》,《人文杂志》2008年第3期;何家伟:《大悖初衷——南京国民政府公务员考绩制度嬗变及其实施研究》,《民国研究》2009年第1期;何家伟:《南京国民政府公务员数量的膨胀及其溃败之考察》2009年第2期;何家伟、骆军:《国民政府公务员俸给与其经济地位关系嬗变述论》,《边疆经济与文化》2011年第10期;何家伟、顾玉芳:《南京国民政府公务员生活状况演变之探讨》,《西南交通大学学报》2012年第2期;刘国华:《论抗战胜利后广东政府机关行政复员》,《汕头大学学报》2019年第2期。

② 《本府罗主席暨全体委员告广东省同胞书》,《广东省政府公报》还治复刊第1期,1945年10月,第9—10页。

③ 《广州四郊入我控制》,《申报》1945年8月26日,第1版。

和他们吃东西的胃口一样大,物价因此更高"。① 1945年8月中旬,在广州伪币13元可兑法币1元,至9月上旬,伪币迅速跌至60∶1,11月底跌至200∶1。因敌伪投降后抛售物资,广州物价起初骤降,"米最低跌至每担合法币约一千元……阴丹士林布每尺七十元,较原价跌四五倍至十余倍……正式接收后,物价反而日涨,米价已由每担千余元,步涨至九千元,纱价亦涨至一百余万元,即一般物价涨至较未跌价以前之水准,尚高一二倍以上"。②

各地人潮涌入广州,导致生活物资奇缺,加之1945年秋季农业减产严重,物价高昂和治安混乱使广州危机四伏。舆论指出,光复后的广州,"老百姓从狂喜,遂陷入冷淡、失望,最后由绝望而愤懑"。③ 和初用伪钞时的破产一样,恢复法币使普通民众再度破产。战后局势不稳,使广州的工厂长期无法复工,但酒家与娱乐业昌盛,一片畸形繁荣景象。人口持续涌入广州,失业问题也日益严重。熟练技工也无法获得工作,"据有关当局统计,失业的已达三四万,机器公会方面说,光复归来技工还大半以上未有工作"。④ 除法币伪币兑换难题外,市面流通大额关金券及港币升值也冲击广州金融,引起物价持续高涨。军、警、公、教人员从后方返穗后,失业赋闲者不在少数,有脱队军官为维持生计,"只好全副戎装带点私货糊口",⑤通过广九铁路进行走私。

公务员生活的艰难,使他们无法安心工作,对国民政府的信任也逐渐减退。1946年元旦,罗卓英为稳定人心,发表《元旦告全省

---

① 陈凡:《今日广州》,上海《大公报》1945年11月21日,第2版。
② 陈晖:《广州光复后的金融与物价》,《经济周报》第1卷第6期,1945年12月6日,第9页。
③ 余剡溪:《不忍见的广州》,《民主》第11期,1945年12月8日,第2页。
④ 郑郁郎:《我从广州来——谈衣食住行人口学校报纸》,《申报》1945年12月18日,第1版。
⑤ 《粤港澳之行(上)》,重庆《大公报》1946年7月31日,第1版。

各级公务员书》,承认"地方积弊至深,贪污风气尤甚。迄于今兹,仍未能全登正轨,言之痛心"。罗氏提出四点要求:一是尊重民意,奠立民治基础;二是严肃政风,建立新政规模;三是普及教育,推进地方事业;四是增加生产,充实人民生活。他还指出,"我各级公务员于待遇低微生活困顿中,仍能尽瘁本职刻苦自励……吾人身为人民之公仆,固无所计较于享受之多寡,若一转念饥寒交迫之苦难同胞,亟待救济,则吾人更不宜由奢求况中枢统筹酌剂,亦将有改善之道,仍盼体念时艰,始终贯彻初志,毋受环境所困扰"。① 然而此安慰人心的话语,难以平息饥饿和悲观。

国民政府为安抚人心,特派陈济棠、李文范为宣慰使赴广东。陈氏与记者谈到接收情形和军队风纪,不禁叹气连声。由于接收后出现的各种乱象,民众不断向当局控诉。张发奎面对市民质疑时坦言,其多年的老部下也有人贪污违法。1945年9—12月,广州紧急救济委员会共殓葬路毙尸体1 970余具,其中大多死于饥饿和寒冷。一担米的价格超过一个县级公务员两个月的薪水,粮食紧缺与粮价高昂使民众痛苦万分。② 罗卓英、张发奎向行政院致电陈情,"粤省原缺粮特甚……连年兵燹水旱为灾,损失綦重……本年晚造,东西江复遭虫害",③请求进口暹罗米以解军民粮食短缺。民政厅厅长李扬敬指出,暹罗购粮由于尚未建交而受阻,湘米运粤和从台湾购米也成泡影,粮食危机在1946年春季达到顶点。

关于广东社会经济困境的危害,中国共产党的评论一针见血。1946年2月,中共广东区委即发布文件《急防再来一次大饥荒》,指出广州米价每担已超过2万元,米贵的缘由是一方面战时敌伪过度

---

① 罗卓英:《罗主席元旦告全省各级公务员书》,《新广东展望》第4期,1946年1月,第2—4页。
② 陈凡:《广东近讯》,天津《大公报》1946年1月24日,第1版。
③ 《请购运洋米配粤济销或运洋米公营军食由》(1945年10月25日),(台北)"国史馆"藏行政院档案,典藏号:014-040505-0010。

劫掠,另一方面因为广东的农村"普遍受到内战摧残,其程度亦与沦陷区遭受敌伪摧残同样惨烈"。"内战益形剧烈,其范围竟达七十余县之多……到处强行摊派粮草,地方官吏又藉公粮积谷等名义,继续抽剥人民,'二五减租'只当做宣传资料,救济物品则中饱私囊"。①中共广东区委在呼吁停止内战、共创和平的同时,积极扶助农民恢复生产,实行土地法、扩大农贷,禁止囤积居奇。反之,国民党广东当局对物价、粮荒、疫病及治安的处理,显得无力。

1946年春,霍乱病肆虐横行,而舆论称:"广州现在有两种霍乱:一种是科学上的虎列拉,一种是社会上的饥饿!虎列拉是三月上旬发现的,饥饿则早已存在,不过现在更是一天天的加剧罢了。"②1946年4月,广州米价突破每担6万元,而普通省级公务员薪水为8.2万元左右,其他各类物价也同时递涨,如图1所示:

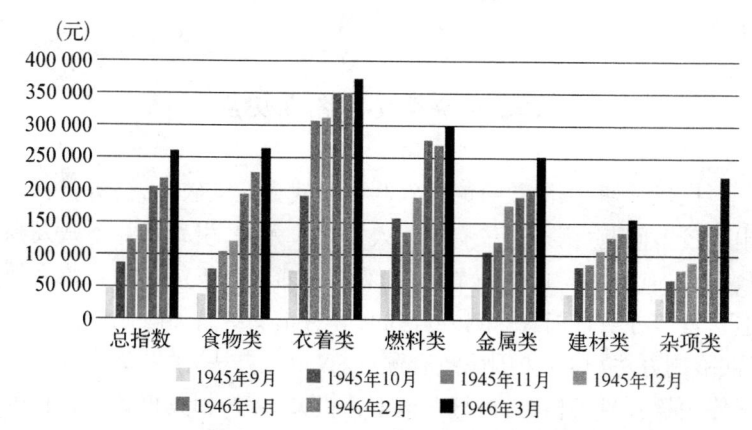

图1　1945年9月—1946年3月广州各类物价指数变化图③

资料来源:陈凡:《广州春暮》,《大公报》天津版,1945年5月6日,第5版。

---

① 《急防再来一次大饥荒》(1946年2月),中央档案馆、广东省档案馆:《广东革命历史文件汇集1946.1——1947.7(广东区党委文件)》,1989年10月,第13—14页。
② 陈凡:《广州春暮》,天津《大公报》1945年5月6日,第5版。
③ 以1937年1—6月物价平均指数为100。

国民党试图破坏和平谈判来发动内战,悍然污蔑广东境内的中共军队为"土匪",在广州等地实行戒严,各项重压之下的广东社会矛盾愈加激烈。1946年1月底,为反对内战争取国内和平,同时抗议饥饿、瘟疫与经济崩溃,"学生的示威游行已首次打破了广州的沉闷局面……几个月来国民党贪污黑暗的统治,已弄得天怒人怨。刘侯武、陈济棠以至张发奎自己都不能掩饰,也不敢掩饰"。① 据中共广东区委的分析,粤省国民党也在激烈的斗争与分化中,以余汉谋为中心的地方势力已被瓦解,但是国民党的各派系均在政府中有其地位,例如孙科、李济深、张发奎等都对广东政局有所影响,但又不能左右全局,中央特务横行无忌,粤省中央化程度正趋于强化。② 各方矛盾尖锐、社会局势动荡,且经济情况恶化,在此复杂的社会背景下,连省属中下级公务员,也被迫为生存而抗争。

二、纠纷爆发与各方反应

抗战时期,国民政府的铨叙制度因战火而受破坏,公务员铨聘出现较多问题,例如岗位有编无人或有人无编,引发预算不敷及财政浪费。1944年4月,铨叙、审计两部共拟《公务员铨定薪俸名册造送审核办法》(简称《审核办法》)《公务员支给薪俸限制办法》(简称《限制办法》),并由国民政府颁行。《审核办法》主要规定公务员薪俸由铨叙机关核定,再每月送审计机关查考,相关审计不合格的

---

① 《广东区党委关于目前形势与任务的指示》(1946年2月),中央档案馆、广东省档案馆:《广东革命历史文件汇集1946.1—1947.7(广东区党委文件)》,1989年10月,第27页。

② 《广东区党委关于目前形势与任务的补充指示》(1946年3月8日),中央档案馆、广东省档案馆:《广东革命历史文件汇集1946.1—1947.7(广东区党委文件)》,1989年10月,第38页。

薪俸须要追回,公务员薪俸超过备案名册数额的,也不予以核销。《限制办法》主要规定各级公务员在拟任之前,可以铨叙机关曾定级俸借支薪俸;若尚未经铨叙,则以本职最低级俸借支,且以上均不得超过本职最高级俸;如有违规,也应追回溢支部分薪俸。① 战后,国民政府在收复区恢复行政,并沿用上述铨叙审计办法。

战时粤省公务员或留守粤北,或远迁川黔,也有脱离岗位及投敌者。收复广州后,公务员从各地返岗,一时编制混乱,人员冗杂严重,各级机关薪俸支出骤增。1945年11月起,广东审计处严格按照《审核办法》《限制办法》对于广东省级公务员的薪俸进行审计查核,导致省级各机关公务员薪水无法按月足额发放。1946年春季,广东粮荒严重,米价高昂加之薪俸削减,广东省级公务员的生活受到严重影响。当年4月初,广州各界罢工、罢课、罢市风潮四起,此类群众运动被称为"请假待命"。② 公务员群体认为,审计处不依据当地实情而推行严审办法,致使大部分公务员薪水被克扣,加重了他们的痛苦,"是一意孤行,影响民生"。③ 因此,省府所属民政、财政、建设、教育等十余部门的公职人员筹组广东省级公务员福利协进会。

公务员福利协进会认为省审计处无理核减薪俸,决定团结维护权益。4月12日下午,省属中下层公务员1 500余人向省政府告假,在中正中学礼堂举行广东省级公务员福利协进会(简称协进会)第一次大会。大会主席团推出陈恩成、许衍薰、陈寿仁、何铁铮、张绍琨、方思齐、黄继植、李戴伯、陈启辉9人组成。协进会代表许衍薰指出,组织协进会的目的,单纯为谋福利而由公务员自发

---

① 《考试院呈国民政府为据铨叙部呈公务员支给薪俸限制办法》(1944年4月21日),(台北)"国史馆"藏国民政府档案,典藏号:001-012044-00014-014。
② 《关于"请假待命"》,《民族青年》第1卷第3期,1946年3月30日,第6页。
③ 李金华主编:《中国审计史》(第二卷),中国时代经济出版社2004年版,第202页。

联合,战后中下公务员待遇低微,在物价飞涨情况下,难以养活个人与眷属,为求满足起码生活条件,呼吁当局迅即合理提高,以增进行政效率,号召公务员群体"一致联合起来"。① 因生活艰难,还受到审计处严苛减低薪级,协进会呼吁公务员应为己为国,争取合理的权益及待遇。协进会的口号是"自助、互助、助人",②并提案12条:

一、组织省公务员福利协进会,设员工眷属消费合作社,联谊社,设置图书馆等,经费除请省府酌拨福利事业费外,由会员负责筹集。

二、设立省级公务员子弟学院,及在各公里学校设应备之名额。

三、请省府拨发公务员制服两套。

四、请省府准每员贷金十万元,应于五个月分期清还。

五、请省府转呈行政院根据公务员还都救济金办理,追拨该款。

六、请省府函请救济分署发给救济物品。

七、请省府迅速向敌产处理局交涉,拨敌伪产业作员工宿舍。

八、请省府酌发米、布,平价供应。

九、呈请中央对严格执行公务员铨叙法规,本省应延缓至明年实施。

十、请省府对公务员待遇应依照中央信托局各银行之薪俸发给。

十一、请省府按期发薪,每月分一日、十六日两次拨给。

---

① 《公务员福利会首次大会要求改善待遇会毕全体列队质问审计处长并分向行营省府请愿》,《大光报》1946年4月13日,第5版。

② 《公务员大请愿审计处被捣毁》,《建国日报》1946年4月13日,第4版。

十二、省公务员被审计处核低薪俸,其损失应由其负责赔偿。①

协进会设立正副总领队、联络员,由省保安司令部、会计处、统计处、社会处、人事处、卫生处、地政局、农林处、公路处等机关公务员分为16大队,每队分设指挥。②据档案记载,时任广东全省保安司令部出纳股长的何铁铮"配齐武装,臂缠总领队布章"。③协进会的组织工作由各机构推派代表筹备,同时联络新闻记者,报告协进会组成之原则及目的。他们一边筹设员工消费合作社,辅助政府平抑物价,增进一般公务员的福利,一边公开对审计处发难,准备提出质询。④公务员提出八大理由,主要内容为审计处不遵上级指示约集铨叙及会计机关会商;限制支俸办法,在省级各机关执行情形不相一致;省府各厅秘书科长为荐任十级,其支取薪俸却与低级公务员无异;行政院颁行中央对收复区各省市政府下达命令简捷授权办法,使随机制宜,审计处无故拒绝执行;等等。⑤

协进会函请广东省审计处长李悦义前来解答疑问,李氏没有回复;遂又派两名代表赴审计处再次邀约,仍不赴会。公务员们等待数小时后群情激愤,决定列队至审计处质问。⑥男女公务员千余人组成一条长队,手持横幅及"质问审计处"旗帜,同行的还有众多记者。公务员找寻李悦义未果,众怒之下涌入审计处,将各室办公用品及门窗桌椅捣毁,并发生误殴记者之事。审计处相邻的财

---

① 《省级各机关公务员福利会昨成立》,《大光报》1946年4月13日,第6版。
② 《公务员全体大会各机关注意事项》,《大光报》1946年4月12日,第5版。
③ 《为本处被广东省政府各机关公务员包围捣乱谨将情形报陈鉴核下遵由》(1946年4月16日),(南京)中国第二历史档案馆藏监察院档案,案卷号:八(2)/139。
④ 《粤省公务人员大请愿》,《申报》1946年4月26日,第5版。
⑤ 《公务员福利会首次大会要求改善待遇会毕全体列队质问审计处长并分向行营省府请愿》,《大光报》1946年4月13日,第5版。
⑥ 《何故非法扣薪粤省级公务员吃不饱列队质问审计处》,《侨声报》1946年5月6日,第2版。

政厅卫兵见事态严重,遂架起机枪阻止公务员逼近。一时情形大乱,公务员分散各街,一部分仓皇避入审计处,协进会代表虽力呼镇静,但局面已无法遏止。① 混乱过后,协进会重新整队,前往求见张发奎、罗卓英及两广监察使刘侯武等。

事件爆发后,李悦义致电国民政府,称广东省政府及其所属各机关职员数百人,其中有携军械者向审计处包围,"大呼打倒审计处!打倒审计制度!……将收发及档案室内文卷、庶务、出纳、会客等室内办公用具、门扇玻璃窗等肆行捣毁",②"该暴徒临行时声言继续行动,誓达打倒审计目的"。③ 面对审计处的指控,协进会举办发布会驳斥此次列队质问为正当行为,"且率领有人,队伍不乱,全无携带机枪及长短枪械者,只有审计处门口守卫兵士持枪而已"。④ 李悦义立刻对新闻界发表谈话,称协进会以武装包围审计处,实施暴行捣毁中央机关,"实属空前违法行为,在此抗战胜利建立法治之际,而此种暴行,竟发生于所谓公务人员之中,殊为遗憾",⑤并指责公务员近来经常聚集开会,"此足见其有暴动之预谋"。⑥ 协进会亦发表《驳李悦义》,称江姓记者因公务员惊慌走避而被冲撞,绝无逢人便殴之事。"本会同人纯为省级公务员,明礼义守纪律,而本会组织纯为公务员谋福利之团体",⑦绝非暴徒。4

---

① 《公务员提申诉谓此纯系正当行动》,《申报》1946年4月26日,第5版。
② 《李悦义电国民政府文官处有关广东省审计处被省级机关公务员捣毁情形》(1946年4月15日),(台北)"国史馆"藏国民政府档案,典藏号:001-018420-00001-003。
③ 《为本处被广东省政府各机关公务员包围捣乱谨将情形报陈鉴核下遵由》(1946年4月16日),(南京)中国第二历史档案馆藏监察院档案,案卷号:八(2)/139。
④ 《公务员大会招待记者对李悦义谈话申辩》,《大光报》1946年4月14日,第5版。
⑤ 《审计处长发表谈话》,《大光报》1946年4月13日,第5版。
⑥ 《为将本处被广东省级机关职员捣毁始末情形呈请鉴核由》(1946年4月16日),(南京)中国第二历史档案馆藏监察院档案,案卷号:八(2)/139。
⑦ 《驳李悦义》,《大光报》1946年4月15日,第5版。

月13日,李悦义书面声明由于安全堪忧,审计处被迫停止办公,将所有派驻各机关的驻审员悉数撤回,①并通过多个渠道将事件经过汇报中央,希望依法办理。②

审计处被破坏后,李悦义要求宪兵队给予保护,又通知地方法院勘察现场,还邀请两广监察使刘侯武前来巡视。罗卓英派社会处、农林处代表前往慰问,张发奎及刘侯武也积极从中斡旋,调和矛盾。4月15日,审计处恢复办公。③公务员认为酿成事端的主要原因是审计处态度傲慢,拒绝公务员的合理诉求。罗卓英的态度以缓和双方矛盾,避免再次冲突为主,"望双方职员继常工作,免碍职守,又今后解决此次纠纷之事件,省公务员大会将静候刘监察使秉正之调协与解决"。④刘侯武作为监察院在两广的最高负责人及审计处的上级,主张缓和对立,并强调要避免再度冲突。刘氏向记者表示,省级公务员的铨叙问题应该得到重视,原定进行铨叙审查的总计1 200余人,因战乱与其他缘故,实际送审者仅300余人,且铨定过程会持续2年以上,在此期间仅能按最低俸级支薪,这必将造成中下级公务员的生活困难。关于此次纠纷的责任属谁,刘侯武发言:

> 此次意外之行动,实与公理有所出入。酿成事件后,吾曾到场视察所得,省级公务员捣毁审计处之公物及殴打该处职员一层,姑勿论有否蓄意,惟有为结果已造成违法事实。以事论事,因审计处为监察院二级机关,监察使为一级人员,亦间接上峰,则可合理解决。致未经本使所悉,而形成此次不幸事件,实为憾事。又据审计处李处长悦义报告,该事件发生时,

---

① 《公务员再谒当局请解除痛苦》,《建国日报》1946年4月14日,第4版。
② 《处长书面谈话认此举为一桩遗憾》,《申报》1946年4月26日,第5版。
③ 《审计处恢复办公》,《大光报》1946年4月16日,第4版。
④ 《省公务员与审计处纠纷事件责任问题双方仍在争持中刘监察使侯武将予调处》,《大光报》1946年4月15日,第5版。

称为省级公务员大会者手携机枪及长短枪械结队捣毁该处一节,经派员实地调查附近坊众结果,咸认为非事实之捏词……待本使调查真相结果,始能做负责任之判断。①

罗卓英对纠纷事件表态,指出首先要将事实真相查明并秉公处理,其次要赔偿审计处被捣毁的损失,再次是依法保障审计人员的安全,由广东省政府出面安抚审计处职员。② 审计处认为广东省政府默许公务员做出暴力举动,且日前曾有公路处职员包围驻审室,恐吓打骂审计员等情况。③ 李悦义指明,事发前在各报章中所见攻击审计处的言论后,他立刻会晤罗卓英请其注意。罗却认为"此事乃系省级公务员对其本身福利之组织,必无越轨行动"。④ 审计处认为省政府主席放纵属下实施暴行,公务人员擅离职守,"打毁中央机关,损害监察尊严,凌辱中央人员,枉顾国家法令",⑤中央应予以严惩。事件爆发时审计部长林云陔恰在广州,事后公务员曾前往请谒,林拒绝接见并立即飞往重庆向监察院呈报此事。⑥ 舆论认为林虽然表面缄默,其实在酝酿针对广东省政府的制裁。⑦ 林云陔很快将审计处被毁证据递交监察院,认为审计人员独立行使职权应受法律的保护,并请监察院出面维护审

---

① 《公务员于审计处纠纷责任问题待判刘监察使发表谈话》,《大光报》1946年4月14日,第5版。
② 《秀才一场"造反"静候中央合理解决》,《申报》1946年4月26日,第5版。
③ 《为本处被广东省政府各机关公务员包围捣乱谨将情形报陈鉴核下遵由》(1946年4月16日),(南京)中国第二历史档案馆藏监察院档案,案卷号:八(2)/139。
④ 《为将本处被广东省级机关职员捣毁始末情形呈请鉴核由》(1946年4月16日),(南京)中国第二历史档案馆藏监察院档案,案卷号:八(2)/139。
⑤ 《李悦义电国民政府文官处有关广东省审计处被省级机关公务员捣毁情形》(1946年4月15日),(台北)"国史馆"藏国民政府档案,典藏号:001-018420-00001-003。
⑥ 晓风:《捣毁审计处案余波未平林云陔导演弹劾案》,《照明弹》第3期,1946年7月8日,第4页。
⑦ 琼:《审计处被打后李悦义奉令嘉奖》,《针报》1946年7月,第2版。

计职权。① 监察院院长于右任将案情上报中央政府,并指出"公务人员聚众捣毁行政机关,情节重大",呼吁进行彻查。②

三、国民政府对纠纷的处理与困境

火药味消散后,国民政府启动对纠纷事件的调查,政务官惩戒委员会派何汉文等前往广州查办此案。③ 查案官员对案件走访调查后提出,"关于捣毁审计处公物、高呼口号、携带武器、逢人殴打各点,既无确切证明,系陈恩成等所为,应姑不予置论";④然而公务人员应该恪守纪律,即便对于本身待遇要求改善,也要合法合理,因此公务员捣毁审计处为违背法纪,应当承担违法失职的责任。惩戒委员会也指出,罗卓英对于公务员大会的行动事前知情而不防范监管,事发之时没有及时制止,事后又为公务员辩白,实在有包庇的嫌疑。惩戒委员钮永建、邹鲁、张继等提出对罗卓英施行申诫处罚,对参加捣毁事件的公务员代表陈恩成、许衍薰、方思齐、何铁铮等共计16人记过一次。

罗卓英对弹劾提出辩证,称因广东粮荒严重,奸商趁机操纵,米价腾贵、人心惶急。罗氏忙于筹划对粮食的购运、救济、统制、管理等对策,事发时不在省政府,"至于违法人员不加惩处一点,查广

---

① 《据本部广东省审计处呈广东省级机关一部分职员捣毁该处办公处所等情应如何办理转请核示由》(1946年4月16日),(南京)中国第二历史档案馆藏监察院档案,案卷号:八(2)/139。

② 《呈国民政府据广东省审计处电呈文日有省级机关公务员聚众捣毁该处无法执行职务具情呈报鉴核由》(1946年4月16日),(南京)中国第二历史档案馆藏监察院档案,案卷号:八(2)/139。

③ 《国民政府政务官惩戒委员会议决书》(1947年5月15日),(南京)中国第二历史档案馆藏监察院档案,案卷号:八(2)/138。

④ 《监察院调查广东省省级机关职员聚众捣毁该省审计处案》(1947年5月15日),(南京)中国第二历史档案馆藏监察院档案,案卷号:八(2)/138。

州地方法院检察处等及本府均派员调查,事实真相与审计处所报悬殊,而公务员福利协进会亦争辩甚烈,罪案不能成立,无从依据惩罚"。① 惩戒委员会认为罗卓英作为省最高行政长官,其下属多次在报章中表达对审计处的不满,"对于部署行动实有监督之责任。即应早加注意防患未然,殊不能以福利会动机纯正,及本人是日外出商谈不在府中等词诿卸责任",②因此以失职为名对罗卓英实施申诫。值得注意的是,国民政府对事件的调查处理视角,主要基于审计处被捣毁后对公务员群体及罗卓英的责任认定与处罚尺度,对公务员生活困境的有效解决在史料中较少被发现。前文公务员群体发出"请解除痛苦"③的呼声,似乎被"依法严惩"④的呼声所压倒。

回溯事件爆发的根源,李悦义指出《公务员支给俸薪限制办法》对于公务员的任用及薪俸支给有严格的限制,即使抗战后广东人事铨叙情况复杂,也须从严按照国家法制执行审计和定薪。"虽极同情公务员生活之艰苦,然格于法令,未敢违背,实属爱莫能助"。⑤ 李氏还多次向广东省政府人事处表达立场,希望兼顾法令与事实去妥善解决问题,同时向中央说明困难。刘侯武认为,在此复杂情况下,因交通不便与其他因素导致公务员铨叙工作无法速成,"在未经审复以前,应依照拟叙级俸照支,以维生活"。⑥ 但当

---

① 《钮永建呈国民政府经政府官惩戒委员会会议决罗卓英申诫陈恩成等十六人各记过一次请明令执行》(1947年5月22日),(台北)"国史馆"藏国民政府档案,案卷号:001-018320-00001-005。
② 《国民政府政务官惩戒委员会议决书》(1947年5月15日),(南京)中国第二历史档案馆藏监察院档案,案卷号:八/2138。
③ 《公务员再谒当局请解除痛苦》,《建国日报》1946年4月14日,第4版。
④ 《为本处被广东省政府各机关公务员包围捣乱谨将情形报陈鉴核下遵由》(1946年4月16日),(南京)中国第二历史档案馆藏监察院档案,案卷号:八(2)/139。
⑤ 《审计处长谈案件办理经过》,《大光报》1946年4月14日,第5版。
⑥ 《刘监察使表明态度》,《大光报》1946年4月14日,第5版。

时物价飞涨的情形下,公务员最低级薪俸几乎无法维持基本温饱。据监察院官员调查,"省级公务员以其本人经院机关拟叙之级俸,与审计处依前开办法审核准予借支之级俸相差悬殊,照目前加成数一百六十倍计算,损失颇大"。① 以上史料可窥知,广东公务员的增加薪俸与厉行审计制度形成两难困境。

当时广州街巷传言李悦义反复向中央各部门控诉遭到暴行,罗卓英因此被中央罚薪,是作为纵容部曲的惩戒。公务员对此反应非常激烈,几乎提及此事必会大骂,"可见其怨恨之深矣,公务员与审计处,冤家哉"。② 行政院与广东省政府,对于涉事公务员的态度都是处罚和指责不应滥用暴力,罗卓英也将为首数人撤职,希望缓解与审计处的矛盾。反观监察院、审计部的态度,的确与前者迥异。监察院以广东审计处李悦义、沈鸿慈等官员处理公务员薪俸事件,"办事认真,守法不苟,特明令嘉奖李悦义、沈鸿慈记大功一次"。③ 在破坏审计处之前,公路处就曾与审计处爆发矛盾,之后协审沈鸿慈在公路处处长颜泽滋述职时指责颜氏贪污,从而引发新的纠纷。舆论认为此案会余音袅袅,将公务员与审计处的纠葛称为"暗礁"。④

审计处官员宣称,在工作中发现省属机关经费收支问题很多。例如,公路处在养路专项基金内开支办公费,而办公经费属于日常开支,驻审员予以拒签后,遭到公路处职员的围攻恐吓,"包围驻该处就地审计人员办公室,胁迫核签额外人员薪津,高声喝打,办公

---

① 《窃职等奉派调查广东省级公务员结伙捣毁审计部广东审计处一案》(1946年4月17日),(南京)中国第二历史档案馆藏监察院档案,案卷号:八(2)/138。
② 祥仔:《审计处捣乱事件传罗主席被罚薪省府公务员拍枪拍凳》,《针报》1946年9月16日,第5版。
③ 琼:《审计处被打后李悦义奉令嘉奖》,《针报》1946年7月6日,第2版。
④ 晓风:《捣毁审计出案余波未平林云陔导演弹劾案》,《照明弹》第3期,1946年7月8日,第4页。

桌上文具用品亦被翻乱"。① 此外,教育部曾划拨预算外专款1亿元,用于广东教育事业复员,指定必须为救济复员学生之用,但省府全拨各校为购置修建之用,导致学生不满,审计处对该项开支提出拒签。协进会曾指出,复员期间应按行政院所颁《中央对收复区各省市政府下达命令简捷办法》便宜行事,否则审计流程过于冗长会贻误时机。李悦义称省政府职权来自行政院,审计处职权来自监察院,这因国民政府五院制度而定,"五权各自独立",②不能因战后复员而例外。

公路处对审计处的"揭露"予以回应,称专项养路基金外的办公费每月12万元,而仅是邮寄养路票据的邮费已超过此数,何况其他办公经费开支。公路处还强调审计处理稽查工程的餐费、旅费,也一概在养路基金开支。此外,因审计处工作延宕,导致建材物价上涨,公路处将多支出数千万元材料费。1945年4月,国民政府训令将营缮工程费及购置变卖财物价格标准提高,审计处仍按原有价格标准进行审计,导致公路处屡次送审未果,造成经济损失。公路处还指出审计工作滥用职权,"工务所及集中会计人员薪津驻审员可以签发……技术人员薪俸则独予拒签,若以执法之正确立场言,对于同一事实之处理,当系适用同一法令,而现竟有两种处理方式"。③ 从公路处的申辩来看,审计处并没有严格依法行使职权,反而造成了财政损失。

1946年4月,由于经济情况恶化,各大城市人心恐慌,国民政府将原有省级公务员薪俸待遇提高,"基数将为六万元,薪额二百倍"。④ 同时为稳定社会避免冲突,国民政府又对公务员拨发复员

---

① 《为将本处被广东省级机关职员捣毁始末情形呈请鉴核由》(1946年4月16日),(南京)中国第二历史档案馆藏监察院档案,案卷号:八(2)/139。
② 《审计处长谈办理案件经过(续)》,《大光报》1946年4月15日,第5版。
③ 《公路处之声辩》,《大光报》1946年4月15日,第5版。
④ 《省公务员待遇提高基数六万薪水二百倍》,《大光报》1946年4月16日,第4版。

费,规定在1945年9月3日前到职,且服务半年以上人员可以申领。① 广东公务员得知复员费将发放的消息,情绪稍微缓解,各级机关也迅速将人员名册造送,希望款项早日批复。为缓解拮据的生活,部分公务员先行以复员费为抵押借贷,来维持全家生计。然而,复员费按照规定应由审计处驻审"签证先生"同意。各机关送审后,审计处表态:"复员费行政院仍未有令到,不能成为法案",②拒绝各机关的领款请求。广东省级公务员与审计处的矛盾进一步加剧,舆论讽刺称:"似此情形,目前省级大多数职员是希望甚微矣。况审计处自经过公务员福利会光临指导之后,工作已较前抖擞精神,不敢稍有怠慢,唯恐有负前番盛意也。"③

复员费审批受阻后,公务员生活更加艰难,广东省政府也试图缓解困境。罗卓英屡次向中央请求便宜行事,国民政府同意以省实业公司与财政厅共同支出款项,贴补公务员生活,审计处核减的薪俸1 100余万元由实业公司垫付,再经省级财政还款。公务员在报刊发声:"福利会巡行请愿目的已经达到,可谓最后胜利终属于我矣。"④罗卓英一再严令部下谨慎处理各项公务,不能被审计处借机发难。1946年11月,审计处继续"严审",使省级公务员仅不足三成能够领到复员费。此外,省府秘书处的放款请求被驳回,导致40余人被削除薪俸。因数月薪俸无着落,以至于寒衣未能购买,公务员怨声载道,认为"如此审计,牵掣政治推进,根本使人失去信仰,连自己是公务员也怀疑着政府政策的失败"。⑤ 可见国民

---

① 《省府公务员擒擒声想预领复员费》,《针报》1946年9月25日,第2版。

② 《审计处一块西瓜皮挞直全省府公务员借发复员费又生变化》,《针报》1946年6月5日,第4版。

③ 永:《省府公务员啼笑皆非复员费由审计处核发》,《针报》1946年7月3日,第1版。

④ 崧:《公务员福利会省府职员皆大欢喜审计处核减之薪水实业公司奉命垫发》,《针报》1946年7月9日,第2版。

⑤ 秋云:《审计处铁面无私省府公务员火滚》,《针报》1946年11月4日,第6版。

政府基层人心涣散,各级机关间相互攻讦,凝聚力衰弱。

广东物价持续上涨,尽管中央要求提高公务员待遇,广东省财政却无力负担公务员的涨薪需求。广东财政官员曾赴南京请中央支援无果,使6 000余名省级公务员感到希望幻灭。有人指出,增加公务员待遇,"只是一个'画饼'……绝没有实现的可能性,尽管中央怎样的在改善待遇,而省财政没有办法时……可望而不可及"。① 1947年年末,广东财政几乎崩溃,上年应发给公务员的棉衣费及复员费均未发放。审计处还对广东实业公司账目进行"严格审计",阻止实业公司对公务员的薪俸补贴,报刊指出这是当年旧账仍未勾销,"审计处报一打之仇"。② 罗卓英一再声明,建国大计不应以机关相互牵制,曾屡次宴请李悦义,"奈李氏均以有事为词婉谢,以致粤省与审计处之裂痕始终不能消弭"。③

抗战后地方游杂武装聚集于广东沙田地区,并时常骚扰民众。省府无奈以征收护沙费的形式对游杂提供军饷,以求保境安民。1947年5月,审计处因护沙费问题通过监察院再度弹劾罗卓英、杜梅和等,称其"收支实为不法及不忠于职务之行为",并指责罗卓英等违背预算程序、破坏财政制度、增重人民负担、违反行政院命令、滥用征得款项并滥用人员、逃避审计监督等六大罪状,④ 罗卓英被再次申诫。广东数次希望变通程序灵活财政以解决困境,却屡次因审计处的阻碍而作罢。罗氏离任后,其继任者宋子文仍旧改变不了公务员的生活窘境。1948年春季,由于财政厅取消公粮

---

① 《广州公务员希望的幻灭》,《侨声报》1946年1月30日,第3版。

② 每言:《审计处报一打之仇清查实业公司冇乜客气》,《针报》1947年11月29日,第2版。

③ 守:《粤省经费收审计处牵制罗卓英难展开长才》,《针报》1947年1月8日,第3版。

④ 《钮永建呈国民政府经政务官惩戒委员会决议罗卓英等均应予申诫报请鉴核命令执行》(1947年5月26日),(台北)"国史馆"馆藏国民政府档案,典藏号:001-018320-00001-008。

待遇,6 000余名公务员群情激愤爆发骚动,包围财政厅要求驱逐厅长胡善恒。尽管宋子文迅速从香港回穗平息事端,仍被舆论调侃"蒋宋'公司'连伙计都养不来了"。① 与之同时,曲江县下级公务员因4月份米贴一粒未发,生活无法维持,众人愤怒之下,联合向上级机关请愿。② 广州还出现底层公务员被迫卖血维持家庭开支,③足见国民政府陷入困境,基层公务员人心浮动。

四、结　　语

纵观纠纷事件始末,省级公务员千余人包围审计处并高呼口号,不可谓声势不大。然而除办公场所遭破坏及一位记者被误殴外,纠纷双方主体并无人员伤亡,也无严重财产损失,可称为"低烈度冲突"。以破坏审计处为纠纷高潮,前后数年曾出现多次公务人员针对生活困难及要求增薪的抗争事件。齐美尔(Sirnmel)指出,在某系统中,具有不同权利程度的群体间的冲突越不激烈且频繁,冲突对社会整体的整合影响就越有可能发生。一方面因为冲突对象相互依赖,另一方面由于群体成员感觉可以掌控自己的命运而将敌对性消除。④ 科塞(Coser)也认为,低烈度冲突清洁了"空气",防止了敌对倾向的积累,⑤因此有"安全阀"式的机制。但针对该纠纷的后续处理并未使公务员群体感到满足,也从未真正缓解过他们的生活困境,甚至未能起到消弭矛盾的调和作用,最终让中下级公务员认清所处现实困境。各级机关内部矛盾无法调和,

---

① 《公务员的骚动》,《正报》第2卷第37期,1948年5月,第2页。
② 《地方公务员反饥饿》,《正报》第2卷第37期,1948年5月,第19页。
③ 《广州公务员卖血》,《正报》第1卷第39期,1947年5月,第13页。
④ [美]乔纳森·H·特纳:《社会学理论的结构》,吴曲辉等译,浙江人民出版社1987年版,第166—167页。
⑤ [美]科塞:《社会冲突的功能》,孙立平等译,华夏出版社1989年版,第25页。

是导致事件爆发的原因之一,中央与地方机关之间有一层暗影,"但这暗影仍盖不住饥饿问题的一面,因为客观的事实是,一般的公务员,尤其是不贪污、不舞弊的大多数低级公务员,确实是吃不饱,穿不暖"。① 彼时的国民政府在败亡前夕,社会矛盾全面激化,公信力缺失,"灰心丧气,毫无斗志,政府处境进一步恶化,它已失去民众的支持"。②

(许梦阳,南京审计大学审计文化与教育研究院、法学院讲师)

---

① 陈凡:《广州春暮》,《大公报》天津版 1946 年 5 月 6 日,第 5 版。
② 金冲及:《转折年代——中国的 1947 年》,北京:生活·读书·新知三联书店 2002 年版,第 448 页。

#　社会经济与企业

中华懋业银行的停业危机及清理
(1929—1937)*

王 玉 徐 琳

近代中国的中外合办银行不同于外资银行。鸦片战争后,欧美等国在华取得治外法权,外资银行可凭此特权在不经过中国政府的批准下,只根据其母国法律进行发钞,因此晚清及北洋政府对此都有所抵制,民众亦是如此。正是基于上述原因,中外合办银行得以纳入晚清朝廷考虑的范围,如清末华俄道胜银行的设立。民初,涉外金融业务增多,尤其是对外借款等方面的业务,多家中外合办银行应运而生。尽管合办银行的国别不同,组织及经营也各异,但共同之处都是有外国资本投入。其中,成立于1919年的中华懋业银行是中国近代史上的第一家中美合办银行,于1929年停业,其清理工作一直持续至20世纪50年代。近年来学界对该银行的成立、纸币发行及停业清理方面都有所研究。① 本文拟在上

---

* 本文系国家社科基金一般项目"银行停业与近代中国银行业稳定研究"(项目编号:16BJL016)的部分文字成果。

① [美]蒲嘉锡(Noel H. Pugach):《同床异梦:中华懋业银行的历史(1919—1937)》,赵真华等译,北京大学出版社2014年版;吴筹中等:《中华懋业银行及其发行的纸币》,《中国钱币》1999年第4期;朱彬元:《中华懋业银行的成立及其停业》,《上海文史资料存稿汇编》(五)(经济金融),上海古籍出版社2001年版,第221—225页;陈晓荣:《中华懋业银行兴衰论》,河北师范大学硕士学位论文2003年;杜恂诚:(**转下页**)

述研究基础上,结合上海市档案馆馆藏相关未刊档案,聚焦全面抗战前该银行停业危机中银行业与中美政府的应对及其特殊清理,以此说明中外合办银行的历史特殊性。

一、中华懋业银行的股权结构及其业务概况

中美合办银行构想从提出到实践历经多次波折,最早可以追溯到 1877 年由美国人米建威发起的华美银行计划。彼时,来自美国费城的资本家代表米建威利用李鸿章想要开办中外合资银行的契机,向清廷兜售华美银行(American Chinese Bank)计划。然而,由于其他国家在华投资开设银行的资本家对此表示不满,他们通过各自国家的北京公使馆向总理衙门抗议,反对给予美国过多利益,①加之美国资本集团内部的利益纷争难以调和,使得米建威的华美银行计划落空。

1910 年,依托中美商会的沟通,中美合办银行计划又一次被提上议事日程。时值太平洋商业联合会(Associated Chambers of Commerce of the Pacific Coast)代表团访华,负责接待的上海商会会长朱葆三与美方议定成立中美银行,资本定为上海通用银洋 1 000 万元,中美两国商会各承担 500 万元。1911 年 7 月,中方商会招股已超 300 万元,并得到清廷农工商部和度支部的积极支持。② 随后这一计划因辛亥革命的爆发而被迫中断,但民国初期

(接上页)《近代中国钱业习惯法:以上海钱业为视角》,上海财经大学出版社 2006 年版,第 164—167 页;李玉:《美国驻南京总领事馆文献选译之一:懋业银行的清理》,《民国研究》2011 年秋季号,社会科学文献出版社 2011 年版;《中华懋业银行简史》《中华懋业银行史料》,载中国人民银行北京市分行金融研究所等编:《北京金融史料:银行篇(二)》,中国人民银行北京市分行金融研究所,1990 年。

① 汪敬虞:《近代中国金融活动中的中外合办银行》,《历史研究》1998 年第 2 期。
② 《组织中美银行进行通告》,《时报》1911 年 7 月 5 日。

中华懋业银行的停业危机及清理(1929—1937)

很快又有了进展。1913年12月,时任农林工商部部长张謇与美国驻华公使芮恩施商议将中断的中美合资银行计划予以推进。芮恩施认为中国市场是美国输出过剩产品与资本的理想渠道,因而欣然接受这一提议并开始寻找美方合作人。1915年中国商会代表团回访美国后,立刻召开全国商会临时代表大会,决定由上海总商会负责中美银行招股300万元,剩余200万元按经济实力由各省分担。① 但是,由于美国领导人对于中国复杂的政局和市场环境心存疑虑,使得本次计划再次被搁置。

第一次世界大战的爆发使得中国近代工商业迎来发展高潮,市场环境的改善最终促成了中美合资银行的出现。美国觉察到中国经济的发展变化并展现出对中国极大的兴趣,但发现"日本已经差不多将中国独占了"②。1918年2月成立的中日合办的中华汇业银行以日本金圆和银的面值发行纸币,享有一定特权,并通过一系列贷款将渗透范围扩展到北洋政府。美国商业和金融界人士开始感受到事态的紧迫性,美国政府也转而鼓励美国企业进入中国市场。芮恩施将美国国内的态度告知中方投资人,中方迅速行动起来并着手制定银行章程。最初将银行英文名定为Bank of Commerce, China,后改为The Chinese-American Bank of Commerce,体现中美合办之意,但中文译名仍保留"中华",以示对中方主权的重视。

1919年12月,中华懋业银行董事会成立,在北洋政府财政部批准同意后,于次年2月6日在北京正式开业。懋业银行实行的是总分行体系,总管理处和北京分行开设后,又相继在各大商埠成立分行,包括天津、汉口、上海、济南等地。随后按照美方投资人要

---

① 《中华全国商会联合会临时大会纪事》,《时报》1915年11月26日。
② [美]保罗·S.芮恩施:《一个美国外交官使华记》,李抱宏等译,商务印书馆1982年版,第278页。

求,从美国汇兑银行手中买下马尼拉分行和哈尔滨分行。此外,还在纽约、伦敦、柏林、旧金山、巴黎等欧美各大城市设立20多处代理店及往来店。

按照银行章程,中华懋业银行的资本总额是1000万美元,分为10万股,每股为100美元。第一期股款先收50万美元,股款收足250万美元时便可先行开业,剩余股款由董事会视营业情况商定后确定缴付方式。后因懋业银行资本为美元但实际营业用银元,为避免这种不便,1923年将银行资本总额改为1000万银元,将原有美元资本金按照平均1美元不低于2银元的比例及其他条件折换成银元,当年折换后的实收股款为750万银元。①

中华懋业银行全部股款由中美双方共同认购,但规定中方股本须超过半数。美方股份分别由纽约太平洋拓业公司（Pacific Development Company)、大通银行（Chases National Bank)、纽约及波士顿海腾施栋公司（Hayden, Stone & Company)三家公司平均认购。② 同时,按照美方合伙人要求,大通银行、海腾施栋公司还与美国国际汇兑银行（American Foreign Banking Corporation)一同被指定为中华懋业银行的储蓄银行,部分资本和储备金将储存在纽约的这三家机构,用来增强美方的影响力。

中方股东的构成情况则相对复杂。该行的大股东由少数北洋政府军阀官僚构成,他们在银行的股东成立会上,当场认购均超过了1000股,如张勋50万元、冯国璋30万元、陈树藩30万元、段祺瑞20万元、黎元洪20万元、王占元20万元、钱能训10万元、卢永祥10万元。③ 1920年股东名单上还有财政部的加入,认股总额达

---

① 《中华懋业银行的股本》,中国人民银行北京分行金融研究所等编:《北京金融史料:银行篇(二)》,中国人民银行北京市分行金融研究所,1990年,第245—246页。

② 朱彬元:《中华懋业银行的成立及其停业》,上海市政协文史资料委员会编:《上海文史资料存稿汇编》(五)(经济金融),上海古籍出版社2001年版,第211—225页。

③ 陈晓荣:《中华懋业银行兴衰论》,河北师范大学硕士学位论文2003年,第9页。

到525万元。除了少数大股东外,中方股东主体主要由持100股或略少些的投资人构成(见表1)。这部分股东大多是来自上海或其他商业中心城市的商界和银行界的人士及机构。但是由于中华懋业银行章程中规定只有持不低于100股的董事才有投票权,导致部分股东在银行经营管理中的弱势地位。

表1　中华懋业银行百股以上股东名单

施子英	吴引之	施省之	沈志贤	曹润田	卢涧泉	汇记	立志堂李
袁巽庵	倪远甫	胡伯午	鹅庐	段骏良	裕德堂	钱赏延	谢霖甫
谈丹崖	张松寿堂	寄闻堂	陈厚德堂	丁少兰	罗雁峰	通商银行	全国烟酒署
郑伯昭	清华学校	江宇澄	黎秉经	吴奉箴堂	刘觉园	祝石岑	郭啸麓
敦五堂	致忠堂	积善堂	余庆堂	垂裕堂	五义堂	徐晓霞	莲峰堂
寿鹏飞	王懋宣	常朗齐	刘况鹤	沈吉甫	虞洽卿	何佩瑢	张周瑞
敬义堂	中和记	保和记	太和记	颐和记	雍和记	桢记	中津汇业银行
春华堂	信义堂	徐恩培	赵辑辅	韩逵卿	恩记	逸记	三槐堂干记
孟清节	蒋秀卿	贾德振	章晴孙	白抟九	金定九	翁剑洲	作记
陶希泉	懋记	李介如	周作民	陈光甫	陈炳谦	翁慎修	梁和钧
张犀海	何千里	黄仲愚	金调生	朱志成	白元龙	卫家立	义理寿
金鼎九							

资料来源:《中华懋业银行股东会议记录(1928)》,上海市档案馆藏档:Q321-1-7-1。

中华懋业银行章程对董事、监事等职位设置进行了说明,规定董事为11人,其中包括6位中方董事、5位美方董事,从持股超过百股的股东中选举产生。董事会由总经理、协理以及董事组成,银行首任总经理(董事会主席)为原北洋政府国务总理钱能训;协理2人,分别是第一协理(董事会副主席)为美方董事唐默思(J. A. Thomas),第二协理为中方董事徐恩元。唐默思是美国英美烟草公司(BAT)中国分公司的主管,徐恩元曾任北洋政府财政部副部长。又规定监事为5人,其中包括2位中方监事,3位美方监事,从持股超过50股的股东中选举。监事会主席由监事中互举1位美方监事担任,负责审计银行资产账目、监督纸币发行以及审核法规章程。

值得注意的是,中华懋业银行在董监事架构之外,还有一套由美方投资者主导的业务委员会和驻美评议部体系,[1]在一定程度上这两套制度是相互冲突的。业务委员会有权力将其议决事项交由董事会执行,还可以掌控各级人事安排、股利分配以及停业清理事项;驻美评议部则全权负责懋业银行在欧美的运作监管等,同时定期将对该行在华的经营尤其是外汇交易、贷款政策等事项进行建议。可以看出,中美双方对该银行治理边界是模糊不清的。

中华懋业银行的业务主要分为国际和国内业务两大部分。国际业务包括国际汇兑、外汇存款、外汇买卖以及海外债券发行等,1923年该行汇兑收入一度占到全年各项收入的80%。[2] 该行还独揽了中美两国的经济往来业务,涵盖中美之间大宗票据承兑、国际贸易款项收付等业务,以及美国使馆的资金调拨使用、代办美国使馆与第三方的交易支付等事宜;国内业务包括一般的存放款及储蓄业务、对中国政府放款以及发行兑换券。懋业银行成立之初便与中国政府有着天然联系,该行对政府放款远超其对工商业放款。对于中外合资银行来说,对政府的放款除可以获取利息收入外,更重要的是为银行的发展创造了优越的外部政治环境。但也正是因为这些缺乏信用保障的政治贷款,极易成为呆账,后续也使得中华懋业银行的经营陷入困境。

---

[1] 虞和平:《商会与中国早期现代化》,上海人民出版社1993年版,第264页。
[2] 《中华懋业银行收益、开支和净利统计表》,中国人民银行北京分行金融研究所等编:《北京金融史料:银行篇(二)》,中国人民银行北京市分行金融研究所,1990年,第407页。

作为中外合办银行,中华懋业银行可经中国政府核准进行纸币发行,并将其作为银行筹措资金的重要手段,其发行业务接受中国政府派驻监理官的监察,并依照中国法律定期呈报准备金、发行数目等。1921年5月,中华懋业银行制定兑换券规则,规定应由总管理处召开业务会议拟定各分行号发行总额,同时提出兑换券发行应该具备十足现金准备。1928年9月,该行修订兑换券规则,将原有的十足现金准备更改为六成现金准备、四成保证准备。1921年、1925年中华懋业银行分别发行第一期和第二期兑换券,发钞相对谨慎,数额分别为420万元和550万元,[①]主要流通于北京、上海、汉口、天津等地。

中华懋业银行开办之初,资本实力雄厚,规模快速扩张,1921年时该行实收资本几乎可与同时期的中国银行、交通银行相匹配。而且中华懋业银行力求稳健扎实的办行理念,投入运营的资金仅占少部分,外加拥有中美经贸往来相关业务的垄断优势和发钞特权,因而该行被中美双方投资人寄予厚望。但是,合办银行内部中外合作方经营管理的分歧、官方利益的纠葛以及经济形势的变化,都为中华懋业银行的失败埋下了伏笔。

二、中华懋业银行停业危机中银行业与政府的应对

(一)中华懋业银行的停业危机

中华懋业银行成立后经过初期整顿走过了短暂的繁荣期,在20世纪20年代后半期就逐渐走向了衰落。由于不断恶化的政治环境和明显衰退的经济形势,中国银行业频繁上演着挤兑风潮,中

---

① 《中华懋业银行的发行货币》,中国人民银行北京分行金融研究所等编:《北京金融史料:银行篇(二)》,中国人民银行北京市分行金融研究所,1990年,第259—260页。

华懋业银行不得不采取措施保护自己免受局势所困,董事会指示各分行增加现金储备,谨慎开展放贷业务。例如,遇军阀政府强迫其进行放款的情况,懋业银行便会利用自己合资企业身份,借助美方股东力量寻求美国官方的外交干预。这些举措在短时期内的确奏效了,但并没有遏制住中华懋业银行的发展颓势。该行存续不满10年便陷于停业,这不仅是一项商业活动的失败,更是对中美合作事业带来了重大打击。该行之所以失败,与其经营期间累积的种种矛盾有着密切的关系。

第一,银行内部纷争难以达成共识,阻碍其良性有序发展。一方面,中美两国差异的经营理念和混乱的权责体系始终是存于中华懋业银行的重大问题。美方股东希望的是通过一个新式现代银行来推动中美贸易发展,开设国际汇兑业务倾销本国商品;而绝大多数中方创始人在开始时便显露出极强的政治动机,业务经营极大依赖各级政府存贷款,这自然引起美方股东的不满。同时,中方对于美方设置的业务委员会和驻美评议部制度也表示反对,拒绝提供企业经营的真实信息并企图对其进行压制,无疑进一步加大了中美双方的裂隙。另一方面,中方内部也存在派系斗争,分为政治派和商务派。政治派以徐恩元为代表,他是银行第二任总理,主导了大量政府业务;而商务派则以沈成栻为代表,他历任沪行经理以及总行协理,接受过正规西方教育,作为管理技术专家对银行业务经营、人事安排进行过系列改革,试图消除银行沉重的负担。但在1925年徐恩元去世后,政治派和商务派的均衡被打破,以第三任总理沈吉甫为代表的政治派牢牢掌控了实权。

第二,银行为各级政府放款,使其背上沉重负担。中华懋业银行在营业期间,背负着繁重的地方军阀政府垫款、捐款。1926年7月北伐军进入两湖,汉口分行被强行摊派3万元公债;同年9月,山东省军政府因军备休整又给济南支行分配了3 000元债券。同时,中央政府财政被地方截留,也发行公债举借银行贷款。沈吉甫

中华懋业银行的停业危机及清理(1929—1937)

在任期内出于政治上的考量以及每月12%的超高利率吸引,安排中华懋业银行向财政部等部门放贷,但这些贷款大多有去无回,本金加上未付利息就超过了450万元。其中,仅1926年中华懋业银行购买交通部筹款债券一项就占到277余万元,占发行总额的1/3以上。① 交通部这笔债券由邮电部门担保,以铁路、电报、邮政三项余利作为抵押,看似安全可靠,但实际上邮电部门盈余被当局挪作军方费用,直至中华懋业银行清理时此项资产变现仍遥遥无期。

第三,银行业务经营不善致使其遭受严重亏损。1927年下半年,因贷款业务把关不严,中华懋业银行天津分行卷入协和贸易公司骗局一案。协和贸易公司(Union Trading Company)的总经理祁乃奚原是天津一洋行买办,他在1925年秋联合美国驻天津副领事康理琪(Cornish)创办瑞通洋行。这个洋行实际上是皮包公司,目的在于为协和贸易公司开具假的仓库货物储存栈单,以便该公司向银行借款。当时中华懋业银行天津分行总经理张伯龙也入股了该公司,他在中华懋业银行未对协和贸易公司开展信用调查,甚至可能是在故意隐瞒实情的情况下,安排银行对协和贸易公司开展大额放款达200多万元。1927年7月9日,投机失败的协和贸易公司突然宣告破产,账面资产几近于零,而负债却高达700余万元,其中属于中华懋业银行天津分行的欠款也多成呆账。② 此消息一经传出,便引发了中华懋业银行的挤兑风潮,虽因其十足发行准备而得以勉强渡过此关,但经此一事银行储备金荡然无存,业务从此一蹶不振;在天津分行之外,沪行的经营状况也不尽乐观。1927年、1928年两年间,沪行经理郑鲁成和副经理倪建候不顾银行在外汇方面的限制,大规模开展黄金和外币投机业务,在期货合

---

① [美]蒲嘉锡(Noel H. Pugach):《同床异梦中华懋业银行的历史(1919—1937)》,赵真华等译,北京大学出版社2014年版,第201页。

② 李一翔:《论民国时期的中外合资银行》,《史林》2009年第1期。

约上进行的未平仓交易一度达到60万英镑。1928年年初中国外币和黄金市场降至最低,是年6月,沪行因汇兑业务的亏损金额已达150万元,①只得通过挪用纸币储备金维持营业。津、沪两行因业务操作失当而造成的巨额亏损,更使得本已不堪重负的中华懋业银行雪上加霜。

当然,20世纪20年代是近代中国金融业曲折发展的阶段,其他中外合资银行的停业倒闭也给中华懋业银行带来诸多影响。就直接影响来看,停业的中法实业银行、华俄道胜银行等,在营业期间曾大量向中华懋业银行借款,清理结欠时却并非以现金偿还本息,如中法实业银行转来3.5万余元的美元债券、华俄道胜银行转来的财政部借款200万元,②这些债券收回本利耗时漫长,且因利率变动造成一定损失;就间接影响来看,中华汇业银行在1928年宣布停业改组,随即造成平、津两地金融市场动荡,更有部分钱商伺机推波助澜,使得中外合办银行声誉严重受损,引发挤兑风潮,中华懋业银行也被牵连其中。

在以上这些原因的共同作用下,中华懋业银行最终在1929年5月宣布停业。此时的中华懋业银行账面上,有北洋政府财政部借款546万元、交通部借款债券177万元,都没有偿还;协和贸易公司诈骗和沪行投机两款项达280万元,其余各类放款大概200万元,但存款仅126元,根本无力周转。而当时中华懋业银行所发的钞票共70万元,尚有50万元在外难以兑现。③

(二) 银行业的援助

协和贸易公司东窗事发后,为求转圜,中华懋业银行董事兼大

---

① [美]蒲嘉锡(Noel H. Pugach):《同床异梦中华懋业银行的历史(1919—1937)》,赵真华等译,北京大学出版社2014年版,第199页。
② 陈晓荣:《中华懋业银行兴衰论》,河北师范大学硕士学位论文2003年,第36页。
③ 神狮:《懋业银行之休业整理谈》,《晶报》1929年6月3日,第3版。

中华懋业银行的停业危机及清理(1929—1937)

陆银行总经理的谈荔孙(字丹崖)着手向中国、交通、金城、大陆、盐业5家银行请求援助。5家银行聘请会计师谢霖调查中华懋业银行的财务状况后,同意合借130万元,分别是中国银行30万元,交通、金城、盐业、大陆四行各为25万元,之后盐业因故退出,其他各家银行数额照旧,故借款金额变为105万元。1928年7月30日,4家债权银行与懋业银行签订105万元的借款合同,并写明了严苛的还款条件,规定此项借款自签订合同之日每月按照1分1厘的利率付息,还本方式为分11个月还清,第一个月还5万元,此后每个月还10万元。中华懋业银行为此抵押其大部分资产,包括上海、天津、北京的全部房产,交通部借换券面额100万元以及该行债权32万余元的受押各品,并明确要求"对于此项押品于处分时,专以清偿此项借款本息之用。懋行之任何借权者,不得提出异议,致侵害本借款之本息。"①。

然而,上述4家银行所提供的资金经过1928年年底中华懋业银行的挤兑风潮后,很快便被耗尽,这笔借款的清偿随即成为问题。4家银行经过多次催缴都未如数取得款项,到一年借款期满时,除105万元借款的第一个月的利息缴清外,剩余各期本息均未偿还,共计约128万余元。按照借款合同规定,中华懋业银行只得出售变现相关抵押品。1931年中华懋业银行在上海的房屋地产因拍卖筹得不少费用,这笔钱偿还了4家银行大部分欠款,但仍剩余56万余元款项没有着落。②剩余欠款部分,4家银行先是要求中华懋业银行移送担保品清单中的天津黎大德堂4.8万元股票,又协商争取将抵押品清单中市面价值下跌的房产或有纠纷的票据换成优质抵押品。

---

① 《中国、交通、金城、大陆四银行借款合同》,上海市档案馆藏档:Q55-2-1253-1。
② 《交通银行、中国、金城、大陆四行关于中华懋业银行的借款及与该行清理处的来往文书之二》,上海市档案馆藏档:Q55-2-1253-1。

除移交处理担保品外,中华懋业银行还利用以往债务进行抵充。经查 1920 年曾有裕大纺织公司向中国、交通、金城、盐业、保商、大陆、懋业 7 家银行借款 100 万元,当时中华懋业银行因内部手续问题需用美元进行借款,于是在主借款合同外另订美元 5 万元透支契约,由金城、大陆两行董事周作民和谈公远为此作保。①1929 年,中华懋业银行对此契约提请诉讼,请求保证人负担保责任。经过判决,金城、大陆两行向懋业银行拨付 7 万元代裕大纺织公司偿还本金,同时抽回中华懋业银行交予 4 家银行抵押品中的交通部借券的 2/5,以及利济公司押品寄存单,并规定一个月内迅速办理妥当。

(三) 政府的应对

1928 年年底,在 4 家银行的援助被消耗一空的情况下,中华懋业银行转而寻求中美两国政府的援助进行股权重组。12 月 6 日召开临时股东会,董监事会提出"行务衰颓至今,已达极点,整理之方首在如何填补亏耗,次在如何增加资本"。② 就在此关头,在武汉的桂系军阀的几位高级将领在沈吉甫的争取下,表示愿意向银行注资并最终买下银行的控股权。实际上,桂系军阀打的如意算盘是计划利用中华懋业银行的钞票发行来筹措军事费用,而沈吉甫等人急于获取军阀政府的经济援助来遏制日渐扩散的恐慌氛围,选择性地忽视了这种极为危险的苗头。

在桂系李宗仁的领导下,一家名为"集思堂"的公司得以成立并负责实施此计划。桂系将领先是与懋业银行的美方代表展开协商,议定美国人以每股 10—15 元的价格出售他们手中 80%的股份。③

---

① 《报告金大两行周作民谈公远两君为裕大公司担保借款事与懋业银行涉讼和解情形》(1927 年 3 月 20 日),上海市档案馆藏档:Q55-2-1254-1。
② 《中华懋业银行股东会议记录(1928)》,上海市档案馆藏档:Q321-1-7-1。
③ [美]蒲嘉锡(Noel H. Pugach):《同床异梦中华懋业银行的历史(1919—1937)》,赵真华等译,北京大学出版社 2014 年版,第 210 页。

中华懋业银行的停业危机及清理(1929—1937)

桂系有意将美方部分股份保留在银行中,是为了继续坐实中美合资银行的招牌,并以此获取美国官方庇护。后经银行股东会对美方股票收购案的反复磋商后,商定将银行750万元股价一律对折,375万元由中美两方各承担一半,另加入集思堂也即桂系股本156万元,再增添219万元新股,三项总额为750万元,如此便使银行更新后的股本与之前在财政部备案的750万元保持一致,①故中华懋业银行并没有向财政部另行报备此次股本调整事宜。1929年4月4日,集思堂将其认购的156万元股款存入懋业银行汉口分行,等新股票印制完成后即行入股。通过股价折半,集思堂也希望以降价后的价格购买美国人的股份以及更多的中国股份,最终实现集思堂占中华懋业银行70%的股份,原中方股东持有25%,美方股东保留5%。②与此同时,李宗仁开始大量印制中华懋业银行钞票并投放到流通领域,借以采购军需及支付军饷。

然而,这样的安排还未等如期实现,便因军阀混战而草草收场。1929年4月5日,也即156万元集思堂股本存入懋业银行的第二天,武汉被蒋介石攻占。中华懋业银行汉口分行作为桂系军阀政府的财务机构而被视为敌产,且因发行大量兑换券而无法兑现,于4月10日被南京政府查封,集思堂股份和其在中华懋业银行存款被没收。汉口分行查封一事大大震动了金融界,不少持有中华懋业银行纸钞或为其提供贷款的银行都面临着惨重损失。中华懋业银行股东联合银行公会代表向时任财政部长宋子文请求复业,对于查没的156万元股款要求或退或换,或者改为公股。当时的中华懋业银行美方代表义理寿(East Wick)也在汉行出事后与美国公使馆取得联系,声称集思堂之前购买的美国股票未能按照

---

① 《集思堂事件》,中国人民银行北京分行金融研究所等编:《北京金融史料:银行篇(二)》,中国人民银行北京市分行金融研究所,1990年,第260—261页。

② [美]蒲嘉锡(Noel H. Pugach):《同床异梦:中华懋业银行的历史(1919—1937)》,赵真华等译,北京大学出版社2014年版,第212页。

约定期限付清款项,按照合同"如买方付款无论在何期间有愆期时,卖方对于前记股票不负交付之义务,其已交付之买价由卖方没收",①因此股份自动转回美方,要求对懋业银行中美国投资人所持的25%份额进行权益保护。② 美国公使馆千方百计地尝试与南京政府财政部进行沟通,几番协商,得到了宋子文做出不会做任何伤害美方在中华懋业银行利益的敷衍保证,并在4月22日批准汉行重新开业。但156万元款项,财政部认定其没有申报备案,因而属于一般性存款并无股份性质,不予退还。

美国官方的干涉看似对中华懋业银行的困境稍有缓解,但美方投资人因为银行内部存在的诸多问题很快便耗尽了为中华懋业银行奔走的热情。汉口分行被查封后,中华懋业银行总部已经陷入了无人管理、人员流失的瘫痪状态,中美双方股东中亦没有人愿意来填补银行领导人的空缺,美国人对中华懋业银行逐渐丧失希望,只想尽快从中华懋业银行抽身,不愿再做任何额外努力。无人掌舵的中华懋业银行各分行短时间内现金大量流出,周转不灵,只得于5月27日宣布停业一个月进行整理。6月初中华懋业银行股东大会组建整理委员会,意图复兴中华懋业银行。但整理委员会调查发现,大量政府冻结贷款、部分个人和公司借款的无法收回是导致银行陷入困境的直接原因。于是,拟定计划要求财政部偿还借款,并全力追回私人借款,招募银行专业管理人才重新开启银行运营;但委员会也承认银行的重新复业至少需要200万元的追加资本,③这个数额使宋子文认为挽救懋业银行得不偿失,美国人

---

① 《中华懋业银行关于美股东代表与集思堂订股票转让经过》,上海市档案馆藏档:Q321-1-105-95。

② [美]蒲嘉锡(Noel H. Pugach):《同床异梦:中华懋业银行的历史(1919—1937)》,赵真华等译,北京大学出版社2014年版,第219页。

③ [美]蒲嘉锡(Noel H. Pugach):《同床异梦:中华懋业银行的历史(1919—1937)》,赵真华等译,北京大学出版社2014年版,第219页。

中华懋业银行的停业危机及清理(1929—1937)

也表示不会再对中华懋业银行新增投资,美方公使宣称美方政府的立场仅是保留银行中美国股东的利益,直到最后的清算。

1929年9月30日,财政部向中华懋业银行整理委员会发出最后通牒,"兹限该行自10月1日至10月底止为复业之期,逾期如仍不能设法复业,应即由本部派员清理,绝不再延"。[①] 在此后的一个月,整理委员会多次致函呈请财政部尽快拨还欠款,但未被理睬,新的投资也没有着落,美方投资人代表也只是呈请财政部早日派员进行清理。11月1日,财政部通知中国股东正式启动破产清算程序,在上海设立总清理处。11月25日,财政部颁布银行清算章程以及实施细则,要求所有分行即行关闭。

美方投资人在中华懋业银行清算时指定斯旺(J. E. Swan)律师作为代表来处理相关事宜。斯旺尝试求助美国公使馆,建议美国将庚子赔款的一部分贷给中华懋业银行,以银行所有的库券与纸币作为担保,偿付纸币持有人和存款人,但并没有被采纳。斯旺只得向宋子文交涉,考虑到1927年财政部曾以票面价格8万英镑的长期公债为抵押品向中华懋业银行借款33万元,[②]斯旺要求出售财政部这笔公债。为了让宋子文尽快执行这一建议,美国股东声称将以此事的解决作为衡量中美两国银行业关系的重要标志。有鉴于此,宋子文表示会慎重考虑,但自始至终,财政部都在不断推诿。

在中华懋业银行陷入危机时,中美投资者在试图依靠双方政府但没有取得理想效果的状态下,最终走上分道扬镳之路。中方股东因桂系集思堂事件后,中华懋业银行被南京政府视为敌产,以致宋子文在该银行垂死挣扎之际也未伸出援手。当美方股东及美

---

① 《中华懋业银行整理委员会》,中国人民银行北京分行金融研究所等编:《北京金融史料:银行篇(二)》,中国人民银行北京市分行金融研究所,1990年,第263页。

② [美]蒲嘉锡(Noel H. Pugach):《同床异梦:中华懋业银行的历史(1919—1937)》,赵真华、陈佳琦译,北京大学出版社2014年版,第227页。

国政府看到积重难返的中华懋业银行一步步沦为中国混乱政局中的一个棋子,而且对中国政府的敦促被不断搪塞之后,对中华懋业银行放弃了希望,决定接受破产清算,中美合作的商业目标宣告失败。

三、全面抗战前中华懋业银行的清理

(一) 中华懋业银行的行务调整

1929年5月,中华懋业银行停业一个月后,汉口分行、济南分行、北京分行等银行内部也在积极调整行务以应对停业清理事宜,期望日后得以复业。

汉口分行在停业后,从整理重要簿据、收束流通钞票以及明确资产负债等方面迅速布置行务。首先,将开业以来积存的簿据封固装好,与该行所属的抵押品一同送存花旗银行库内,5月以后日记账每隔10日抄寄沪行一次,由沪行专员整理归卷以便考察;其次,查明汉行在总管理处领到的钞票共计100万元左右,至停兑后尚有21万元流通在外,库存70万余元呈请财政部派员监督销毁,改用中央、中国、交通三行钞票;接着核查银行资产负债,汉行停业时负债项下有资本20万元、流通钞票21万元以及存款90万元,共计131万元。而"汉行款项计存沪规元25万两,存津6万两,托津行代收11万两,以上共42万两,约合61万元。花旗存新币9万元,国外汇票20万元,共计60万元。此外尚有放与钱庄30万元,政府贷款10万元,其余呆账10万元,共计50万元。总共140万元"。① 与前列负债131万元相抵,多出10万元,属于透支中央银行之款(汉行停兑后现金被封存监视,向中央银行透支17万元,

---

① 《汉行停业清理情况汇报》,中国人民银行北京分行金融研究所等编:《北京金融史料:银行篇(二)》,中国人民银行北京市分行金融研究所,1990年,第344—345页。

其7万元拟以政府欠款相抵,故净欠透支10万元)。同时,鉴于汉行停业后业务全线停办,为节省开支、维持机关,分行对人事行政安排进行变动。一方面是减少人数,中下级员工因有工会不易裁减,但对经理、副理、襄理等上级行员4人裁撤半数;另一方面是取消上海行市电、银价行市电及广告费,这两方面预计可使汉行每年节约开支达2万元。

济南分行登报停业时,流通钞票计11万余元,往来存款22万元,定期存款22万元。[①] 所有存款大户已经分别前往接洽,商议如需提存,可由少部分现金和大部分外埠汇票组成。除大户外,零星散户约10万元,备有现金10万元以供兑现。对于行内14名员工,裁去4人,再裁去行役2人,停止广告费、伙食费等项。行务办理仅派会计主任坐守办理收款、兑钞、调款等业务,济行收支大致可以相抵。

北京分行在停业时,各种放款总额约102.3万余元,如能收回半数以上便可复业,因此该分行以收回放款为整理要务。议定放款偿还时,凡搭还1/3现金者,可使用存单冲账。该行将放款性质分为5类:一是可望收回的款项,这类放款大多有抵押品或信用可靠的担保人;二是应由法律解决的欠款,分别委托律师进行起诉索回;三是政府借款,此项欠款已经占到北京分行放款总额的半数以上,主要是北洋政府财政部和交通部借款,经多次派代表交涉均无果;四是已经转呆账又经提出的抵押贷款,委托律师起诉但未判决;五是无望收回的欠款,这部分欠款因为原借款人已经不存在而难以收回。以上5种放款共计收回13.4万余元,其中现金2.4万余元,冲抵存款11万余元。[②]

---

① 《济行停业清理情况》,中国人民银行北京分行金融研究所等编:《北京金融史料:银行篇(二)》,中国人民银行北京市分行金融研究所,1990年,第346页。

② 《北平懋业银行整理处报告书》,中国人民银行北京分行金融研究所等编:《北京金融史料:银行篇(二)》,中国人民银行北京市分行金融研究所,1990年,第372—375页。

然而，不论是哪家分行，有限的行务调整对于大势已去的中华懋业银行终究是杯水车薪，并没有切实的办法能够真正有助于银行的复业。

（二）中华懋业银行的正式清理

在复业无望的情况下，1929年11月，财政部以"顾全金融起见，不能再事展缓"①为由成立了中华懋业银行清理处，在上海设立总清理处，天津设立分清理处，汉口、北京、济南各设保管处。由钱币司司长徐堪监督，派慈灏、钱承懋、苏安（美方投资人代表）3人担任清理员。按照清理章程，总清理处职责包括收回中华懋业银行债权、变卖处置所有动产及不动产、偿付债务。

总清理处为尽快收回债权，对还款流程进行明确。由于"该行从前放出款项，往往不按银行通例办理，是有抵押担保者，固属寥寥，甚至姓名住址，亦不详实"，②因此清理员应于各分清理处所在地连续登报8日，声明各分行债务人应于1个月内清还债务，债务人如声明请求展期，总清理处得酌予允准，但不得超过1个月。在约定期限内，若债务人仍未清还债务，总清理处核实后仍无法裁定时，可指令清理员向该管辖法院提起诉讼。如果个人或者商号在懋业银行各分行停业之时同时为该行的债务人及债权人，可将债权债务相互抵消，总清理处应以中国法律和商事习惯为准对抵消请求进行判定，个人或者商号如对抵消相关决定不服时，亦可向法院提起诉讼，但须以一定担保品作为诉讼费保证。

总清理处还规定了资产变卖的流程。中华懋业银行资产除现款外，所有动产不动产如股票、债权、担保品、参加营业之资产投资特权、契约、土地、房屋等，应由分清理处呈报总清理处核实定夺，

---

① 《财部派定懋业银行清理员》，《民国日报》1919年11月3日。
② 《金融：懋业银行清理近况：设立筹兑十元五元钞票》，《银行周报》1931年第15卷第1期。

依总清理处认为能使债权人利益最大化的方式处理。

总清理处在办理债务偿付时也有相应处置方式。各分清理处登报8日,声明该分行各存户及其他债权人应在1个月期限内向该分清理处通知其债权,清理处应在1个月内对其债权的有效性进行判定,债权请求人对于决定不服时,可向法院提起诉讼。如债权人在登报1个月内未及时向清理处声明其债权,倘该项债权查明有效,待其他项有效债权完全清还后,才可偿付该项债权。其中债务偿付时,应按照先行开兑1元票,再陆续筹兑5元、10元票的方式,优先保证中华懋业银行所发钞票的兑现,接着尽先摊派储蓄存款。① 如仍有多余款项,则应核定划一之成数比例,由清理员按成数偿还经认定有效的债权,特别是2 000元以下的债权,须按成数尽先偿还,直到款尽为止。

(三)中华懋业银行与钱业的往来

中华懋业银行停业后,总清理处查得上海分行与上海多家钱庄开立了往来账户,还进行代兑钞票业务。中华懋业银行为推广本行所发钞票,方便顾客兑现,曾委托上海多家汇兑庄挂牌代兑其钞票,"送上代兑水牌一块,即乞照收代办"。② 上海分行被总清理处接管后,总清理处向有沪行存结的银两和银元的钱庄开出划条,委托代收,但被相关钱庄借口持有该行钞票而退票。

懋业银行总清理处致函上海钱业公会,要求提取钱庄往来户余存。上海钱业公会成立于1917年,是钱庄同业组织的权威代表,在南京国民政府于1935年对金融业进行严格管制以前,上海钱业的管理基本是依托钱业公会统一负责对内管理和

---

① 《财部着手清理懋业银行公布清理章程十五条》,《益世报(天津版)》1929年11月29日。

② 《上海中华懋业银行致同安钱庄函》(1929年4月15日),上海市档案馆藏档:S174-2-197。

对外交涉。① 1929年12月18日,上海钱业公会执委会召开会议,提出和中华懋业银行有往来账户的各个钱庄,"如有余存,依法自应照付。惟该行有以专款存储,曾经代为悬牌,委托各庄代收钞票,在停兑日至,业经报告未曾送还其收存钞票,自应抵付,以昭公允"。② 次日,钱业公会又通告与懋业银行开立往来户的各家钱庄应付即付、应抵即抵,没有往来户的但是持有中华懋业银行钞票的按种类列明数目,两日之内报备到会,否则即视为自动放弃。

经统计,上海钱业公会共有28家入会钱庄持有中华懋业银行的钞票。其中,致翔钱庄所持最多,包括10元票77张、5元票170张、1元票140张,总银数共计1 760元;也有钱庄如鸿丰、信成所持中华懋业银行纸币总银数仅7元。全部28家钱庄共持有懋业银行10元票277张、5元票722张、1元票828张,总银数达7 208元。③ 上海钱业公会集中汇总后向中华懋业银行进行兑现,在维护同业利益之时,也有助于中华懋业银行的清理工作。

(四) 中华懋业银行的涉外纠纷处置

中华懋业银行作为中外合办银行,其中有不少业务往来涉及外国组织或个人。尽管总清理处对境外的债权债务人规定可以酌情延长期限办理相关事项,但该行清理中涉外纠纷的处理仍然十分复杂且具有难度,不得不花费大量精力和金钱进行涉外诉讼。在上海市档案馆馆藏档案中有两个案件可借以说明。

一是匈牙利人高伯赞借款一案。1926年3月,匈牙利人高伯赞向懋业银行借取大洋6 000元,月息1分。规定本年6月起分期

---

① 杜恂诚:《近代中国钱业习惯法以上海钱业为视角》,上海财经大学出版社2006年版,第14页。
② 《上海钱业公会执委会议记事录》(1929年12月18日),上海市档案馆藏档:S174-1-3。
③ 《上海钱业公会通告入会同业》(1929年12月19日),上海市档案馆藏档:S174-2-197。

拨还,每月拨还本洋 500 元,由兰纳、阿郎诺夫斯基和美国人米拉上尉作为其担保人。但高伯赞并未按约如数还款,至 1930 年 1 月尚结欠大洋 3 563 元,而高伯赞本人踪迹不明,第三担保人米拉上尉住址亦无从知晓。鉴于跨国寻人难度太大,中华懋业银行清理处于 1931 年 3 月起诉至江苏上海地方法院,请求第一第二担保人代为偿还全部欠款。第一、第二担保人认为签订担保合同时,并未对每个担保人应负全部债务作另外约定,故中华懋业银行请求连带负责偿还全部债务为不正当请求。基于此,法院判定兰纳及阿郎诺夫斯基均应代高伯赞向中华懋业银行偿还其债务的 1/3,计洋 1 187 元并相应偿还利息。① 尽管如此,高伯赞的失信行为给懋业银行带来的损失仍未全额追回。

二是东省铁路局债权转移一案。东省铁路局曾因代人运货向绥芬河俄国海关缴纳税款,但并未付现金,而是立给债券后,再按照债券偿付。俄海关将债券送至预定的圣彼得堡国家银行之后,东省铁路局再向该行付给现金。该项债券性质为存记东省铁路局欠付俄国关税的证明,不得任意转让自由流动。1917 年俄国十月革命后,趁苏俄政府势力尚未遍及该海关而无人管理之际,该关所收债券被其总办萨坤以个人名义签立背书,移转他人,由东省铁路局照付现金,如未照办则不准其货运通过。东省铁路局为自身利益考量予以照付。1922 年苏俄政府统一全俄,即由该关总办萨坤声明前项海关债券转移无效,要求东省铁路局停付该项债券,之前曾通过恃强侵权非法取得债券的英商远东公司也随之被拒绝偿付。而远东公司曾向中华懋业银行转让此项债券 33 张计卢布 5 万余元,中华懋业银行凭此向东省铁路局求偿时同样被拒绝,因此 1931 年 4 月向东省特别区域地方法院提起诉讼。这是一起与复

---

① 《江苏上海特区地方法院民事判决十九年地字第八五七号》,上海市档案馆藏档:Q321-1-115。

杂国际政治关系相牵扯的案件,法院始终认定绥芬河海关已经申明撤销债券转让,况且中华懋业银行所持债券本质上是非法取得的,所以东省铁路局无需对债券上的权利负偿付之责,①也由此给中华懋业银行带来本不必要的损失。

此后,尽管中华懋业银行多次与政府进行交涉呈请复业,但均未获准,一直到 1949 年后被中国人民银行接收。1956 年 1 月 31 日,中华懋业银行的账务清理全部完毕,2 月 8 日该行所有事务全部结束。

(王玉,上海财经大学理论经济学博士后研究人员,上海社会科学院世界中国学研究所助理研究员;徐琳,上海社会科学院经济研究所副研究员)

---

① 《东省特别区域高等法院民事判决十九年二字第一五三号》,上海市档案馆藏档:Q321-1-115-8。

有产者与大革命:北伐时期武汉资本避险心理及政权影响*

王晨光

纵观近代历史,无论遭遇天灾还是兵燹,能否及时稳定住城市的资本运转,成为衡量政权是否持久的核心因素。城市接管不同于农村,其不仅在于加强军事管控,更重要在于提供有产者以安全感,这背后关涉到工商业恢复生产运营、资本持续输入、金融市场稳定等诸多要素。唯有如此,地方政府方能汲取源源不断的税收以维持城市管治经费支出,形成良性循环。武汉是华中地区最大的商业城市,北伐时期不仅发生武昌围城40日的悲惨历史,在接管之后又发生罕见的资本恐慌与群体性外逃。即使"奖励国货之制造及土货之输出,并扫除有碍商业之关卡,税局中之积弊,希望以国家利益为前途之商人与政府合作",①但仍无法阻止被调动情绪的激进工人与纠察队向商民发起进攻,由此使得"企业的倒闭,资本家的关门与逃跑,物价的高涨,货物的缺乏,市民的怨恨,兵士与农民的反感,军官与国民党人的非难,就都随着这种左的严重程

---

* 本文受陕西智慧社会发展战略研究中心资助,系国家社科基金"二十世纪中国文化保守主义民族国家建构理论研究"(18CZX034)的阶段性成果。

① 《中共湖北区委对湖北目前几个重要政治问题的意见》,中央档案馆编:《湖北革命历史文件汇集(1926—1927)》,1983年,第27页。

度而日加严重起来"。① 时人谓"武汉商民顿陷重围之中,于是汇兑贸易货币等问题困难环生,民生之艰窘,为汉市开埠以来所未有"。② 最终导致接管武汉半年多即发生上海资本集团与武汉国民政府的"宁汉分裂"。可见,北伐占据武汉后的经济崩溃是近代典型的城市灾后管控失败的案例,其提供了一份大城市有产者在遭遇灾祸时心理变动、资本避难、经济崩溃及政权合法性危机的完整过程,借此有助于考察如何稳定大型城市的资本与金融市场,以及如何避免灾后城市陷入长时期的生产停滞与经济衰退。传统对北伐的研究,因革命叙事影响往往聚焦于国共党争、工农或学生运动③,较少从有产者角度考察。尽管有学者分析了商民运动,但重心仍在广东和上海,缺乏对武汉军政与商业环境的解析④。也有研究专门分析武汉的店员工会⑤,但偏重表层劳资纠纷,缺乏对这时期武汉全盘形势的复原。鉴于此,本文借助最新刊布的"国史馆"史料及各种回忆文献,提供一份北伐后武汉逐渐崩溃的全景式分析,以资殷鉴。

一、北伐军事推进与有产者的关系

世界各国的近代化都伴随着财政军事革命。资本的发展提出

---

① 刘少奇:《关于大革命历史教训中的一个问题》,《刘少奇论工人运动》,中央文献出版社1998年版,第213页。

② 何雅忱:《上半期汉口之金融与贸易》,《银行杂志》1927年第22期,第36页。

③ 杨奎松:《武汉国民党的"联共"和"分共"》,《近代史研究》2007年第3期;田彤:《群体与阶级:20世纪二三十年代武汉纱厂工人——兼论近代中国工人阶级的形成》,《学术月刊》2014年第10期。

④ 冯筱才:《北伐前后的商民运动》,复旦大学博士后学位论文,2003年。

⑤ 朱英:《国民革命时期的武汉店员工会》,《江汉论坛》2010年第2期;朱英:《国民革命时期武汉地区商民协会与商会的冲突及合作》,《江汉论坛》2010年第11期;巴杰:《国民革命时期的店员工会》,《史学月刊》2015年第4期。

有产者与大革命：北伐时期武汉资本避险心理及政权影响

维护贸易安全的需求，由此产生军备升级与常备军，进而出现了军役税与常设的财政机构。因此，近代民族国家产生与有产者保卫自身利益密切相关，简言之，有产者提供政府税收，政府则建立武装力量保卫其利益。广州国民政府作为新生的政权，同样需解决军费财税来源与有产者的关系。在共产国际领导的国共合作时期即注重与有产者的联合，如鲍罗廷在武汉临时联席会议中提出发起省民大会，即将商人置于第一位，其称"如无商人阶级，革命必不能前进，因革命所需，全在商人身上设法"。① 而北伐之所以能够出征3个月便克服武汉，其核心亦在于广东革命根据地统一后，国民政府财政税收增加的缘故。1926年9月前，广东省一年的财政收入超过8 000万元，相当于1924年未统一时的8倍。广东革命军因此能够改良士兵生活，月饷10—12元，优厚的待遇在北伐过程中诱使各军阀前来归附。如白崇禧即谓："吾省若财政自理，士兵生活必难解决，结果必有貌合神离之象，而于政治建设方面，必将演成闭门造车之情形，将来必为革命之障碍。"② 故主动提出将广西军队全部改编为国民革命军，由中央支配补助给养，两广财政受国民政府统一指挥。实则军阀本身往往就是资本家，例如攻克武汉后湖南和湖北两省的实际统治者唐生智就在两湖拥有企业和大量的国外银行存款。可见，国民革命军北伐能连胜连捷，其基本盘即依赖于有产者的资金支持。

但事实上，自北伐出征乃至后期经营始终仍处于财政临界点。北伐出征前一夜蒋介石叙及北伐经费的问题，即预估需非常开支350万元，但宋子文仅答应给340万元，故其惟有寄希望于发行债

---

① 《中国国民党中央执行委员临时联席会议第八次会议》，《武汉临时联席会议资料选编》，武汉出版社2004年版，第160页。
② 郭廷以校阅：《白崇禧先生访问纪录》，(台北)"中研院"近代史研究所，1984年，第34页。

券抵偿前线的开支,但又恐银行体系崩溃①,这也为占据武汉后的金融崩溃埋下了伏笔。这一财政危机伴随着北伐推进而愈发严重,其中武昌围城战的爆发,即可视为南北双方互相争取有产者额外支持的结果。1926年8月25日,北伐军取得汀泗桥、贺胜桥两大关键战役胜利,兵临武昌城下,吴佩孚令陈嘉谟、刘玉春率残兵1.2万人用沙袋堵塞武昌10座城门,开始据城孤守待援②,自此城内城外两方即开始筹划从有产者身上借款。对守城一方而言,守城拒降的决策即体现了军队与资本的关系:一方面,守城军具有本土主义保卫自身资产的意识,如湖北省省长刘佐龙,本身即为鄂籍,鉴于唐生智军队入城劫掠先例,遂举出保境安民"鄂人治鄂"的口号,得到城内有产者支持③;另一方面,武昌城内有产者因心理恐慌,主动对守城军予以经济接援,如潜伏的麦朝枢即向蒋介石汇报城内情况谓:"武昌敌军之顽抗纯系将军团及汉口局会从中作怪,前几日守兵均愿缴械,刘玉春亦愿意,然商会送去六万元时,适在汉逆党及在城将军团怂恿其负隅以待吴贼等反攻,汉口商会长周星棠从而和之,刘乃决定仍固守各处。翌日汉商会又以白米二百包接济之,更心定。"④可见,有产者恐慌国民军入城后对资产洗劫,自愿支持守城一方的军队。

而对攻城一方,更逐渐陷入经费困境。一方面,前方不断发行的兑换券依赖于充足的准备金,但准备金不足,故蒋中正电宋子文称:"湘鄂皆以大元为本位,所发毫票无法活动,现存总部尚有贰百

---

① 《1926年7月26日鲍罗廷同蒋介石的谈话记录》,《联共(布)共产国际与中国国民革命运动(1926—1927)》,北京图书馆出版社1998年版,第363页。

② 刘玉春:《百战归田录》,中国社科院近史所编:《近代史资料》(82),中国社会科学出版社1992年版,第254页。

③ 《中央军事特派员一飞的报告——江西战事概况及军政各派系对战事的态度》,中央档案馆编:《湖北革命历史文件汇集》,1987年,第10页。

④ 《麦朝枢呈蒋中正城中近况》,1926年9月16日,"国史馆"藏档案,典藏号:002-080200-00006-001。

有产者与大革命：北伐时期武汉资本避险心理及政权影响

万元兑换券，在长沙印者不过五百万元，顷拟向汉口商会筹备二百万元。"① 其寄希望靠刚攻占的汉口商会募款，以解决"军需将成麻木"的形势。因此，在僵持状态下商会反而成为双方谈判的中转站与战局的决定性因素。负责谈判的詹大悲前往与武昌商会磋商，商会的条件是如缴械需保障三条："一、保全陈刘等生命；二、拟由商会给资遣散部队；三、商会要求停止攻击三日及由汉三改编。"② 另一方面，军需处长朱蒂也报来"与中国银行行长、商会周星棠会长接洽情形甚好，前方商民等对我军极表欢迎"的消息③。但这显然是武汉有产者游移摇摆的权宜之计，从8天后蒋介石与张人杰、谭延闿的书信可知，汉口、汉阳虽然攻占得手，但两地之经济仍不能活动，蒋曾要求武汉的商会将吴佩孚残款120万元提交给其军队使用，然而延迟10天，商会仅转交15万元。故蒋认为武昌未下之前，这笔经费极不可靠，而从他处借款也无从说起，当时主力又援助江西，故其判断战争会延长至年终也不能解决，认为战费需续筹3个月，方能免于支绌之虞。④ 由此可见，能否实际争取到武昌有产者的支持，成为攻守双方力量对比的关键因素。

直至1926年10月全面接管武汉后，由扩军导致的财政危机始终未改善。12月，湖北政府每月收入只有150万元，支出却有1 300万元，主要原因即军人为扩大势力，乘革命胜利无限扩充军队，如进攻武汉的唐生智均即从1个军扩为3个军，其余各地军阀也投机发一通革命电文，伸手向武汉政府要饷要粮。国民革命军

---

① 《蒋中正电宋子文湘鄂皆以大元为本位》，1926年，"国史馆"藏特交档案，典藏号：002-090106-00005-180。
② 《詹大悲函请蒋中正汉口商会筹款事》，1926年9月8日，"国史馆"藏特交档案，典藏号：002-080200-00005-033。
③ 《朱蒂呈蒋中正商民事》，1926年9月9日，"国史馆"藏档案，典藏号：002-080200-00005-039。
④ 《蒋中正电张人杰等武昌未下》，1926年9月16日，"国史馆"藏档案，典藏号：002-020100-00007-021。

出师北伐时8个军不满10万人,不到半年发展到近40个军130万人,军饷军需增加了12倍之多。接管地区的大量支出实质仍靠广东一省财政接济,不断扩编的军队开支成了沉重负担,甚至出现广州嫡系军队也缺饷四五个月,因冬装无着落,南军对武汉冬季敏感而发生骚乱。① 军队不仅脱离维护有产者利益,而且国民政府入城后下令没收并拍卖反革命分子的财产,更引发有产者的恐慌。在政权合法性未稳定之际,不仅没人会投资购买武汉城内土地、房屋等,更将金银运出武汉或长江下游。② 1926年12月21日,国民政府只得依靠鸦片税和厘金维持。厘金是货物通过各省时交纳的过境税,这种赋税制度既不统一,又不受任何监督,全凭各省领袖甚至稽征官酌定。此外,湖北、江西省政府则采取摊派强制性公债、银行贷款以及独立印钞等维持。可见从根本上,北伐革命未能解决军事推进与资本支持间的平衡关系。

二、武汉有产者的组织形态与恐慌

尽管1926年10月北伐军攻克武昌,但战后的武汉却陷入工商业停滞的状态,工商业暂停所带来的绝不仅是工人失业,最主要是政府缺乏税源,危及各项必需开支。在这种情况下,倘若采取不适当刺激经济措施,往往会使得有产者心理恐慌,恶化加剧。张国焘即谓:"当时军需浩繁,财政当局只能设法增加一些收益,那里顾得到工商业的复苏。一般说来,只知要钱的军人们,既不懂甚么财政经济政策,更不会有甚么贷款帮助工商业的打算。"③因此,要理

---

① 参考[苏]巴库林:《中国国大革命武汉时期见闻录:1925—1927年中国大革命札记》,郑厚安译,中国社会科学出版社1985年版,第24—25页。
② [美]丹尼尔·雅各布斯:《鲍罗廷:斯大林派到中国的人》,殷罡译,世界知识出版社1989年版,第240—241页。
③ 张国焘:《我的回忆》,东方出版社1991年版,第157页。

解北伐后武汉经济何以陷入困境,先应摆脱阶级话语所裹挟的群体评价,了解武汉以地缘血缘形成的传统商业运作模式乃至保险、互助机制。以武汉棉业为例,商号一般在汉口,同时在上海、沙市设分号,大都是从沙市买进,在汉口打包,然后运上海出售。按汉口风气,企业不叫公司,而叫字号,表明是独资而非股份公司,以传统师徒方式运营,学徒期无一文工资,3年期满成正式职员,跑钱庄办收付款手续,接收货物转运等①。"此种字号人数甚少,只凭汇兑来往、运货批发,再购货运回,实际占汉口全部商务百分之九十五。"②整体的商业形态为帮口模式,除却省内汉阳、武昌、黄州和荆州府形成的安荆帮,还有外省的山陕帮、南京帮、徽州帮和太平帮等。出于市场竞争,有意借助同乡会的力量,各帮出资兴建会馆,如汉阳帮会馆为晴川书院、黄州帮会馆为帝王宫,遴选自己的会首和董事。各行业的物价也由帮口掌控。同业者于会馆会定市价,不准私自变动价额,若有违者则课以罚金。各帮均置有会产,会馆又可向本帮商号募捐,临危救助,循环运转,③故当时武汉的经济核心并非依靠现代工业与现代化工人。

因此,汉口作为商业城市有三方面需注意:其一,汉口既非产地,亦非销场,惟赖汇兑流通,交通便利,使四方过客麇集而形成港口型城市。所以汉口商务的重心不在门面交易的店铺,而在赁屋或住栈的字号。在这种商业模式下,地方钞票一旦超发就会引起汇兑停滞,物流交通如果梗阻,码头工人加价,四川、湖南的土货便会不经汉口而直运上海。上海运销的进口商品也会直接运往川

---

① 邓葆光:《谈谈湖北商场中的"黄帮"》,《湖北文史资料》(第20辑),1987年,第53—63页。

② 《中央商民部报告:向汉口市总商会调查》,武汉地方志编委会:《武汉国民政府史料》,武汉出版社2005年版,第379页。

③ 参考毛鸣峰:《旧社会沙市的行帮组织与工商关系》,《湖北文史资料》(第20辑),第110—120页。

湘,武汉就迅速丧失商业转运中心的地位。其二,汉口有产者与上海关系密切,由于与钱庄跑街人员有多年业务关系,私交较深,因此相信私人资本,而不信合股性质的银行,故当工会运动造成有产者恐慌,商号即将大量资金存于上海钱庄,绕过国有银行体系。其三,旧式商店规模往往是家族经营,所雇管事、店员、帮工、学徒也常常是通过戚谊、族谊、乡谊、友谊等裙带关系而来。不仅学徒,就是高级职员也与老板有一种人身依附关系。因此,当商家改独资经营为合伙经营,仅在招牌上加"协记""合记"等。也有让职工在店内储蓄,凑足股额即转为股本,到年终按股分红①。这种办法把经营者,甚至一般职工的切身利益与店铺的整体利益结合起来,并未如传统阶级话语构想的老板与雇员有水火不容的严重利害冲突。

攻克武汉后,有产者的恐慌首先来自商民协会。商民协会的提议早在1926年7月12日于上海召开的中共中央执行委员会第三次扩大会议即有表述,会议认为"商人运动之重要目的,是组织中小商人,尤其是宣传中小商人反抗大商买办阶级在民族运动中的妥协卖国行动"。② 仅从组织形式上即可看出,商民协会与既有商会的差异。商会本是按行业形成的自发秩序,而商民协会则按区组织,这本身即配合地方基层按区划分的党部而来,故其初衷即与商业运营关系不大,因"不同行业的商人划到一个商民协会,资本有大小,营业有区分,根本上难有一致意见",③故属于配合党部对有产者革命动员的团体,其主要活动是游行与搞群众大会,并非商业事务的处理,又混入大量挑贩和荒货生意者④。所以,这一运

---

① 严昌洪:《旧式行业向新型企业转化》,《武汉文史资料》第70辑,1997年,第50—51页。
② 《商人运动决议案》,中央档案馆编:《中共中央文件选集》(1926),中共中央党校出版社1989年版,第220页。
③ 冯筱才:《北伐前后的商民运动》,复旦大学博士后学位论文,2003年,第83页。
④ 朱介凡:《寿堂杂忆》,(台北)文史哲出版社1999年版,第87页。

动初衷即意在通过分化小贩小商的方法,摧击城市既有的商业组织体系,至少可避免中小商人出资保护大商买办阶级的商团保商队。日常开会讲演"解除商民痛苦之方针",并向各商店及商民团体散发传单宣传入会。通过引导商贩参加革命斗争,攻击商会的首领,吸引会中较"左倾"分子①。从成立之初,便通过打击商会权力,来接管原有商会的会产,据此维持商民协会开销,并得以不断吸纳新成员。例如,汉口商民协会成立后,即要求撤销原有的帮规以及印花税报销,全部转由新的商民协会负责②,这也往往演变为商业内斗、攘夺权力乃至成为借机"诈取钱财"的工具。③

除商民协会外,工会是更重要的革命组织。当时中国工业仅集中于铁路、码头、矿山、纺织等行业。但不同工会组织情况差异极大,如:铁路工会难以深入群众;海员工会存在各帮同乡观念,易内部分化;码头工会则存在青红帮及秘密结社,极易被人利用形成法西斯蒂;纺织工会分布较广,但其成员多为女工和童工④,因此工会建设初期即极为混乱。1926年9月国民革命军进入汉口后,工会组织迅速推进,"社会上的反动分子、工贼、流氓自称三齐王,冒充工会筹备委员,巧立名目,到处钻空子,骗取店员工人入会费,上当受骗有的多达十几次,不堪其扰。码头中的封建把头,摇身一变而为工会筹备委员,他们不仅向下人勒收会费,而且借工会名义,向店东提出条件敲诈钱财,破坏工会信誉"。⑤ 到了12月,情况则急转直下,当时《大公报》记载汉口情况称工人运动"千百成

---

① 《中央对于广东市民运动议决案》,中央统战部编:《中共中央第一次国内革命战争时期统一战线文件选编》,档案出版社1991年版,第278页。
② 《汉市党部第十八次执委会议纪》,《汉口民国日报》1927年2月27日。
③ 《汉口特别市商民协会紧要启事》,《汉口民国日报》1927年1月6日。
④ 参考《产业工会的发展与统一问题》,中央档案馆编:《中共中央文件选集》(1926),中共中央党校出版社1989年版,第19—25页。
⑤ 萧抱真:《我经历的武汉店员总工会》,《武汉文史资料》第15辑,1984年,第127页。

群,整队游行者,亦日必数起";"无论男女,工作何业,已成'无工不组会,无会不罢工'之时代",①乃至出现妓女工会、房客工会、摊担工会等各种混乱组织,也就为日后埋下巨大的隐患。

三、武汉工潮对产业的全面冲击

在北伐军占据武汉后,组织罢工急速推进,并迅速导致各行业日常运营受到冲击。其中的一个重要原因是组织者发现向罢工工人提供救济金是使工人运动持久、壮大和力量整合的一个重要手段。而当工人发现既不上班又能通过罢工游行获得罢工补贴时,遂将工运视为一种投机方式,遇到罢工则参加游行,日常复工则又回去上班②。因此在国民军北伐攻占武汉之前,武汉仅有基层工会 30 个,而到了 1927 年 1 月湖北省召开全省工会时,武汉三镇工会组织已经发展到 274 个,会员达 31 万人。仅 1926 年 10 月—1927 年 4 月,工人罢工达 300 多次,平均每天约 1.5 次③。当人数急剧膨胀时,基层党组逐渐无法控制。湖北省总工会第一次代表大会即提出问题的严重性,认为当时的工会表面勃发,实则混乱。"一般流氓讼棍及反动分子,常欲混迹其中,或把持工会,或藉名敲诈,或煽起斗殴,武汉工人群众受其蹂躏者实有其人。"④时任湖北省总工会秘书长的刘少奇也记载道,当时工会俨然是第二个政府,而且是最有力量,命令最能通行的政府,权力有时超过正式政府,比如"提出使企业倒闭的要求,工资加到骇人的程度,自动缩短工

---

① 《汉口工会运动之写真》,《大公报》1926 年 12 月 1 日。
② 裴宜理:《上海罢工:中国工人政治研究》,江苏人民出版社 2001 年版,第 207 页。
③ 王永玺:《中国工会史》,中共党史出版社 1992 年版,第 167 页。
④ 《湖北全省总工会第一次代表大会宣言及决议案》,《第一次国内革命战争时期的工人运动》,人民出版社 1954 年版,第 408 页。

作时间至每日四小时以下,随便逮捕人,组织法庭监狱,搜查轮船火车,随便断绝交通,没收分配工厂店铺,这些事在当时是极平常而普通的"。① 以黄石港地委组建的大冶总工会为例,1926年12月总工会率领工人向铁厂争得了厂里资本家贮存的武器,包括二三百支步枪、20几支盒子枪、10多箱子弹,武装的纠察队员,盒子枪由总工会人员使用。纠察队员身背长枪,蓝衣黄裤,胸前系着红领结,臂上戴着"纠"字章,擎着缀有镰刀铁锤的队旗。② 武汉市区的情况更为严重,主要的交通要道"已由佩带红星或镰刀斧头标志的纠察队员控制,他们以握拳敬礼的方式相互致意"③。由此可见,旧有的帮派习惯趁势卷入激进的革命团体,在"左倾"的宣传舆论中,加剧城市的停顿与混乱。

当时经常发生企业内部的相互争斗,如同一个企业里,机械工会宣布罢工,却没有同该企业中的其他工会(苦力工会、细纱工会、料室工会)协商配合。而现代产业链逐渐形成后,只要一个环节中断,生产就全面停工,由此武汉的经济急速崩溃。有产者出于对罢工工人及其支持者的恐惧,开始关闭工厂和商行,这导致更多的人涌向街头。由于生产下跌,已不能得到维持政权所需的收入。④ 商业往来几乎濒临断绝,外贸通道被切断,城里的原料、燃料和食品日趋短缺。实际情况往往脱离表层工人争取利权的行为,而演变为奸诈和互害型社会,比如黄包车夫形成的工会,实际是将群体霸凌公开化,如游客刚一上岸就被蜂拥而至的车夫团团包围,硬是不许自拿行李,然后每件收费5元,还要索取超过平时几倍的车

---

① 刘少奇:《关于大革命历史教训中的一个问题》,《刘少奇论工人运动》,第213页。
② 李实:《回忆大革命时期的黄石大冶工农革命斗争》,《湖北文史资料》(第3辑),第56页。
③ [美]丹尼尔·雅各布斯:《鲍罗廷:斯大林派到中国的人》,前揭第209页。
④ [苏]巴库林:《中国国大革命武汉时期见闻录》,前揭第28—29页。

资。武汉几乎已经成为丛林社会,已完全不适合现代商业运转。汉口的情况更不乐观,如运输公所报告:"店员行动,无在不与店东为仇,无在不与现行保护工商业者中小商人及小资产阶级政策大有危害。"武昌油坊帮报告:"学徒入童子团操演,不顾生意,不于生意上学技艺,成何学徒?"旅汉粤帮茶食杂货店业报告:"自有工会,条件加宽,入不敷出。若拖欠工资,则截留现估货款,共管店东资产。买卖进支,店东无权过问,受压迫不敢倒闭。"黄州山货帮报告:"三四家设一工会支部,费用要店东负担,稍有异言或失词,童子军团、纠察队即可上门,店东谁敢归店?"[1]诸如店员嫖赌酒抽,无所不为的情况,显然假借革命的名义致使秩序颠覆。又如病假的工会诉求本属正当,然现实是工人佯装有病向厂方请假,厂方除准以病假外,尚另给以药费,且须请人代管,故每一工人请假,厂方无形中相当损失3份人工费,此类情况每厂均有100余人。[2] 这些行为产生的影响是商业停顿,外货自然无以进口,同时内地土货亦不能运出,市面上所存不过是少许陈货,来源不接,货物缺乏,供不应求,货价飞涨。

对商家而言,如果说以往经济困难可以缩小营业,以免亏蚀,那么此次无法自由解雇店员、转移资本,则完全是从未遭遇过的情况。竭泽而渔的革命口号,使得工会运动在疾风骤雨中为工人争取到可见的利益,但是旋即面对的则是停工、失业和经济危机。资本丧失持续运转的环境,有产者也就只能选择逃离。工商业彻底停滞最直接影响不仅是汉口30万工人失业,而是导致武汉地区的税收较过去低落3/4。在一封邹振盘致蒋中正的信函中即记载:"汉口工潮愈演愈烈,各业日形凋敝,于公私财政、前方军事均有影

---

[1] 《武汉中央商民部转汉口总商会转呈各业公会意见书》,转引自蒋永敬:《鲍罗廷与武汉政权》,(台北)传记文学出版社1972年版,第225页。
[2] 武汉中央工人部:《武汉纺织生产及营业概况调查》,蒋永敬辑:《北伐时期的政治史料》,(台北)正中书局1981年版,第329页。

响,务请令饬地方党部及行政机关加意维护,总需得一劳资持平之法。"①1926年12月,白崇禧、陈公博给蒋介石发电报称:"汉口工会在租界游行,外人疑政府无力制止,水兵均上岸设沙包安电网,外国军舰在汉停靠,英法各三艘,美国五艘,日本二艘,意大利一艘,俄方称英法将增加三倍的海军军力,英国更欲鼓动中外工厂同时停工,称工潮如果不能解决则商行、银行同时停闭"。②当时苏联的军事顾问切列潘诺夫指出罢工的消极面:"技术上和财政上都很弱的中国企业不能满足工人的全部要求,小企业开始大批倒闭,导致武汉政府在经济和预算方面的混乱。"③可见,城市恢复阶段一旦不考虑具体历史周期,而采取片面的群众动员、内宣策略与经济方案,最终必将导致政府的合法性危机。

四、金融崩溃与资金外流

武汉金融领域的危机最重要的表现是挤兑风潮。但兑换货币本身即为持钞者的权利,银行发放钞票本就依据于相应数额的准备金,只有不正常印钞的银行才会因挤兑而崩溃,故其实质是银行货币超发的漏洞,而非民众挤兑的过错;而国民政府之所以超发钞票,又源于军队膨胀导致财政紧张,所以金融危机本质上还是国民政权没有解决急速扩军与有产者资产支持这一比重关系,也可说其执行的政治理念已超过其实际承载的资源。

自清末以来,货币的发行不仅是中央政府的专利,中央政府和

---

① 《邬振盘函蒋中正汉口工潮》,1927年2月9日,"国史馆"藏档案,典藏号:002-080200-00018-018。
② 《白崇禧陈公博电蒋中正汉口工潮》,1926年12月5日,"国史馆"藏对英法德义关系档案,典藏号:002-090103-00012-028。
③ [苏]亚·伊·切列潘诺夫:《中国国民革命军的北伐:一个驻华军事顾问的札记》,中国社会科学出版社1981年版,第530页。

地方当局都可以铸造银元、铜元,而除中央、地方可发行宝钞、官票外,各地票号、钱庄、中外银行也可发行纸币,主要是便于商业异地的兑现。所谓"汉钞"就是由设在汉口的银行或分行发行并负责兑现的纸币,票面上带有"汉口"字样,实质是一种兑换券,因而只有随时兑现才能保证信用。随着汉口成为全国重要通商大埠后,私营银行和钱庄均陆续发行。1926年以前,武汉各银行正常运行,据准备金发行的汉钞总量约3 000万元。但国民政府迁来后为弥补军政费用和财政赤字,发行了大量的"大洋券""兑换券"纸币。到1927年4月,国民政府控制的中央、中国、交通三大国行汉钞发行总量已高达8 450余万元,比1926年各银行汉钞总和竟多出5 000余万元,增长幅度达150%,远超其准备金数额,严重扰乱市场。① 这就导致国民政府以行政干预经济规律的国有银行危机越发严重,一旦遭遇有产者挤兑,就迅速瘫痪。相比之下,如浙江兴业银行发过钞票也遭遇挤兑,但按照定额作了充足的现金储备,虽然大部分现金存在上海总行,但汉行经理史晋生以库存银元抛出兑现,稳住局面,又急电上海总行速运银元百万来汉支援,3天时间,即将百万银元运回汉口宁绍码头,反而在危难时增强了企业信誉。②

通过整理苏俄顾问巴库宁1927年1月15日—2月18日的记录,可以发现金融市场先后出现以下危机情况:

其一,武汉国民政府正在筹设自己的中央银行,还准备发行900万元国库券公债。

其二,汉口外币越来越难于兑换。在私人小额交易中,外币币值下跌5%—10%。

其三,政府开始实行新的房产税,增加商店营业税,但这又导

---

① 张通宝:《汉钞始末》,《武汉文史资料》第70辑,1997年,第21页。
② 黄亮:《挤兑风潮与浙江兴业银行》,《武汉文史资料》第15辑,第135页。

有产者与大革命：北伐时期武汉资本避险心理及政权影响

致商店和市场的承租人要求降低租金。

其四,在国民政府打算筹设中央银行的同时,蒋介石向武汉资产阶级借走了300万元"私人借款"。

其五,湖北、江西、湖南和广州每月上交400万元国民政府预算,可是军费和行政开支却要1700万元。在长沙,欠饷问题酿成了军人哗变。唐生智哗变的部队捣毁了商店和钱庄。

其六,武汉的局势和国民革命军挺进上海,在上海交易所里引起惊慌。股票下跌,英镑对中国两的比价、黄金对白银的比价均下跌。汇往香港和天津的黄金和钱款明显增加。出售房地产的交易极为活跃。

其七,大阪、京都和神户商会通过决议称对上海局势感到不安,因此准备"采取适当措施维持上海及其附近地区的和平与安宁"。

其八,由于大米运不进来,湖北米商就进行投机倒把,有时在市场上根本买不到大米。自从国民革命军开进武汉以来,米价上涨了60%—75%①。

1927年3月宁汉分裂无疑是给脆弱的武汉财政一记重击。4月17日,党部会议上汪精卫认为应将现金集中银行,维持纸币信用。当天即禁止现金出口,并且发布条例,重点是只允许中央、中国、交通三行的纸币流通市面,其他银行一律应将所持有的钞票和现银换成三行纸币,同时绝对禁止现洋现银出口,派兵赴各行监视各库存银②。集中令下达后,广东银行、香港国民银行等纷纷上缴。武汉全市陷入恐慌,钞票价格每天贬值,一周内米柴煤炭等日用品物价顿时上涨50%,其他商业均暂时关门歇业。到5月时尽

---

① [苏]巴库林:《中国国大革命武汉时期见闻录:1925—1927年中国大革命札记》,前揭第54—77页。
② 谦益:《论汉口之金融封锁》,《钱业月报》1927年第6期,第22—28页。

管武汉政府仍集存1500万现金,实际按1∶3比例可印4500万纸钞,但仍发生金融汇兑危机①。这纯粹是前期工会运动激进化,有产者已对政府丧失信任,由于恐慌资产不能维持,被民众或政府拿来充公,因此想方设法将武汉所有的资本都变成现金,其方式即拿政府发行的纸币购买武汉大批轻便的土产货物,设法将货运售上海,以此换得现金后,就此收手不做买卖,把现金存放上海。同时,上海也有人以低价收买汉口钞票,运往武汉购买土货,再贩运上海套现。这就导致汉口的资本天天流出,结果仍然是使汉口市面的经济状况难以维持。上海、北京、天津等地相继宣布与汉口断绝一切金融关系,所有自汉口寄往北京、天津的各种汇票,概不兑付,印有汉口字样的中国、中央、交通三行钞票,各地一律停止使用。抛除反动派因素外,这本身也是经济领域自发的避险行为。直至8月底,武汉国民政府为抢救"汉钞"信用,曾决定将发行量最大、信用最差的中央银行"汉钞"设法予以兑现,并首先开兑铜元,孰料半个月内价值竟迅速下跌70%。② 9月下旬,在三行"汉钞"急剧贬值下,人们开始公开拒用,至此,中央、中国、交通三行"汉钞"信用完全崩溃。

五、粮食危机与救济政策失效

武汉国民政府的全面混乱,最终来自日常的生存危机。武汉的口粮依靠长江下游供给,但芜湖、镇江等处因为交通不便,已停止运送,因此武汉的米粮转为依靠湘赣两省的接济,故需始终保持湖南每天运米5000担、江西运米3000担,方能维持武汉日需口

---

① 参考《汉口中央银行停兑之外讯》,《钱业月报》1927年第4期,第199页。
② 张通宝:《汉钞始末》,《武汉文史资料》第70辑,武汉文史资料编辑部,1997年,第21页。

粮与军队供给。但湖南在年内由于恐慌时局纷扰,米价因出口量增加而上涨,为维持省内贫农生活,遂发布禁运令,曾一度引发武汉的米粮恐慌①。由于军队购米多使用国库券,而国库券到手后仅能存放,而无法向外使用,故江西买米只收现洋,拒收汉钞。湖南办米,仅中国、交通两银行发行的钞票折价后可暂用②。除米粮外,还有燃料问题,煤和石油是日用必需品,此前运输的煤依靠日本每月6万吨的输入。但武汉经济紊乱后,日本则要求支付现金,由此就被迫中断,转为依靠京汉铁路向德国商人订购,而德商要求在上海交款。无奈下,只能转为依靠萍乡运煤,每天只有1 000吨,且萍乡煤矿火力颇差,影响到火车的运速。煤油方面由于中国煤油矿当时尚未开采,故唯有向外人购买,一旦供给停止则影响夜工工厂运转。而湖南激进的反帝行动导致煤油输入中断,剩余存货仅维持3月之需。③ 可见,商业中断的背后都源于金融市场的混乱。

1927年4月30日,外交劳资委员会会议认为当前最重要的是政府谋求商业恢复,待商业工厂恢复后再纠正工人行为。一方面提高工人待遇,但同时工人也应做出牺牲。苏兆征提出关于外资的意见,认为应扩大宣传,表现出"国民政府能有约束工人之实力",并由外交部商请外国资本家开工贸易。同时,政府给工人拨款每人5元(约相当于一个多月工资),预算将近10万元,并觅三大栋房屋,以作码头工人居住,从而避免租界内生事④。但是,这种意见不过属于一种构想,具体的事实仍需解决实际的政府拨款与救济的经费来源。在实际操作中,仅对救济失业工人补贴每人

---

① 孙科:《革命政府最近两月的经过》,《汉口民国日报》1927年6月25日。
② 《中央商民部报告:向武昌总商会调查》,《武汉国民政府史料》,第381页。
③ 孙科:《最近一月来之外交、经济、政治与军事》,《汉口民国日报》1927年5月18—21日。
④ 《国民政府外交劳资委员会第三次会议记录》,《武汉国民政府史料》,第13页。

每日2角。此外,能够看到政府采取的措施只是将社会已有的原生自组织资源统合以政府名义接管而已,这类措施大体可分四类,分别为:

其一,武汉本有四十八善堂,财产在100万元以上,平日施米、施粥、施菜等,现在则"由政府收回武汉各种公共财产,如祠堂、庙宇、善堂等,以其收入作失业救济费"①,其只是将善堂协会的财产以半强制的名义移交总工会,充当政府方的救济。

其二,政府强制命令各工厂、店铺抽收失业救济金。其办法是,工资在10元以内者加2角5分;工资在10元以上者加5角。实质是用汲取基层的方式筹钱充作救济所用。

其三,增加各种烟纸捐税、房屋捐税,以失业救济金附加税的名义直接征收,乃至在武汉未建房屋的空地,一律抽捐作失业救济金,没收厂主弃厂停工的工厂招商承办。

其四,紧急进行舆论方面的引导,如1927年5月13日国民党对党员训令中特意区分了"武力干涉派"与"商业资本派",认为容纳商业资本派才能发展国民革命,并强调反帝"并非要恢复从前闭关政策要使外国人绝迹于境内",不保护商业则势必增加失业工人,货品缺乏,于国家财政及社会生计均蒙不利②。

5月16日,孙科提醒过"设法把社会的恐怖心理换转过来,对于一般小资产阶级,须引导他们参加革命的战线,因为现在中国的革命是要无产阶级和小资产阶级联合起来才能够成功"。其具体的措施便是召开武汉商民代表大会,给商民诉苦的途径,加强宣传农工商统一战线的宣传。③ 5月18日,国民党中执会集中讨论各

---

① 《国民政府外交劳资委员会第六次会议记录》,《武汉国民政府史料》,第15—16页。
② 《中国国民党中央执委会对党员训令》,《武汉国民政府史料》,第236页。
③ 孙科:《最近一月来之外交、经济、政治与军事》,《汉口民国日报》1927年5月18至21日。

有产者与大革命：北伐时期武汉资本避险心理及政权影响

种宣传用语，会上即反复权衡"中产阶级""华商""买办""工商业者"等概念的使用。① 继而发出训令，使用"工商业者"取代"小资产阶级"的称法，抑制激进扰乱正常经济秩序的风气。核心即禁止工会逮捕、罚款和其他破坏工商业者革命同盟的行为，由政府接管审判惩治的权力。②

可见，诸种措施无疑体现当时国民政府的疲软，其并未主动提供任何有力的救济方案，本质不过是汲取以往社会积累的自组织资源，借此维持秩序的运转，不得不承认前期过度政治运动对经济扰乱的错误。这种情况进一步加剧了资本的外移，最终的结局就是大革命阵营内部的彻底破裂。1927 年 5 月 17 日，夏斗寅率先发动叛乱，反对武汉政府，被蒋介石擢升为新编第十军军长。这进一步加剧了各商业停止兑换铜元，拒绝中央票币，关闭粮食铺面，居民相率迁移，仅半年多的武汉国民政府再次陷入动摇。然而在这种情况下，湖北全省总工会却采取更直接粗暴的措施希望稳定局面，如严饬各商店行号一律照常营业，不得有拒绝、抵制并闭歇的行为；速令全体工友对全市的各处的谷米杂粮进行调查，集中"收集"供给武汉民食；限制藏米行为，凡购买一担以上米均须得到党部证明方可；强制要求已经信用破产和急速贬值的中央、中国、交通三银行的钞票一律通用，不得拒绝③。以上措施，违反资本正常的运行理念，不过是寄希望以暴力强制的手段来遏制有产者在灾难时自然的应激反应，结果只能是加剧经济的恶化与普通民众的恐慌。这种情况持续 6 月，迫使国民党中央党部不得不正式提

---

① 《中国国民党中执会政委会第二是二次会议速记录》，中国第二历史档案馆编：《中国国民党第一、二次全国代表大会会议史料》，江苏古籍出版社 1986 年版，第 1178 页。

② 《国民党中执会就在工人中实行革命纪律给湖北全省总工会的训令》，《武汉国民政府史料》，第 132 页。

③ 《湖北全省总工会报告（1927 年 5 月 19 日）》，《武汉国民政府史料》，第 148 页。

出保护中外工商业决议案,要求保护国民政府管辖区域内中外各工厂、商店,同时组织中外合资公司,其实就是通过由中央银行借款的方式,筹资500万,给中外商人,希望恢复进出口运行①。所惜为时晚矣。另一边,共产国际则产生了寄希望于维持住军队的供养,保持纸币稳定,再坚持三四个月,"占领北京之后,就可以建立新的财政体系"②。但是无法想象,其如何在陷入财政困难的情况下,继续维持军队推进的增长性开支。如果广州大本营的财税已经无法纾解武汉的困境,那么北上的具体战略部署绝无法靠简单的政治口号来实现。

六、结 语

总观武汉当时情况,有五方面彻底消耗了城市的动力:一是激进和狂热的工会与纠察队以清理逆产的名义强制接管工厂,且政府摊派公债也无确定标准,再加上反动派的造谣恐吓,促使有产者彻底放弃投资。私人不敢投资,银行不敢放款,商务停止。二是当时银元、铜元为硬通货,当硬货币没收后仅发行无法兑现的纸币,必然导致商人不愿以有价值的商品换取不断贬值的货币。经济活动依赖于资本充裕,而资本首先在乎投资安全。汉口资本仰赖于上海,而湖南金融又以汉口为转移,当香港、上海、天津完全断绝与武汉的金融流通时,在地的原有资本也必然隐藏或移流他方。三是革命分裂和城市危机导致交通阻滞,货物和原材料不能运输,物流费用增加进而使得生产成本倍增。四是农工商业的破产本身也导致日常的购买力锐减,当贸易商收入减少时,为缩减开支遂辞

---

① 《中央及湘鄂赣省市党部党报联席会议决议案》,《武汉国民政府史料》,第374页。

② 《鲍罗廷关于中国政治局势的报告》,《联共(布)、共产国际与中国国民革命运动(1926—1927)》,第225页。

有产者与大革命：北伐时期武汉资本避险心理及政权影响

退店员,再次加剧经济萧条。五是当危机发生后,继续使用粗暴直接的手段强制汲取基层资源,集中分配,看似是全民动员的方式,实际加剧了有产者乃至普通民众的恐慌。

1927年前汉口是仅次于上海的第二大港,其土货出口的贸易额常超过进口①。北伐军攻取武汉后,如经营得当,本可以迅速依靠武汉三镇的资本势力与军工生产实现南方的统一,但结果竟全面失败。回顾整个过程,先有因汉口战事、武昌封城导致的产业萧条;而接管后,国民政府为维持军队供给和行政运转,采取盲目失当的经济刺激方案,不仅未增加税收,反而导致有产者的恐慌。在财政吃紧的状态下,党内却推进更为激进的文宣运动,导致商民协会和工会急速膨胀,激起对有产者的盲目仇恨,使得别有用心者借革命之名趁机扰乱市场,冲击原有产业形态;最后便是有产者普遍对政府的合法性质疑,对兑换券和纸币的信心丧失,原有的准备金漏洞爆发。当货币迅速贬值、失去交易信用时,金融业也就彻底混乱,物流中断,最终爆发粮食危机。武汉竟在战后重新陷入困境。由于武汉本身的经济地位作为转运物流中心,其与上海保持密切的经济往来关系,因此短短几个月间,有产者不断判断时势,持续携带资本外逃;最终导致国民党内左右派系分裂,武汉国民政府仅维持不到一年即全面崩溃,以鲍罗廷为核心的共产国际在中国的战略全面收缩,连带着国共第一次合作局面也宣告瓦解。

尽管传统认为武汉的经济危机是蒋介石反革命势力导致,但是共产国际的鲍罗廷清晰地观察到,蒋介石势力不断地增强恰恰来自武汉的"左倾"激进行为。② 刘少奇也认为武汉问题纯属"中国革命工人运动初期的表现,幼稚的表现,流氓性带得很重。流氓

---

① 参考何雅忱：《汉口输出贸易之推移》,《银行杂志》1927年第17期,第28—31页。

② 《鲍罗廷在老布尔什维克协会会员大会上所作的〈当前中国政治经济形势〉的报告》,《共产国际、联共(布)与中国革命运动》(1926—1927),第493页。

组织在工人中的长期存在,也影响工人运动,一旦工人得到解放以后,他们就随心所欲的无所顾忌的,不顾及将来与前途的行动。"[1] 事实上,也正是武汉经济被扰乱,导致蒋介石更倾向于尽快东征占领上海,建立独立的财政基地,而非继续北伐。同时,蒋介石也向武汉的外国人保证,他负责保护外国人的权利和财产,请各国领事今后在发生纠纷时向他本人提出申诉。更重要的是,武汉有产者不通过国民政府而向蒋介石提供借款,想把赌注压在能够带来"安定"的人身上。[2] 因此,当上海获得有产者的归附,逃离武汉的资本必然催生了封锁武汉的局势。可见,政府运营、有产者权利、税收政策是紧密关联的体系,正是对大城市有产者政策的失当,导致既有的革命成果尽数丧失,政权也就陷入合法性危机。100年前的武汉国民政府崩溃史,无疑是一次经济政策与灾后管理失误的惨痛教训。

(王晨光,西安电子科技大学人文学院副教授)

---

[1] 刘少奇:《关于大革命历史教训中的一个问题》,《刘少奇论工人运动》,第219页。

[2] [苏]巴库林:《中国大革命武汉时期见闻录:1925—1927年中国大革命札记》,前揭第51页。

脆弱的政商关系：抗战胜利后
国民政府对大生纺织公司的接收*

张若愚

抗战胜利后，经历战火摧残的中国大地满目疮痍，颇为棘手的战争遗留问题接踵而至。荣维木先生认为，由中日战争而产生的至今尚未得到解决的一切问题，都属于战争遗留问题的范畴，具体包含对战争性质的评判与战争责任的清算两方面。[①] 相比于战争罪行调查及罪犯审判、战争受害者赔偿等问题，由国民政府主导的各项接收工作完成得相对顺利。需要注意，囿于全面抗战时期西迁重庆，国民政府统治力式微，如今全国百废待兴，尤其是饱受殖民统治之苦的沦陷区，政府亟须对其进行政治、经济、文化等全方位的接收，重建社会秩序，重塑统治威权。唯此，国民政府的战后接收才能较快解决。

在各项接收工作中，对沦陷区民族工业的接收显得尤为关键：一方面，作为沦陷区民族工业的所有者，绅商是一定意义上的社会精英，他们手中握有较为丰厚的资产与财富，国民政府可以通过接收将其"据为己有"，转变为施政的经济根基；另一方面，为确保最

---

* 本文系国家社会科学基金抗日战争研究专项工程"中国抗日战争志"（项目批准号：16KZD021）、教育部人文社会科学重点研究基地重大研究项目"日伪统治下的民族资本家"（项目批准号：10JJD770026）阶段性成果。

① 荣维木：《中日战争遗留问题研究述评》，《江海学刊》2001年第6期。

大化的利益占有,绅商必然会在接收过程中"有机可乘",充分应对。此外,由于国民党派系斗争等政治顽疾,不同派系与地方政府均对接收"寄予厚望",以获取绅商的政治认同,揽收参与政争的资本。多种因素合力作用下,国民政府主导的战后接收,演变为各股势力相互折冲的修罗场,掺杂了各类显性与隐形要素,成为"别具一格"的抗日战争遗留问题。

爬梳学界既有研究,与其他战争遗留问题相类似,战后接收同样得到较多关注,或从宏观政策层面、或基于沦陷区中心城市及相关沦陷区省份作区域史考察,且结论多以批判性为主,多数学者认为接收过程秩序混乱、各股势力竞相争夺以及国民党的制度缺陷与贪污腐败是各地区、各行业接收的共性所在,仅有陈谦平等学者在一定程度上肯定了战后接收的正面意义。[①] 虽然也有个案分

[①] 研究成果参见巴图《国民党接收日为财产》,群众出版社 2001 年版;汪寿松:《国民党政府对天津敌伪产业的接收》,《历史教学》1990 年 03 期;孙宅巍:《国民政府经济接收述略》,《民国档案》1989 年第 3 期;高荣:《试论接收中国民党对民族工业的摧残》,《史学集刊》1996 年 3 期;邓轶敏:《战后国民政府接收敌伪产业研究》,武汉大学 2006 年硕士论文;包柱红、袁成毅:《国民政府战后对日伪财产的接收体制考察——以浙江省为例》,《浙江师范大学学报》2005 年第 4 期;吴子明:《战后北平敌伪产业接收述论》,河北大学 2007 年硕士学位论文;赵志强:《抗战胜利后河北省敌伪产业接收述论》,河北师范大学 2002 年硕士学位论文;张玉英:《抗战后国民政府对河北平津区敌伪工矿业接收述论》,河北师大 2005 年硕士学位论文;林桶法:《从接收到沦陷——战后平津地区接收工作之检讨》,东大图书公司 1997 年版;陈丽:《抗战胜利后国民政府在苏州地区的经济接收述评》,苏州大学 2008 年硕士学位论文;陈谦平:《国民政府战后对台湾的工业接收及其影响》,《史学月刊》2010 年第 10 期;程朝云:《光复初期台湾化肥工业的接收与重建(1945—1949)》,《台湾光复六十五周年暨抗战史实学术研讨会论文集》,九州出版社 2012 年版;冯兵:《试论抗战胜利后国民政府逆产处置政策》,《北京社会科学》2013 年第 6 期;韩豆:《抗战胜利后国民政府接收处理东北地区日伪财产研究》,辽宁大学 2013 年硕士学位论文;王离萍:《战后上海市日伪工业接收研究》,上海师范大学 2013 年硕士学位论文;张心怡:《战后国民政府对南京日伪资产接收与处理研究》,南京师范大学 2016 年硕士学位论文;郭常顺:《国民政府对湖北收复区的接收与重建(1945—1949)》,华中师范大学 2018 年博士学位论文;等等。

脆弱的政商关系：抗战胜利后国民政府对大生纺织公司的接收

析，但鲜见接收过程中绅商的心路历程，无法透彻还原战后接收过程中多方角力的复杂面相。①

在战后接收的诸多个案中，由张謇创办且为南通乃至苏北经济支柱的大生纺织公司(简称大生或大生公司)既典型又独特。典型在于，全面抗战时期，大生公司选择留守沦陷区，存在与日汪"合作"(collaboration)的既定事实。独特在于，战后接收过程中，大生公司未被定为敌产，得以"全身而退"，耐人寻味。② 故而，本文选取大生公司作个案考察，结合接收报告与中华人民共和国成立后的清查资料，重点探讨代表国民政府的接收负责人与大生公司高层要员之间的互动与博弈，厘清战后接收大生公司的历史图景，解构政府与绅商间的复杂关系，剖析人性的变化与国民党的政治生态。

一、大生公司的战时困境与战后处境

淞沪会战打响后，毗邻上海的南通旋于1937年8月17日遭受日军轰炸，位于南通唐家闸与江家桥的大生一厂、副厂遭受部分损失，战争开始影响大生公司的生产与经营。由于国民政府主导的工厂内迁秩序混乱，大生公司被迫留守南通，静观时局变化，以

---

① 研究成果参见魏晓锴：《抗战胜利后山西地区工业接收研究——以西北实业公司为中心》，《民国档案》2015年第3期；位晓宁：《山海重光：战后青岛影剧院的接收与处置》，《北京电影学院学报》2019年第7期等。

② 有关战后接收大生公司的研究，目前没有专题性成果，散见于战后接收江苏民族工业、南通地方社会史及大生纱厂厂史等论著与回忆文献中，参见孙宅巍：《战后江苏工业接收述评》，《学海》1998年第5期；孙宅巍等主编：《江苏近代民族工业史》，南京师范大学出版社1999年版；周宗根：《地方主义与民族主义：南通绅商与战时政治(1937—1949)》，南京大学2006年博士学位论文；《大生系统企业史》编写组编《大生系统企业史》，江苏古籍出版社1990年版；尹通、曹力田：《大生故事》，张星凌主编《南通文史资料选辑》第14辑，1995年。

作因应之策。

1938年3月17日,南通沦陷,彼时大生公司以债务问题将所有工厂、设备等悉数"抵押"给德国蔼益吉(AEG)电气公司,从而获得"转籍",成为"德产",借助战时德日同盟关系,暂时抵御住日方的侵占。然而,随着日方强行与大生公司展开的"合作"谈判宣告失败,加上"德产"真相暴露,致使日军当局于1939年3月2日,对大生公司实施"军管理",直至1943年7月28日解除并"发还"。

考虑到日汪在沦陷区的经济统制与物资统制等高压政策,即便"发还",大生公司也难以实现真正意义上的自由,无法摆脱日汪管控。时任大生公司代董事长、常务董事的陈葆初坦言:"大生当斯环境之下(指"发还"时),真是枯鱼涸鲋、一筹莫展,亦大生有史以来未有之情境。"①由此可见,"发还"之后,即便大生公司符合硬性开工条件,若不能获得日汪的软性许可,缺少流动资金的大生各厂很有可能被日方视为"不能生产之废铁,正好征用"②,面临被拆卸机件用于日军军需的厄运。因而,无论其时是否需要考虑民族主义的道德阈值,为寻求生存空间,出于无奈,陈葆初等大生公司高层只能选择与日汪"合作",于1943年10月走上交换代纺之路,直至抗战胜利。

与此同时,由于第二次世界大战形势逐渐明朗,国民政府萌生接收沦陷区敌伪资产的设想。1943年,国民政府行政院"设敌产处理委员会专施其事"。③ 12月至翌年3月,国民政府陆续颁布《敌产处理条例》《敌产处理条例细则》《沦陷区敌国资产处理办法》

---

① 《陈葆初致大生纺织公司临时管理处陆子冬先生交接报告书》(1945年9月),南通市档案馆藏,大生纺织公司档案,B403-111-228。
② 《陈葆初致大生纺织公司临时管理处陆子冬先生交接报告书》(1945年9月),南通市档案馆藏,大生纺织公司档案,B403-111-228。
③ 《处理敌伪产业前之筹议》,秦孝仪主编:《中华民国重要史料初编·对日抗战时期》第7编《战后中国》4,(台北)国民党"党史委员会"编印,1981年,第34页。

脆弱的政商关系：抗战胜利后国民政府对大生纺织公司的接收

《沦陷区工矿事业接收整理办法》等，指出："凡与敌人合办之事业，不论公营或私营，一律由中国政府派员接收，分别性质，应归国营者移交国营事业机关，应归民营者移交正当民营事业组织接办。"①这是国民政府首次对接收沦陷区民族工业作出规定，提供合法性（legality）与正当性（legitimacy）依据，将这些工厂企业或收归国有，或交给"正当民营事业组织"。

1945年8月1日，行政院颁行《收复区处理敌产应行注意事项》，强调："收复地区县、市政府应于开始执行职务时，即指派专人清查敌产，并依照敌产处理条例切实办理，电报敌产处理委员会。"②从表面来看，国民政府于抗战行将胜利之时，已经做好准备，即将着手接收沦陷区敌伪资产。

这时，对于置于沦陷区艰难求存的大生公司而言，无论是于南通沦陷一年后遭受日本"军管理"，或是1943年10月—1945年8月间迫于生存压力而被迫交换代纺，均可证明大生存在与日汪"合作"的既定事实，一时之间难逃敌伪资产的罪名，惴惴不安地等待国民政府的接收。

对于国民政府而言，大生公司所处的江苏省本就是富庶之地，民族工业云集，也是国民政府经济来源的重要省份。随着全面抗战爆发后江苏逐渐被日军占领，成为沦陷区仅次于上海的第二经济动脉，相当数量的民族工业或被日汪强占，或与日汪"合作"寻求生存。如今抗战胜利，出于首都南京复员的政治意义，国民政府接收江苏省敌伪资产显得尤为关键，不仅为国民党重塑执政权威提供经济基础，更可向沦陷区绅商及民众宣示正统性，极具典范作用。

---

① 《沦陷区敌国资产处理办法》(1944年3月14日)，秦孝仪主编：《中华民国重要史料初编·对日抗战时期》第7编《战后中国》4，前揭第41页。

② 张忠民、朱婷：《南京国民政府时期的国有企业：1927—1949》，上海财经大学出版社2007年版，第63页。

二、国民政府的接收进程

1945年8月,"经济部指定洪兰友负责办理,推派[陆]子冬到沪接收,以期此项生产事业早日复员"。① 洪兰友与陆子冬,两人不仅系大生公司官股董事,更具有特殊的政治身份。洪兰友历任中国公学、中央政治学校教授,后任国民党中央党部组织部主任秘书,于1933年作为官股代表选入大生公司董事会,1935年成为国民党第五届中央执行委员。陆子冬长期从事银行及矿务工作,历任长兴煤矿、大中煤矿、华东煤矿等矿厂经理,1935年起任江苏银行总经理,给予大生公司借款等便利,当选为大生公司官股董事。更加重要的是,洪、陆两人属于国民党CC系②,曾于全面抗战时期先后西迁重庆。1944年后,陆子冬在重庆小龙坎"与洪兰友家比邻而居,常与反动党□洪兰友往来"。③ 显而易见,洪、陆两人走动频繁,关系甚密,似乎已经预示成为代表国民政府接收大生公司的最佳人选。

从国民党多年统治来看,派系斗争是其一直存在的弊病。由洪兰友与陆子冬代表国民政府接收大生公司,不仅带有政府向绅

---

① 《陆子冬为接收大生事宜致江苏省政府的信件》(1945年10月10日),南通市档案馆藏,大生纺织公司档案,B403-111-228。

② 洪兰友从政多年,在国民党内担任要职,其CC系的政治身份毋庸赘言。陆子冬是否属于CC系存疑。陆子冬与陈果夫、陈立夫熟悉,并在陈果夫介绍下加入国民党。据陆子冬后人考证,陆本人消极应对国民党党务活动,拒绝担任一切党内职务,与CC系无关。参见陆承平《从商从军不从政的陆子冬》,《世纪》2012年第4期。但是,在陈果夫任江苏省政府主席时期(1933—1937),为扩充CC系在经济领域的实力与控制力,他从CC系中挑选人才涉足金融业,其中便包括1935年出任江苏银行总经理的陆子冬。由此,虽不能直接证明陆子冬确属CC,却也可印证陆子冬与陈果夫私交甚密,即便陆不是CC系,也不可避免地会牵涉其中。故而,为便于行文论述与阅读,本文将陆子冬视为国民党CC系外围成员,其真实身份仍有待进一步考证,特此说明。

③ 陆子冬:《陆子冬自述》(手稿),陆承平(陆子冬之孙)藏。

脆弱的政商关系：抗战胜利后国民政府对大生纺织公司的接收

商彰明威权的意味,更有"奉 CC 之命,准备把大生接收过去作为 CC 派党务的资源"①的意味。因而,在抗战尚未胜利之时,洪、陆两人便代表大生公司"在渝股东,为谋战后复兴,曾于本年(1945)4月间呈奉经济部批开,略以准由官股董事洪兰友负责办理"②,暗含将大生公司据为国民党所有与获取利益的诉求,战后接收就此揭开帷幕。

9 月 15 日,陆子冬抵达上海,前往大生公司总管理处③,"先以董事资格召集一、三两厂董监联席会议,并代表在渝董事洪兰友出席,到者王秉侯、李耆卿、严惠宇、沈燕谋、张敬礼、徐赓起、李芸侯、吴蕴斋共十一人,陈葆初未到,而函请辞职"。④ 彼时,陈葆初作为大生公司代董事长、总管理处代处长,却以一封辞呈缺席事关战后接收的董监联席会议,函告"请辞代理董事长及总管理处处长职务"⑤,经陆子冬在会上公开宣读后,各董事均无异议,"公推陆董事子冬代理董事长并组织临时管理委员会(简称临委会),代理总管理处处长职务"。⑥

---

① 王象五:《大生纱厂最后一届董事会争夺的一幕》(1964 年 11 月),南通市档案馆藏,大生纺织公司档案,B403 - 111 - 541。
② 《洪兰友呈王懋功函》(1945 年 9 月 29 日),江苏省档案馆藏,江苏省建设厅档案,1004 - 2 - 3938 - 2。
③ 大生总管理处,前身即大生公司驻上海事务所,位于上海南京路保安坊。总管理处由董事会常务董事主持,对内对外之事务均以董事长的名义行之,并与董事会共同构成大生公司的中枢神经,掌控决策、管理、经营等权力,成为凌驾于各厂之上的总司令部。
④ 《接收大生纺织公司总报告书》(1945 年 11 月),南通市档案馆藏,大生纺织公司档案,B403 - 111 - 567。
⑤ 《大生临时管理委员会致大生各厂关于陈葆初函辞代董事与总管理处长职务并公推陆于冬代理并组织临管会函》(1945 年 10 月 19 日),南通市档案馆藏,大生纺织公司档案,B403 - 111 - 429。
⑥ 《大生临时管理委员会致大生各厂关于陈葆初函辞代董事与总管理处长职务并公推陆于冬代理并组织临管会函》(1945 年 10 月 19 日),南通市档案馆藏,大生纺织公司档案,B403 - 111 - 429。

其后,临委会暂时取代总管理处,成为接收阶段大生公司的大脑与心脏,陆子冬亦成为洪兰友授意下的大生公司全新掌权者。审视本次大生高层的权势转移,陈葆初固然拥有长袖善舞、左右逢源的交际能力,他也在战争的特殊时空中游刃有余,逐渐跃居权力顶峰,却也背负"通敌者"或"协力者"(collaborator)的身份属性。对于陈葆初而言,沦陷区恶劣的外部环境与大生上下寻求生存的内在压力,是他作出"通敌"行径的重要考量。在商言商,陈葆初个人的绅商身份决定了利益获取也是他成为"通敌者"与日汪"合作"的动机要素。相较之下,抗战胜利后社会天翻地覆,正统与正义的审判迫在眉睫,为求自保,陈葆初只有主动请辞交出权力,远避浙江莫干山一带,方能创造一线生机,或许能侥幸逃脱战后追责。

9月16日下午1时,陈葆初"召集同仁话别……葆公(陈葆初)两年来主持大生事宜,至此告一段落"。① 陈葆初在辞职翌日与同僚告别,抒发自己对张謇事业的不舍之情,营造难舍难分的惜别情愫,尝试为自己辩白增添感情砝码,同僚记载的"两年来主持大生事宜"亦在无形中证实陈葆初曾经拥有的权力地位。随着陈葆初去职,加上张氏家族自1935年张謇独生子张孝若遇刺后便江河日下,这一时期大生公司实权阶层出现权力"真空"。由此,代表政府的洪兰友与陆子冬看准时机,意图通过接收实现权力"洗牌"与重组,彻底消弭大生公司的地方性,从而建构中央权威,致使大生高层绅商陷入"国"与"私"的两难境地。

9月19日,临委会正式成立并召开第一次会议,决定"指派要员分赴一、三厂,于该员到达之日宣告暂行停工,并分别查验厂存花纱,造册报会"②,"推张敬礼、沈燕谋、严惠宇、陆子冬为委员,并

---

① 《工作日记第二册》(1945年1月1日至1946年2月17日),南通市档案馆藏,大生一厂(副厂)档案,B404-111-189。
② 《临时管理委员会务纪要驻会董事会务纪要(第一至三册)》,南通市档案馆藏,大生纺织公司档案,B403-111-243。

脆弱的政商关系：抗战胜利后国民政府对大生纺织公司的接收

互推子冬为主席委员，进行接收及全部复员事宜。二十一日，派吴蒉阶为一厂、副厂、电厂接收专员。二十五日，派袁仲齐为三厂接收专员"。① 接收工作开始时，大生公司内部紊乱，工运迭起，财务股权不明，并且日本投降未久，中共等同在行动。"海门则险状尤甚，日兵曾于投降时一度撤退，三厂立即为共军所占，经三日而日兵回驻海门，共军乃退……是以三厂环境较一、副、电厂环境尤为岌岌可危。"②临委会明白，接收大生各厂乃当务之急。

鉴于南通、海门形势不稳，10月16日，陆子冬"奉苏省党政接收委员会主席王[懋功]训令派委赴通接收，并派省府张顾问圣谟会同办理，十月十七日复奉经济部战时生产局苏浙皖区特派员吴[闻天]函派主持接收事宜，并加派窦凤楼、陈子英会同办理，同时部省主管均顾念海门秩序之不安，令将三厂存纱设法运沪保存听候处理"。③ 为尽快将存纱运往上海，临委会"函商战时运输管理局上海办事处，请于运输船只留沪期间之便，抽调经海门青龙港装纱来沪"。④

10月24日晚，临委会召开集议，讨论了大生各厂接收工作。"查陈葆初所营交换代纺原集中于一厂，其待清查者，应较其他各厂为繁，副厂发还后未曾开工，无敌伪性物资存在，电厂虽开工而燃料已将告绝，更无敌伪物资可言，故商定接收次序先副、电两厂，而后及一厂，预计副、电两厂各需一日，而一厂则

---

① 张季直先生事业史编纂处编，张謇研究中心校注：《大生纺织公司年鉴(1895—1947)》，江苏人民出版社1998年版，第371页。
② 《接收大生纺织公司总报告书》(1945年11月)，南通市档案馆藏，大生纺织公司档案，B403-111-567。
③ 《接收大生纺织公司总报告书》(1945年11月)，南通市档案馆藏，大生纺织公司档案，B403-111-567。
④ 《临时管理委员会务纪要驻会董事会务纪要(第一至第三册)》，南通市档案馆藏，大生纺织公司档案，B403-111-243。

或需五日以上。"①自10月25开始,大生各厂接收情况如表1所示。

表1 大生各厂接收进程表

时间	接收工厂	接收进程
10月25日	大生副厂	查照其清册,先查纱机间,次布机间,次物料间,次各仓库而毕
10月26日	大生电厂	查照其清册,点验各电机间,物料部
同日	大生一厂	接收电厂事竣归途转道唐家闸一厂,先行巡察其各工场、各仓库之大概状况
10月27日	大生三厂	袁仲齐冒险雇小车赴海门,一则督促三厂清册,一则准备各委员赴海门办法,盖由陆路雇小车而行,断非异乡口音携带中央布告、封条等物之人所能办,由水路则船只不便,有船亦必须有物力护航,应预为准备
10月28日	大生一厂	查照其清册,点验纱机、布机,及其附属各部完毕,厂本未停工,开一小部纱锭1.6万枚
10月29日	大生一厂	点查一厂仓库,分别封存物资。物资一层在一厂最为复杂……决定两种封存物资办法
10月30日	大生一厂	继续一厂仓库工作,照前所决定办法封存毕,又点查物料库、修理部等,一厂工作遂竣
同日	大生三厂	海门驻三厂日军有小汽艇赴南通购米,约武装兵30名护航,三厂袁君(袁仲齐)派人随该艇来通接各委员前去
11月1日	大生三厂	点查三厂纱机间、布机间、及其附属各部
11月2日	大生三厂	点查三厂发电间、物料间、及各仓库,凡敌伪性物资,概行用经济部封条加封

资料来源:《接收大生纺织公司总报告书》(1945年11月),南通市档案馆藏,大生纺织公司档案,B403-111-567。

---

① 《接收大生纺织公司总报告书》(1945年11月),南通市档案馆藏,大生纺织公司档案,B403-111-567。

脆弱的政商关系：抗战胜利后国民政府对大生纺织公司的接收

从表1中可以看出，副厂、电厂因没有敌伪资产，接收较为顺利，均一天完竣。一厂因敌伪资产混乱、三厂因形势复杂而接收不顺。究其原因，抗战胜利后，地方政府复员支费浩繁，但其一无专款，二无捐税，唯有就地取材方可解燃眉之急，[①]尤其是地处海门县的三厂，由于距离南通城较远，相对独立于其他各厂，便成为地方政府"重视"的对象。

海门县政府复员后，县长潘焘率各部门要员驻于三厂，在内办公，吃穿用度皆取自三厂，造成形势混乱、接收困难。[②]早于接收前的10月7日，大生三厂职员袁仲齐便向临委会汇报："潘县长率大队部属办公于厂，已垫款三四百万，现虽离厂，而此后庞大用费仍须指责于厂，又补给会函请以棉花向厂交换代纺棉纱。"[③]10日，陆子冬向江苏省党政接收委员会报告："大生三厂在此危城中屡惊风鹤……此厂有三千五百件敌伪存纱，众所注目，既盗匪所垂涎，复筹款者所集指。"[④]陆子冬与临委会面对三厂情形，无奈感叹："总以县署离厂使厂复工为妥，县政与厂务实互有相赖相需之处，地方官应首先使工厂生产繁荣，辇牛而蹂人之田，田荒而牛亦终不得食矣。"[⑤]由此可见，临委会与县政府嫌隙频生，接收三厂障碍重重，加剧了政商关系的恶化。

为顺利接收，临委会召开会议讨论三厂问题，针对地方政府

[①] 周宗根：《地方主义与民族主义：南通绅商与战时政治（1937—1949）》，博士学位论文，南京大学历史系，2006年。

[②] 《接收大生纺织公司总报告书》（1945年11月），南通市档案馆藏，大生纺织公司档案，B403-111-567。

[③] 《大生第三纺织公司致临时管理委员会（大生公司）关于业务方面的信件》（1945年10月7日），南通市档案馆藏，大生第三纺织公司档案，B406-111-35。

[④] 《接收大生纱厂正在办理各情简要报告》（1945年10月10日），江苏省档案馆藏，江苏省建设厅档案，1004-002-3938-002。

[⑤] 《接收大生纺织公司总报告书》（1945年11月），南通市档案馆藏，大生纺织公司档案，B403-111-567。

"取纱"之情,陆子冬提出自己的看法:"代纺不宜开例,宁可酌为捐款……不妨提出棉纱为抵。"①陆子冬随后向经济部特派员吴闻天汇报:"此案(指海门县"提纱"案)关系地方行政官与大生间之交涉,大生为公司事务与地方官绅经常联系之必要起见,以权宜方便从速了结,□妥提去 S20 红魁星之纱不必发还,送来暂收之花,用纱花比率最低价八司担花抵 S20 纱一件,实收其花三千二百司担……以免再生其他枝节。"②陆子冬言下之意,他以利益上的牺牲换取地方政府的"取纱"顺利,从而"从速了结",息事宁人,以达与地方保持良好关系之目的,增添他与洪兰友的政治资本,可以完成接收,正式接掌大生公司。

经陆子冬及临委会作出一定程度的退让,接收三厂逐渐重回正轨,虽然在接收完成之日摩擦又起——"海门县长亦奉到省令令其办理接收,据该县长来文并无会同省部委员办理字样,但省部委员接收工作已毕,潘焘居然选择第五、第六两仓加上县政府封条……该县长对于所执行省令之意旨尚难明白"③,但总体而言态势较为平稳,最终完成接收。从三厂的接收过程来看,政商间的矛盾难以调和,致使陆子冬处境尴尬,并且政令在各级政府内部无法有效上传下达,可见派系林立,各股势力之间相互掣肘,产生不良影响,战后接收存在失序与失范。

至 11 月上旬,国民政府接收大生公司暂告完毕。据统计,临委会接收大生各厂的主要敌伪资产(现金、棉纱、棉花)如表 2 所示。

---

① 《大生临时管理委员会厂务会议纪要、摘要》,南通市档案馆藏,大生纺织公司档案,B403-111-429。
② 《大生纺织公司临管会主席陆子冬为接收大生各厂存纱处理厂存敌伪物资和专署补给委员会强行提纱、以花换纱、摊派军饷等事项呈经济部文》,南通市档案馆藏,大生纺织公司档案,B403-111-311。
③ 《接收大生纺织公司总报告书》(1945年11月),南通市档案馆藏,大生纺织公司档案,B403-111-567。

脆弱的政商关系：抗战胜利后国民政府对大生纺织公司的接收

表2　临委会接收大生各厂敌伪资产简表

工　厂	现金（法币）	棉纱（件）	棉花（包）	棉花（斤）
总管理处	9 080 000	1 020(保留纱)	—	—
一厂	398 419.3	3 259	18 443("棉统会")	906 453
三厂	409 031.7	3 705	3 480("棉统会")	183 109
副厂	63 332.28	—	—	—
电厂	807 507.55	—	—	—
合计	2 586 290.83	7 984	21 923	1 089 562

说明：一厂纺成之纱欠1 068件，可用存棉相抵。三厂有其他敌伪机关寄存的原料，与大生公司无关，分别是"伪纱联会"白包棉花1 300包，"敌蒐买会"木架棉花465件。

资料来源：《接收大生纺织公司总报告书》(1945年11月)，南通市档案馆藏，大生纺织公司档案，B403-111-567。

检视表2，大生公司敌伪资产数量不少，可以侧面反映其留守沦陷区与日汪"合作"程度之深，接收时也是苏北最大的民族工业，具有典型性与标杆性。对照国民政府在上海、南京、苏州等相邻地区进行的战后接收，不难看出接收大生存在独特的一面，即主持接收事宜的洪兰友与陆子冬，不仅代表国民政府，同时亦是公司官股董事，具有双重身份。与大生公司相类似，上海的申新纱厂是由荣尔仁（荣德生次子）、李伟国负责接收，同样是"自家人接收自家人"的典型案例，但荣尔仁等毕竟从属于商界，政界地位不高，影响力甚微，而洪、陆两人不仅是国民党CC系，洪兰友更是熟稔国民党党务工作，是典型的政界要员。因而，接收同为纱厂的申新与大生两公司，呈现出相异的历史面相——接收申新，其家族内部矛盾是主要决定因素，加之申新地处经济中心上海，深受中央政府重视；接收大生，不仅牵涉洪、陆两人复杂的立场问题，更引发多股势力对大生及其资产的争夺，央地矛盾凸显，对战后接收产生负面效应，甚至促成政商之间的对立局面，迫使绅商采取因应之策，确保自身利益与事业损失最小化，政商关系变得敏感且脆弱。

三、绅商因应与最终定论

战后接收完成后,国民政府需要对大生公司作出是否敌产的最终定论,这也是整个接收过程中最为重要且关键性的一步,不仅关系战后大生是否可以顺利复工,从而影响南通乃至苏北经济复兴计划,更能左右政商争夺大生之结果。换言之,大生公司如果被定为敌产,国民政府便有正当理由将其没收,归为"国产",等候处置;如果未被定为敌产,绅商则有正当理由申请复工,大生依旧属于"私产",南通及苏北战后复兴希望俱存。故此,大生高层绅商必须采取因应之策,以应对这场失序且失范的战后接收,试图确保自身利益并维护大生公司的"私产"属性。

从绅商的因应之策来看,陈葆初作为战时大生公司的实际负责人,理应难辞其咎,然而他利用权钱交易,再次借助自己长袖善舞、左右逢源的交际能力,在很大程度上影响甚至改变了接收结果与最终定论,再次帮助大生脱离险境。早于抗战胜利前后,陈葆初便着手准备后路,以应对国民政府的战后接收。在临委会接收大生公司之际,陈葆初发挥其"与当世贤达商榷国计"[1]的傲人能力,与陆子冬等政府代表之间进行权钱交易,似乎达成了某些协定。连接起双方交易的桥梁,便是陈葆初与日汪"合作"交换代纺时期获得的棉花、棉纱等巨额利益。

在中华人民共和国成立初期的政治运动中,新中国政府对大生公司的"隐匿敌产"[2]展开清查,依据大生一厂增产节约委员会

---

[1] 《汉奸陈葆初信件》(1944年仲秋之月),南通市档案馆藏,南通县自治会(伪县政府)档案,A209-112-590。

[2] 也称"隐匿公产",即私营企业于中华人民共和国成立前以隐匿形式占有的、原属于日伪或国民党官僚资本的、应属于国家的、在中华人民共和国成立后得到清查的财产。参见陈碧舟、龙登高:《从公茂机器造船厂考察中华人民共和国初期"隐(转下页)

脆弱的政商关系:抗战胜利后国民政府对大生纺织公司的接收

(简称增产委员会)的调查报告,战后初期陈葆初隐匿、侵吞数批棉纱、棉花的行径逐渐浮出水面:"尚有棉花 6 330.45 市担……计分 5 196.22 市担及 1 134.23 市担两单,另有棉纱 2 000 件以上为人侵吞。"①可以预见,这批由增产委员会查明的"隐匿敌产",很有可能在接收过程中发挥了"特殊"作用,并对接收结果与最终定论产生重要影响。

"三反"运动中,"陈葆初隐匿敌产专案小组"(简称"专案小组")对多名亲历战后接收的大生公司职员展开讯问,其中吴又春交代:"严惠宇曾对陈奸(陈葆初,下同)表示,接收前你将大生机器搬走,陆子冬都不会问,但接收以后丝毫不能再动。"②吴又春也承认:"交接双方关系暧昧,露于辞色,胜利后接收前陈奸曾赠与严惠宇棉纱三百件(以镇江复兴委员会名义移交镇江地方慈善事业),当是贿严通陆的举动。"③需注意,吴又春口供中所提的严惠宇,与陈葆初、陆子冬关系匪浅。一方面,他们三人均是大生公司董事,沦陷前曾一同共事,甚至陈葆初系严惠宇举荐而进入董事会;④另

(接上页)匿敌产"企业的改造》,《中国经济史研究》2020 年第 1 期。需注意的是,"隐匿敌产"与"逆产"所指有部分重合,"逆产"带有浓厚的政治色彩,多指谋逆、逆反罪者的财产,带有私人财产的属性——战后初期,"逆产"主要指汉奸产业;解放战争与中华人民共和国成立初期,"逆产"划分新旧两类,旧"逆产"为汉奸财产,新"逆产"则为国民党军政人员、反动分子、恶霸、首要特务等人财产。参见冯兵《"逆产"渊源与流变考析》,《深圳大学学报(人文社会科学版)》2016 年第 5 期。结合以上两个概念的解释,笔者认为,大生公司所有财产,应属于"隐匿敌产"或新"逆产"范畴。

① 《"三反"专案小组报"大生增产节约委员会"的〈隐匿和鲸吞逆产案情报告〉》(1952 年 8 月 12 日),南通市档案馆藏,大生一厂(副厂)档案,B404-111-301。
② 《一厂增产节约委员会专案组关于陈葆初隐匿和侵吞逆产案情报告》(1952 年 8 月 12 日),南通市档案馆藏,大生一厂(副厂)档案,B404-111-322。
③ 《一厂增产节约委员会专案组关于陈葆初隐匿和侵吞逆产案情报告》(1952 年 8 月 12 日),南通市档案馆藏,大生一厂(副厂)档案,B404-111-322。
④ 1935 年,陈葆初通过严惠宇游说江苏银行加入银团,解厂于倒悬,缓解了大生公司的债务压力。11 月,大生公司改选董监事时,陈葆初得严惠宇举荐,当选为三厂董事,可见两人交情不浅。

一方面,严惠宇与陆子冬系儿女亲家,互相熟悉。① 从以上两段内容来看,可以证明陈葆初与陆子冬之间,的确"关系暧昧,露于辞色"。据吴又春口供,陈葆初赠予严惠宇棉纱300件,疑似感谢严促成陆子冬与自己达成协议,"以纱花换利益"。陈葆初通过严惠宇牵线搭桥,与陆子冬取得联系,以保自己可以在战后接收过程中寻得"可乘之机"。

经过"专案小组"的彻查,他们认为,国民政府在战后接收过程中未能尽力查究账册,敷衍了事,甚至连"接收后原存大生公寓之陈奸账册、凭证颇多"②亦未发现,直至1951年由新中国政府清估大生各厂资产前夕被销毁,意味深远。从这点来看,国民政府的战后接收流于形式与表面,不仅失序且失范,更存在包庇、纵容与灰色交易。此外,"陈奸在移交前夕,曾集中大批账务人员……吴申夫、吴又春、王翔云、范效吾等人,在愚园路涌泉坊寓所伪造假账"。③ 战后担任大生三厂厂长的袁仲齐也在"三反"讯问中交代,他曾于接收时期伪造假账,与前述吻合。

依据"三反"时期易敦白、徐润周等临委会成员所写的坦白书,发现其中大有文章。易敦白交代:"1. 临管会(即临委会,下同)有一个原则,是可能留下的,尽量留下,我来接收是遵照这一大原则做的。来南通接收是形式,一本心照不宣。2. 陆子冬跟我讲过可能保留的东西还是要向政府想办法。3. 当时吴闻天不帮忙,大生开车开不成,所以以后送他一辆汽车,送他股票,请他当董监。"④

---

① 严惠宇次女严忠媛嫁与陆子冬之子陆沛霖,生子陆承平。
② 《"三反"专案小组报"大生增产节约委员会"的〈隐匿和鲸吞逆产案情报告〉》(1952年8月12日),南通市档案馆藏,大生一厂(副厂)档案,B404-111-301。
③ 《一厂增产节约委员会专案组关于陈葆初隐匿和侵吞逆产案情报告》(1952年8月12日),南通市档案馆藏,大生一厂(副厂)档案,B404-111-322。
④ 《易敦白等人的坦白书及口供摘录》,南通市档案馆藏,大生一厂(副厂)档案,B404-111-320。

脆弱的政商关系：抗战胜利后国民政府对大生纺织公司的接收

徐润周交代："我不是包庇陆子冬,他有两个立场,一是大生董事的立场,一是代表伪政府(国民政府)接收的立场,主要还是多照顾厂里。"①吴又春交代："陆[子冬]除接受物资外,对交换处账册则加以封存竟毫未查阅。"②吴申夫交代："1. 临管会的接收原则是交多少,收多少,这是陆子冬避免纠纷的说法,事实上是全交的。2. 陈葆初在1945年9月16日另立新账,总是为了清理。"③

以上种种,可以看出贿赂、假账、敷衍、形式化等因素共同构成了接收过程,"专案小组"更用"如此深谋、重重勾结、上下齐手、当亦显然"④16字作总结。正如陈葆初所预想的那样,他对战后接收的因应之策,就是通过权钱交易,不仅使得大生公司逃脱敌产定论具备特殊的"合理性",更确保自己个人利益的延续。陆子冬与陈葆初,是抗战胜利之际大生公司的新旧掌权者,分别代表着政府与绅商。从这层意义上而言,战后接收大生公司,便是政商之间的博弈。需注意,政商借接收对垒,并不完全是势力折冲,而是很大程度上融合了权钱交易。绅商的身份属性决定了陈葆初必然会以利益诱使陆子冬"犯错",而陆子冬复杂的情感与立场也是他作为接收负责人的软肋之一。毕竟,不同于政客洪兰友,陆子冬虽非完全意义上的商人,但他在商界闯荡多年,政治属性要远小于洪兰友。正如徐润周所言,陆子冬有两个立场,且更照顾大生。陈葆初正是利用了陆子冬的这一弱点,将政商博弈演化为"互利合作",可见贪污与腐败也是也是战后接收的特性之一。

---

① 《易敦白等人的坦白书及口供摘录》,南通市档案馆藏,大生一厂(副厂)档案,B404-111-320。
② 《易敦白等人的坦白书及口供摘录》,南通市档案馆藏,大生一厂(副厂)档案,B404-111-320。
③ 《易敦白等人的坦白书及口供摘录》,南通市档案馆藏,大生一厂(副厂)档案,B404-111-320。
④ "三反"专案小组报"大生增产节约委员会"的〈隐匿和鲸吞逆产案情报告〉》(1952年8月12日),南通市档案馆藏,大生一厂(副厂)档案,B404-111-301。

关于陈葆初隐匿花纱的具体数额,直至"专案小组"清查完成才拨云见日,国民政府的腐朽程度可见一斑。经调查:"专案小组"查明陈葆初在接收期间"售与伪中储行廿支棉纱七百件,栈单卅纸计棉纱五百件……总价为伪中储券一百零一亿五千万元。伪中储行所交价款则仅有现钞五十八亿元,其余为伪中储行本票四十三亿五千万元。当时陈葆初在上项纱款中仅以本票十八亿五千万元交大生……大生临时管理委员会接收敌伪物资之始时,陈葆初复交出伪法币九百零八万元(合中储券一十八亿一千六百万元)。"①这便意味着尚有价值中储券 64.84 亿元的花纱等被陈葆初隐匿,为他卸职离开大生公司逃避国民政府追责具备了经济上的保障。

由此,经新中国政府查明真相后,便不难理解作为地方绅商的陈葆初以权钱交易作因应之策,影响了战后接收过程,以及国民政府对大生公司的最终定论。1945 年 11 月 29 日,接收委员陆子冬、张圣谟、窦凤楼、陈子英等编纂《接收大生纺织公司总报告书》,呈报江苏省党政接收委员会。对于接收工作而言,核心与关键是对大生公司的定论问题。作为在沦陷区生存的民族工业,且有着与日汪"合作"的既定事实,大生公司是否系敌产,亟待以陆子冬为主导的临委会作出最终定论。在接收报告中,陆子冬以"大生董事会压于敌铁蹄之下,失去运用职权能力;公司未曾在南京伪政府领照注册;公司股票未曾加入伪交易所买卖;公司官股未流入市场"②,对大生公司作出不划归敌产的最终决定。1946 年 3 月 6 日,陆子冬作《大生纺织公司接收经过补报书》,对大生公司的定论问题再作说明,总结如下:

(一)大生公司股东会、董事会均拒绝敌伪合作,始终

---

① 《为函请负责审核陈葆初舆大生公司交在交花换纱过程中的存欠数字由》(1951),南通市档案馆藏,南通地区商业局档案,D246-1951-2-26。
② 《接收大生纺织公司总报告书》(1945 年 11 月),南通市档案馆藏,大生纺织公司档案,B403-111-567。

脆弱的政商关系：抗战胜利后国民政府对大生纺织公司的接收

不渝。

（二）敌人占领各厂五年，并未新加设备。其交换时所遗留零件，公司已被迫付出相当代价，可谓敌人无丝毫存产在厂。

（三）交换后陈葆初个人负责之交换代纺组织，经过二年而至胜利时为止，公司未曾取得丝毫利润。

（四）大生产权问题只须由政府分别处理敌伪所遗存厂中各项物资。由大生董事会、股东会自行整理其残存财产，修补机器，尚足保全其历史根基逐渐发展。若再能设法使敌人赔偿其巨大损失，则大生问题可得合理解决。①

从陆子冬所言来看，不存在大生公司与日汪"合作"的历史事实，即便是颇受争议的交换代纺，也是陈葆初个人行为，且大生未获丝毫利润。姑且不论大生公司是否真未获利，至少陈葆初揽下与日汪"合作"全部责任之举，充分印证交换代纺阶段的大生公司带有浓厚的"一人致是"色彩，这是国民政府作出不将大生公司划为敌产之最终定论的重要原因。加上处于沦陷区的大生公司高层坚守政治忠诚，无论是南通沦陷前后以"抵押"给德国公司的方式防范被日本占领，或是置于日本"军管理"阶段，均没有直接证据证明大生存在背叛国民政府的行为。从前文论述可知，在最终定论的背后，离不开陈葆初等绅商的因应与努力。接收之初，陈葆初以辞职为代价离开权力舞台，承认交换代纺系其个人行径，再通过权钱交易，使得陆子冬的立场发生倾斜，更加偏袒、照顾大生公司，导致战后接收偏重于形式，流于表面，掩盖了政商之间敏感且脆弱的特殊关系。不能忽视的是，洪兰友与陆子冬虽代表政府接收大生公司，却也有自己的考量与构想，国民党派系斗争的顽疾在一定程

---

① 《大生纺织公司接收补报书》(1946年3月6日)，南通市档案馆藏，大生纺织公司档案，B403-111-638。

度上影响了最终定论,更引发接收后的政商博弈。在多种因素合力作用下,国民政府战后接收大生公司以其未被定为敌产而收场,看似皆大欢喜,实则暗潮涌动。

四、接收后的政商博弈

战后接收宣告完成后,大生各厂陆续复工,1945年12月25日三厂复工,28日一厂复工,翌年3月18日副厂复工。正如前述,接收负责人洪兰友与陆子冬对大生公司有所想法,准备借接收之机获得大生公司的经营权,不仅带有政府"强征"地方私产的意味,更能将大生充作国民党CC系参与派系斗争的经济基础。同时,大生公司董事张敬礼,兼具地方绅商与南通张氏家族代表之双重身份,准备出面应对洪、陆两人,与他们分庭抗礼,维系大生公司的地方性。在战后风谲云诡的动荡局势中,政商之间就大生公司经营权的博弈随即展开。

这一时期,相较于陈葆初出于自保与维系大生公司不被政府没收的诉求,在接收过程中通过权钱交易缓解自己和大生的战后困境,张敬礼则肩负重振张家的重任,与代表政府的洪兰友与陆子冬抗衡,以"收复"张家的"失土"。为深入理解张敬礼与洪、陆两人之间展开的政商博弈,有必要对张家的发展脉络作简单爬梳。

张敬礼,系张謇三兄张詧的第四子,生于1911年,其父张詧是张謇的左膀右臂,兄弟两人共同推动南通近代化,"对南通张氏事业之辉煌成绩居功厥伟"。① 1926年大生公司创办者张謇逝世,其子张孝若以继任者的身份,几乎承接了张謇的全部事业,家族性与地方性的特征一览无余。然而,1935年10月17日,张孝若在沪

---

① 王祖询等著,卢康华整理:《蝉庐日记:外五种》,"前言",凤凰出版社2016年版,第9页。

家中遇刺身故。当时,张謇仅有亲生子张孝若一人,张孝若的两子张融武与张绪武均未成年,也不能继承其父在大生公司实权阶层的核心位置。因而,张謇一房面临无人可出的窘境,为确保张家在大生系统内部的威权,只能交由张詧一房继承。

由于张詧曾于1927年北伐时被举报为"土豪劣绅"而遭到通缉,避难上海后又逃亡大连,至1931年通缉撤销后方才返回上海定居,逐渐退出大生公司权力层,加上张詧长子、次子均已过世,三子为养子,故由时年24岁的张敬礼出面,接替张孝若当选为大生公司董事,担任大生总管理处产业组组长。张敬礼进入大生公司高层后,虽然继承了张家的大量股票,成为私股方面的大股东,但因其羽翼未丰、资历尚浅,只能"蛰伏"其中,静待时局变化。

即使如此,张敬礼身居高位,动见观瞻,在大生公司中如履薄冰,低调行事。南通沦陷后,张敬礼"邀约几位旧友,组织一个'兴通号'(又称兴通钱庄、兴通信托公司),在市场上做些临时投机小买卖,表明无大志"①,尽可能消弭高层之中他人对自己及张家的"觊觎"。这一时期,张敬礼虽以经营自己事业为主,但不忘自己在大生公司高层中的责任与义务,并未脱离董事会与总管理处,努力支撑大生系统内日渐式微的张家根基。

其实,张敬礼一直铭记家族重任,早在北伐期间父亲落难时,他便发出感叹:"余虽不才,亦粗知自爱,今日之所遭安足道! 张氏宁无复盛之日乎? 余兄弟其勉乎哉! 余兄弟其勉乎哉!"②张敬礼在日记中连用两个"余兄弟其勉乎哉",以表达对家族沉沦亟待复兴的愤懑之情,呐喊与呼唤诸位兄弟勉励进步,拯救家族。全面抗战时期,张敬礼一面借助自己经营的"兴通号",作为"与南通地方

---

① 王象五:《大生纱厂最后一届董事会争夺的一幕》(1964年11月),南通市档案馆藏,大生纺织公司档案,B403-111-541。
② 张敬礼:《养性室日记》,1928年2月2日,卢康华整理:《蟫庐日记:外五种》,前揭第218页。

人士和实业同人联络场所,为他日复兴南通事业做好准备工作"①;另一面利用"兴通号","以廉价收进[股票],并随即分成许多户名,减小目标"。② 由此可见,张敬礼不断积蓄力量,等待时机重振张家"雄风"。

作为近代中国较早一批以股份制方式组织创办的企业集团,③大生公司股份可以分为公股(也称官股)与私股,公股占资本总额比重过半。因国民政府未对所持的大生公股作权利要求,故无论多少,盈亏如何,均按股金逐年提取官利。换言之,大生公股股份多,股权少;私股股份少,股权多。考虑到决定公司经营权的是股权而非股份,因此私股股权的多少便成为大生公司经营权最终归属的决定要素,也是影响政商博弈结果的核心要素。基于此,便可理解张敬礼利用"兴通号"收进股票之举,意在增加所持私股股权,为寻找时机争夺大生公司经营权做准备。可以说,这场政商博弈的关键所在,便是洪兰友、陆子冬与张敬礼之间的股权之争。对此双方均明白,只有掌握更多的私股股权,才可以确保大生公司经营权不落于旁手。

为扩充私股股权,政商双方均有所行动。在代表政府的洪兰友和陆子冬阵营方面,他们将握有不少私股的杨管北与严惠宇拉入其中。杨管北跟随杜月笙多年,是大生系统中大达内河轮船公司总经理,严惠宇是大生公司董事,前述绅商因应战后接收时就已显示与陆、严两人关系亲密,如此更加坐实。有杨、严两人的助力,洪、陆决意赢下股权之争,甚至已经部署好未来的经营计划:"洪任

---

① 王象五:《大生纱厂最后一届董事会争夺的一幕》(1964年11月),南通市档案馆藏,大生纺公司档案,B403-111-541。

② 王象五:《大生纱厂最后一届董事会争夺的一幕》(1964年11月),南通市档案馆藏,大生纺织公司档案,B403-111-541。

③ 朱荫贵:《从大生纱厂看中国早期股份制企业的特点》,《中国经济史研究》2001年第3期。

一、三两公司董事长,陆任两公司常务董事,组织一、三两公司联合办事处,陆任联合办事处总经理兼一公司经理,张敬礼任一公司付〔副〕经理,张文潜任三公司经理。"①

与此同时,代表地方绅商的张敬礼阵营亦在行动。战后棉纱市场广阔,多由地方人士组成的中小股东与张家渊源深厚,不愿看见大生公司就此沦为政府所有,更不愿看到大生公司被国民党CC系把控,进而导致个人利益受损,并且,"大生的老职员为了保持自己的职位,对张敬礼也表示一致拥护"。② 兼具绅商与张家代表双重身份的张敬礼,收获了大生公司中小股东与老职员的拥戴和支持,形成较为扎实的根基,将股本化整为零,增加股权。③ 此外,鉴于洪兰友、陆子冬属于国民党CC系,经济部部长翁文灏则对国民党内的派系斗争厌恶已久,他曾在日记中写道:"余全为国家工作,以蒋[介石]为唯一领袖,绝未加入任何派系(如CC、HH、TV、CH等),但期为经建途上建国尽最大力量,此外别无私见,亦无他求。"④可见翁文灏对CC等派系的暗讽之意。加上江苏省主席王懋功也不属于CC系,意味他不会向洪、陆两人提供来自省政府的支持,不仅无形之中为张敬礼"借翁压洪"减少阻力,更昭示政府内部党争纷沓、相互倾轧之甚。

张敬礼通过翁文灏秘书,以利益相赠,换取翁文灏的支持,获其特批,将临委会接收的敌伪存纱200件划入"张季直手创教养事业复兴委员会",充作经费,分以复兴委员会及通州师范学校名义

---

① 王象五:《大生纱厂最后一届董事会争夺的一幕》(1964年11月),南通市档案馆藏,大生纺织公司档案,B403-111-541。
② 王象五:《大生纱厂最后一届董事会争夺的一幕》(1964年11月),南通市档案馆藏,大生纺织公司档案,B403-111-541。
③ 尹通、曹力田:《大生故事》,张星凌主编:《南通文史资料选辑》第14辑,第91页。
④ 翁文灏著,李学通、刘萍、翁心钧整理:《翁文灏日记》下(1942年4月9日),中华书局2014年版,第785页。

购买大生股票,增加商股所持股份。① 张敬礼亦合理利用大生公司的股权规定:"10 股以下每股 1 权,11—100 股每 2 股 1 权,101 股以上每 20 股 1 权"②,小额户股越多股权即越大,他们采用子女、家属姓名或化名分散购买大生公司股票。稳妥起见,张敬礼考虑到陈光甫也是大生公司的官股董事,遂"邀请陈光甫、钱新之两人参加[股权之争],作为两公司董事长的后备人选"③,借助陈、钱两人在上海金融界举足轻重的地位与影响力,共同助自己赢得这场关系到经营权归属的股权之争,对政商博弈作充分因应。

最终,据张敬礼女儿张宁武回忆:"父亲利用大生公司章程有关'股'与'权'分级递减的规定……以张氏仅拥股 7.5% 的股额,号召并争得了 50% 以上的控股权,保持了大生纺织公司虽有官股而官不掌权的传统。"④在 1946 年 5 月六七两日召开的大生一公司与三公司股东大会上,张敬礼以 16 373 股权位居股东首位,成为大生公司中所占私股最多者,顺利当选为首席董事,赢下经营权之争,意味着大生被政府据为己有的可能性基本没有。

对于代表政府的洪兰友与陆子冬而言,"洪兰友因他的原定计划给全盘打垮,大发雷霆……上海不设联合办事处,经理驻厂办公,没有总经理的名义"。⑤ 一位政客的生动形象跃然于眼前。在大生公司新选出的董监事中,除张敬礼、钱新之、洪兰友兼任两公

---

① 尹通、曹力田:《大生故事》,张星凌主编:《南通文史资料选辑》第 14 辑,第 90—91 页。
② 《大生一、三公司公股公产清理小组第一阶段工作报告》(1951 年 4 月 28 日),南通市档案馆藏,大生纺织公司档案,B403 - 111 - 518。
③ 王象五:《大生纱厂最后一届董事会争夺的一幕》(1964 年 11 月),南通市档案馆藏,大生纺织公司档案,B403 - 111 - 541。
④ 张季直先生事业史编纂处编,张謇研究中心校注:《大生纺织公司年鉴(1895—1947)》,"前言",第 2 页。
⑤ 王象五:《大生纱厂最后一届董事会争夺的一幕》(1964 年 11 月),南通市档案馆藏,大生纺织公司档案,B403 - 111 - 541。

脆弱的政商关系：抗战胜利后国民政府对大生纺织公司的接收

司董事外,代表南通地方的有20人、银行方面有7人、官股董监事7人,且"银行帮董监为了保障他们的权利,不愿意大生落在国民党手中,公方董监(即官股董监事)也不一定支持洪、陆。"①显而易见,代表地方绅商的张敬礼阵营大获全胜,维系大生公司的"私产"属性。更为重要的是,经历了10年的停顿后,张家在大生公司高层的话语权威与统治威信开始逐步恢复。

其时,又有新的难题横亘在张敬礼面前——虽然赢下股权之争,确保经营权归属于地方绅商,但洪兰友与陆子冬毕竟代表政府,尤其是洪兰友更有深厚的政治背景与资源,依然可以在云诡波谲的战后局势中"翻云覆雨",影响大生公司的复工与生存。无论是位于上海的大生总管理处,抑或是位于南通、海门等地的大生各厂及其相关产业,均置于国民党统治的核心区域,生产经营离不开政府支持与庇护,这从张敬礼的呈文中亦可窥见一二:"自抗战胜利以来,凡在收复区人民,出水火而登衽席,仰感中央之威德,实较平时为尤挚。"②由此看来,政商之间的张力平衡一旦打破,将对大生公司产生不可逆的恶性影响,这也是张敬礼与洪、陆等人都不愿发生的局面。

故而,张敬礼在左支右绌之中,不得不"服膺"政府,作出一定退让。张敬礼一方面"送陆子冬一、三公司股票各一百股"③,另一方面由洪兰友出任大生公司董事长,陆子冬为常务董事,自己与张文潜分任一、三公司经理。这既是地方绅商必须做出的"牺牲",更折射出战后政商之间的"弱平衡"。

---

① 王象五:《大生纱厂最后一届董事会争夺的一幕》(1964年11月),南通市档案馆藏,大生纺织公司档案,B403-111-541。
② 《南通事业概况·节略》(1946),中国第二历史档案馆藏,资源委员会档案,二八/36261。
③ 王象五:《大生纱厂最后一届董事会争夺的一幕》(1964年11月),南通市档案馆藏,大生纺织公司档案,B403-111-541。

结　　语

揆诸抗战胜利后国民政府对大生公司的接收,对比其他地区的民族工业接收,秩序混乱、权力倾轧与利益交换是沦陷区战后接收的"通病"。此外,战后接收大生公司存在非典型的一面,即主持接收事宜的洪兰友与陆子冬,既代表国民政府,亦是大生官股董事,兼具政府与企业双重立场。特别是陆子冬,作为接收实际负责人,往往在国民政府与大生公司之间举棋不定,也就为陈葆初等大生高层绅商作因应之策提供便利条件;并且,接收过程中大生公司最高权力机构——临委会,其人员构成①多以大生高层绅商为主,某种意义上降低了接收的合法性与正当性。环视沦陷区其他民族工业接收,或由政府自行选定接收人员,或在征得政府同意前提下由原企业主接收,不多见如大生公司一般的案例。正因如此,大生公司的政商关系显得尤为敏感且脆弱,从接收前的外在对立演化为接收完成后的内在融合。如是说,战后接收大生公司,兼具共性与异性,可以在一定程度上剖析战后国民党的政治生态与绅商的心路历程。

回溯战后接收大生公司全过程,不难发现政商博弈是贯穿始末的一条主线,而游走于主线上下并起决定作用的是,陈葆初与张敬礼两位地方绅商及其采取的因应之策。陈、张两人同为南通绅商,分别采取不同的应对策略,无形中合力帮助大生公司渡过难关,获得重生,更击碎政府将大生据为己有的可能。无论是陈葆初选择独揽"合作"责任,加之权钱交易作接收因应,还是张敬礼通过

---

① 陆子冬为临委会主席委员,洪兰友、张敬礼、严惠宇、沈燕谋为管理委员,还有多名大生公司职员在其中任职,参见《大生临时管理委员会致大生各厂关于陈葆初函辞代董事与总管理处长职务并公推陆于冬代理并组织临管会函》(1945年10月19日),南通市档案馆藏,大生纺织公司档案,B403-111-429。

脆弱的政商关系：抗战胜利后国民政府对大生纺织公司的接收

股权之争维系大生公司的地方性与"私产"属性，均不约而同地击中代表政府的洪兰友与陆子冬之软肋，利用国民党内派系斗争、贪污腐败等统治顽疾与弊病，借力打力，各个击破，赢下这场政商博弈，影响与改变了接收大生公司的过程与结果，使得国民政府对大生公司作出不划为敌产的最终定论。可以说，陈葆初与张敬礼的因应之策，是绅商应对政府接收最为普遍的两种路径——利益交换与分庭抗礼，较为立体地展现战后复杂的政商关系。

透过大生公司，能够更加深刻地理解战后接收何以成为较快解决的战争遗留问题。诚然，不同地区个案存在差异，却都可窥见国民政府实施的高压统治政策与风云诡谲的动荡局势，加上战后重建社会秩序的紧迫需要，使得国家内部权力迅速更迭，接收便能顺利完成。与之相伴随的是，政商关系变得敏感且脆弱。就大生公司而言，尽管张敬礼竭尽全力，保住了大生公司的经营权与地方性，但战后国民政府实施的经济垄断，迫使他不得不作出退让，大生需要借助洪兰友和陆子冬的政治地位与社会资源艰难寻求生存空间。由此可见，战后绅商难逃政治漩涡，陷于"国"与"私"之间进退两难，举步维艰。政商之间经历接收而重塑的张力平衡，只是一种"弱平衡"，政商关系面临更加严峻的挑战。

（张若愚，南通大学张謇研究院校聘副教授）

抗战前民营企业的技术扩散：
以棉纺织业为中心[*]

吴 静

纺织工业作为近代中国的支柱产业之一，其技术的发展在近代中国工业企业技术发展中具有典型意义。目前学界对纺织工业技术的研究已较为深入，①但对民营企业的技术扩散方面的研究较为薄弱。本文详其所略，对该问题进行系统阐述。

技术扩散是一种技术的空间转移和溢出过程，这个过程是通过各种载体在不同区域、产业及企业间输出和输入的运动过程，其实质亦是在使用内化、模仿基础上的创新过程。近代民营纺织企业通过技术引进和内化创新活动，不仅促进了纺织技术进步，同时也推动了纺织技术的扩散。

---

* 本文为国家社科基金重大项目"中国近代纺织史资料整理与研究"(19ZDA213)阶段性研究成果。

① 郑剑顺(1994)、徐鼎新(1995)、贺水金(1998)、吴敬熙(2000)、沈春敏(2000)、朱丹(2002)、陈佳琪(2003、2007)王玉英(2004)、宋美云(2005)、吴静(2006)、张东刚(2007)、傅建秋(2011)等从近代企业、行业技术进步角度阐述技术与近代工业发展之间的关系及其特征。吴静(2007、2010)，王颖琳(2009)等从技术选择、技术转移层面讨论棉纺织企业技术问题。另外，日本学者清川雪彦(Kiyokawa)、富泽芳亚(Tomizawa)讨论了纺织行业技术的技术选择及改进问题。

一、以洋行中介为载体的技术扩散

依赖在华洋行是近代中国早期民营企业技术引进的最主要方式,亦是棉纺织技术扩散的主要载体之一。1895年之前,因近代上海的交通、市场和原料产地等优势,近代中国的纺织厂除了湖北织布局在武昌外,其余6家均在上海;而上海租界又拥有"国中之国"的各项特权,外资企业和各在华洋行遂集聚于此。以洋行代理的纺织机器技术为例,上海既是外国技术输出的集中地,也是近代纺织技术向中国各地输出和扩散的中心地。

表1　1937年前经营纺织机器进口业务的主要洋行一览表

洋行名称	国别	代理的纺织机器	◎总行、分行（中国）	营业内容
三井物产（三井洋行）	日	Platt Bros（至1931年）、丰田式纺机、丰田自动织机（1933年正式取得代理权）	◎东京,分行:上海、香港、天津、泗水、汉口、大连、青岛	
安利洋行	英	Asa Lees	◎上海、香港、汉口、长沙、天津	进口纺织物、金属、纸、杂货、飞行机、电气机械、建筑材料机械（输出业务与1935年转给瑞记洋行）
祥兴洋行	英	Dobuson & Balow	◎上海	进口英国产织机（W. Dichinson & Sons）、金属、织物
信昌洋行	英	Tweedales & Smallery	◎上海、香港、广州、天津、济南、青岛、汉口、南京、北京	进口电气器具、机械、铁道材料、纺织机械部品

(续表)

洋行名称	国别	代理的纺织机器	◎总行、分行（中国）	营业内容
怡和机器有限公司	英	Brooks & Doxey	◎上海,香港、天津、南京、青岛、汉口、广州	进口各种工作机械、铁道材料电气机械机器、军需品
祥泰洋行	美	Howard & Bullough	◎上海	进口机械、兼营机械技师保险代理业务
慎昌洋行	美	Saco Lowell	◎上海,香港、广州、天津、济南、青岛、汉口、北京	进口电气机械、铁道车辆、温度调节器、冷冻装置、建筑材料、X光器具、医疗设备等

资料来源：[日]富泽芳亚：《近代中国纺织业与洋行》，《史学研究》1999年第224号。

从表1可看出，各大洋行代理了当时世界上不同的著名纺织机器厂商的机器，而且除三井洋行的总行在日本东京外，怡和洋行、慎昌洋行、安利洋行、信昌洋行的总行均在上海，而祥泰洋行和祥兴洋行的业务则完全集中在上海。毋庸置疑，上海是近代中国纺织技术的中心。以代理美国纺织机器的慎昌洋行为例，我们可以更清晰地看出以在华洋行为载体的纺织技术扩散路径。

从图1可知，慎昌洋行在中国主要有8处分行，其中各处分行是区域的经济贸易中心，因而分行的设立也意味着以分行为载体，纺织技术在该区域扩散。从分行设立时间序列可以清晰地看出慎昌洋行的技术扩散路线是：从东部口岸城市上海，向西扩散至长江沿岸城市汉口华中地区；从上海向南至华南广州、香港地区，向北扩散至哈尔滨东北区域。

1915年慎昌洋行在获得众多欧美机器公司在华代理权后，就在天津设立了分行。天津分行位于华北地区的经济中心，"主要营

抗战前民营企业的技术扩散：以棉纺织业为中心

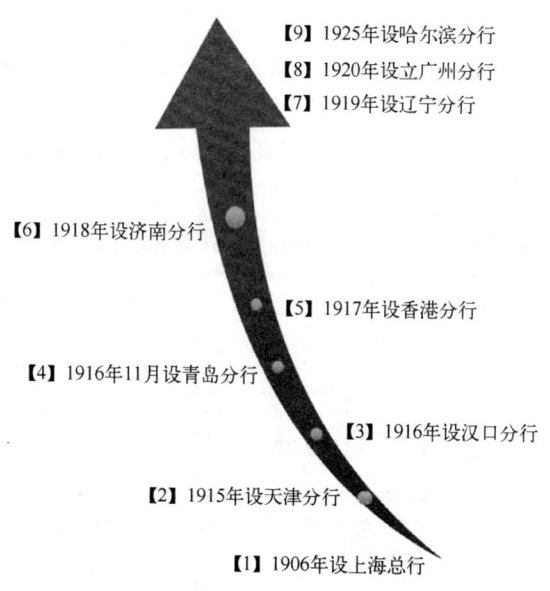

【9】 1925年设哈尔滨分行
【8】 1920年设立广州分行
【7】 1919年设辽宁分行
【6】 1918年设济南分行
【5】 1917年设香港分行
【4】 1916年11月设青岛分行
【3】 1916年设汉口分行
【2】 1915年设天津分行
【1】 1906年设上海总行

图 1　慎昌洋行总行与分行设立时间示意图

资料来源：根据 Charles J. Ferguson, *Anderson, Meyer & Company of China*, P23, Kerry and Walsh, Ltd: Shanghai, 1931.绘制。

业区域为黄河以北、长城以内及内蒙古，并包括河北、山西两省"。① 虽然之后在北京也设有分行，但是北京分行不存现货，仍是以天津分行为主。天津分行的纺织机械引进营销业务"甚良"。这从表 2 可以看出，从 1915 年裕元纺织公司购买 25 000 枚纱锭开始，到 1931 年共有 8 家纺织企业引进美国纺织机械锭 218 672 枚。② 作

---

①　Charles J. Ferguson, *Anderson, Meyer & Company of China*, P120, Kerry and Walsh, Ltd: Shanghai, 1931.
②　根据严中平的经济统计资料显示 1931 年天津的纱锭是 203 556 枚，但是丁昶贤的统计资料认为严中平的数据比实际为少，并进行了修正；同时，结合洋行销售数据考察，本文认为慎昌洋行的数据是可信的。

为标志性的技术引进事件是：1920年天津宝成纱厂在引进纺织机器的同时,还将全厂的设计交给慎昌洋行,同时该纱厂"购发电机全部,而各厂并购马达及传动材料,各厂之电灯及电力接线、调节温湿器、救火喷水器,亦多系津行承办。所有机器均由本行工程师监察安装"。①

表2　1915—1931年慎昌洋行天津分行纺织机器引进数量　　单位:枚

厂　　家	纱锭数量	厂　　家	纱锭数量
裕元第一厂	25 344	恒源纺织公司	30 720
裕元第二厂	25 536	北洋纺织公司	27 056
裕元第三厂	20 480	裕大纺织公司	35 712
宝成纺织公司	26 752	华新纺织公司	27 072

资料来源：Charles J. Ferguson, *Anderson, Meyer & Company of China*, P121, Kerry and Walsh, Ltd: Shanghai, 1931.

汉口分行位于"中国之中,其营业预期为湖北、湖南、江西、河南、四川、陕西、甘肃七省",其纺织机器业务主要如下:汉口第一纱厂,曾购织布机300架,配有马达及调节温湿器机件;汉口申新第四纱厂,购纺纱机器3万枚纱锭,配有马达及传动材料;郑州豫丰纱厂,购纺纱机器58 752枚纱锭和全部电力机器,包括涡轮发电机、锅炉房机器、马达及传动材料;九江久兴纺纱厂纺纱机器20 050枚纱锭和全部电力机器,包括涡轮发电机、锅炉房机器、马达及传动材料;还曾售与武昌裕中针织厂之织袜机器,并为之装设。②

随着近代中国各地区工业的发展,慎昌洋行通过各分行的业务,以机器设备为载体,把技术扩散至东部沿海各省份及长江沿线

---

① Charles J. Ferguson, *Anderson, Meyer & Company of China*, P120, Kerry and Walsh, Ltd: Shanghai, 1931.

② Charles J. Ferguson, *Anderson, Meyer & Company of China*, P134, Kerry and Walsh, Ltd: Shanghai, 1931.

区域。其中,上海作为慎昌洋行技术扩散的中心地位,仍是显而易见的。对于各地分行的机器销售而言,上海"实为中心地点,且装配机器一切配件,往往来自外国,在上海集合,殊为便利";"内地华人办理实业,须购机器者,咸以在上海探询货价及一切情况最能详明","关于技术上详细事项,各分行须待总行纺织机器部之指示,而分行各就其营业区域,签订合同推销机器则致力颇多。纺织部之专门职员频时前往各分行,予以技术上协助"。①

可见,近代在华洋行是以上海为中心,通过所代理的机器设备将近代纺织技术扩散至中国其他地区。

二、以纺织人才为载体的技术扩散

技术人才是机器设备转化为生产力的实施者,也是技术扩散的重要载体,因此技术人才扩散的过程,也是技术扩散的过程。

近代上海自开埠之后,随着对外贸易的发展,上海逐渐成为近代中国的商贸中心、金融中心和工业中心,各行各业的快速发展为社会提供了众多的谋生机会,这必然使上海的各类人才和劳动力得到集聚,"无论以知识,以劳力,凡能自食,或因以起家,百分之九十以上皆恃上海。……人口有余则移之上海,职业无成则求之上海"。② 20 世纪 20 年代,全国重要的工业,"如棉纺、面粉、卷烟及缫丝等项,则多数之工厂皆集中于上海一市";③及至 20 世纪 30 年代,上海 30 人以上的工厂数量占全国 12 个城市总数的 36%,工

---

① Charles J. Ferguson, *Anderson, Meyer & Company of China*, P19, Kerry and Walsh, Ltd: Shanghai, 1931.
② 黄苇、夏林根编:《近代上海地区方志经济史料选辑》,上海人民出版社 1984 年版,第 338 页。
③ 李文海主编:《民国时期社会调查丛编·近代工业卷》(下),福建教育出版社 2010 年版,第 120 页。

人数占12个城市总数的53%,资本额却占12个城市的60%,产值更高达66%。①

上海工商业的快速发展,以及四国三方的特殊政治格局,使之逐渐成为全国的文化中心,吸引了全国众多的新型知识分子集结于此。到20世纪初,上海成为全国"西学传播中心、书籍出版中心、报刊中心、文学艺术中心和教育中心",②近代上海无疑是全国的人才集聚中心。

随着全国各地近代工商业的发展,近代纺织技术人才开始从上海向其他地区扩散。早在大生纱厂开业之初,张謇就已看到上海在技术人才和技术工人方面的优势,认为"我国之有纺织业也,缘欧人之设厂于上海始。欧人之始设厂,辄募我十数不识字之工人,供其指挥。久之,此十数工人者,不能明其所以然,而粗知其所受指挥之当然",③于是在上海招聘了一批技师和技术工人。

20世纪20年代以后,随着全国各地纺织业的发展,对纺织技术人才的需求增大,使得近代纺织技术人才缺乏现象凸显出来,成为民营纺织企业十分重视的问题。汪孚礼认为:平均每1 000个纱锭就要配备一名技术人员,而中国约是800名技术人员面对240万个纱锭,技术人才极为缺乏,这就导致"常见有重新改组,或新设的厂家,不独聘请技师,非常易事。既要招致相当的主任和监工人物,亦觉为难。往往不惜重金,把别厂较有经验的人员拉出。别厂所空出的位置,或更招其他别厂的人员来补充"。④

据《中国科学技术专家传略·工程技术编·纺织卷1》,在抗

---

① 严中平等编:《中国近代经济史统计资料选辑》,中国社会科学出版社2012年版,第79页。
② 张仲礼主编:《近代上海城市研究(1840—1949年)》,上海人民出版社2014年版,第770页。
③ 《张謇全集》编纂委员会编:《张謇全集》,江苏古籍出版社1994年版,第130页。
④ 汪孚礼:《纺织人才问题》,《纺织周刊》1931年第1卷第2期。

战前活跃的40名技术专家中,有30名纺织专家主要是在上海纺织企业工作。① 近代纺织企业如荣氏申新纺织集团等,因地处上海,不仅聚集了大量近代中国纺织技术人才,而且还通过对外聘用、对内培养等方式构建了一支较为雄厚的技术团队,更聚集了朱仙舫、汪孚礼、李国伟等一批国内顶尖技术人才。随着内地纺织企业的发展,这些技术人才也随之向内地扩散,从而促使纺织技术向内地扩散。

20世纪30年代,为了更好地传播与发展相关的技术知识,服务于国内工业企业,国内专业技术骨干成立了各种专业技术学会。由63名会员组成,以"联络纺织街通知研究应用技术,使国内纺织工业臻于发展"为宗旨的中国纺织学会于1930年4月在上海成立,这是当时国内发展最充分的纺织业相关学术团体,聚集了纺织行业最大量的精英骨干。纺织学会通过1931年创刊的《纺织周刊》《纺织年刊》等学术刊物和每年召开一次的年会,以及多次演讲会,会员人数从1935年增加到500名,对30年代中国纺织界、纺织技术阶层产生了很大影响。

表3 中国纺织学会1935年正会员②毕业学校及人数表

毕业学校名称	人数	百分比(%)
南通学院纺织科、南通纺专	112	32.5
东京高等工业学校、东京工业大学(日本)	38	11

---

① 中国科学技术协会主编:《中国科学技术专家传略·工程技术编·纺织卷1》,中国纺织出版社1996年版。

② 纺织学会除去部分"名誉"会员,基本上是由技术人员组成的学会,其会员被分成"名誉""正""仲""学生"四类。"名誉"会员是由如棉业统制委员会常务委员兼大生第一纺织公司经理、美国罗宛尔纺织学院毕业的李升伯那样高学历的政府官员或企业经营者,"正"会员是受过大学、工专、工中、企业内部纺织专业教育的"学历技术者","仲"会员是一般受过中学以下教育的人,"学生"会员则是还在教育机构受教育的人。

(续表)

毕业学校名称	人数	百分比(%)
浙江工业	19	5.5
杭州工业	11	3.2
湖南工业	10	2.9
恒丰纱厂附属职员培训所	9	2.6
工商中学	8	2.3
大中华纱厂附属职员培训所	7	2
苏州工业	7	2
东方纺织(法国)	7	2
纽必佛纺织学校(美国)	5	1.5
罗宛尔纺织学院(美国)	5	1.5
其他	107	31
合　　计	345	100

资料来源：中国纺织学会《民国24年纺织年刊》1936年，附录第66—90页。

从表3可知，南通学院纺织科作为"中国纺织技术的摇篮"，培养了中国最多的纺织技术人才，1935年学会正会员中有112人毕业于该校，占学会会员总数的32.5%；留学日本的纺织技术人才占学会中的第二，占总人数的11%。这些纺织人才进入各个企业，又进一步推动了纺织技术的扩散。

表4　中国纺织学会中日本留学归国者的工作经历表

姓名(别名)	毕业院校(卒业年)	实习单位	主　要　职　历
陆辅舟(1882—1931)	东京高等工业纺织科(1919)		《华商纱厂联合会季刊》主编，恒丰纱厂(上海)、宝成纱厂(上海)、大中华纱厂(上海)、通惠公纱厂(宁波)、大生一厂(南通)

(续表)

姓名(别名)	毕业院校(卒业年)	实习单位	主 要 职 历
陈截阳(君石)(1883—?)	东京高等工业纺织科(1913)		杭州织物整理模范工场,浙江大学纺织科教员
汪孚礼(树盘)(1886—1940)	东京高等工业纺织科(1918)	明治纺织	1919年恒丰纱厂技师,1921年大中华纱厂总工程师,1923年湖南省立第二甲种工业学校教务长,1925年申新三厂(无锡)总工程师,1927年申新二厂(上海)厂长、恒大纱厂协理,1934年棉业统制委员会技术专员,1935年中国银行总管理处业务会计监察、中国棉业公司副总经理兼纺织部经理,1936年恒丰纱厂协理兼总工程师
王竹铭(勋乡)(1886—?)	东京高等工业纺织科(1911)		1913年治理模范纺纱厂(天津)厂长兼技师,1919年恒源纱厂经理(天津),1928年卫辉华新纱厂(河南)副经理兼厂长,1931年恒源纱厂(天津)经理,1934年棉业统制委员会技术专员,1937年河北工业学院教授
诸文琦(人龙)(1886—1962)	名古屋高等工业(1910)		1910年农工商部部员,无锡县立实业学校校长,江苏省立工业学校染色科主任,1913年启明丝光染厂(上海)经理,1919年永元机器染织厂、大新染厂(上海)经理,1923年大中染厂、万源织厂(上海)设立/1919年染色公会主任委员
朱仙舫(升芹)(1887—1968)	东京高等工业纺织科(1916)	明治纺织	1917年恒丰纱厂、申新第五厂(上海)技术员、总工程师、厂长,1919年江西久兴纱厂工程师,1928年申新二厂厂长,1929年申新七厂(上海)厂长,1935年利中纱厂(江西九江)、汉口第一纱厂(武汉)经理,1930—1954年第一——十届中国纺织学会执行委员会主席委员(理事长、主任委员)
许世芬(伯声)(1888—?)	东京高等工业纺织科(1914)		北京财政部,北京农商部,1937年裕华纱厂(武汉)工程师

(续表)

姓名(别名)	毕业院校(卒业年)	实习单位	主要职历
叶熙春(如松)(1889—?)	东京高等工业纺织科(1915)		杭州甲种工业学校,1936年杭州庆春丝织公司总经理
成希文(知白)(1891—?)	东京高等工业纺织科(1915)		长沙第一甲种工业学校,1937年湖南第一纺织工务课长兼技师,《纺纱学》商务印书馆(长沙)1938年版
吕兴堂(慰南)(1889—?)	东京高等工业纺织科(1921)		1937年申新一厂(上海)总工程师
石凤翔(幼之)(1893—1967)	京都高等工业(1915)	内外棉西宫第二	1917年保定甲种工业学校教务长兼教员,1918年武昌甲种工业学校教员兼湖北省实业厅技正,1918年楚兴纺织学校校长,1920年裕华纱厂(武汉)总工程师,1922年大兴纱厂(石家庄)厂长,1934年大华纱厂(西安)经理兼厂长
于秉甲(印东)(1893—?)	东京高等工业色染科(1922)		1937年潍县大华染色工厂工务主任
陆绍云(培基)(1894—1988)	东京高等工业纺织科(1920)		1920年上海宝成第一、第二厂工程师,1921年天津宝成第三厂工程师、厂长,1930年鲁丰纱厂(济南)经理兼工程师,1931年大成纱厂(常州)厂长兼工程师,1936年大成第四厂(武汉)厂长兼总工程师
杨樾林(荫堃)(1895—1969)	东京高等工业纺织科(1924)	千住制绒、长崎纺织	1925年东三厂制呢厂工程师,1926年振新纱厂(无锡)工程师,1928年申新第二、七厂工程师,1932振新纱厂(无锡)织布部副主任,1936年恒丰纱厂(上海)工程师,1937年棉业统制委员会技术专员
朱应奎(梦苏)(1895—1966)	东京高等工业机械科(1921)		1918年在华纺公大一厂(上海)实习技术员,1922年三新纱厂(上海)工程师,1925年申新二厂工程师,1929年申新七厂总工程师,1933年振新纱厂厂长兼总工程师,1935年利中纱厂(江西九江)工程师,1936诚孚总公司工务处副处长兼天津分公司经理兼北洋纱厂(天津)厂长

(续表)

姓名(别名)	毕业院校(卒业年)	实习单位	主 要 职 历
曾永寿(世泽)(1895—?)	东京高等工业纺织科(1921)		1937年恒源纱厂(天津)事务部长
童润夫(1897—1974)	桐生高等工业(1921)	和歌山纺织	1922年在华纺大康纱厂(上海)练习工程师,工程师,1929年鸿章纱厂(上海)厂长,1933年棉业统制委员会技术专员、技术主任,中央研究院棉纺织染实业馆干事会技术干事,诚孚信托公司(上海)常务董事兼副总经理
诸楚卿(1897—1992)	东京高等工业色染科(1921)	市居然、大阪染化合资	1922年中华职业学校染织科(上海)主任,1923年启明染织厂(上海)工务主任、染部主任、厂长,1932年大成纱厂(常州)染色主任技师,1933年上海纺织印染厂主任工程师,丽明机织印染厂(上海)工务顾问,1935年南通学院纺织科染化工程系教授兼系主任/1939年中国染化工程学会第一届理事长
王业浩(希天)(1897—?)	东京高等工业色染科(1924)	千住制绒钟洲纺织	1934年中华编织染公司工程,1935年海丰县立中学职业班主任,1937年苍梧县立职业学校教员
吴文伟(欣奇)(1898—1970)	东京高等工业色染科(1922)		1923年浙江实业厅技术主任,浙江工业专门学校、浙江大学工学院、上海中学、暨南大学、上海法学院、中国公学教员,1934年华厂纱厂联合会秘书兼编集主任
陈克五(笔山)(1898—?)	东京高等工业色染科(1926)		1937年鸿章纺织染厂(上海)工程师
钱秉时(子超)(1899—1989)	东京高等工业色染科(1924)		1926—1945年达丰染织厂(上海)工程师、副厂长
张方佐(1901—1980)	东京高等工业色染科(1924)	长崎纺织、日本原毛	1925年在华纺喜和纱厂(上海)训练主任,1926年振新纱厂工程师,通惠公纱厂主任,1928年申新二厂工程师,1935年大生副厂(南通)厂长

(续表)

姓名(别名)	毕业院校(卒业年)	实习单位	主 要 职 历
卢鸿业(统之)(1902—1981)	东京高等工业色染科(1926)	千住制绒、长崎纺织	1928年在华纺日华纱厂(上海)技师,1930年振新纱厂工务主任,1933年仁丰纱厂(济南)厂长,1935年天津诚孚分公司经理
刘持钧(振国)(1904—1973)	东京高等工业色染科(1930)	长崎纺织	1931年晋升纱厂(太原)技师,1936年晋华纱厂(榆次)工程师
王瑞基(1904—1982)	东京高等工业色染科(1931)	长崎纺织	1931年申新纱厂技师、工程师及仁丰纱厂工程师、晋华纱厂工程师、晋生纱厂(太原)工程师,1936年中国银行管理下雍裕纱厂(山西新绛)厂长兼代理总经理

资料来源:富泽芳亚:《20世纪30年代中国纺织技术人员对日本纺织业的认识——中国纺织学会与日本的关系》,《近代中国》第13辑,上海社会科学院出版社2003年版,第239—242页。

从表4可知,上述26位纺织人才有19人在20世纪20年代集中在上海、江浙地区的申新等民营企业或人才培养教育机构,到30年代逐渐开始扩散到河南、河北、江西、汉口、长春、太原等地区,纺织技术也随之扩散到内陆地区。可见,通过纺织技术人才的流动,是近代中国纺织技术扩散的一个重要渠道。

技术人才对于一个企业而言至关重要,因为机器设备引进之后,需要通过技术人才实现技术内化、技术创新,技术人才往往决定了一个企业的发展命运。从表4朱仙舫的履历可知,1917年他从日本学成归国后,进入上海恒丰和申新纺织企业工作,1919年担任江西九江久兴纺织股份有限公司的工程师,主持并设计江西第一家机器纺织企业,"成为江西民族纺织工业的奠基人"。① 又如20世纪30年代印染技术是当时中国一门最新技术,30年代取

---

① 中国科学技术协会编:《中国科学技术专家传略·工程技术编·纺织卷》,中国纺织出版社1996年版,第48页。

得迅速发展的常州大成纱厂,就是依靠东京高工留学归国的主任技师诸楚卿,以"印染"制品开拓市场获得了成功。①

值得一提的是,抗日战争全面爆发后,受外部环境巨变,沿海的工业企业在南京国民政府的要求下大举内迁,这是近代以来中国第一次大规模的工业技术自东向西扩散。

三、以产业转移和结构调整为中心的技术扩散

随着区域经济发展到一定程度,必然带来产业的"梯度转移",以实现经济的积聚扩散效应。在近代中外纺织企业的竞争中,产业发展和结构调整是近代民族纺织技术扩散的又一路径。

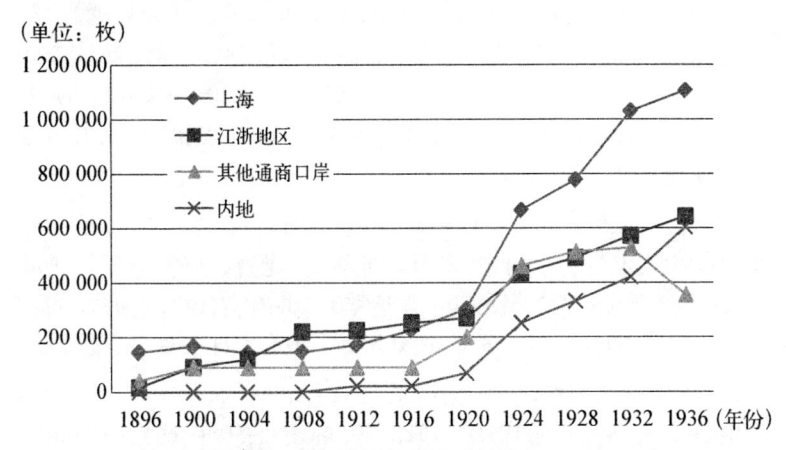

(单位:枚)

图2 华商棉纺织厂纱锭数地区比较图(1895—1937)

注:其中,江浙地区是上海经济辐射的直接腹地,主要是指无锡、南通等地。其他通商口岸是指天津、青岛和武汉地区。内地主要包括部分省会城市如长沙、太原、郑州等地。

资料来源:根据吴松弟:《中国近代经济地理·第一卷·绪论和全国概况》,华东师范出版社2015年版,第295—296页资料整理而得。

---

① 中国科学技术协会编:《中国科学技术专家传略·工程技术编·纺织卷》,中国纺织出版社1996年版,第119页。

从图2可以清晰地看出,1895年以后,近代民营纺织业在实业救国的思潮下获得较大发展,以上海为中心开始呈现出向外扩散发展的趋势,但主要集中在上海口岸城市和江浙地区。江浙地区作为上海棉纺织业的销售市场和原料产地,与上海棉纺织业的关系日益密切。同时,随着现代交通和通讯业的发展,大大加快了上海纺织业与周边江浙地区的信息、技术和人才的交流,促使了上海棉纺织业技术向江浙地区的传播和扩散。

图2还显示第一次世界大战(简称一战)以后,上海、江浙、沿海和内地地区的纺织业均有较大的发展。一战期间西方列强忙于战争,同时又需要大量的棉纱棉布等用品,这不仅给中国民营企业提供了发展的空间,还为其创造了销售市场。1919年五四运动后,国内提倡国货抵制日货,也促进了民营纺织业的发展。时人也认为"我国棉纱业之暴兴,非由其出品之良,足以博社会中人之需要。实则由于抵制劣货以来,学者提倡,舆论鼓吹,国人激于爱国之热忱,咸排弃劣货而用国货,因之我国之棉纱,遂有供不应求之势"。①

据杜恂诚统计,从1895—1922年全国共设立91家棉纺织企业,其中27家设在上海;其次是江苏太仓、无锡、南通、崇明等地共23家,浙江杭州、宁波共5家;河北宝坻、唐山、石家庄、卫辉、石门等地6家,天津共6家,湖北武昌、汉口、沙市等地5家,河南安阳、郑县、武陟等地3家,其余济南、青岛、广州、奉天、芜湖、九江、长沙等地各1家。② 其中1912—1922年,新设立的50家棉纺织企业中,上海19家、武汉4家、华北地区5家、华中地区2家。③ 一战前

---

① 遇:《我国经营棉纱业者应有之觉悟》,《工商之友》1920年6月14日。
② 杜恂诚:《民族资本主义与旧中国政府(1840—1937)》(附录),上海社会科学院1991年版,第286—291页。
③ 杜恂诚:《民族资本主义与旧中国政府(1840—1937)》(附录),上海社会科学院1991年版,第286—291页。

已设立的纱厂在这一时期出现了资本集团式生产,申新纺织公司尤为明显,先后在无锡、上海、常州、济南、汉口等地通过创设、收购或租办纱厂形式扩大经营规模,通过分设纱厂形式加速纺织技术的转移和扩散。

由此可见,这一时期,纺织技术开始向北方和华中地区扩散,同时还呈现出非常明显的地域不均衡性特征,民营纺织企业主要仍然集中在以上海为中心的江浙沪地区。

需指出的是,一战期间因"英人无余力以制造纺织机器",国内新设纺织企业,其购置机器转向美国,"凡华厂之新设者,咸采用美机"。[①] 而英美两国的纺织机器,"英货似较适宜于我国之纺织工作,于开棉清花方面,均较美货为胜。美货构造精巧,动力之消费不大,然机体薄弱,不如英货之坚牢,生产率亦不若英货之高"。[②] 根据当时纺织专家的实验研究发现,因美国粗纱机多是"模仿英制而稍加以改作,独此粗放机有青出于蓝而胜于蓝之特色";而精纺机则是"英式成型装置比美式为优"。[③]

尽管英美机器各有优劣,但对于当时主要以纺16支粗纱为主的民营企业而言,美式机器性能基本能够满足,加上美国机器厂方的供应数量比英国充裕,洋行的营销服务相对合理,使得这一时期中国进口的纺织机器主要是以美式为主。

国内棉纺织企业大量引进纺织机械扩大生产,同时,因日本国

---

① 上海市工商行政管理局、上海市第一机电工业局机器工业史料组编:《上海民族机器工业》(上册),中华书局1966年版,第440页。

② 上海市工商行政管理局、上海市第一机电工业局机器工业史料组编:《上海民族机器工业》(上册),中华书局1966年版,第440页。

③ 傅道伸:《英美纺纱机器之比较》,《华商纱厂联合会季刊》1919年第1卷第1期。顾维精发现在同一条件下,生产16支纱的美国沙各洛尔纺织机比英国赫直林敦纺织机好,见顾维精:《英美纱机实验报告》,《华商纱厂联合会季刊》1919年第1卷第2期。

内"禁止晚上加班",①造成日本国内粗纱领域竞争利润的降低,这促使大量日本资本转向中国投资创设纺织企业。中外纱厂大量投资兴建新厂,以及一战后西方棉制品卷土重来,加上这一时期国际棉花歉收,1923年中国市场上因棉制品供过于求而造成"花贵纱贱"现象,沉重打击了刚刚勃兴起来的民营纺织业,导致该行业出现萧条景象。

面对这次行业危机,日资企业看到了中国市场上棉纱市场的结构性问题,即粗纱市场供过于求,而20支纱以上的细纱市场却是求大于供。日资纱厂"32支双股线缺货,纱价渐挺,求购者颇多";即使因收回旅大运动导致全国出现抵制日货浪潮,但日本的高支纱"32支、42支双股线及60支丝光纱抢手,双股线旺销"。②

与之鲜明对比的是,以中国农村为主的粗纱市场极其冷清,"粗纱供给,则已到适当程度,或且过之也",③不少工厂停工、减产或者被迫破产倒闭。由此近代棉纱市场开始出现结构性分野,日资在华纱厂主转向以细纱市场为主,中国民营企业主要以粗纱市场为主。

面对中国纺织业的危机,一方面民营纺织企业突破地域市场,开始转向内地投资设厂,因为近代中国内地仍是以粗纱需求为主。荣德生曾记述了1923年纺织业情形,"纱业至此,除内地厂或有立脚,上海、天津均不振"。④ 在市场的驱动下,内地民营纱厂出现较快发展趋势,这从图2清晰可见,内地纱厂已开工纱锭数从1921

---

① [日]富泽芳亚:《近代中国纺织业と洋行——中国纺织业的"黄金时期"における纺织机械输入》,《史学研究》(日本)1999年第224期。
② [日]森时彦著:《中国近代棉纺织业史研究》,袁广泉译,社会科学文献出版社2010年版,第264页。
③ 叔奎:《日本纺纱厂在中国之地位》,《上海总商会月报》1924年第4卷第1期。
④ 荣德生:《荣德生文集》,上海古籍出版社2002年版,第93页。

年起逐渐增加,且增幅较其他地区为快。

正值上海、江浙地区棉纺织业萧条之际,内地地区出现了大建新厂的局面,中国民营纺织业向内地扩散,而且从华北、华中等中部地区不断向西推移。总部设在汉口的武汉楚兴公司1922年在河北石家庄创建新厂——大兴纺织股份有限公司,同时与汉口纱商联合创办裕华公司。大兴公司因接近内地农村初级市场,纱厂主要生产10—14支粗纱为主,以供应沿铁路线的获鹿、正定、平山、定县等手工织户集中的地方,①公司布厂则出产以14支低支纱纺织的三鹿粗布。②1934年又在西安投资建设了大兴二厂,"以西安地方,能于就地买花,就地买布,大有划算,即赚生熟货之去来车缴,亦属可观。照现在一厂(石家庄厂)西安售布,陕西办花之生熟货两道车缴,合计每包相隔二十余元。是二厂一旦开工,外省厂家莫能相竞"。③

与此同时,上海、天津等地的民营纺织企业为扩大其细纱市场,不断提高生产高支纱的技术能力。鉴于英国纺纱机"适于处理纤维较短之印棉、埃及棉及我国棉之用",美国机器则"多准美棉、海岛棉及较长纤维之原棉而制作",④且日本通过英国纺织机器很快成功调整了产业结构,为申新、永安等企业提供了很好的借鉴。由此,以上海、天津为中心的沿海城市民营纺织企业开始不断引进英国纺织机器以调整生产结构,扩大细纱的生产规模。

---

① 《裕大华纺织资本集团史料》编辑组编辑:《裕大华纺织资本集团史料》,湖北人民出版社1983年版,第52页。

② 黄师让:《裕大企业四十年》,《文史资料选辑》第四十四辑,文史资料出版社1964年版。

③ 《裕大华纺织资本集团史料》编辑组编辑:《裕大华纺织资本集团史料》,湖北人民出版社1983年版,第111页。

④ 朱希文:《英美纺纱机器之优劣机器选择》,《华商纱厂联合会季刊》1921年第3卷第3期。

表5　1922—1930年中国民营企业
通过三井洋行引进机器金额

单位：日元

年　度	企业名称	金　额	备　注
1922	申新纺织企业	1 430 000	纱锭
1928	永安纺织企业	820 000	纱锭 25 000 枚
1929	永安纺织企业	1 415 000	纱锭
1930	申新纺织企业	1 392 000	纱锭、针布
1930	恒丰纺织企业	148 000	纱锭 4 612 枚

资料来源：《第26—42回事业报告书》（1923—1930），三井文库所藏，物产165-15-31。

从表5可知，上海申新纱厂、永安纱厂、恒丰纱厂等大企业为了发展高支棉纱时，不再引进 Saco Lowell 的机器，而是通过三井洋行代理售卖 Platt 公司生产纺织机，所以伴随纺织业"黄金时期"的结束，美国纺织机销售额开始减少。到20世纪30年代世界经济大危机波及中国市场时，上海等民营企业更是重视引进英国机械以进行产业结构调整，扩大20支以上的高支纱生产。

四、结　语

近代中国社会经济呈现出传统与现代并存的二元特征，这决定了社会技术市场的不平衡性和分割性特征。沿海沿江地区因交通、市场的便利性，最先出现近代工业企业，而内陆地区仍以手工工业为主，其生产技术水平低下。由此，中国东西部产生了技术势差，这也是近代民营纺织企业技术扩散的前提条件。

上海作为近代中国棉纺织工业的中心，亦是近代中国纺织技术市场的中心地，来自欧美等国的机器设备往往集中在上海，"内地华人办理实业，须购机器者，咸以在上海探询货价及一切情况最能详明"。① 因此,上海作为民营企业技术市场的中心市场,通过技术中介在华洋行从南向北进行技术扩散。

随着近代中国棉纺织品市场的扩大,尤其近代以来抵制外货和提倡国货运动的兴起,棉制品逐步呈现出市场的分层。在20世纪20年代中叶以前,东部沿海城市的民营棉纺织企业与在华外资纺织企业一样,主要以生产20支以下的粗纱为主,这一时期的民营企业技术主要通过设立分厂方式进行技术转移和技术扩散。

1923年棉纺织行业出现了经济萧条,市场上粗纱供过于求,而细纱市场则供小于求。此后,在中外企业的激烈竞争中,民营纺织企业一方面通过在内地设厂,企业的技术人才通过新厂的创办也随之向内地流动,带动了近代技术的市场空间转移,促使了企业技术从东部沿海地区向内地扩散;另一方面民营企业进行产品结构调整与升级,从生产粗纱转向生产20支以上的高支纱为主。在市场需求的动力驱使下,中国棉纺织业出现了东部民营企业转向生产高支纱,华中及内陆地区的民营企业以生产粗纱为主。由此在抗战全面爆发前,民营纺织企业的技术通过上海中心市场向次中心市场的沿海沿江城市及地区中心市场城市拓展,通过纺织技术的"梯度转移",逐渐形成从南到北、自东向西的梯度化技术扩散模式。

(吴静,上海大学历史系讲师)

---

① Charles J. Ferguson, *Anderson, Meyer & Company of China*, P19, Kerry and Walsh, Ltd: Shanghai, 1931.

盛宣怀接办汉阳铁厂公案再考

陈健鸿

盛宣怀接办铁厂一案之所以引起争议,很可能源于梁启超看似非常符合逻辑,且形成时间最早的说法。他向后人透露了数个事实:一是甲午战后淮系势力被清算,盛宣怀作为集团中坚,亦被朝廷下旨开缺,并由"南(张之洞)北(王文韶)洋大臣查办复奏";二是盛宣怀因被朝野弹劾,在张之洞的政治胁迫下,"不得已"而同意接办铁厂。张之洞亦因铁厂亏累,也"不得已"而应承盛宣怀的要求,并与王氏共同保举盛氏作为芦汉铁路总办。① 这个说法对汉阳铁厂史以及芦汉铁路史的叙述造成重大影响。很长的一段时间内,学人基本沿袭此说,以致后来不断有学者争辩张盛之间究竟是否存在政治交易。交易内幕以及谁占主动?更是争论最激烈之处。然而王文韶作为案件中的"第三者",因相关史料匮乏,未能被引起足够的关注。②

---

① 梁启超:《亡羊录·记芦汉铁路》(1899),《梁启超全集》第1册,北京出版社1999年版,第304—305页。

② 如叶景葵、黄鸿寿与许同莘的说法,均没突破梁启超的框架,大同小异。见叶景葵:《述汉冶萍产生之历史》(1912年9月1日),柳和城编:《叶景葵文集(上)》,上海科学技术文献出版社2016年版,第54页;黄鸿寿:《清史纪事本末》,上海书店出版社1986年版,第459页,此书刊于1915年;许同莘编:《张文襄公年谱》,商务印书馆1947年版,第103页。以上说法的挖掘得益于李玉勤与朱浈。李玉勤在其文章中(**转下页**)

不同于梁启超所谓"王(文韶)固袒盛者"区区数字,掌故家胡思敬在民初已提醒后人关注王文韶的作用。他认为王文韶在芦汉铁路负责人选上"欲保用宣怀,恐之洞不从,遣宣怀私谒武昌,探其意旨",最终张之洞因铁厂亏空而转手。①不过,王文韶在这个事件中究竟起什么实际作用,胡思敬亦无进一步论述。20 世纪以来,有学者开始关注王文韶,甚至突破性地考证出他与盛宣怀相联系的参案,但对王文韶保护盛宣怀的过程仍有进一步探讨的空间。② 就此而论,盛宣怀接办汉阳铁厂,仍然是晚清史中未被厘清

(接上页)已具体对比各种说法之异同。见李玉勤:《"张盛交易"的代表性说法考辨》,《许昌学院学报》2011 年第 3 期。其实邵循正在编《盛宣怀未刊信稿》时已对此发表过具有启示意义的看法:"当时淮系已经消沉,而李鸿章的政敌却成了盛的支持者。翁同龢、张之洞本来互相水火,但翁与盛系里党世交,盛又力诣事翁,故翁欲重用之。张素不喜盛,但以铁厂关系不能无盛。"邵循正:《整理说明》,载北京大学历史系近代史教研室整理:《盛宣怀未刊信稿》,上海人民出版社 2019 年版,第 3 页。对此公案的基本研究有胡滨:《张之洞与洋务运动》,《文史哲》1963 年第 5 期;全汉升:《汉冶萍公司史略》,香港中文大学出版社 1972 年版,第 171 页;代鲁:《清末汉阳铁厂的"招商承办"述析》,《清史研究》1994 年第 3 期;代鲁:《再析汉阳铁厂的"招商承办"》,《近代史研究》1995 年第 4 期;夏东元:《盛宣怀传(修订本)》,南开大学出版社 1998 年版,第 178 页;费维恺:《中国早期工业化:盛宣怀(1844—1916)和官督商办企业》,虞和平译,中国社会科学出版社 2002 年版,第 86 页。

① 胡思敬:《国闻备乘》,中华书局 2007 年版,第 25 页。
② 随着史料的拓展,李玉勤在 2008 年最早系统地梳理与考辨张、盛政治交易的不同说法,认为"张之洞为盛氏所谓的洗刷贪污案,在张、盛接办铁厂的政治交易上作用甚微,并不像时人和后世学者所渲染的",并已提及两人权术与心计的运用,是一场双赢的政治交易,并开始怀疑王文韶才是幕后关键人物。见李玉勤:《晚清汉冶萍公司体制变迁研究(1889—1911)》,复旦大学博士论文,2008 年;他在另一篇文章中更认为,"盛宣怀的政治麻烦及其对盛接办铁厂的影响程度,是一个难以破解的谜团"。见李玉勤:《"张盛交易"的代表性说法考辨》,《许昌学院学报》2011 年第 3 期。张海荣已检出盛氏被劾之揭片,但其重点并非澄清参案。见张海荣:《津镇铁路与芦汉铁路之争——甲午战后中国政治的个案研究》,北京大学硕士论文,2008 年,第 31 页;袁为鹏则讨论了政局变化与铁厂商办的联系,提到翁同龢与张之洞关系不睦对铁厂财政的影响。见袁为鹏:《清末汉阳铁厂之"招商承办"再探讨》,《中国经济史研究》2011 年第 1 期;朱浒考证出与张之洞查办盛宣怀有关的案件是甲午年底的"张士珩盗卖军火案",并从(**转下页**)

的一桩重大的经济公案。

可以看出,盛宣怀接办铁厂,是其"大发迹"之基础,而他得以接办铁厂,又以其所涉参案之解决为前提。因此,本文除综合前人研究与利用中国第一历史档案馆藏军机处录副奏折、中国社会科学院近代史研究所藏已刊的"张之洞档案"以及上海图书馆藏未刊"盛宣怀档案"等资料外,尝试从以下方向进一步还原此案:第一,澄清公案中尚待解决最大的疑团:盛宣怀所涉参案的具体内容与王文韶冒险保护盛宣怀的内幕,并追溯至王文韶甲午年内召后与盛宣怀之联系。第二,结合时局的走向与人际政治,以更广阔的视野探讨盛宣怀接办铁厂的复杂性,将史料连缀而盘活成一片,以书信、电报等微观史料审视相关各人的心态变化,特别是张之洞与盛宣怀两人的博弈,以尽可能地还原此案之历史过程,①如刘坤一与张之洞因回任进行博弈这种看似不相关的事件,实际上对后者出

(接上页)赈灾的角度发覆史料,认为盛宣怀利用张之洞的赈灾财政困境以强力扩张其实业活动的范围,而张氏以参案庇护盛宣怀的政治交易子虚乌有,研究者"极有可能是把王文韶将盛宣怀从战后危机中解脱出来的功劳,误认为张之洞所致,继而以讹传讹"。见朱浒:《投靠还是扩张?——从甲午战后两湖灾赈看盛宣怀实业活动之新布局》,《近代史研究》2013年第1期;吉辰探讨盛宣怀在甲午战争期间投靠张之洞的经过,认为盛氏战后扩张实业范围是其南下的结果而非动机。见吉辰:《甲午战争期间盛宣怀与张之洞的交结》,华东师范大学思勉人文高等研究院编:《问学:思勉青年学术集刊》,第1辑,生活·读书·新知三联书店2015年版,第84—103页;张实利用《盛宣怀年谱长编》中节选的王文韶奏折,初步挖掘了盛宣怀动用的巨大社会关系,进一步从正面考证出盛氏的接办非被张之洞胁迫,受劾后"系王文韶独力保全",但并未探讨整个参案的具体过程与解决的内幕。见张实:《盛宣怀接办汉阳铁厂"被胁迫说"考辨》,《湖北师范学院学报》2015年第3期。周积明与丁亮则从经费筹措与督抚政治的视角认识到盛宣怀的接办实质是北洋与湖广两大系势力的合作。周积明、丁亮:《晚清督抚政治模式研究——以汉阳铁厂的经费筹措为视角》,《武汉大学学报》2020年第5期。

① 李培德已鲜明地指出:"当时并没有像西方商业法律的存在,政治上的派系斗争和人事更替,往往成为企业经营者要解决的重要问题。"李培德:《论"包、保、报"与清末官督商办企业——以光绪二十二年盛宣怀接办汉阳铁厂事件为例》,《史林》2009年第1期。

让汉阳铁厂的承办权有很大影响。

一、缘起：盛宣怀的政治危机及其南下接办铁厂计划

盛宣怀一直有意接办铁厂，甲午战争爆发后，更掺杂了政治动机。这与他密谋南下，投靠张之洞有关。① 光绪二十年（1894）十一月十九日，有人弹劾盛宣怀，语涉招商局与电报局，认为他串通李鸿章之外甥张士珩，在战争期间将军械卖给日本，并盘剥商民。朝廷命令王文锦确切查明。② 一般来说，参案交由非顶头上司查办，事态通常比较严重，这是盛宣怀第一次较为严重的政治危机。

据时任军机大臣、户部尚书翁同龢所记，此折为御史张仲炘所上，并在其日记中透露了实录未载的内容："（张仲炘）劾盛宣怀、胡燏棻，皆丑诋之，谓盛恃翁某为奥援，翁为其所愚，称人虽不正，其才可用。胡为李某门生，李受其愚，以为可大任。请将盛革职，藉其家私，胡立罢斥。交王文锦查，十二月初六日复奏，语甚空。批：'知道了。'"③

因与张之洞有所关联，此案尤为重要。据研究，由于张士珩倒卖军火被参，在江宁自行投案，朝廷遂于十二月十七日令张之洞接手。此案是张之洞能"借机要挟盛宣怀接手汉阳铁厂的一个良

---

① 简珺与吉辰对盛宣怀这次南下投奔张之洞的过程已有专文探讨，吉辰更指出张之洞对盛宣怀南下的巨大影响。见简珺：《甲午战争期间盛宣怀谋改换门庭始末》，《大连近代史研究》2011年刊；吉辰：《甲午战争期间盛宣怀与张之洞的交结》，华东师范大学思勉人文高等研究院编：《问学：思勉青年学术集刊》第1辑，第84—103页。
② 《清实录》，第56册，中华书局影印本1987年版，第595页。
③ 这显然是翁同龢的事后补记，否则不会记录半月后的复奏结果。而在翁同龢眼中，此折"项庄舞剑，意在沛公"，这说明了他与盛宣怀关系匪浅。《军机处日记（二）》（光绪二十年十一月十九日），《翁同龢日记》，上海中西书局2012年版，第3783页。

机",但张氏并无要挟行为。① 面对盛宣怀的投靠,张之洞希望先知悉翁同龢的态度。② 张、翁之间有芥蒂,而翁掌司农,给予张之洞通融将有莫大帮助(详见下文)。同时,张之洞已然得悉朝中有人弹劾盛宣怀,无论后者如何解释,还是被他拒绝。③

从财政的角度分析,张之洞调署两江总督后,对其可掌控的财政预期颇为乐观,因为有着不少关税(如江海关)与自战争爆发起陆续招徕的息借商款的支持,④其数目非小,似乎足以维持铁厂的资金链。他在请裕庚劝说京城众多富室将存款存放江南时就提及:"江苏一省岁收丁漕、关税、盐课、厘金一千数百万,稳实无过于此。"⑤

但是,随着马关条约的签订,他的财政负担压力徒然增加,盛氏的分量开始加重。不过,朝中发起了第二次弹劾盛宣怀的浪潮,使其南下的计划平添麻烦。这更令张之洞处理与盛宣怀的关系时处处谨慎。

就在此时,王文韶应召代李鸿章署理直隶总督,为盛宣怀的政治前途增加了一个利好的因素。因为在盛宣怀遭遇政治危机时,

---

① 朱浒在文章中已从《清实录》中列举了光绪二十年间朝中对盛宣怀的弹劾并加以分析。见朱浒:《投靠还是扩张?——从甲午战后两湖灾赈看盛宣怀实业活动之新布局》,《近代史研究》2013 年第 1 期。
② 《盛档·甲午中日战争(下)》,第 607 页。
③ 吉辰:《甲午战争期间盛宣怀与张之洞的交结》,华东师范大学思勉人文高等研究院编:《问学:思勉青年学术集刊》第 1 辑,生活·读书·新知三联书店 2015 年版,第 84—103 页。
④ 他在与盛宣怀电商往来的同时"成为地方督抚举债的唯一主角",通过在上海的刘麒祥、赵凤昌和驻外公使许景澄、王之春等人分别议借炽大、瑞记、克萨等借款。息借商款与张之洞议借外债的过程分别见李文杰:《息借商款与晚清财政》,《历史研究》2018 年第 1 期;马陵合、王平子:《克萨借款考辨——兼论甲午战争时期的地方外债》,《社会科学研究》2015 年第 2 期。
⑤ 《致京城裕道台朗西》(光绪二十一年正月十八日寅刻发),《张之洞全集》第 8 册,第 239 页。

王文韶多次出面保护,帮其渡过难关。这是盛宣怀得以接办铁厂最关键的政治前提。①

二、"冒天下之大不韪":王文韶的解救行动

在年初被张之洞拒绝后,盛宣怀试图进京发展。光绪二十一年四月初九日,光绪帝批准条约后,盛宣怀立刻将销假提上日程,请求王文韶给咨赴部引见。②尽管王文韶曾对盛宣怀提及的善后之议大感兴趣,许诺必定上奏朝廷,并确立了两人合作的基点,③但他对官场的风向走势似乎比盛宣怀更为敏感,认为后者若此时赴京发展会被清议针对,有意保护盛宣怀。④

四月十九日,盛宣怀销假。⑤ 二十四日,王文韶正式上奏清廷,为盛宣怀开脱并保其原职:

---

① 《清实录》,第五十六册,中华书局1987年版,第680页。王文韶在光绪二十年九月初四日奉电旨内召,年底到京被任命为帮办北洋事务大臣,光绪二十一年正月十九日清廷令其署理直隶总督兼北洋大臣,派李鸿章为全权大臣与日本商订条约。

② 《盛宣怀上王文韶禀》,上海图书馆藏盛宣怀档案,档案号:005955。

③ 盛宣怀曾于四月初五日向王文韶建言善后之策,后者回复:"连日沉闷中得此,心境为之豁然。窃揣朝廷亦知此次悔议势成孤注,必不敢轻于一掷。姑俟事定,兄必当将此议代陈也。"香港中文大学藏盛宣怀档案,档案号:sxh69-0032。

④ 王文韶称:"接展手笺,知尊恙已就痊可,日内即可销假,欣慰无量,请咨赴部引见,自是照例事。然当和局初成,旁人误会亦所不免,若以机会论,则在津在京实无区别,口就臆见揣之:在津无迹,彼中人或可践言,在京则颇著迹,彼中人正当人口不满之时,转恐以此引嫌,不敢轻于持议,此虽过虑,却亦不可不计及也。至其事则前批甫下,续请一来,直挟一不允不休、不速不休之势,必欲强留之。在我亦殊无谓,迟至一月,更觉著迹,亦非计也。此事似须另筹妥善之策,彼此徐商之。两宥。初九日亥正。"《盛宣怀上王文韶禀》,上海图书馆藏盛宣怀档案,档案号:005956。时间为笔者根据内容考证而定为四月初九日。

⑤ 袁英光、胡祥逢整理:《王文韶日记》(光绪二十一年四月十九日),中华书局2014年版,第887页。夏东元所编谱中为四月十日,应为误。夏东元:《盛宣怀年谱长编》,上海交通大学出版社2004年版,第480页。

> 臣查盛宣怀才识超迈,尤熟于中外情势,惟年力正盛,急功近名之心在所不免,亦因此亦招时忌。臣知之素稔,曾于陛辞赴津时论奏及之。当此时局艰难,需才共济,如盛宣怀者亦实一时之选,现既病痊销假,应即饬令回任,以重职守。①

从中可知,王文韶于该年正月赴任天津前已经在光绪帝面前为盛宣怀辩护。

王文韶的担心并不是过虑。五月十六日,御史裴维侒首先发难,奏参盛宣怀中日开战时请假是"工于趋避"与"不知气节"的行为,还故意重提去年与张士珩盗卖军火一案尚未议结。但此片并未发下交议。② 不到一个月,御史王鹏运再度上奏,参劾盛宣怀倡议撤军、贿赂李鸿章、克扣军饷、与上海招商局员沈能虎朋比为奸,请求朝廷交由李秉衡密查。③ 王鹏运所劾,锋芒毕露,是在朝议力阻李鸿章回任的背景之下,且针对的是北洋的基业——电报局与轮船招商局。朝廷在闰五月初八日下旨交李秉衡查办并呈慈禧阅看。④ 至此,盛宣怀再度陷入政治危机,更事关其经济基业。

李秉衡时任山东巡抚,有"北直第一廉吏"之称,他的声望更直指北洋之位,朝廷派他查办此案,用意不言而喻。不过,廷寄下发后,迟迟未见他的复奏。由于盛宣怀在赈务、军械转运的干练,李

---

① 四月二十六日奉朱批:"知道了。"中国第一历史档案馆编:《光绪朝朱批奏折》第10辑,中华书局1995年版,第591页。

② 裴维侒:《奏为特参直隶津海关道盛宣怀为官取巧但求自便不知气节事》(光绪二十一年五月十六日),中国第一历史档案馆藏军机处录副奏折,档号:03-5324-085。该折上呈慈禧太后。见中国第一历史档案馆编:《清代军机处随手登记档》,第142册,北京:国家图书馆出版社2013年版,第453页。

③ 王鹏运:《奏为特参津海关道盛宣怀贪利营私朋比为奸请饬山东巡抚严密访查照律惩办事》(光绪二十一年),中国第一历史档案馆藏军机处录副奏折,档号:03-7416-083。原件无作者,经笔者考证后为王鹏运之折。

④ 中国第一历史档案馆编:《清代军机处随手登记档》,第142册,第567、568页。

秉衡对其才干不乏赞叹，似乎增添了一丝转圜的希望。① 鉴于种种情事，李秉衡也在从长计议。

与此同时，盛宣怀在暗地里也在为自己的前途积极开展活动。从已掌握的资料上看，其实事发后盛宣怀首先向在北京赋闲的李鸿章求援，同时一直关注着李秉衡的复奏。七月十九日，盛宣怀得到李秉衡的复奏即将到达朝廷的消息，"恐语属开合迁就"，请求李鸿章在"风尚首座"面前排解，"否则三局倒矣"。② 李鸿章的回复应持积极态度，盛氏数日后对前者道谢："值此时会，尚有怜才之意，感惭无地。闻东件仍搁起。"③ 李秉衡的复奏，不知为何被"搁起"。徐桐似乎也得悉这个消息，他在七月二十七日连上两折，弹劾盛宣怀、马建忠，并建议朝廷饬令李鸿章回籍。此件"随事递上"并呈慈禧阅看，即相当于留中。④

直至九月初一日，李鸿章多次与翁同龢晤谈后再次向盛宣怀表示支持：

屡晤虞山，未提电务，前议可缓。朝局散漫，虞才力实不及，东久不复，似无意外。电、轮、布三局，弟无论进退，犹当力任。已成勿毁，未成者竟难望噫。⑤

---

① 李秉衡曾致电盛宣怀道："我公深明缓急，佩甚。"后又云："格炮蒙兄竭力，必能有济要需。感惠之至！小清河奖案，即当速办，断不使公从中为难也。"《致天津盛观察电》(光绪二十一年闰五月初三日、闰五月初九日)，戚其章辑校：《李秉衡集(下)》，中华书局2013年版，第1078、1082页。

② "风尚首座"似指军机大臣、礼部尚书以及公认的"清流领袖"李鸿藻。"三局"指轮船招商局、上海华盛纺织局与电报局。《七月十九日去电》，《盛档·甲午中日战争(下)》，第649页。

③ 《七月二十二日去电》，《盛档·甲午中日战争(下)》，第649页。

④ 徐桐：《参道员盛宣怀、马建忠请饬查办》《李鸿章交通外夷请饬回籍折》，中国第一历史档案馆编：《清代军机处随手登记档》，第143册，第290页。中国第一历史档案馆藏军机处录副奏折，档号：03-5328-056。

⑤ 《复津海关盛道》(光绪二十一年九月一日)，顾廷龙、戴逸主编：《李鸿章全集》，第26册，安徽：合肥教育出版社2008年版，第221页。

电文内的"虞山"指翁同龢,"前议"可能指盛宣怀请求开缺以及有关整顿轮电各局的事情。从李鸿章的电报看,盛宣怀显然在作最坏的打算,他已经意识到事态相当严重,轮、电等局极有可能不保。已经被他派去暗中整顿轮船招商局的郑观应就曾在参案发生不久说:"时事至此,不如请告而归,专力振兴商务,似转于大局有裨,藉得颐养褆躬而承色笑。"①

参案发生后,王文韶似乎并没有过多的行动。② 从现有资料中看,直至十月份,王、盛两人才有行动的迹象。盛宣怀四月份销假后曾再度请假,直至九月二十八日销假。③ 十月中旬,盛宣怀决定以请开缺并南下调理身体为由,连上二禀,请求王文韶准其驻上海整顿电报、纺织、招商局。这显然是为了应付针对"三局"的参案。盛宣怀提出的理由如下:第一,因战争中轮船"恐为敌船劫去",曾分售予各国并换旗交由洋行代理,尽管已经原价收回,但账目亟待清理;第二,纺织局华商"深恐资本不敌洋商",且因自前年失火重开后"根柢尚未深固",需要赴沪"劝导华商,力图保护";第三,电报局"已著成效,拟改为官办","尤须传集各商力为开导,勿使稍有误会"。最后更是进一步提出了其核心观点:

> 中国方图富强,未办者固宜推广,已办者尤宜保全,在电报一事,官督而不必商办,在轮船、纺织诸端,商办而不必官督。职道久握利权,亟宜解脱,亦不敢爱惜一身,致毁成局。

---

① 《郑观应致盛宣怀函》(光绪二十一年六月五日),陈旭麓、顾廷龙、汪熙主编:《盛宣怀档案资料·轮船招商局》,上海人民出版社 2016 年版,第 633—644 页。
② 王文韶在实授直隶总督兼北洋大臣后,除了上奏筹议新政的折子外,还夹带一片,名为《办事需人宜开诚布公片》。因整理档案时折片分离,现在暂未能发现该片,其中很有可能包含了保护盛宣怀的用意。中国第一历史档案馆编:《清代军机处随手登记档》第 143 册,第 211 页。
③ 《王文韶日记》(光绪二十一年九月二十八日),第 916 页。

容俟到沪会督商董人等,另拟结束办法,详情奏咨核定。①
这意味着盛宣怀首先主动放弃电报局总办一职,聚焦于保护纺织与招商局两局,似是"以一换二"之举。

王文韶虽然同意盛宣怀南下的请求,但并不同意他开缺而放弃这些企业。他在十月十四日正式上奏清廷,称"纺织、招商两局均为中国收回利权之大端,现当振兴商务之际,尤应极力维持",而督办盛宣怀"最为商情所信服",因此派其赴沪保护。② 十六日,朝廷批准。③ 盛宣怀南下的机会,终于在曲折中得以来临。二十三日,盛宣怀出发。④ 其更重要的目的,是在整顿三局的同时借机与张之洞密谈商务事宜,⑤启动了后世认为其大发迹最为关键之一环——接办汉阳铁厂。

然而,京城的反对者开展新一轮的弹劾活动。十月十八日,由王鹏运针对王文韶发难。他在奏章中开篇先说王文韶"受事以来,业经数月,虽于地方官及各局员小有更动,而巨奸大蠹依然盘踞要津"。盛宣怀即为"巨奸大蠹"之一。他接着质问王文韶为何如此瞻徇,导致盛宣怀仍然把持招商、电报各局,希望光绪帝饬令王文韶"力图振作,痛改前非",并将其所论各

---

① 陈旭麓、顾廷龙、汪熙主编:《盛宣怀档案资料·轮船招商局》(以下简称《盛档·轮船招商局》),上海人民出版社2016年版,第679—680页。

② 中国第一历史档案馆:《光绪朝朱批奏折》第101辑,第715页。

③ 《王文韶日记》(光绪二十一年十月十六日),第919页。中国第一历史档案馆编:《清代军机处随手登记档》第143册,第664页。

④ 《王文韶日记》(光绪二十一年十月二十三日),第920页。

⑤ 盛宣怀在十二月初六日到达上海后,即乘轮赴宁谒张之洞,可见其迫切之情。《申报》云:"直隶津海关道盛杏荪观察由津抵沪,于本月初六日傍晚乘招商江孚轮船上驶,初七晚八点钟时行抵润州,地方官预饬办差人等在六吉园码头搭盖彩棚,迨轮船下椗,镇城道宪以次印委各官齐赴江干迎接,旋即登船晋谒观察,接见后亦以礼答拜,遂鼓轮赴金陵,谒见两江督宪张制军面禀要公,各官见轮烟已渺,始公道而回,时已钟鸣九下矣。"《润州冠盖》,《申报》光绪二十一年十二月十二日,第2版。

节"实心查办"。① 王鹏运这一折实际上吹响了进攻淮系的新一轮号角,而其发端为盛宣怀,终端则为李鸿章,王文韶则夹在中间。② 当日上谕即令王文韶明白回奏。③

王文韶为此在十一月十四日具折上奏,进行自我辩白,称"疆臣办事与言官论事不同,臣才识短浅,历官各省,素不敢好为高论,稍事揣摩。惟于行政用人未尝稍涉偏私,差堪自信"。尽管他在折中说"决不敢稍加回护",也未曾提及盛宣怀,却显然明晰王折的锋芒所在,辩称:"如招商、电报各局,管之者既有明效,代之者实难其人,而利权所在,谤议易滋,转辗风闻,有由然矣。"④王文韶再次平定了风潮。

而就在这时,盛宣怀的参案有了进一步进展。十一月初九日,李秉衡的复奏拜发并在十八日到达朝廷。他上奏两折,一折议复王鹏运所参原折,一折认为盛宣怀"实为国家之蠹",请撤其电报局总办的职位,没有丝毫维护的意味。⑤ 毫无疑问,若据此结案的话,盛宣怀凶多吉少。但是当天朝廷却再次将此案交由王文韶查办:

---

① 戚其章主编:《中国近代史资料丛刊续编·中日战争》第3册,中华书局1989年版,第622—623页。

② 王鹏运参折所提及的罗丰禄、吴懋鼎,分别在十月二十一、二十六日被文廷式与褚成博弹劾并交王文韶查办。见中国第一历史档案馆编:《光绪朝上谕档》第21册,桂林:广西师范大学出版社2008年版,第406、421页。这些举措,更有可能是李鸿章后来派杨崇伊弹劾康有为一系所创办的强学会的原因之一。

③ 中国第一历史档案馆编:《光绪朝上谕档》第21册,397—398页。朱浤在其文章中亦提及了王鹏运的弹劾所产生的影响,但尚未指出其奏的内容及其用意。

④ 此折十六日奉朱批:"知道了。"中国第一历史档案馆编:《光绪朝朱批奏折》第11辑,第109页。

⑤ 原奏见李秉衡:《奏为请撤去盛宣怀电报局总办另派廉正忠实大员总司其事事》《奏为遵查津海关道盛宣怀原参招权纳贿任意妄为各款据实复奏事》,光绪二十一年十一月初九日,中国第一历史档案馆藏军机处录副奏折,档号:03-5613-010、03-7416-061。

盛宣怀所管招商局务关系紧要,屡次被人参劾,谅非允协,该督务须慎择接手之人,才识兼长、操守廉洁者方克胜任,著该督将各局现在情形详细确查,并酌保熟悉招商等局妥实之员以备任使。①

张实指出,这道谕旨将"决定盛宣怀命运的权柄,不动声色地转移到了另一个级别更高的大臣、盛的顶头上司的手里,创造了一个王文韶保护自己得意门生的机会"。② 实际上,这个转移行动的幕后,更似与李鸿章和翁同龢有关。十一月十七日,翁同龢在日记中记录了李鸿章与其长谈"有关孝章事",翌日又云:"孝章事已发下右军。"③

袁世凯提供了翁同龢与王文韶参与保护盛宣怀的一个旁证。他在十二月初一日给盛宣怀的信函中提及:"临行前一日,晤常老,始终以执事为念,并以留缺为喜。乃海城竟下毒手,万不得已,有北洋之命,虽暂予腾挪,然风头甚紧,言念大局,殊为伤心。……仁和待公甚厚,必为尽力。"④

王文韶的确在尽力。对他来说,如何措辞是一个不小的难题,因其已经显露了不少保护盛宣怀的痕迹。十一月十九日收到寄谕后,⑤

---

① 中国第一历史档案馆编:《清代军机处随手登记档》第143册,第539页;王彦威编:《清季外交史料》第2册,书目文献出版社1987年版,第2009页。后者存有两条谕旨,似分别为廷寄与电旨。

② 张实:《盛宣怀接办汉阳铁厂"被胁迫说"考辨》,《湖北师范学院学报》2015年第3期。

③ "孝章"指盛宣怀,因三国会稽人盛宪,字孝章。"右军"指王文韶,以王羲之字影射之。《翁同龢日记》(光绪二十一年十一月十七、十八日),第2908页。本日朝廷尚有一大举动,即令刘坤一与张之洞分别回任。见中国第一历史档案馆编:《光绪朝上谕档》第21册,451页。

④ "常老"指翁同龢,"海城"指李秉衡,"仁和"指王文韶,"北洋之命",即盛宣怀南下保护商务之举。《致津海关道盛宣怀函》(光绪二十一年十二月初一日),《袁世凯全集》第4册,第2页。

⑤ 《王文韶日记》(光绪二十一年十一月十九日),第923页。

他竟向张之洞求助:

> 查电报一事,交涉太多,替人实难其选,惟招商总局远在上海,未能深悉,希统筹速复以便据实覆奏。我等不敢徇私为一人一家计,然时艰至此,不能不为大局计耶?鄙人居危疑之地,甚难置词,我公何以教之,盼函。韶。叩。①

这体现了王文韶署任直督以来与张之洞关系的磨合。

而盛宣怀向张之洞求助,还要早于王文韶。他在谕旨下发当天便致电张之洞,却再次吃了闭门羹。② 张之洞尽管关注着盛宣怀的一举一动,但顾忌清议,没有贸然出头。③

十一月二十七日与十二月初三日,礼科掌印给事中褚成博与御史胡孚宸分别再次进攻,更牵连王文韶,但均被朝廷压下。④ 王文韶只能单衔上奏,为此一连斟酌了3天,"每夜于子丑间腾出数

---

① 《王制台来电》(光绪二十一年十一月二十日亥刻发,二十一日巳刻到),《张之洞档》第76册,第417—418页。

② 张之洞电文为:"顷始接啸(笔者按:十八日)电。尊事或未必确,即使果如所传,当道素知阁下长才,必当有转机。敝处设法已来不及,且鄙人力薄言轻,目前之事,阁下所深悉,愧歉之至。尚祈鉴原。名心叩。效。"《致上海盛道台》(光绪二十一年十一月十九日申刻发),《张之洞档》第46册,第662页。

③ 张之洞以"招商局向归北洋调度,南洋不甚亲近"和"摄篆日浅,又值军务倥偬,实未能深悉底蕴"为由加以拒绝。《致天津王制台》(光绪二十一年十一月二十四日午刻发),《张之洞档》第31册,第603页。

④ 褚成博折谓:"该道(盛宣怀)现居海关要任,乃敢玩视宪典,来去自如,则其从前诸事之胆大妄为更可想见,而王文韶竟曲为徇庇,尤出情理之外,应请将津海关道盛宣怀即行按律革职,以示薄惩,饬王文韶嗣后不准徇纵属员,以肃法纪,庶几官方整饬,不致群起效尤。胡孚宸折谓:"该员(盛宣怀)体弱恶寒,每届冬令即请假赴上海居住,……王文韶谓年年如此,恐被人言,因属其自请开缺,以示无留恋之心,批准赏假以豫杜指摘之口,道路流传,人人惊讶,夫实缺人员皆有职守以专责成,若以监司重任而任意去求,此风一开,各处效尤,尚复成何事体。"分别见《奏为特参直隶津海关道盛宣怀玩视宪典来去自由请旨按律革职事》(光绪二十一年十一月二十七日)、《奏为特参直隶津海关道溺职请旨从严惩处事》(光绪二十一年十二月初三日),中国第一历史档案馆藏军机处录副奏折,档号:03-5332-154、03-5335-037。褚折呈慈禧阅后"发下归籤"。见中国第一历史档案馆编:《清代军机处随手登记档》第144册,第135页。

刻功夫",最终在十二月十五日脱稿。① 在其奏中,王文韶解释轮电两局非由盛续办不可的理由,更称:

> 以现在时局而论,首在振兴商务,若盛宣怀者,于商务实所讲求,舍短用长,量材器使,于中国力图自强之道不无万一之裨。……窃意盛宣怀亦系世家子弟,乃祖乃父官虽不显,同是读书门第,世受国恩,以我国家之深仁厚泽,沦浃人心,似亦不应有此臣子也。②

商务正是新政的重中之重,而王文韶又对李秉衡的复奏针对性地作出辩驳。光绪帝在十二月二十二日朱批"随旨交",意味着盛宣怀留有后用。③ 至此,盛宣怀的第二次政治危机在王文韶数次有意的帮助下,暂时消除,为他接下来得以顺利接办汉阳铁厂与承办芦汉铁路奠定了政治基础。

这也说明,梁启超所谓盛宣怀因案交由南北洋查办的说法并不完全准确。交由南洋大臣即张之洞查办的是"张士珩盗卖军火案",交由山东巡抚与北洋大臣查办的是"王鹏运弹劾案",而后案才是盛宣怀的最大危机。盛宣怀接办铁厂一案的关键疑点,只剩下学界一直争论不休的张盛关系,即两者究竟是否存在政治交易,张之洞是否曾经胁迫盛宣怀接办铁厂。

三、政局变迁与张盛博弈

从创办伊始,汉阳铁厂的经费筹集便遭到不少困难。④ 户部

---

① 《王文韶日记》(光绪二十一年十二月十五日),第928页。
② 王文韶:《奏为遵旨确查奏参盛宣怀招权纳贿任意妄为各节事》(光绪二十一年十二月十九日),中国第一历史档案藏军机处录副奏折,档号:03-7148-012。夏东元在盛档中找到此折,应为盛宣怀的抄件,他在年谱中并没有完整录入,其他研究者多引用夏著。见夏东元编:《盛宣怀年谱长编》,第503—504页。
③ 中国第一历史档案馆编:《清代军机处随手登记档》,第144册,第291页。
④ 详细过程见李玉勤:《晚清汉冶萍公司体制变迁研究(1889—1911)》,复旦大学博士论文,2008年。

尚书翁同龢有意掣肘,就连最有力的支持者——慈禧太后,也曾借此对张之洞加以惩戒。① 尽管此时已经署理两江总督,亦不意味着他就能此"脱累"。② 不过,因在战争中的积极表现与江南重要的战略地位,张之洞的权势上升。他有意利用江督的地位与可观的财富一展抱负,其中当然也包括填补铁厂的亏空。③ 盛宣怀筹款的能力,可谓正中张之洞下怀,尽管盛氏背负参案,但两人的联系,始终未曾中断。

在光绪二十一年年初第一次拒绝盛宣怀请求南下的要求后,张之洞派其心腹兼"坐沪"——赵凤昌,负责与盛氏联系。④ 盛宣怀也派其侄盛春颐与赵接洽。闰五月二十一日,赵与盛面谈后致电张之洞,告知盛宣怀希望张之洞"保以商务并铁政事"。⑤ 数日后,盛宣怀再次以商务及"不耐冷"为理由表达南下的愿望致电张之洞。⑥ 这两封电报说明,盛宣怀在政治危机来临时,的确曾积极

---

① 参见茅海建:《戊戌变法的另面:"张之洞档案"阅读笔记》,第428—434页。杨楷曾致函盛宣怀:"香帅自遭群谤,意兴日衰,加以经费支绌,诸所筹画,皆在不能撙节之中。"《杨楷致盛宣怀函》(光绪十九年五月初七日),《盛宣怀档案资料:汉冶萍公司(上)》,第64页。

② 光绪二十年十一月十九日,朝廷下令湖北炼铁、织布各局仍归张之洞一手经理。中国第一历史档案馆编:《清代军机处电报档汇编》第1册,第345页。

③ 张之洞:《湖北铁政枪炮两局经费由江南拨解片》(光绪二十一年闰五月二十七日),见《张之洞全集》第3册,第267页。汉阳铁厂经营状况的不善,前人研究大多已经提及,兹不赘述。

④ 赵凤昌与张之洞的关系,见茅海建:《戊戌变法的另面:"张之洞档案"阅读笔记》,上海古籍出版社2014年版,第222—223页。

⑤ 《上海来电》(光绪二十一年闰五月二十一日酉刻发),《张之洞档》第75册,第193页。

⑥ 《甲午中日战争》(下),第644页。张之洞第二天未刻收到。见《张之洞档》第75册,第235页。朱浒在其研究中认为这段时间中盛宣怀没有表现出积极投靠的意思。朱浒:《投靠还是扩张?——从甲午战后两湖灾赈看盛宣怀实业活动之新布局》,《近代史研究》2013年第1期,第62页。

地寻求张之洞的帮助。① 盛宣怀此时除涉及王鹏运所参之案外，还被去年十月的张士珩私卖军火一案所牵连，而此案的"解铃人"正是张之洞。作为精明的官僚，张之洞清楚保荐身怀二案的盛宣怀需要冒着什么样的政治风险。此事结果如何，可想而知。②

需要进一步申论的是，张之洞并非借参案有意要挟，他似乎不会因为此事完全断绝铁厂得以延续的可能性。让盛宣怀接办铁厂，更像是张之洞所留的最后一手。商务与铁政恰是他最需要得到帮助的项目，很难说他能不为所动。因此从种种迹象来看，张之洞也在某种程度上参与了"营救"盛宣怀的行动，但因其政治地位以及爱惜羽毛，更多地是通过幕僚亲信旁敲侧击。这正体现了他在"清流"与"浊流"身份之间摇摆不定的矛盾心理，两人更是心照不宣地官官相护。

因此，张之洞暗中加速了结盛宣怀涉及的"张士珩盗卖军火案"。早在光绪二十一年四月十七日，张之洞便发电王文韶，急调重要证人张广生乘轮赴南京接受质讯。③ 他别有用意，在质询张广生结束后，即于七月二十五日连发两密电，给予盛宣怀在这个案件中申辩的机会，并说明"密速电复，千万勿泄"。④ 盛宣怀随即复

---

① 朝廷在闰五月十三日曾明发上谕，准各部院堂官及直省将军督抚专折保奏人才，但严令申明不准"援引私人，瞻徇情面。"中国第一历史档案馆编：《光绪朝上谕档》第 21 册，207—208 页。

② 张之洞保举了作为清流健将的陈宝琛与于荫霖。中国第一历史档案馆编：《清代军机处电报档汇编》第 15 册，第 222 页。张具折时多出数员。见《张之洞全集》第 3 册，第 269 页。

③ 《张之洞档》第 45 册，第 161 页。若只检索过往的张之洞档案，恐怕很难说明王、张二人除了公务外有何私谊，但这个时候却显得非常融洽，王文韶不久即放张广生南行。张之洞亦在财政支绌时筹拨数万帮助王文韶的顺豆赈务中。《王制台来电》（光绪二十一年六月二十九日申刻到），《张之洞档》第 75 册，第 402 页。

④ 因前人尚未引用，兹录于下。第一电为："密。张士珩案，各员供去年军务紧急时密运军火出海，恐倭人知觉拦截在内河用民船运至白塘口以下荒僻处所寄载，轮船出口，非有大沽新关洋人待人查过签字，不准出口等语。查津海关章程，大沽地（转下页）

电解释,相当于"查无实据。"①九月初九日,张之洞正式上奏结案,结果只是张士珩受革职处分,盛宣怀未受任何非议。②

然而就在张之洞暗中与盛宣怀联络时,朝中下发了两道影响深远的谕旨。一是因为清廷开展"实政改革",并由于张之洞的权势上升与外国的觊觎,促使清廷有意让前者议筹举办芦汉铁路。③二是因朝廷财政支绌,于六月二十一日明发上谕,认为"中国原有局厂,经营累岁,所费不赀,办理并无大效",下令各督抚将各局厂"招商承办,方不致有名无实"。④ 在这些局厂中,汉阳铁厂无疑包含在内。

对坚持官办模式的张之洞来说,这两道谕旨并不算是好消息。前旨尽管没有点名张之洞,却显然有意为之,朝廷很可能停止拨发官款接济铁厂。招商筹办,将会成为板上钉钉的事实。而后旨意味着若芦汉铁路兴办,张很有可能需要回任湖广总督,而铁厂若无铁轨供应,将使张之洞陷入内外交困的境地。唯一的好消息可能

(接上页)方若民船运载军火是否有税务司派人查过签字方准出口,望确查切实密速电复,千万勿洩为祷。洞。有一。"二为:"密。敝处访闻去年九月二十三日有米船在大沽口夜间船户偷米,见米包内皆是火药,船户喊告经津海关派人往查押送,勇丁呈出护照云系督标亲军营物,随即有人来说,津海关遂未深究等情。此事究竟有无,即非九月或秋或冬,有此类事否? 似不能尽属子虚,其中究系何实情,请速确实查明电复,切祷。尤望千万勿洩。洞。有二。"《张之洞档》第46册,第152—153、154—155页。

① 《盛档·甲午中日战争(下)》,第650页;《张之洞档》第75册,第544—545、546—547页。

② 《查讯张士珩参款拟议惩办折》,《张之洞全集》第3册,第291—293页。

③ "实政改革"的概念取自张海荣对甲午战后清廷实行新政的研究,见张海荣:《甲午战后清政府的实政改革(1895—1899)》,北京大学博士论文,2013年,第101—116页;李国祁:《中国早期的铁路经营》,台北:"中央研究院"近代史研究所,1976年,第117—133页。

④ 这是朝廷采纳闰五月二十六日褚成博所上之奏的结果。见褚成博:《奏为船械机器勿行裁撤请饬各省集富商自选经营自制要器以应国家所需事》,光绪二十一年闰五月二十六日,军机处录副奏折,档号:03-5611-017。六月二十一日谕旨见朱寿朋编:《光绪朝东华录》,中华书局1958年版,总第3637—3638页。

是从铁路款项中挪用一笔官款稍微减轻铁厂的财政困境,但亦缓不济急,且要冒巨大风险。他大为着急,一方面大为不解为何朝廷如此着急催其覆奏;一方面则表达了自身的用人矛盾,发出"设用绅士,则如盛宣怀者恐不能不用否"的感叹。① 而对盛宣怀来说,这两道谕旨无疑均是莫大的好消息,他立刻加紧与张之洞商量接办铁厂的事宜。

在张之洞的默许下,时任铁厂督办蔡锡勇致电盛昌颐,以朝廷即将举办铁路为诱饵试探盛宣怀有无接办铁厂之意。② 盛春颐在天津与盛宣怀经过一番密谈后,于八月初八日前后致电蔡锡勇,表示须张之洞调其赴南京面商不可,另外加入铁路和银行这一筹码,并为自己稍留退路,希望仍留蔡锡勇"驻厂总理"。③ 而蔡锡勇并无留厂的意愿,认为盛宣怀必须先将"接办大旨、如缴款若干、部款如何归著之类"有所陈明后,张之洞方易措辞奏调。④ 张之洞显然就此直接与盛有过商讨,八月十七日前后,盛宣怀致电张之洞:

> 密。两电谨悉。春颐备述宪意。铁厂已成,拟归商办,因思应办之事甚多,如能招商腾出官本,再创一举,庶不负宪台苦心。苟可效力,断无畏葸,但非禀承面诲无以昭信众商,容俟东事复毕,遵谕禀商大农,再请钧夺。⑤

张之洞拍给盛宣怀的"两电"暂未得见,但从内容倒推可知,他还是希望盛宣怀能与翁同龢先行商讨铁厂问题且等李秉衡的复奏有结

---

① 《郑孝胥日记》(光绪二十一年六月十一日),第1册,第508页。
② 《蔡道致武昌盛守电》,《张之洞档》,第31册,第260—262页。蔡锡勇为张之洞手下的洋务干将,上年已受其保荐,却因铁厂事务缠身而无法北上引见,后者已颇有微词。因此他似亦希望尽快移交铁厂事务。《致武昌蔡道台》(光绪二十一年六月初四日),《张之洞全集》第8册,第365页。
③ 《盛守禀蔡道电》,《张之洞档》第75册,第588页。
④ 《蔡道致上海盛我彭太守》(光绪二十一年八月初六日巳刻发),《张之洞档》第31册,第275页。
⑤ 《天津来电》,《张之洞档》第75册,第635—636页。

果后再提南调。

但是,时势的走向未能容许张之洞作太多的筹议。除了铁厂的经费源流趋于"干涸"外,他的事业还要受到两个更大的阻力。其中之一来源于刘坤一执意回任两江总督。一旦回任,张之洞赖以维持的地方财政将骤减。有学者已经留意到,刘坤一这段时间为了回任,与署理江督张之洞展开了一番暗中较量。①

两人较量的其中一个战场,就隐然在于铁路与汉阳铁厂上。在筹议战后新政的覆奏中,刘坤一对张之洞在江南的大手大脚有所微词。八月七日,他上奏一折一片。在折中,他针对张之洞的铺张,认为"练兵必先理财",更说"一切用度,并须崇俭黜奢"。在其片中,则直截了当地建议朝廷整顿铁政,认为大冶铁矿与汉阳铁厂相距太远,运费太贵,而且"近处并佳煤,炼铁未能应手",导致铁质不良,"有铁与无铁同"。② 这实际上等同于婉转地参劾张之洞。当天朝廷即电寄张之洞批评"铁政局经营数年未著成效",命令张之洞"通盘筹划,毋蹈前失"。③ 刘坤一还同时致函翁同龢,添油加醋,认为铁路与矿务"官办不如商办",不能"蹈铁政、船政覆辙"。④

面对朝旨诘责,张之洞只好于八月二十八日连上《查覆煤铁枪炮各节并通盘筹划折》《凑拨铁厂开炼经费折》《恳拨湖北枪炮厂经费折》与《铁厂煤矿拟招商承办并截止用款片》三折一片,痛陈筹办铁厂与枪炮厂艰难之情形。在第三折中还特别希望户部再度给款维持铁厂,清理"数月内筹垫之用款及应还之急款",不致停工而后

---

① 马忠文:《荣禄与晚清政局》,社会科学文献出版社 2016 年版,第 120 页。
② 刘坤一:《遵议廷臣条陈时务折》《整顿船政铁政片》,《刘坤一遗集》第 2 册,第 893—895 页。八月九日归籀。见中国第一历史档案馆编:《清代军机处随手登记档》第 143 册,第 347 页。
③ 中国第一历史档案馆编:《清代军机处电报档汇编》第 1 册,第 575 页。
④ 《刘坤一遗集》第 2 册,第 2162 页。

才方便招商。① 至此,铁厂似乎正式走向招商之路,张之洞官办的理想正式宣告破灭。这引出了他的事业受阻的第二个来源——户部尚书翁同龢。

因两人早已不和,在张之洞眼中,户部有意不拨部款维持铁厂。一般而言,据《抱冰堂弟子记》所载,两人恩怨结于张之洞督粤时报销军费。② 这并非只是后人观点,还可证诸时人日记,张之洞对翁同龢甚至带有讥讽之意。③ 但是,在拜发上述奏折之后,张之洞不得不放下成见,于九月三日致函翁同龢,解释用款不少的原因,乞其通融。④ 这是张之洞为何一再要盛宣怀先与翁同龢谈拢后才能谈奏调的原因。九月二十日,张之洞的折片到达朝廷,除第一折朱批为"知道了"外,其余均交户部议奏。⑤ 尽管未能见到议

---

① 《张之洞全集》第3册,第281—289页。

② 《张之洞全集》第12册,第517页。黄濬在其笔记中亦云张之洞"南皮受之扼为最甚"。作者还过目了光绪十六年樊增祥致张之洞密札,樊曾转述许景澄之言,道及翁张关系,与《弟子记》所录稍有不同:"竹筼昨日谈及,大圣(孙毓汶)近来于函丈(张之洞)亦不甚为难,常熟(翁同龢)虽不合,然渠亦自命清流,夫子负天下重望,渠决不肯显然树敌。户部自子开物故,实为函丈之福,往日挑剔皆此一人之鬼蜮,今则广东报销,无复他虑矣。"黄濬:《花随人圣庵摭忆》,中华书局2016年版,第84、364页。

③ 郑孝胥在光绪二十一年六月二十九日曾记:"南皮云,长龄者保人才四员,一、柯逢时,一、升允,一、翁同龢,一、徐桐。言已,抚掌大笑。又曰,恭挹见之,云:'甚好,将来必有人保我是人才底。'"光绪二十二年正月初四日又记:"每道及常熟,南皮辄不快,既而曰:'常熟可谓有权,然其老谋深算,吾未能测也。'"劳祖德整理:《郑孝胥日记》第1册,中华书局1993年版,第511、544页。

④ 《致翁叔平尚书》(光绪二十一年九月初三日),《张之洞全集》第12册,第68页。其实,翁同龢此时对张之洞兴办铁路的奏稿似亦颇为欣赏。张之洞闰五月底的新政奏陈,据杨锐云,"翁并称赞。"转引自茅海建:《戊戌变法的另面:"张之洞档案"阅读笔记》,上海古籍出版社2014年版,第73—74、150页。现今留存的翁同龢私人档案中还有张之洞的论造铁路电报合集。见翁万戈编:《翁同龢文献丛编之一:新政·变法》,上海远东出版社2014年版,第104—111页。

⑤ 中国第一历史档案馆编:《清代军机处随手登记档》第143册,第539—540页。

奏的结果，但翁同龢的确有所通融。①

无论如何，随着铁厂财政状况的每况愈下，张之洞开始策划将铁厂交由洋商包办，而盛宣怀此时正在为参案疲于奔命而得以南下，两人将要进行更近距离的交锋。② 在这个过程中，他们均利用电报打探消息。张之洞一边令梁敦彦发电上海瑞记和茂生洋行引其接办铁厂，一边故意走漏消息给盛宣怀，施加压力。③ 他认为像盛宣怀那样的"中华绅商类多巧滑"，"若无洋商多家争估比较，定必多方要挟，不肯出价"。④ 与此同时，他从恽祖翼处收到了盛宣怀欲将电报局改官办的消息，认为盛别有用意，在十一月初四日发电经元善，对盛进行刺探：

> 闻盛道告恽菘云言：电局有利三分，欲官筹款一百万，将商电局收回，改为官局。渠即移此百万缴还铁局部款，招商承办铁厂云云。电局既有三分厚利，而铁厂利之厚薄，究竟尚无把握，何以竟欲舍此图彼，当有深意，望速从旁确探其用意所在，明白密复。⑤

这说明，盛宣怀因参案欲向朝廷"出售"电报局，将筹得的官款用于归还张之洞的铁厂所亏之部款，而得以接续招商接办铁厂。这应是前者应对参案所用的手段之一。张之洞对这种手法应是有

---

① 张在十月二十四日接到部覆，铁厂"本年用款准由江南筹防局挪用"。《致武昌蔡道台》（光绪二十一年十月二十六日亥刻发），《张之洞全集》第9册，第54页。

② 张之洞一直关心盛宣怀的行踪，王文韶上奏后张即令吴元彬询问盛宣怀是否回沪养病，这距离光绪帝批准盛宣怀南下仅相隔两天。不久又发电经元善询问盛之行踪。见《吴令致天津盛道电》（光绪二十一年十月十八日）、《致上海经道》（光绪二十一年十月二十六日），《张之洞档》第46册，第529、568页。

③ 《张之洞档》（十一月初四日亥刻发）第31册，第481—482页。

④ 张之洞这样说是因为蔡锡勇认为给洋人包办，不如给华人包办，他在劝张之洞交给盛宣怀。见《蔡道来电》（光绪二十一年十月二十九日戌刻到）、《致武昌蔡道台》（光绪二十一年十一月初四日亥刻发），《张之洞全集》第9册，第54、59页。

⑤ 《致上海经道》（光绪二十一年十一月初五日），《张之洞档》第31册，第483—484页。

所洞悉的,因为在他心目中,若铁厂交由盛宣怀招商接办,即要其筹款先归还部款。但他不明白,为何盛宣怀在未知铁厂是否能获利的情况下,就"壮士断腕"。

盛宣怀此举,似是因为他早已派人暗中调查并摸清了铁厂的底细,①更因为他预测李秉衡的覆奏将会对其非常不利,从而不能过于执着于铁厂的盈利与否,要预留退路。但是,盛宣怀尚未真正"断腕",朝中便传来了事关铁厂乃至张、盛两人政治走向的两个消息。

十一月十八日,李秉衡的覆奏上达天听,盛宣怀之参案经过李鸿章的说情与翁同龢的保全,再度转移到王文韶查办。同日,刘坤一陛见前后所作的努力得到了回报,朝廷终于颁布上谕,令张之洞与他各自回任。② 这样一来,张氏将更加困窘,而盛氏却会因王文韶的鼎力相助而迎来转机。

上文已述,盛宣怀得知谕旨后即发电希望张之洞保全,并受到后者拒绝。在张之洞看来,盛宣怀受严惩的可能性是很低的。事实也正如其所料,只是他可能没想到王文韶竟替盛氏"洗刷净尽,且痛加赞誉"。③ 张之洞的筹码,随着回任湖广与后者参案的解决而越打越少。

---

① 沈鉴致盛宣怀函:"大人阁下,前奉电谕垂问铁政情形,卑职即于本月二十四日会同电局委员王希闰缮禀列折祗肃具复,计已仰邀洞鉴。窃以湖北铁政局厂繁多,出产亦巨,只缘办理未能尽善,以致亏累日深。"见朱子恩,武曦,朱金元编:《盛档·汉冶萍公司》(上),上海人民出版社2016年版,第65页。

② 中国第一历史档案馆编:《光绪朝上谕档》第21册,451页。字寄张之洞:"湖广地方紧要,铁厂、枪炮厂甫经告成,现当开办铁路、整顿陆军之际,需用甚繁,炼钢、制快枪实为当务之急,银元铸成后能否流通,各省回任后均当加意举办,江南防营太多,交卸以前妥为遣撤。"刘坤一则认为:"两江地方紧要,所有张之洞办理铁路、整顿商务、口练陆军诸大端该督回任后实力筹办。"中国第一历史档案馆编:《清代军机处随手登记档》第144册,第72页。

③ 这是杨锐给张之洞的密信。转引自茅海建:《戊戌变法的另面:"张之洞档案"阅读笔记》,第151页。

回任之期逼近，洋商又迟迟没有回音，铁路招商自然成为张之洞筹款的最后一个办法。他希望赶在刘坤一回两江接篆前先确定苏沪铁路的招商，以便将铁厂承办权转手。但众商因其回任，纷纷改议，特别是其看好的状元陆润庠竟发出"不如盛道精明"的感叹，甚至请求退出纱厂的董事会，容闳也未能成功招股，甫任江苏巡抚的赵舒翘亦已有退意。① 刘坤一更是会在光绪二十二年正月十五日接篆。种种窘迫，张之洞只能向张謇发出"心力已尽"的感叹。②

四、直鄂合作与盛宣怀"举官入商"

在招商承办铁厂一事上，盛宣怀已反客为主，而芦汉铁路将是张之洞制约盛宣怀的最后底牌。随着张之洞决定不招洋商，他令恽氏兄弟与正在招商局的盛宣怀联系，向其正式提出铁厂转手之议，并开始进入实践阶段，颇为急切。

从恽祖翼在给盛宣怀的电报中可知，张之洞更担心盛宣怀会因回任津海关道而错失铁厂转手的机会，更深层的用意更可能是将盛宣怀留在湖北便于更好地掌控全局。③ 而盛宣怀心怀戒心，复电希望等李鸿章出使俄国后，只要张之洞坚持给予承办，再到鄂

---

① 《陆祭酒来电》(光绪二十二年正月初十日巳刻发，申刻到)，《张之洞档》第13册，第233—234页。茅海建教授曾对容闳帮助张之洞招商进行了研究，见氏著：《戊戌变法的另面："张之洞档案"阅读笔记》，第434—450页。

② 张之洞抱怨："本意必欲举办此恤商恤民之政，而商民不知足，无可如何。"此是为兴办商务而言，但亦与他的窘境有关。见《致通州汪牧转送张殿撰》(光绪二十二年正月初九日卯刻发)，《张之洞档》第13册，第233—234页。

③ "帅云洋商之弊，合同周到即可防范，利却甚大，既多现款，又可扩做，惟当今迂谬乖巧之人太多，不所心而好乱说，不办事而好挑眼，实不愿与此辈淘气饶舌，故决意不招洋商矣。今已决计与吾兄商办，但趁此闲空之时赴鄂一行。蔡毅若正须回鄂，可相伴一同游览。帅节十七日交替，到鄂须下旬，阁下看毕后正好面商定议，免延时日。帅意阁下开缺倘不得请，春暖后恐须回津，非赴鄂亲看不能商办也。"见《愚斋存稿》卷24，第12页；卷88，第16—17页；又可见《张之洞全集》第9册，第97—98页。

"一气呵成",并自陈"无论铁事办不办,必请开缺无疑",算是在拖延中消除张之洞的疑虑。① 翌日,恽祖翼向盛宣怀解释,"前所约落第后再议,果符所料",希望盛宣怀"勿稍迟疑",因为"铁厂到手,铁路亦在掌握矣"。②"落第",应为陆润庠等人未能承揽宁沪铁路而言,因盛宣怀担心若有铁路项目被人承揽而贸然承办铁厂会吃亏,所以恽祖翼才会在后面提及共掌铁厂与铁路之事。③

为了避免张之洞的过多掣肘,盛宣怀此时可能在酝酿着一个更为大胆的行动——"举官入商"。④ 这有两层含义:一为在承揽铁路工程的同时获得更高的官职;二为通官商之气,令更多的官员参与到商务之中。这个官职,便是商务大臣。盛宣怀此举的制度性动因,似来源于他得悉朝廷在光绪二十一年六月下旨决定放开招商之后,在京设立以振兴商务为宗旨的新衙门之议。而朝廷突然商议建立新衙门,似缘于钦差大臣刘坤一与江西巡抚德馨的先后上奏。

光绪二十一年六月二十日,刘坤一奏请设立铁路公司,建议"由南北洋大臣负责保护,由公司进行筹款",建议朝廷借洋款三四千万"或以铁路押抵,或南北洋作保",并推荐张翼督办铁路。⑤ 江西巡抚德馨则在七月初三日上奏朝廷,认为"自强之策首在铁路",与刘坤一之说相辅相成,支持筹借洋款修建芦汉铁路,反对兴修苏

---

① 《愚斋存稿》卷24,第12—13页。
② 《武昌恽菘耘来电》(光绪二十二年正月十日),《愚斋存稿》卷88,第19页。
③ 张实在论文中提及"落第"指张之洞回任。似不确。因张之洞回任的谕旨数月前已下发,此时似不应再提起。见氏著:《盛宣怀接办汉阳铁厂"被胁迫说"考辨》,第138页。
④ 此语取自光绪二十二年盛宣怀致郑藻廷函:"所幸在津资劳甚深,上游讲求吏治,当不难一展所长,举官入商。"见上海图书馆藏盛宣怀档案,档案号:015823-4。
⑤ 《刘坤一遗集》,第2册,第882—886页。此折在六月二十三日留中,奉旨交督办军务处王大臣归入张之洞条陈铁路折一并议奏。中国第一历史档案馆编:《清代军机处随手登记档》第143册,第132页。

沪铁路,进一步指出必须得人而治,建议朝廷任命张之洞为"钦差督办铁路大臣",很可能是刘坤一的腾缺回任之策。① 而德馨更深层的用意,隐然在于运动朝廷调走张之洞。② 尽管在京请训的刘坤一再度游说翁同龢上奏新设商务大臣,但"邸意不然"。③ 因此,十二月二十四日,总署正式上奏,议驳了在京师设立商务公所之议。④ 盛宣怀亦无法由此直接获得京职。

尽管新衙门无缘建立,但实政改革势在必行。在张之洞与刘坤一等人的积极建言下,朝廷最终立项兴修津芦铁路与芦汉干路。十月二十日,正值盛宣怀南下前夕,朝廷接受督办军务处的意见,决定由顺天府尹胡燏棻先试点修建津芦铁路。芦汉干路准设公司商办,"一切赢绌,官不与闻"。⑤ 然而该动议却沉寂了数月。铁路与铁厂是联动项目,铁厂花落谁家,牵扯着整个修路大局,盛宣怀与张之洞都在等待时机。

光绪二十二年二月,芦汉铁路项目才出现新进展。不过,官办还是商办,依旧是争论的焦点。一是国子监司业瑞洵鉴于华商经济实力低下,在二月十四日建议朝廷将"芦汉铁路改归官办并拨款

---

① 他在折中还提出:"督臣张之洞前次调往湖广购办机器,讲求制造,整顿矿产,精炼煤铁,竭力经营,以为自强之计,臣屈撙已五六年矣。"所针对的是张之洞的大手大脚。德馨:《奏为自强之策首在铁路谨陈管见事》,光绪二十一年七月初三日,中国第一历史档案馆藏军机处录副奏折,档号:03—5612—008。沈思越认为此折是王文韶的奏折,应为误解。沈思越:《甲午战败后的北洋大臣王文韶》,《上海地方志》2018年第2期。

② 张之洞可能洞悉德馨此举,并借机在其参案中劾其落马。见张之洞:《查明德馨参款折》(光绪二十一年七月六日),《张之洞全集》第3册,第277—280页。

③ 《翁同龢日记》(光绪二十一年十二月初二日),第2911页。

④ 总理衙门王大臣:《奏为遵旨议奏御史王鹏运条陈商务事》,光绪二十一年十二月二十四日,中国第一历史档案馆藏军机处录副奏折,档号:03—7130—046

⑤ 《清实录》第55册,北京:中华书局1987年版,第944页。有关津芦铁路的新近研究,见张海荣:《从津芦铁路看甲午战后清朝改革的再启》,《安徽史学》2014年第4期。

二千万,请旨特简王文韶或张之洞督办铁路"。① 二是两江总督刘坤一在二月初四日再次上奏,请设商务大臣开办芦汉铁路。② 这实际是官督商办体制的又一变体。经过近一月的讨论,朝廷取折中之法,在三月十二日颁布上谕,决定了芦汉铁路的初步方案与基调,一反去年十月商办的谕旨,仍然为官督商办,但竞标的官商不止盛宣怀,还有许应锵、方培垚、刘鹗、吕庆麟"四商"。③

对张、盛两人来说,"四商"的横空出现是一个坏消息。特别是对张之洞而言,若项目被"四商"承揽,则不能保证他们愿意承揽铁厂,盛宣怀亦很有可能反悔,全盘即乱。在后者而言,其路、轨综于一手的愿望也会受到影响。因此,在某种程度上,这道谕旨使得张之洞与盛宣怀成为利益联盟,开始合作将共同的"敌人"——"四商"摈除于芦汉铁路项目外。由于对"四商"出局的研究甚多,兹不赘述。④ 下文更侧重于盛宣怀得以"举官入商"的人际政治因素。

刚到鄂与张之洞商议铁厂事宜的盛宣怀,在收到来自翁同龢与王文韶的消息后,立刻在三月十五日电复王氏,希望筹一对策:

> 在宁谒岘帅,代述傅相所言遇有应举大政,莫如南北洋商同奏请,外合则内亦不拒,勿再请设商务大臣,不明窍要,转致掣肘。岘帅出示疏稿,已请设商务主持卢汉。宣昨接琴川密

---

① 《芦汉铁路紧要商办难成拟请特简督办大臣改归督办折》,光绪二十二年二月十四日,中国第一历史档案馆藏军机处录副奏折,档号03-168-9658-41。转引自张海荣:《甲午战后清政府的实政改革(1895—1899)》,北京大学博士论文,2013年,第107页。此折奉旨交由督办军务处议奏,见《清实录》第57册,第32页。

② 《刘坤一遗集》第2册,第909—910页。此折在二月十七日奉旨交总署议奏。见中国第一历史档案馆:《清代军机处随手登记档》第144册,第571页。

③ 《清实录》第57册,第49页。

④ "四商"出局的详细经过,可见张海荣:《甲午战后清政府的实政改革(1895—1899)》,北京大学博士论文,2013年,第106—110页。

电,谓铁事将交南皮与钧处,商务未定。闻许应锵一无华股,意在洋股影射,然洋商必欲尽占权利,一国要挟,各国争衡,未见其利,先受其害,朝廷宜鉴及此。路不可缓,宜筹直捷痛快办法,权自我操,利不外溢,循序而进,克期成功。钧处奉旨后,可否饬令与议,藉抒管见。宣沿江查察各局,今日到汉,香帅约观铁政,上方锐意求矿。鄂厂已縻五百万,但可设法补救,宣系创始得矿之人,颇愿为之区画。特恐自用道谋,难竭智虑耳。又,顷谒香帅,示师电,意甚悦,亟欲先睹寄谕。官督商办,如何用意,可否请将密寄全钞电致,意欲趁宣在此商酌大概。①

这封电报所透露的信息比较丰富,兹分点列出。第一,商政时若南北洋会奏,则易通过,刘坤一的奏设商务大臣折,两人似有关系,此前盛宣怀曾与刘坤一面谈。② 第二,设商务大臣的举措,受到李鸿章的反对,但未完全断绝可能,翁同龢似持积极态度。第三,盛宣怀计划以"洋股影射"为手段摈除"四商",并希望王文韶能影响中枢。第四,盛宣怀接办铁厂已成定局,王文韶曾致电张之洞透露谕旨内容,其想法可能与张之洞甚为一致。同日,张之洞复电王文韶,认为"铁路事体艰钜,惟有随事商请指示",甚为谦抑。③

据此,王文韶认为联合张之洞的时机已到,希望借盛宣怀之口

---

① "琴川"指翁同龢。《寄直督王夔帅》(光绪二十二年三月十五日),《愚斋存稿》卷24,第19页。

② 另一个旁证是,盛档中藏有德馨奏请张之洞任督办铁路大臣折的抄件,最后有一注称:"此件为上年五六月间所上,留中。"说明抄件形成时间为光绪二十二年。笔者认为这是盛宣怀呈给刘坤一的抄件。见上海图书馆藏盛宣怀档案,档号:117455-1。沈思越在其论文中引用了这条材料,但误认为是王文韶的奏折。见沈思越:《甲午战败后的北洋大臣王文韶》,《上海地方志》2018年第2期。

③ 《致天津王制台》(光绪二十二年三月十五日亥刻发),《张之洞档》第32册,第83页。

转达南北合作之意,并说明是朝廷之意。① 然而一涉中枢政治,张之洞便显得异常谨慎,立刻电询盛宣怀消息来源,对此后者亦颇为不解。② 王文韶当天回复此举是"就督办军务处原奏以意揣之,并非别有密电"。③ 由此可见王文韶的心术与张之洞的敏感。

在王文韶的促成下,张之洞决定与其会衔奏派盛宣怀为总理,"以联南北,以联官商"。不过,因李鸿藻此前属意于"四商"之一的许应锵,④盛宣怀提出忧虑。张之洞复称:"我意已决,高阳必为疏通。"⑤他之所以如此爽快,是因为已经事先打好招呼。⑥ 可见在朝中,李鸿藻与翁同龢两人分别是张之洞与盛宣怀的幕后奥援。而王文韶充当合作纽带,向张之洞极力赞扬盛宣怀:"上年冒不韪以保全之,正为今日,兹得大力揄扬,此才必有以自见。"⑦

盛宣怀确定张、王合作无疑后,立刻发密电告知翁同龢,并提出赴京的请求。⑧ 外员赴京,一般非升即迁,意味着盛宣怀将"举官入商"行动提上日程。他收到翁同龢的指示:"先任事,后入都",

---

① 王文韶的电文为:"十二日谕旨已电致香帅,原奏认招千万者已有四起,闻许、韦即不相能,刘鹗办此尤为可怪,馀亦不知其人。香帅能徧识之否?鄙见即使筹款十得其五,必系洋款居多,资本既不能靠实,洋股尤不易杜绝,试借箸一筹,为香帅言之,不分南北,通力合作,此朝廷意也。"《直督王夔帅来电》(光绪二十一年三月十六日),见《愚斋存稿》卷24,第20页;亦见卷89,第3页。
② 《寄直督王夔帅》(光绪二十二年三月十九日),《愚斋存稿》卷89,第6页。
③ 《王夔帅来电》(光绪二十二年三月十九日),《愚斋存稿》卷24,第22页。
④ 左都御史许应骙之弟,在盛宣怀之前已欲总办铁路,并已提交了铁路总公司章程,是盛氏最大的竞争对手,李鸿藻早已关注他。光绪二十一年八月十八日记:"拟致粤督电,传知候选道许应锵带同职员韦廷俊,航海来京,有咨询之件。"见李宗侗、刘凤翰著:《李鸿藻年谱》,第585页。
⑤ 《寄王夔帅》(光绪二十二年三月二十七日),《愚斋存稿》卷24,第25页。
⑥ 《致李兰荪宫保》,见《张之洞全集》第12册,第140—142页。整理者编为光绪二十二年一月,应为三月下旬。此史料已经学界引用多次,不赘录。
⑦ 《王夔帅致张香帅电》(光绪二十二年三月二十八日),《愚斋存稿》卷24,第26页。
⑧ 《寄王夔帅》(光绪二十二年四月初一日),《愚斋存稿》卷24,第27页。

并与翁斌孙会谈。① 光绪二十二年四月二日,张之洞正式札委盛宣怀任铁厂督办,并于五月十六日正式具折向清廷奏报铁厂招商承办的情况以及章程。②

此后最为关键一步,即是王文韶与张之洞会衔复奏芦汉铁路的建设方案。这一复奏,除要解决"四商"问题外,将决定芦汉铁路的基本修建纲领,而作为实际执行者的盛宣怀的权力大小,无疑是他们讨论的核心问题。王、张、盛因此磋商数月,导致会奏迟迟未能缮发,从中可见政治运作之痕迹以及王文韶与盛宣怀更深层次的关系。

首先他们要确定的是由何人拟稿。鉴于王文韶对盛宣怀的多方维护引朝野非议,他已异常谨慎,嘱咐盛宣怀千万不可动笔,担心因为上年为其开脱而再招嫉恨,"恐指为一鼻孔出气"。③ 不到半旬,王文韶便因代奏新任湖南巡抚王廉表明心迹一事交部察议,显然更起警惕之心。④

然而,盛宣怀与张之洞的意见始终不合,主要分歧在于盛宣怀的政治前途以及事权大小。一方面,盛得到翁同龢的指示,并通过恽祖翼密告张之洞,此时"谤言稍息",须"夹片奏明"盛宣怀的职位方能进京。⑤ 这实际上就是要求张之洞附片保荐盛氏。另一方面,盛宣怀向张、王提出,修建铁路的同时需设一银行才有把握成

---

① 《京翁豉甫来电》(光绪二十二年四月初一日),《愚斋存稿》卷89,第13页。张实在文章中认为"任事"是承办铁厂之事,笔者认为这应指任卢汉铁路总办一事,因为此时铁厂由盛宣怀接办早已成定局。从电文中亦可知。

② 盛宣怀此前已对札文有所不满,见《盛道禀复》,《张之洞全集》第5册,第458—459页;《铁厂招商承办议定章程折并清单》(光绪二十二年五月十六日),《张之洞全集》第3册,第376—379页。

③ 《王夔帅来电》(光绪二十二年五月十五日),《愚斋存稿》卷89,第21页。

④ 中国第一历史档案馆编:《光绪朝上谕档》第22册,127页。

⑤ 夏东元编:《盛宣怀年谱长编》,第525页。

事,且抬出赫德意图承揽之事。①

除此之外,盛氏暗中单独密禀王氏,表明在铁厂集股问题上已"迁就军务处意旨",主动对财务让步,希望王文韶能附片保荐入京,总揽铁政、铁路与银行。② 对此,王文韶的态度较为积极,向盛表示"银行一事连类而及,无不可说",并已与张有所商讨。张、王会商后尚属妥协,认为银行铁路并举可摒赫德,措辞须斟酌利弊。③ 但其实张氏认为留盛于鄂,归己调遣才是正道。④ 仅过一天,张之洞对盛宣怀承揽银行的态度急转直下。⑤ 为此,张之洞向王文韶解释,两者"一举兼营,迹近垄断,必为众口訾议阻挠,恐非所宜",且认为盛宣怀自开银行以"存官款、发银纸",关系太大,显然是担心其以公济私。⑥

在朝廷催促下,王、张只好匆匆会电奏设芦汉铁路公司,说明数日后再具折上奏。⑦ 因为督抚对属员的考语往往影响仕途,盛宣怀得知后大为不满,认为是"大题小做",请王文韶另择他人,⑧ 潜台词则是希望获得更高的官职。王氏因此向盛氏解释,会电不过是"过峡文字,不过描一影子",因为"未经揭晓,不欲漏泄春光",

---

① 《寄王夔帅张香帅》(光绪二十二年六月十七日),《愚斋存稿》卷89,第26页。
② 《盛宣怀上直督王文韶禀》(光绪二十二年六月),《思惠斋亲笔信稿》,上海图书馆藏盛宣怀档案,档案号:015749,第52—57页。
③ 《张香帅来电》《王夔帅来电》(光绪二十二年六月十九日),《愚斋存稿》卷25,第5页。
④ 《武昌恽崧云方伯来电》(光绪二十二年六月二十日),《愚斋存稿》卷89,第30—31页。
⑤ 《张香帅来电》(光绪二十二年六月二十一日),《愚斋存稿》卷99,第26页。
⑥ 《致天津王制台》(光绪二十二年六月二十三日),《张之洞档》第13册,第372—374页。
⑦ 《收直隶、湖广总督电》(光绪二十二年六月二十五日),中国第一历史档案馆编:《清代军机处电报档汇编》第17册,第339—340页。
⑧ 《寄王夔帅、恽崧翁》(光绪二十二年六月二十五日),《愚斋存稿》卷89,第32页。

又向张氏说明,盛宣怀"于此事步骤尚未十分领会,固有爽然之意",调解其间。①

张之洞并不接受调解,从王文韶转电得知盛氏之牢骚后,一气之下将此前曾到鄂并已被其认定身后有洋股影射的"四商"之一刘鹗召回,意欲以此限制盛之欲望及其承揽银行的进一步行动。② 两人矛盾如此,处于张幕而与刘鹗有良好私交之姚锡光洞悉张之洞颇为"厌苦"盛宣怀,而故意将铁路"转属"刘鹗。③

在三人一番推诿之后,盛宣怀最终还是妥协,并代拟奏稿送呈张之洞修改,而附片则由恽祖翼拟稿。④ 数日后,他加大游说力度,密禀王文韶,亮出底牌,表示若只是商务总办,远不能肩重任,认为后者即将"高升",督抚换人以后,不能保证不受掣肘,需要一个权重又可以息谤的职位——京堂或按察使。⑤ 正如他对署理津海关道黄建筦所说,在鄂有"堂属之分",公司难以自主,"无论京堂、臬司,总以专折奏事为断",要先"切恳"王文韶电商张之洞,"略事架空,先派定差使,俟到京后再定牌子"。⑥

但是王文韶与张之洞"心心相印",避免在正式上奏前过于"铺

---

① 《津督王夔帅来电》《直督王夔帅寄鄂督张香帅电》(光绪二十二年六月二十五日),《愚斋存稿》卷89,第33—34页。

② 《王制台来电》(光绪二十二年六月二十七日丑刻到),《张之洞全集》第9册,第141页。详细过程可见戴海斌:《甲午后"商办"铁路的一例实证——姚锡光日记所见之刘鹗》,收于氏著:《晚清人物丛考(初编)》,第25—49页;茅海建:《戊戌变法的另面:"张之洞档案"阅读笔记》,第467—477页。

③ 姚锡光著:《姚锡光江鄂日记(外二种)》(光绪二十二年六月二十八日),中华书局2010年版,第139—140页。

④ 《武昌恽松翁来电》(光绪二十二年七月初一日),《愚斋存稿》卷90,第1页。

⑤ 《盛宣怀禀王文韶》(光绪二十二年七月初四日),《思惠斋亲笔信稿》,上海图书馆藏盛宣怀档案,档案号:015749,第70—75页。

⑥ 原件无标题,《思惠斋亲笔信稿》,上海图书馆藏盛宣怀档案,档案号:015749,第75—77页。

张",以稳慎为主。① 盛氏无可奈何,却同时联系在京之御史、李鸿章之婿杨崇伊,使其试探朝廷之意旨,在七月初十日奏请将盛宣怀开去津海关道缺,督办芦汉铁路,结果是奉旨暂存,未起波澜,不过做升官之铺垫。②

王文韶接到盛宣怀密禀后,未向张之洞提及京堂,但建议在考语之后,加上将盛宣怀"送部引见"。③ 张之洞表示同意,一面安慰盛宣怀,表示"声望事权必当力筹,苏沪、广东亦可请兼办,已有妥善办法,阁下所虑者,皆可无虑,阁下所未虑者,亦以代筹及矣",并冀其赴鄂面谈;④同时提醒王文韶"稳妥"行事,因摒除"四商",张、王已"得罪"都下人士(笔者按:应指许应骙)以及两江总督刘坤一,即便是昔日旧部之李秉衡也对张氏暗保盛宣怀的行为颇有微词。⑤

面对张之洞突如其来的转变与赴鄂邀请,盛宣怀反有戒心,"未知葫芦里卖何药",请求王文韶指示。⑥ 后者复电认为"武昌之行不可少",会奏可以在鄂缮发,甚至提出"有益而不诧异之办法"。但是,盛宣怀赴鄂见到正件后,认为需要"大改",且张之洞已决定在折中派定盛之总办差使,"不作架空语",不留太多讨价还价的余地。王文韶一面继续安抚盛宣怀,表示奏稿寄到天津后"仍可往返

---

① 《直督王致鄂督张电》(光绪二十二年七月初七日),《愚斋存稿》卷90,第3—4页。
② 中国第一历史档案馆编:《光绪朝上谕档》第22册,154页。
③ 《夔帅致香帅电》(光绪二十二年七月初十日),《愚斋存稿》卷90,第4页。
④ 《致上海盛道台》(光绪二十二年七月十三日),《张之洞档》第13册,第393—394页。
⑤ 《致天津王制台》(光绪二十二年七月十三日未刻发),《张之洞档》第13册,第396页。
⑥ 《寄直督王夔帅》(光绪二十二年七月十四日),《愚斋存稿》卷90,第6页。这可能是翁同龢的"帮忙",因户部议复汉阳铁厂重税,张之洞可能想通过盛宣怀向翁同龢求情,因此态度有所缓和。见《郑观应致盛宣怀函》(光绪二十二年七月初九日),《盛档·汉冶萍公司(上)》,第178—179页;《愚斋存稿》卷90,第5—6页。

电商",主张先将鄂稿定议,寄到天津再说;①一面成功说服张之洞附上一封给翁同龢的"推荐信",而不在折中加入过于明显之保语,这应是王氏所谓之"办法"。②

其实王文韶亦曾向张之洞保荐盛氏为京堂,但张认为"太骤,不敢请"。③ 登上京堂,意味着踏上了内迁侍郎,外任督抚之阶,在其眼中显为超擢,拒绝了在奏折中明保。不过,张之洞亦缓和了自身态度,向盛宣怀说明是"碍于一网打尽之讥",向盛宣怀保证"大局一定,诸事俱好说"。④

八月初五日,折差终于将奏稿送达天津,王文韶认为"无可增损"后即上奏清廷。⑤ 折中对盛宣怀的评价,已悄然变成"才力恢张,谋虑精密,博通洋务,深悉商情,甚有合于刘晏用人所谓通敏之才"。⑥ 然而,张之洞仍不放心,坚持对盛宣怀的控制欲,另附密折,奏请将其"移官鄂省,假以事权"。⑦ 尽管如此,盛宣怀还是进京成功说服光绪帝以及京城诸大老,在光绪二十二年九月十四日,以四品京堂候补督办铁路总公司,后补太常寺少卿。⑧ 盛宣怀终于以接办铁厂为契机,在这年得以"举官入商",并获得与光绪帝直接对话的权力。但是在其心腹——郑观应眼中,京堂远远不如预期,发出"可惜我公不得商务大臣,又非督抚,事多掣肘"的感叹,从

---

① 《王夔帅来电》(光绪二十二年七月十四、二十一日),《愚斋存稿》卷90,第7页。
② 《湖广总督张之洞致直隶总督王文韶函附件推荐盛宣怀承办芦汉铁路》,翁万戈编:《翁同龢文献丛编之一:新政·变法》,第127页。
③ 《致天津王制台》(光绪二十二年八月初四日亥刻发),《张之洞档》第13册,第414页。
④ 《致天津盛道台并录呈王制台一阅》(光绪二十二年八月初五日),《张之洞档》第13册,第415—416页。
⑤ 《王文韶日记》(光绪二十二年八月初五日),第972页。
⑥ 张之洞:《芦汉铁路商办难成另筹办法折》(光绪二十二年七月二十五日),《张之洞全集》第3册,第390页。
⑦ 中国第一历史档案馆编:《清代军机处随手登记档》第145册,第555页。
⑧ 《清实录》第57册,第156—157页。

侧面证明了盛宣怀曾为获得商务大臣而作出努力。①

结　　语

证诸甲午战后围绕汉阳铁厂的相关史事,此公案的细节愈加清晰:一是盛宣怀接办铁厂,非张之洞胁迫,也非单纯因参案受难而为,而是因政局变化,形成了一个由客而主的过程;二是张之洞非但没有以参案胁迫盛宣怀,在铁厂财政支绌的情况下,还有意在其受牵连的"张士珩盗卖军火案"中令其脱身,减轻压力。而后者的另一更为关键的"王鹏运弹劾案",则在王文韶的鼎力支持和翁同龢的暗度陈仓下,得以完美解决,最终张、盛实现双赢。因张之洞一定程度上受盛宣怀掣肘而有意隐讳和口是心非,以及幕僚在其身后编年谱和文集时有所删减,给后世留下了不少疑团。② 幸其档案公开,此案的脉络亦得以厘清。

甲午战后,京城的清流纷纷意图清算李鸿章的淮系势力。③ 保荐盛宣怀,首先要冒着受牵连的政治风险。张之洞、王文韶、盛宣怀和翁同龢4人的历史形象,在此案中暴露无遗,呈现出不同的特点:张之洞自诩清流的角色认同,虽在多年外任疆圻下不自觉地逐渐消磨,却并未殆尽,与公认的"浊流"博弈心术,给后人留下不少疑点;王文韶在众人中穿针引线,其"玻璃球"的形象跃然纸上,也显示出不一般的形象,如执意保护盛宣怀,原因则是出于世

---

① 《郑观应致盛宣怀函》(光绪二十二年八月二十九日),转引自夏东元编:《盛宣怀年谱长编》,第533页。

② 其政治性格,可见李吉奎整理、黄濬著:《花随人圣庵摭忆(上)》,中华书局2013年版,第85—87页。

③ 对甲午战后清流的研究,见杨国强:《甲午乙未之际:清流的重起和剧变》,载《衰世与西法:晚清中国的旧邦新命和社会脱榫》,中华书局2014年版,第258—307页;姜鸣:《天公不语对枯棋:晚清的政局与人物》,生活·读书·新知三联书店2006年版;王维江:《"清流"研究》,上海世纪出版集团2009年版。

交之谊以及维持商务大局。对待新政,他并没有王鹏运所参的那么因循,是一个温和的改革者;①而盛宣怀则越战越勇,在得不到商务大臣一职的情况下,却在铁路总公司旗下意图建立一个商会公所;②帝师翁同龢,则逐渐走进了光绪帝与慈禧太后的政治漩涡,最终竟落得在戊戌政变前夕开缺回籍的结局。4人之中,境遇之不同如是。

在晚清督抚政治潜规则下,往往伴随着权力寻租,是制度变革的一大症结。据此,当时在张之洞幕府中的姚锡光不禁感叹:"现在生意人皆求入官场做事,以求官发财,自期甚矣,世道之衰也。"此可谓一语中的。③ 在盛宣怀接办汉阳铁厂的种种曲折与博弈中,彰显了清廷展开新政的制度和人事困境,也说明了在康梁一派高举维新大旗,为变法呐喊时,张之洞、盛宣怀、王文韶等人也确实推动了改革进程。汉阳铁厂的转让与芦汉铁路的立项,恰如其分地以商务为切入点,充当了洋务运动与戊戌变法的链条,也可以从此再检视戊戌政变前之政局。

(陈健鸿,中山大学历史学系博士研究生)

---

① 光绪二十一年年初,英国公使欧格讷在与即将赴津就任王文韶会谈后向外交大臣金伯利转述王氏的话:"每次他都希望能出现新政,但却回回落空。他认为政府比以前任何时候都更加软弱。现在实行任何激进的变革都已为时过晚,忠臣们唯一能做的事情,就是日复一日地履行自己的职责,祈求上天保佑这个国家走出逆境。"见:《欧格讷致金伯利函》(1895年2月7日),载戚其章主编:《中国近代史资料丛刊续编·中日战争》第11册,第737页。王文韶的新政复奏,提供了最好的注脚。王文韶:《遵旨复奏时政请以开银行修铁路振兴商务为首要折》,光绪二十一年七月初十日,中国第一历史档案馆藏军机录录副奏折,档号:03-5612-007。

② 《盛致张(振棨)、陈(名侃)照会》(光绪二十三年六月十四日),上海图书馆藏盛宣怀档案,档号:107358。转引自李君:《1931年前郑孝胥》,中华书局2018年版,第56页。

③ 姚锡光:《姚锡光江鄂日记》(外二种),第98页。

思想文化与教育

抗战时期国民政府对沦陷区
大学生借读教育研究*

黄 伟

抗战爆发后日本侵略者极力摧毁我沦陷区教育文化机构,以致大量学生失学,继而又通过伪教育机构毒化青年学生思想。据统计,从1931年1月—1938年8月,我国先后有91所高校遭到敌人不同程度破坏。卢沟桥事变后沦陷区面积不断扩大,国民政府为保存教育命脉,进一步将战区学校迁移至其他安全区域。在此过程中,不少学生未能及时随校迁徙,当局便允许他们就近或根据实际情况在不同学校借读,从而产生大量的借读生。1933年12月18日《东北大学校刊》曾报道该校学生在外借读情况:"北平北京大学17人,师范大学5人,清华大学5人,中国学院5人,天津南开大学10人,河北工学院4人,开封河南大学34人,杭州浙江大学3人,上海交通大学1人。"[①]1939年10月,西北联大开课,该年度全校共有学生856人,内含转学试读生127人,借读生96人,旁听生17人;1940年度该校有学生1 059人,内含转学生104人,借读生83人,旁听生29人,当年毕业共205人,

---

* 基金项目:国家社科基金青年项目《抗战时期民国政府对沦陷区教育应变研究》(18CZS045)阶段性成果之一。

① 东北大学史志编研室编:《东北大学校志》(一),东北大学出版社2008年版,第111页。

其中借读生 24 人。① 抗战时期教育部规定凡进入大后方的沦陷区大学生一律分发相关学校借读,插入相衔接之科系班级。当时尚在沦陷区大专学校的学生闻有此借读办法,"虽不经招致,亦源源而来",因而绝大多数均在借读学校完成学业。"此种借读办法,乃是战时所首创",战时大专学校学生人数之增加,"借读生为其来源之一"。② 目前学界关于抗战时期国民政府针对沦陷区学生救助的文章较多,但对于借读教育的研究成果却甚少,此种情况为本文研究工作提供了一定的学术空间。③

一、抗战初期国民政府对沦陷区 大学生借读教育

从溯源来说,在我国封建社会时期就已经有"借读教育"这一概念。当时大部分私塾学校的经常费用由宗祠财产支付,主要供本族子弟就读,同时也允许他姓子弟借读,这就产生了早期的借读。借读教育在由清代入民国时进一步发展,当时为解决教育转型导致诸多弊端,各高校出现一定数量的借读生群体,这在一定程度上缓和了教育急剧变化带来的各种问题。与此同时,为培养人才和弥补办学经费不足,各大学也热衷举办借读生教育。1932 年 3 月 10 日,中央大学商学院招收借读生和夜课生就曾打出这样的

---

① 西北大学西北联大研究所编:《西北联大史料汇编》,西北大学出版社 2012 年版,第 655 页。

② 陈立夫:《成败之鉴—陈立夫回忆录》,台北正中书局 1994 年版,第 287 页。

③ 目前相关成果有王朝辉:《抗战时期的高校学生救济》,四川大学 2007 年硕士学位论文;周莉莉:《1937—1946 甘肃学院学生救助研究》,兰州大学 2016 年硕士学位论文;陈东:《抗战时期国内大学借读现象论析——以战时大学报刊为中心的考察》,《安徽史学》2016 年第 3 期;黄伟:《抗战时期国民政府对战区学生失学救济研究》,《历史教学(下半月刊)》2016 年第 12 期;余子侠、王海凤:《抗日战争时期国民政府对入关东北学生的教育救济》,《华中师范大学学报(人文社会科学版)》2017 年第 2 期,等等。

广告:"本院业已开学上课,兹询各方面之请求,特继续招收借读生及夜课生,限于本月十五日以前随时报名上课。"①

此外,早期的借读教育还掺杂诸多因素,某些高校停办一些院系从而送学生去他校借读,抑或学生自身原因请求借读的比比皆是。当然,这些借读生都需要按照一定程序办理入学手续。1929年10月,中山大学预科毕业生6人准备前往浙江大学借读,但中山大学公函中所开具姓名与实际借读学生不一致,因而浙江大学以发函方式询问中山大学原委并请求解释"借读"两字含义。为规范借读事宜,10月17日,浙江大学校务会议通过借读生规则,规定本校学生在得到教务会议许可后,以本校学生名义在他校修业者为本校借读生,"他校借读生须先由该校缴送成绩证,向本校教务处请求借读经本校教务会议之允许方得借读";该规则还要求他校借读生须依照本校学生章程缴纳学杂等费,"他校借读生除领成绩证外,不得向本校请求发给修业或毕业证书";本校借读生借读期满回校须于注册前缴验成绩证,"如本校认为程度不相当时,该主任得酌减该生借读学分"。②

"九一八"事变后,各高校借读教育开始发生质和量的变化。彼时,日本侵略者一方面对东北地区各高校进行摧残破坏或停办;另一方面为满足殖民统治需要,又建立一批专门奴化我青年学生的伪高校,并对教育宗旨和教科书内容都进行变更。"东北沦陷后,我原兴办之各学校,日人积极摧残,以期消灭民族思想,而作攻心之毒计。"③由于东北各大学因战乱相继停课,奴化教育大肆盛行,致使东北各省的失学大学生纷纷逃赴京、沪、平、津等地请求教育救济。与此同时,东北沦陷区各校也向相关高校请求给予本校

---

① 上海财经大学校史研究室编:《国立上海商学院史料选辑》,上海财经大学出版社2012年版,第251页。
② 《中山大学借读生已来院受课》,《国立浙江大学工学院月刊》,1929年第16期。
③ 《国难中的东北教育》,《申报》1934年7月19日。

学生暂时借读。对于此种声音,北京大学等"咸表欢迎"。10月16日,教育部颁发训令要求东北大学等高校依照各学生科系年级,"酌就平津公私立各大学各学院现有科系分别支配,迳与各该校院接洽,无庸由部指定"。① 此后,东北大学内迁北平因为无校舍,于是该校将最先到达此地的学生送往相关学校借读,当然亦有因实验不便"而整个学系,送往他校借读者",如该校建筑学系去上海,纺织学系去南通,农科借读河南大学,化学系借读南开,其他转考或借读于有关大学者亦"不在少数"。②

而后,东北各类学生继续入关,其人数多达2万余人,仅大学生就有几千人。面对此局面,教育部拟定收容东北失学学生办法,通饬国内公私立大学遵办,并要求凡属辽吉黑三省学生"准豁免学费一学期以资救济"。③ 此外,考虑到东北满蒙各旗原在东北各大学肄业学生失学者亦不少,如不急谋补救将会使日伪乘虚而入。于是,国民政府又派人调查各蒙旗的失学大学生数量,并按东北失学学生待遇办法办理,同时促令"该生等速转入国内相当学校完成学业"。④ 当然,关内其他学校也积极收容东北流亡学生,如浙江大学曾致电张学良:"闻东北大学学生现已分往平沪,如他校一时难尽收容,敝校愿特为设法,并以奉闻。"⑤

1932年"一·二八"事变后,上海失学大学生增多,清华大学陆续收到上海战区学生的借读申请,于是学校"拟就宿舍空位酌予收容十余人",后来该校学生会又请求学校尽量收容,"当局于宿舍

---

① 《本校收容东北寄读学生经过》,《北京大学日刊》,1931年,(2740)。
② 东北大学史志编研室编:《东北大学校志》(一),东北大学出版社2008年版,第111页。
③ 《东北学生学费北大已准豁免》,《京报》1931-10-22。
④ 《内蒙古教育志》编委会编:《内蒙古教育史志资料》(2),内蒙古大学出版社1995年版,第201页。
⑤ 《本大学电张副司令愿收容东北大学学生》,《国立浙江大学校刊》,1931年,(66)。

中挪挤结果,得床位三十余"①,才勉强收下暨南、同济和复旦等高校 30 余名学生。不久,为便于各校收容借读生,教育部订立淞沪大学借读办法,其主要内容包括:最后年级借读生,其修习之学分试验及格移转原校,如原校认为学分修满,年限已足可发给毕业证书。"一、二、三年级借读生,如欲改为正式生,应遵照各该校转学办法办理。""医学修业年限较长,当依照上列办法比例办理。"②具体如暨南大学,该校遭到日机轰炸后部分学生被迫转移借读,"计留苏者 500 余人假东吴大学授课;留苏 300 余人已有一部分寄寓华侨中学,以地小人稠正另筹补课办学"。③ 此后,暨南大学迁往租界复课,同时为救济他校失学学生"特兼收借读及试读生"。自 3 月登报通告后,请求借读者除上海战区学生外,即远自北平、东北各地学生也陆续申请。据当时统计在该校借读的学生来自不同大学,其中,"中国公学借读 15 人、复旦大学借读 50 人、大夏大学借读 19 人、光华大学借读 23 人、上海法学院借读 15 人、上海法政学院借读 3 人、东吴大学借读 11 人、持志大学借读 6 人、大同大学借读 6 人、沪江大学借读 1 人,中央大学借读 4 人等,总计借读 170 人"。④ 此外,该校有 200 余学生寄居广州中山大学。为解决这部分学生的就学问题,校长郑洪年致电中山大学校长邹鲁表示,暨大学生来粤借读,注册虽迟但仍希望能全体收容。"所有学分仍由敝校承认,将来规复即回肄业,如系四年生,由敝校办理毕业。"⑤ 12 月 4 日,邹鲁在复电中称此次因上海战事,该校特设特别旁听生以收容,但部分学生不愿意受编级试验,暨大学生亦有此情,"而借读办法,因人数在数百以上,又难行于此时,颇术穷",因此他建议暨

---

① 《大批借读生来校》,《清华周刊》1932 年,(3)。
② 《教育部拟定救济战区借读生新办法》,《中华法学杂志》,1932 年,(5)。
③ 《致行政院教育部电呈报紧急处置办法》,《暨南校刊》,1932 年,(1/6)。
④ 《本校借读生统计》,《暨南校刊》,1932 年,(11)。
⑤ 《致广州中大邹校长函电》,《暨南校刊》,1932 年,(1/6)。

大派"教员来校授课"。① 在借读问题上陷入僵持后,郑洪年准备前往广州面谈,并希邹鲁转告学生并"先行讨论办法"。② 6日,邹鲁在复郑洪年的电文说道,中山大学自开办特别旁听生班后,借读事宜已经停止,但是暨大学生不仅抗拒编级实验且阻他人编级试验,"故来试验各生,当悉收;未试验各生除由尊处派员来校教授,由中大假借校舍校具外,实无他法"。③ 而后,郑洪年对邹鲁表示歉意并说"敝校未试验各生,已去电训责,应一律遵守编级试验"。④ 同时,郑洪年去电暨南大学同学会提出批评:"同学中有不特抗编级试验,且阻人编级试验,殊属非是,应一律遵守编级试验。"⑤然而,最终由于各种因素制约,该校多数学生的借读问题未能得到有效解决。

基于沦陷区失学大学生不断增多,各相关机构制定系列借读规章以便学生借读。"一·二八"事变后浙江大学订定《暂收临时借读生办法》,指出各公立或已立案之私立大学学生,因军事关系暂时不能在原肄业学校肄业者,本学期可在该大学借读,称为临时借读生。"临时借读生须其原习之学科年级与本大学现有之学系年级相当,并须经过试验,不及格者不录。"浙江大学还规定临时借读生受课受试均与正式生一律,其修习之学分可由该校给予成绩证明书,如欲改正式生须依照转学规则办理。至于借读生入学手续,浙江大学是这样规定的:首先,应向该校秘书处报名登记随缴证明文件;其次,核准登记后向志愿借读之学院接洽应试科目;再次,随带4寸半身相片两张前往应试;最后,考试录取后应邀同保证人两人前往学校秘书处填写保证书及志愿书,然后缴纳注册费

---

① 《广州中大邹校长复电》,《暨南校刊》,1932年,(1/6)。
② 《致广州中大邹校长电》,《暨南校刊》,1932年,(1/6)。
③ 《广州中大邹校长来电》,《暨南校刊》,1932年,(1/6)。
④ 《复中大邹校长电》,《暨南校刊》,1932年,(1/6)。
⑤ 《致广州暨南同学会电》,《暨南校刊》,1932年,(1/6)。

及领取入学证后赴各学院受课。① 地方当局在秉承中央政府的命令下,也对沦陷区学生进行了各种救济。1932年3月1日,湖南省教育厅命令省内各大学尽量收容回湘学生借读,鉴于各生原有学籍又允许免试入学。至3月20日,前往湖南大学报名借读者达160人,但是校方规定须参加考试"以定去取",因而"诸同学即哗然而愤其相反于省府决议案",不少学生认为此举"不啻侮辱母校也"。最后湖南省决定借湖南大学部分公物,成立管理处开一特设班,以方便学生借读。"吾人在此国难当头之日,尚能受诸师友之教谊,亦云幸矣,课余吾人又从事课外活动,如旅游游泳,球类比赛,出版刊物等皆亦如在沪之日,随遇而安,人生固应如是也。"②同样,安徽省曾饬本省各校对沦陷区来归失学学生请求借读者,无论有无证件均免甄试就读以示奖励,并要求省立安徽大学设法收容前来借读的沦陷区大学生。为此,该校1932年曾制定校外生借读办法,提出凡国立及经教育部立案之各大学及学院学生,取得原校借读证明书者,经教务处审核无误并公布姓名后暂准借读;"如遇某系某级请求借读人数过多,教室不能容纳时由学校酌定办法解决"。该校还规定如无特殊情况,请求借读的学生需照章缴纳各费,不得无故请求免缴,且借读生于学期修毕后应一律返回原校复学。借读生之借读及转学证明文件,如以后发现系伪造或有蒙蔽情事者,"得随时取消其借读资格"。③ 此后,鉴于学校教室和学生宿舍有限,1933年6月17日,安徽大学校务会议决定自下学期起不再招收借读生,已在该校借读者须回原校肄业,或依该校规定转学手续转入学校肄业。

随着日本对中国侵略的不断加深,有识之士呼吁道,"对于这

---

① 《本大学订定本学期暂收临时借读生办法》,《国立浙江大学校刊》,1932年,(81)。
② 《半年来之国内外各大学被难回湘借读同学会》,《借读同学会纪念刊》,1932年纪念刊。
③ 《安大校外生借读办法》,《安徽教育行政周刊》,1932年,(16)。

些战区逃出的学生,我们以慎重的向全国人士告一句,绝对不能像普通难民一样的看待他们。社会和政府应缜密的给与保护,学校应尽量的容纳他们借读,这是储备国家生力的一部重要的工作"。① 于是,在卢沟桥事变前夕国民政府未雨绸缪,责令四川、湖南等比较安全的地区制定收容战区学生计划,并要求各校对于因战事关系由他地迁来的同等学校学生,志愿继续就学者须尽量收容借读。收容借读生的学校应按照"现有之宿舍、教室及可能租用与短时期可添造之房屋情形",定可收容借读生之最大容量。此后不久,成都、武昌、西安、长沙、昆明、重庆、开封、安庆、武功等处公私立专科以上学校向教育部报告,安全区总计可容纳借读生9 000余名。其中,四川大学文理法农学院650名、武汉大学文理法工学院395名、中山大学文理法工农医学院2 960名、西安东北大学文法工学院300名、湖南大学理工文学院100名、云南大学文法理工学院500名、重庆大学理工商学院815名、勷勤大学工商教育学院975名、广西大学文法理工学院400名、安徽大学理农文学院300名、河南大学理农文法医学院400名、成都华西协和大学理文医学院400名、武昌中华大学文理商学院120名、武昌华中大学文理教育学院80名、广州大学文学院120名、四川教育学院120名、湘雅医学院60名、焦作工学院60名、江西工专60名、西北农林专校150名、河南水利工程专校30名、武昌艺专150名、武昌文华图书馆专校20名,总计可容纳借读生9 165名。②

二、全面抗战后国民政府对沦陷区大学生借读教育

1937年7月7日晚,日寇突袭卢沟桥致全面抗战爆发,华北

---

① 杨叔荪:《怎样救济战区的学生》,《抗战(汉口)》,1937年,1(1)。
② 《专上学校应尽量容纳战区借读生》,《教育研究(广州)》,1937年,(79)。

及淞沪地区均沦为战区,而这些区域为专科以上学校集中之地。当时,教育部的当务之急莫过于"将此等学校的员生及图书设备迁移后方,重振弦歌"。① 恰在此时,蒋介石在庐山牯岭召集全国中等学校校长、训育主任及各县教育局长科长会议。8日,其接到报告后,即决定动员中央直辖部队"北上赴援"。② 23日晚,教育部长王世杰约见由牯岭参加谈话会经南京返校之诸校长、教授商谈,被邀请者大半为平津各校人员。王世杰向他们建议,"为平津教育界意志与行动。今后益宜一致,并宜与地方军政当局不断接触,庶几地方当局,重视教育态度,共同致力于统一与国权之拥护"。③ 28日,朱经农、吴南轩等出席蒋介石庐山谈话的教育界人士在牯岭图书馆举行分组谈话,主要讨论战时教育问题,他们认为战时高等教育应分区施行,如在平常区即暂时少作战可能性之地,由教育部命令现有各校,除维持其本身平常教学活动外"并尽量收容紧急区之失学青年"。④ 29日,日寇进攻天津并以飞机携炸弹及重炮轰炸南开大学;30日,日寇恐其不能全毁又"持汽油往该校放火续烧"。当天,王世杰往南京中央饭店慰问张伯苓,并声明事件平息后"政府必负责恢复该校"。⑤ 当时,在首都南京的一般人士,均深感大战爆发后之危险,而有识之士更是对国家的前途不胜恐惧。8月3日下午,教育部长王世杰同胡适、吴达铨、周枚荪、蒋梦麟诸人在家密谈,胡、周、蒋均倾向于忍痛求和,"意以为舆其战败而求和,不如

---

① 陈立夫:《成败之鉴——陈立夫回忆录》,台北正中书局1994年版,第247页。
② 王世杰著、林美莉校订:《王世杰日记》,"中央研究院"近代史研究所,2012年,第21页。
③ 王世杰著、林美莉校订:《王世杰日记》,"中央研究院"近代史研究所,2012年,第25页。
④ 中国第二历史档案馆编:《中华民国史档案资料汇编》第五辑第二编教育(一),档案出版社1997年版,第135页。
⑤ 王世杰著、林美莉校订:《王世杰日记》,"中央研究院"近代史研究所,2012年,第27页。

于大战发生前为之";王世杰认为"和之大难,在毫无保证;以日人得步进步为显然事实;今兹求和不只自毁立场,徒给敌人以一、二月或数月时间,在华北布置更强固,以便其进一步之压迫"。① 同一天,教育部向蒋介石秘呈《总动员时督导教育工作办法纲领》。此后,国民政府内定大战爆发后,如首都遇袭则迁往湖南衡阳的衡山。6日,胡适亲往蒋介石住处以书面方式提出彼之和议主张,蒋介石甚客气,"但未表示意见"。②

1937年8月10日,日军进驻北平城内,当时全国专科以上学校有30所在平津,学生约万余人,"其安全至为可忧"。③ 12日,教育部颁布《各级学校处理校务临时办法》,规定:"各校对于因战事关系由他地迁来之同等学校学生向本校请求转学或临时借读者,应设法尽量收容,转学不限定年级。"④ 19日,教育部又发布《战区学校处置办法》密令,要求暂时停闭之学校应发给学生借读证明书,以便学生"自由择校借读"。⑤ 27日,教育部正式对外公布《总动员时督导教育工作办法纲领》,其中强调"比较安全区域内之学校应可能范围内,设法扩充容量,收容战区学生"。⑥ 与此同时,教育部还通令安全地区各高校暂时收容平津学生,于是相关大学积极行动,从而推动借读教育的发展。例如,华中大学自1937年学期开学后,多次奉教育部训令将各批志愿借读之学生安排在校内

---

① 王世杰著、林美莉校订:《王世杰日记》,"中央研究院"近代史研究所,2012年,第28页。
② 王世杰著、林美莉校订:《王世杰日记》,"中央研究院"近代史研究所,2012年,第29页。
③ 王世杰著、林美莉校订:《王世杰日记》,"中央研究院"近代史研究所,2012年,第30页。
④ 教育部编:《教育法令汇编》(第三辑),正中书局1938年版,第22页。
⑤ 教育部编:《教育法令汇编》(第三辑),正中书局1938年版,第22页。
⑥ 章咸、宋恩荣:《中华民国教育法规选编》,江苏教育出版社2005年版,第681页。

借读;此后该校又奉省教育厅训令对登记合格之战区学生,予以收容,"已入学随班上课者,计大学各院系约五十名"。① 9月4日,最高国防参议会讨论招收大学生参战事,蒋百里认为不可利用全国大学生之热血,促令赴前线参战,"而仍当尽力设法完成其学业,勿使失学",言时泪下,"全座感动"。② 在这次会议中,教育部长王世杰建议扩充内地比较安全区域之学额,以"收容战区学生",并于长沙、西安等处设立临时大学,以维持正常教育并对沦陷区学生进行借读。此后,两校筹委会均正式成立。10日,西安临大发布《原平大、师大学生复学办法》,规定:"原两校学生上年度在外校借读,仅获得第一学期成绩者,准于本学年第二学期开课时复学,其有愿在第一学期复学者,应予照准,但不得升级";如在外校借读而全学年均无成绩者以未借读论,"但确曾借读满两学期,各上课三分之二时间,未与考试,有借读学校证明者,得由本校予以补考,及格后准予升级"。③

表1 西安临时大学1937学年第二学期各院系借读生统计表

院别	系别	年级/人数						统计
		一年级	二年级	三年级	四年级	五年级	六年级	
文理学院	国文系	2	5	3	5			15
	外国语文学系	2	1	4	5			9
	历史学系		3	2	1			6
	数学系		2					2
	物理学系	2	4	3	1			10

① 《教育部、厅令分配战区战区借读生》,《中华周刊》,1937年,(607)。
② 王世杰著、林美莉校订:《王世杰日记》,"中央研究院"近代史研究所,2012年,第38页。
③ 西北大学西北联大研究所编:《西北联大史料汇编》,西北大学出版社2012年版,第42页。

(续表)

院别	系别	年级/人数						统计
		一年级	二年级	三年级	四年级	五年级	六年级	
文理学院	化学系	3	3	6	3			15
	生物学系	2	5	1	2			10
	地理学系			1				1
法商学院	法律系	1	9	8	12			30
	政治经济系	2	11	7	5			25
	商学系				1			1
教育学院	教育学系	2	4	3	1			10
	体育学系			5	1			6
农学院	农学系			3	6	2		11
	农业化学系				1			1
工学院	土木工程学系	1	2	4	1			8
	矿冶工程学系		2		1			3
	机械工程学系	1	1	5	3			10
	电机工程学系	1	1					2
	化学工程学系	1		1	3			5
医学院		3	9	6	4	10		32
总计		23	65	65	48	10		212

资料来源:《各院系借读生统计表》,《西安临大校刊》,1938年,(4)。

与此同时,上海各大学在租界外被战事毁损者,已无法就地开学,其迁入租界者因租界当局不许界内学校即时开学,亦无法开课;而南京各大中学同样不能开课,中央大学及中央政治学校甚至准备外迁,"正在庐山、重庆等地布置校舍"。① 面对如此局面,虽

---

① 王世杰著、林美莉校订:《王世杰日记》,"中央研究院"近代史研究所,2012年,第41页。

当局通令各校免收学费以示优遇。然而,学生在逃亡时仅能携带稀少衣物,生活实难接济。1938年1月,陈立夫就任教育部长,当时摆在他面前最紧急的事便是"争取青年",如处置不当,沦陷区失学学生则会被日伪利用;而进入大后方如没有学习机会,他们会投奔中共边区的抗日军政大学,出现这种情况则"欲求补救,将不及矣"。① 于是,陈立夫积极鼓励沦陷区教育机构内迁,并通令后方各校尽最大可能收留学生借读。如1938年1月22日,长沙临时大学发布迁校布告,指出凡学生愿继续求学而成绩及格者,可按规定手续请求许可证随往新址继续学习,"至借读生,入学之初本校规定暂准试读,至学期考试时,从严考核后定去取,凡成绩优良、操行勤谨者,本校必予录取,准其随迁新址,以后待遇视同本校之学生"。② 3月30日,国民党临时代表大会通过《战时各级教育实施方案纲要》,强调"对于全国各地学校之迁移与设置,应有通盘计划,务与政治经济实施方针相适应。每一学校之设立,及每一科系之设置,均应规定其明确目标与研究对象,务求学以致用,人尽其才"。③ 在此背景下,教育部规定后方公立学校及经指定之私立学校收容借读学生如学额已满,或教室不能容纳时应酌量租用学校附近房屋,或建盖临时房屋,其实验设备如感不敷,可分组轮流实验;如因此而增加额外的经费,可呈请主管教育行政机关核准酌予补助,教员不够时可由各校呈请主管教育行政机关就沦陷区退出之教员中选聘前往服务。

此后,鉴于不少大学尚未撤出沦陷区,如在北平的燕京大学、辅仁大学等。于是,教育部商请这些学校就近照顾,"负责北方学

---

① 陈立夫:《成败之鉴——陈立夫回忆录》,台北正中书局1994年版,第286页。
② 清华大学校史研究室:《清华大学史料选稿》第三卷(下),清华大学出版社1994年版,第109页。
③ 章咸、宋恩荣:《中华民国教育法规选编》,江苏教育出版社2005年版,第682页。

校的联系,政府并供应这些学校的经费"。① 1937年7月28日,燕京大学准备招收新生考试,但此时正是北平时局"最紧张的一天",因而改期到8月9日和10日举行,此后为给未能参加第一次入学试验的学生一次机会,并为"平津不能开学的学生设想招收借读生",又举行第二次考试,前后录取包括借读生在内新生共618人,为该校历年录取新生的"最高纪录"。② 同样,辅仁大学当局也及时招收"CS"即"借读生",为未能出走学生继续求学提供出路,使他们免于失学危险。"更有甚者,大部女生升学感到异常困难。辅大乃扩展女院招收女生,以便解决更多女生升学求知。"③此外,对于未撤出上海的高校,教育部也要求他们在租界复课后收容学生借读。

为规范沦陷区学生借读,1938年年初教育部颁布《战区各级学校学生转学及借读办法》,要求战区暂行停闭之各级学校,应发给学生借读证书或转学证书。"战区已停闭之中等以上学校,因特种原因未及发给学生借读证书或转学证书者,其原有学生可持足资证明文件,向各省市教育厅局登记申请发给借读介绍书,经审查合格后由登记处发给之。"中等以上学校学生持有借读证书者除原校业经指定借读外,"得各执便利,自向同等学校请求借读或转学"。中等以上学校学生如未能觅得借读学校者,"得分别向本部及各省市教育厅局登配处请求指定借读学校"。④ 彼时,教育部还公布《登记专科以上学校学生借读办法》,指出凡分发借读学校不在原登记地点者,由教育部酌给旅费,如不愿在分发学校借读而有充足理由,可请求分发志愿借读之学校,但不给旅费。"凡登记各生,应于接到通知后五日内启程赴借读学校报到,迟不到校者即取

---

① 陈立夫:《成败之鉴——陈立夫回忆录》,台北正中书局1994年版,第294页。
② 《本年招数借读生,试行导师制》,《燕京新闻》,1938年3月30日。
③ 北京辅仁大学校友会编:《辅仁往事(二)》,2007年,第266页。
④ 《战区各级学校学生转学及借读办法》,《湖北省政府公报》,1938年,(356)。

消借读资格。"①此后,各大学也制定本校借读他校办法。1938年,之江大学教务处公布本校学生在外校借读规则,要求借读学生在他校借读后须详细开具在借读学校所选之学程、名称、学分数及所用教本等;同时,要求学生学期终了时应将借读成绩单寄交教务处以凭审核承认所修学分,但每期至多不超过19学分。该校还规定借读生如系应届生需履行后列各项手续方得毕业,如:借读生须将毕业论文题目及指导教授姓名开单寄校;将毕业费10元寄缴校;将在他校已评定成绩之毕业论文,依照学校规定之论文纸格式缮就两份,随同该学期成绩一并挂号寄校;应届毕业生在外借读者除修业党义、军训、体育学外,修满共同主辅系自由选修各学程达132学分,论文经主系主任通过,经本校院务会议审查合格者可由本校授予学位;等等。②

后方各级政府也积极制定系列针对沦陷区学生的借读政策。1937年10月,四川省颁布《战区学生来川借读办法》,确定如下原则:"其家乡沦为战区接济断绝者加救济";"因受战事影响来川阶段,其家乡并未沦为战区而因家中兑款一时不能接济者,在过渡时期予以至多不过二月之补助";"本省回川之大学生,除原领有贷费仍照旧发外应不予救济。"③此外,四川省还规定凡战区专科以上学校,均可按照科系将志愿向各校就学之学生,分别移送各该校借读,或由学生就地自行请求借读。"请求借读生超过预定名额,或程度与院系不甚相当时,得由被借读学校酌量收纳办法,以定去取;但须在各大报登载额满通告,以免学生徒劳往返。"④彼时,沦陷区各省前往陕西借读的学生经登记后有大学生194人。1938

---

① 刘海粟美术馆、上海市档案馆编:《上海美术专科学校档案史料丛编》(4),中西书局2013年版,第348页。
② 《学生在外借读办法》,《之江大学通讯》,1938年,(5)。
③ 《省府拟设法救济战区来川借读之大学生》,《四川教育》,1937年,(12)。
④ 《令布战区学生借读办法三则》,《四川月报》,1937年,(4)。

年4月16日,该省借读办法规定,东北大学所有科系可设法借读,"来陕借读学生,本省在可能范围内依其原有班次插班借读,务使不因战事而失学","凡已登记学生到厅领取大学证件前往派定各校报到,其手续未完备者,应在三日内办理完毕,以便指定学校借读"。① 同样,广东省为便于各校收容战区学生起见,规定自1940年度各校收容战区学生以其有借读证者为准,其余应先向战区退出员生站登记,借读生于学期开始入学,"至迟不得超过授课时数二分之一",1939年前未有借读证学生须由原校长或教职员两人以上填具战区学生学籍证明书,予以证明。该省还要求"非战区暨原在战区但经迁址之学校,学生转学应一律发给借读证"。②

鉴于全国统一招生考试实行后,录取的学生有部分因各种原因无法到校,陈立夫在发给各高校的函件中指出,"贵校如遇有该项学生请求就近入学时,即希体验时艰尽可能范围内,设法收容,暂准借读",俾使有特殊困难之学生"不致因交通关系失学"。③ 为适应人才培养的需要,1941年教育部公布新的《专科以上学校学生学籍规则》,其中借读条款指出,专科以上学校学生借读,应由教育部或原校发给借读证明书,学生借读以同等学校相同之院系科组为限。"专科以上学校学生不得借读于他校之最后年级,但抗战期间得不受此项限制。"借读生借读年级,应由借读学校视原校肄业成绩而定,"其在原校肄业成绩及格者,得编入与肄业年级相衔接之年级借读"。该规则同时强调,"原校如已迁至后方开学而不愿转为借读学校正式生者,应即回原校续学";如原校学籍未经呈报教育部或未经核准者"均不准借读,学校不得发给借读证明书"。④ 太

---

① 《登记竣事插班借读办法业经决定》,《西京日报》1938年4月16日。
② 《订定收容战区借读生应注意事项》,《广东教育战时通讯》,1940年,(25)。
③ 《英土大学收借读生》,《福建教育通讯》,1940年,(1/24)。
④ 王学珍,张万仓编:《北京高等教育文献资料选编1861—1948》,首都师范大学出版社2004年版,第810页。

平洋战争爆发后,各校加大对战区学生的收容,交通大学上海分部的不少学生转入内地后,该部理学院四年级学生20人、工学院四年级学生120人,经教育部分发到中山大学借读,但因交通困难抵校日期难预定,因而校长张云分别通知理工两院妥为筹备,"以俟各生抵步即可上课"。① 1942年,中正大学为救济战区学生曾收容借读生数10名,然而至9月28日截止申请后,仍有不少学生因特殊情形来校请求借读。于是,该校为救济此等学生学业起见,经由校第63次常务会议议决特准将申请期限延至11月2日截止,在延展期内申请借读学生并须"参加借读考试"。②

三、抗战时期国民政府对沦陷区大学生借读教育特点

抗战时期国民政府对沦陷区大学生的借读教育实属无奈之举,因而严格规定"专科以上学校不得无故拒绝接受借读生",如查明有借词拒绝者"予以相当之处分"。③ 但是,借读教育却成为战时教育的重要组成部分,促进了中国高等教育接续的发展。当然,沦陷区大学生如想成为借读生须遵守一定程序。如1942年11月,金陵大学战时借读办法规定,本校学生如因交通困难或其他原因不能即行返校肄业者,经教务处核准可在他校借读;借读手续规定为,"欲在他校借读者须于开学前一月具函详陈情由,拟借读之学校名称、地点及最近二寸半照片一张,一并寄本校教务处申请,经准领得借读证明书后,应即遵照证明书上附录细则,分别办理";借读学生在他校注册后,"应即将所选课程名称学分数及内容,详

---

① 《沪交大学生来校借读》,《国立中山大学校友通讯》,1942年,(4/5)。
② 《借读生申请借读期乃经校务会议常会决定》,《中正大学校刊》,1942年,(4)。
③ 徐咏平编著:《到大学之路》,学生之友出版社1943年版,第96—97页。

细函告教务处存查；至学期结束时由借读学校将成绩单，径寄本校，以凭核给学分"。① 总的来说，抗战时期国民政府对沦陷区大学生借读教育有以下鲜明特点：

（一）学生借读需缴纳一定的证明材料或参加考试

沦陷区大学生借读需要原校发给证明书或有教育部颁发的借读证明文件，唯此才能获得借读的机会。教育部曾明确要求战区各级学校尽可能发给学生借读证书，此项证书须注明学生姓名、性别、年龄、籍贯、科别、年级等项以便学生借读。例如，四川大学临时借读规则强调除教育部或原校指定借读外，借读生须遵照教部规定呈缴原校发给的借读证明书，或最后一学期的成绩单，或当年暑假升学考试及格之证明文件。"以上证明文件得缓至本人入学后八周呈缴，但入学时须有本校教授或其他人证明函件，证明其确系某校某年级学生。如逾期不呈缴而又无其他方法足资证明者，取消其借读资格。"②1938 年，云南大学公布的临时借读办法亦要求，借读生须呈缴材料包括：原校发给之借读证明书、或最后一学期之成绩单、或本年暑假升学考试及格之证明文件、或其他证明文件。此外，当时不少高校规定除由教育部分发借读者外，凡自行请求借读者须经甄试及格方可入学。1932 年 3 月 11—15 日，浙江大工学院第二学期招收临时借读生入学试验，后来，因沦陷区失学学生之请求借读者源源不绝，工学院特定 3 月 22 日起再举行第二次考试。当然，该学院借读考试科目也不尽相同，如二年级化学系考试科目为检查体格及口试、国文、英文、普通化学、初等有机化学，三年级教育系借读生考试科目为检查体格及口试、国文、英文、教育原理、教育心理学。③ 1937 年 10 月 6 日，华中大学"战地借读

---

① 《南大百年实录》编辑组编：《南大百年实录　南京大学史料选》（下），南京大学出版社 2002 年版，第 166 页。
② 《国立四川大学临时借读规则》，《川大周刊》，1937 年，(1)。
③ 《文理农两院录取借读生揭晓》，《国立浙江大学校刊》，1932 年，(84)。

生审查委员会"第一次会议决议,当月15日上午8时—下午4时,由该会全体委员会对学生举行口试,合格后方准入学。① 同一年,西安临时大学对请求借读的学生进行口试甄别,及格者共180余人准予借读,尚有未经参加口试者于11月25日补考一次。1938年春,该校决定开课前续招借读生一次,要求凡持有大学一、二、三年级第一学期肄业证明书者,可于3月1—2日,持院校证明文件并二寸半身相片4张,到西安城隍庙后街公字四号该大学注册组报名听候试验,其中3月5日国文、外国文及本系主要科目一门,6日口试。② 1944年,中央大学规定借读生入学时,需要凭教育部分发的通知单到注册组学籍股报到,并呈缴原校成绩单、高中毕业文凭及相片数张。"经验对核收后,制取收条,随发口试表、体格检查单,至借读系主任口试,经签字后,至卫生室检查体格";"编级考试科目,由注册组征询各院系意见后,定期公布。"③

(二)借读生需缴纳一定费用

民国以来改革教育制度,我国高等教育也步入了收费时代,部分家境贫寒的学生对此苦不堪言,因而读大学成为部分人的权利。抗战时期国民政府强调,"为安定全国教育工作起见,中央及各省市教育经费在战时仍应照常发给,倘至极万不得已有量予紧缩之必要时,在中央应由财教两部协商呈准行政院核定后办理"。④ 同时,考虑到沦陷区大学生逃难到后方与家庭失去联系,致经济紧张,教育部要求各高校给予来自沦陷区借读的大学生一定的学杂

---

① 《会议纪录:战地借读生审查委员会第一次会议纪录》,《中华周刊》,1937年,(593)。
② 《本大学招收借读生》,《西安临大校刊》,1938年,(10)。
③ 《注册组公告三四年级新生报到次序及二年级以上借读新生报到须知》,《国立中央大学校刊》,1944年,(20)。
④ 中国第二历史档案馆编:《中华民国史档案资料汇编》第五辑第二编教育一,江苏古籍出版社1997年版,第7页。

费减免待遇。然而,借读生在各校借读增加了学校经济负担,校舍也是极为紧张,因此大部分的高校都要求他们缴纳一定费用后才能在本校正常借读。抗战时期大后方成都、重庆等地物价高涨,借读费用也随之提高。四川大学规定借读生依照教育部所订办法应缴纳大学所规定之一切费用,如借读期间在10周以上者则应缴纳全期费用,各费入校时如无特殊情形,仍须全部缴纳,出校时由会计课分别算明发还。就该校文法学院借读生缴费情况来看:制服费8元、每学期学费12元、体育费和电灯费2.5元、公物损坏赔偿价保证金5元,共计27.5元;而理学院农学院借读生需要缴纳:学费12元、制服费8元、体育费电灯费2.5元、公物损坏赔偿价保证金10元、实验消耗费3元,共计32.5元。至于缴费手续,该校规定借读生缴费前先到注册课报到,领填学历表并缴纳原校证件一份及最近二寸半身相片4张,由注册课发给借读许可证;学生持证至指定银行填写联单缴清各项应缴学费,然后持缴费凭据回学校注册课注册,领取注册证及出入证。西北联大亦规定借读生应缴各费与本校学生同,另收制服费10元,宿费可以暂时免除;学校未设之学系不收借读生,如二、三年级学生愿在"性质相近之学系借读者得降低一年,酌予借读",但这些借读学生同样需缴纳各种学杂费,不按时纳费则不能入校借读。[1] 1937年11月12日,西南联大召开常委会决定,"借读生中战区学生经证明确实后,得与本校学生受同一待遇,学费准予缓交"。[2] 当然,借读生有时还须缴纳其他费用,如1937年10月浙江大学要求在本校借读学生每人应缴纳救国公债10元,并限定在月底前"直接送交本校会计课"[3]。

---

[1] 西北大学西北联大研究所编:《西北联大史料汇编》,西北大学出版社2012年版,第185页。
[2] 北京大学等编:《国立西南联合大学史料 会议记录卷》,云南教育出版社1998年版,第23页。
[3] 《总务处通告》,《国立浙江大学日刊》,1937年10月21日。

(三) 借读生入校后可改为正式生

借读生在各校借读有机会成为借读学校的正式学生。当时教育部曾制定借读生改作正式生规则,要求分发借读学生除原属本校之学生外,有志改正式学生者一律须参加编级试验,借读生在借读学校修毕一学期或一学年课程后,除最高年级学生外,由校审查其成绩或举行编级试验,一律改为转学本校学生。"九一八"事变后,东北大学农科学生借读于河南大学农学院,"蒙河大全部收留,除四年依法借读毕业外,三年以下均以转学办法正式为河大农学院学生"。① 全面抗战爆发后,1938年5月25日,西北联大公布本校借读生转学办法,规定借读生请求转学须为教育部承认大学或经教育部分发者,并呈交原校肄业时所有学分及成绩听候审查,在呈请申请后借读生须等学期试验及学年试验成绩及格后方为转学本校之学生。"在本校已届毕业年级之借读生志愿转学者须随同该年级参加毕业试验,如成绩在七十五分以上方准转学并发给本校毕业证书,但须注明'曾在某校(原校)某院系肄业几年'字样",如成绩在75分以下而60分以上者,由该校发给毕业证书,但仍用"借读生某某"字样。② 又如金陵大学规定编级试验日期与春秋二季新生入学试验日期同,编级试验科目为国文、英文、数学、生物、化学、物理、中外史地,请受编级试验学生证明文件不全者不得参加考试。"请受编级试验学生考试成绩经审查合格者得改为正式生,其在原校学分得酌量核给之;其在本校选修分,系必修课程得照抵充其余作选修学分。"③同样,西南联大规定借读生改正式生编级试验与转学试验同,但不及格者仍可在校借读。同时规定,借

---

① 东北大学史志编研室编:《东北大学校志》(1),东北大学出版社2008年版,第114页。
② 《本学借读生转学办法》,《西北联大校刊》,1938年,(1)。
③ 《南京农业大学发展史》编委会编:《南京农业大学发展史》,中国农业出版社2012年版,第126页。

读生应就其原属级系应编级试验,不得越级及转系;借读生还需填写申请编级试验表,具体填注学校名称、系别、级别、原属学校目前情况、入本校借读年月等,借以表明志愿改为西南联大正式生并听受编级试验。① 一般情况下,教育部要求在通过考试后各校需将借读生改正式生名册,于每学期开学后3个月内一次报告,如超期则延迟至下学期呈报。诚如时人回忆:"我到武大读书,并非考取,而是'借读'。个中缘由是,抗战以来我在大江南北闯荡了两年多,耽误了学业,不想再按部就班地读四年大学了,希望早点毕业,尽快实现我做记者的理想。借读可以插班,期末考试合格即可转正。战时的一切都打破了常规,我以'同等学力'申请,教育部居然批准了,所以我入学后直接读了政治系三年级。同年寒假前,学期通过考试后就转为正式生了。"②

(四)借读生在校期间可享受奖助贷金

沦陷区随校迁移或转学借读的大学生,虽有了继续就学的机会,但家庭的经济资助却难以得到。为使他们安心向学,教育部设立各种奖学金和贷金制度,并继续实行公费生制度。1938年,教育部分发第二批籍属沦陷区的470余名学生到指定学校借读,其在湖北省登记之学生因交通不便,借读证明书及旅费概由教育部直接发给,所有借读学生如家在战区而经济确实困难可给予贷金,"并酌量减免学杂等费之一部或全部,得由学校汇案报部,由部酌予津贴"。③ 同时,教育部训令相关高校,"为便于学校管理及使学生安心求学,各校对于借读生并应于正式生一律待遇"。关于免费、公费及贷金等办法之实施,"各校应不分正式生与借读生,同样

---

① 北京大学、清华大学、南开大学、云南师范大学编:《国立西南联合大学史料》,云南教育出版社1998年版,第42页。
② 张刃整理:《大公报人张高峰》,北岳文艺出版社2018年版,第100页。
③ 《教部分发第二批专科以上学校借读生》,《教育通讯(汉口)》,1938年,(37)。

遵照核给"。① 教育部制定战区贷金暂行办法后又订立补充办法，其中第1条要求："各校办理战区学生贷金，对于本校学生及借读生应同等待遇"；"由部分发借读学生贷金之申请与审核手续，与本校学生同，但其所需贷金得全由本部核给。"②如西北联大为救济籍隶沦陷区经济困难学生起见，曾设战区学生贷金，学校借读生也可按要求申请，该校贷金额定为每月6元，每月1日、11日、21日各发2元，学生所领贷金"应于战事终了或毕业三年内全数偿还"。③ 其后，随着物价上涨，当局对贷金额度不断调整。1939年3月，四川省决定将各地的战区借读生膳费一律增为每月5元，自2—6月为第一期，8—12月为第二学期，"以后膳费即按该二期月份发给，以资画一"。④ 此后，四川大学战区借读生纷纷请领。4月，四川省教育厅召集救济战区来川借读大学生审查委员会第三次会议决定，该校除2名学生离校及3名学生不符条件不予补助外，其余18名学生从当月开始至6月止，准予每月补助法币10元，同时规定每月最后一个星期日上午10—11时在教育厅发给，"领款学生须亲带厅请证及私章按时前来领取，过期逾时即于次月发款时，再行补发"。⑤ 对于籍属沦陷区学生的贷金制度，1940年教育部长陈立夫坦言："举凡籍属战区接济断绝之学生，自留学生以至小学生，先后登记予以救济者已达万人。国家用于各项学生救济之经费，已达千余万元。"⑥1941年7月，教育部颁行《省私立专科以上学校战区学生贷金暂行规则》，提出凡家在沦陷区而经济

---

① 《教厅训令各公私立中等学校奉部令各校应尽量收容战区学生》，《河南省政府公报》，1938年，(2186)。
② 《战区学生贷金补充办法》，《学生杂志》，1939年，(2)。
③ 《本大学战区学生贷金办法》，《西安临大校刊》，1938年，(11)。
④ 《增加成渝万借读生膳费》，《新四川月刊》，1939年，(5)。
⑤ 《校闻：借读生董安真等已领得川教厅补助费》，《国立四川大学周刊》，1938年，(27)。
⑥ 陈立夫：《关于贷金问题告中等以上学校战区学生书》，《学生之友》，1940年，(5)。

来源断绝,或家庭确实困难的自费生都可领取贷金。不久,教育部又在贷金补充办法中强调,学生申请贷金后,各校应该立即造具贷金学生名册,"呈送本部核给并应详载各生籍贯、院系、年级、每月贷金数额、核发贷金时期等项"。①

(五)借读生可按规定在相关学校毕业

对于部分借读生不愿转入借读学校而成为正式生,或其他原因无法成为正式生,也是可以按时毕业的。1938年,四川大学教务会议议决,凡借读生其成绩能与本校标准相合者,即可准其毕业,"略有不合者亦可另予考试或另补修后,准其毕业,若有不受是项考试或补修者,即可迳请教部办理,其中尚有未将成绩单送交本校者,亦即迳请教部办理"。② 根据此办法,四川大学将该校应毕业借读生名单报部,其后教育部1717号指令强调四川大学应届毕业借读学生,其经修业期满如与部颁二十六年度专科以上学校学生学业成绩结束办法第3条(1)(2)两项之规定相符,准予参加毕业试验。"惟各该生毕业呈报名册内应加列原肄业学生年级,入学年月以及来校借读年月,编入年级等项;连同原校各学年学业成绩单,一并送部,以凭审核。"③1939年6月14日,教育部制定《抗战期间专科以上学校借读生学籍处理及毕业证件发给办法》,指出借读生所选习课程除遵照借读学校规定修习其派定年级的必修课目外,并应尽量选习原校所列为必修或选修之课目。"借读生于借读学校修业期满,除尚有部订必修课目未经修足,须令补修外,应即准予参加毕业试验。必修课目如在借读学校未设置,或虽设置而因两校课程编制不同致未修习者,亦得准予参加毕业试验。"借读

---

① 北洋大学—天津大学校史编辑室编:《北洋大学—天津大学校史资料选编》(1),天津大学出版社1991年版,第363页。
② 《本校借读生与正式生一律待遇》,《川大周刊》,1938年,(3)。
③ 《案查本大学前将本期应届毕业借读学生呈报教育部后,现奉指令》,《国立四川大学周刊》,1938年,(32)。

生在借读学校修业期满并修足规定学分数,缴验毕业论文,经参加毕业考试及格者即准予毕业。其具体手续及证书发给办法为:"借读生之原校存在者,由借读学校将各项成绩移送原校办理毕业呈报手续,但得先由借读学校发给临时证明文件,并注明'在本校借读修业期满,参加毕业试验成绩及格'字样。"借读生之原校暂行停办或原校陷入战区,"由借读学校发给毕业证书,并注明原校院系暨借读字样,该项证书呈送验印手续与本校学生同"。借读生已经借读学校改为本校正式生者,"其毕业呈报手续暨毕业证书式样与本校学生同"。① 诚如时人回忆:"当第一期《燕京新闻》编印完毕以后,蒋先生(蒋荫恩)便和我谈到学系打算聘我担任助教的问题。我说:'我还没毕业,怎能担任助教呢?'蒋先生说,他已和学校研究过,因为知道我在燕京被解散后曾到辅仁大学借读半年,修满四年级的学分并获得毕业。目前只要把在辅仁大学所学的课程进行一次补考并补交一篇论文,如能获得通过,即可成为燕京大学毕业生。……于是,在华西大学社会系教授李安宅先生主持下,进行了补考并获得通过。后来,我又将我在北平燕大上四年级时选定的论文题目,并在辅仁大学借读时呈交的同题论文《众意》,重新复写一份,经蒋先生审阅后也获得通过。最后,又经学校讨论批准,发给我一张临时毕业证书和一张担任新闻系助教的聘书。"②

四、抗战时期国民政府对沦陷区大学生借读教育成效

抗战时期国民政府为应对教育巨变,对沦陷区大学生进行教

---

① 刘海粟美术馆等编:《上海美术专科学校档案史料丛编》(4),中西书局2013年版,第351页。
② 陈嘉祥著:《见证百年》,百花文艺出版社2012年版,第33页。

育救济,尽可能收容未能随校迁移的学生,但还是有相当数量的学生因各种原因失学,他们要继续学业就不得不采用借读的方式。于是,教育部在本部及后方各省教育厅都设有登记处,以尽量收容战区失学大学生。当然,各高校对收容沦陷区学生借读也不遗余力,如截至 1937 年 10 月 1 日,浙江大学除请求休学 14 人及借读其他各大学 42 人外,正式生注册 581 人,借读生 52 人,内男生 37 人、女生 15 人,正式生与借读生合计 633 人。① 西北农专更是规定,"凡北平、保定两处习农学生携带确实证明文件,前来本校按章缴纳各费者,即得与本校原有学生一同授课";该校还决定"学生均安置双层铺位,教师每日上课则以十二时计",如此"始能容纳以上增添人数也"。② 1938 年四川大学亦规定"凡借读生上学年成绩有三科以上不及格或平均分数不及格,其原校尚在战区者准与本校学生一律待遇,予以留级处分;如原校已迁至安全地带者,可酌令其仍回原校肄业"。③ 又如,1940 年教育部分配统考录取学生 242 人给厦门大学,该校原打算不再收容借读生,但为体恤学生起见"不得不通融办理",决定理工学院一年级招数借读生 20 名,文学院中国文学系、历史学系一年级,及理工学院数理、生物、化学等系一年级招收借读生 20 名,但"因宿舍不敷"只以男生为限。④ 客观地说,抗战时期在各方努力下,国民政府对沦陷区大学生借读教育促进了人才的成长,保留了中华民族复兴的种子,而这种人才培养模式的创新对整个民国教育转型发展也具有意义。

(一)在国破山河在的情况下,借读教育激发了学生成才报国的愿望

"一·二八"事变后,中国公学校董会于 1932 年决定停办该

---

① 《校闻:本学期正式·借读人数统计》,《国立浙江大学日刊》,1937 年,(243)。
② 《本校收纳借读生》,《西北农专周刊》,1937 年,(3)。
③ 《借读生与本校学生待遇一律》,《国立四川大学周刊》,1938 年,(4)。
④ 《厦大续收借读生》,《福建教育通讯》,1940 年,(1/24)。

校。"一方面为在沪学生办理他校借读或转学手续;一方面组织复兴委员会,负责本校复兴任务。"由于中国公学校舍几乎毁于一旦,复兴计划短期内难以实现。当时中国公学的学生因感受借读及失学之苦,迭请提前开学,"各校董皆表同情,由蔡董事长及在沪校董决定于1933年春季复课"。复课后以旧时学校一切设备荡然,"各同学念国难校仇,亦深知困勉。"①1937年11月长沙临时大学复课,学生有从原三所大学来的约1 250人,以及从其他大学转来的220名借读生。"虽然设备简陋,学校大致还差强人意,师生精神极佳,图书馆图书虽然有限,阅览室却经常座无虚席。"②内迁至重庆的交通大学借读生就占1/3,"他们与其余的多数正式生,受着同样的待遇,没有一点隔膜存在,所以他们是不会离开这里的。大家都热心地相互讨论着难解的问题,精诚地在一个家长教管下研究着高深的学理"。③ 抗战时期教育部长陈立夫曾巡视教育部主管的大学,亲眼看到沦陷区学生吃的仅是"青菜豆腐,米饭更是质料很差",但是"个个精神愉快,对抗战前途,个个抱乐观信心"。④

(二) 借读教育也加速了后方高校的发展

抗战爆发后东部沦陷区大批高校师生内迁,他们的思想理念为后方高等教育发展注入了活力。例如,四川大学起初为地方性高校以致很难获得学生青睐,抗战时期大量借读生涌入后为该校国立化程度提高创造了条件。1937年9月,校长张颐在迎新大会上欢迎从各地来借读生即表示:"本校既属国立,合全国为一家,应

---

① 华中师范大学中国近代史研究所主办:《近代史学刊》(11),社会科学文献出版社2014年版,第210页。
② 蒋梦麟:《激荡的中国——北大校长眼中的近代史》,九州出版社2015年版,第220页。
③ 郑洪泉、常云平总主编:《中国战时首都档案文献·战时教育》,西南师范大学出版社2015年版,第396页。
④ 陈立夫:《成败之鉴——陈立夫回忆录》,台北正中书局1994年版,第311页。

无主客之分。"到 1939 年 4 月,时任校长程天放对外宣布:"战前川大地方色彩较为浓厚,因学生大多数为川籍。战事发生后外省学生人数达三分之一以上,现时可为一名副其实之国立大学。"①

(三)借读学生通过借读懂得了感恩

抗战时期沦陷区大学生对各校能收容借读都充满感激之情。例如部分东北借读学生有感于清华大学厚待,皆愿以报之,某日于 7 号宿舍群议,"吾等受惠多矣,无以报学校当局,每见物理教室内作光学实验时,关窗帘者颇乏人才,此事大不费力,吾等何不以效犬马之劳?对于教室的秩序亦有补助也"。② 与会者闻而乐之,于是一跃而为物理教室之关窗使者。1942 年,浙江大学龙泉分校借读生鉴于借读学生众多,为谋情感之增进及替学校义务服务起见,决定于 11 月 25 日下午假学校总办公会议室商筹办法。

(四)借读教育延续了中华民族的命脉

抗战时期为使沦陷区大学生的学业不致中断,教育部用借读教育的方式进行妥善处理,此举既保证了中国高等教育的接续发展,也打破了日伪企图用奴化教育来统治沦陷区学生之目的。

当然,不遵守借读规则事情也时常发生。借读生缺课太多或未请假而任意旷课在各校屡见不鲜,更有缺课一定期限而不申请休学者。有鉴于此,西北联大曾对借读生离校他去加以限制,如规定借读生离校前应详细具函常委或教务处,说明理由并经核准后方可离校。"借读生报到注册而缺课逾四十五日者,一律取消借读资格,并不填发证明文件。"③此外,教育部曾规定专科以上学校学生登记分发借读以原校陷于战区或停办为限,且所学专业必须一致,否则不得呈请分发借读,然而,还是有学生明知不符合要求仍

---

① 陈廷湘主编:《川大史学》,四川大学出版社 2006 年版,第 600 页。
② 《借读生新职》,《清华周刊》,1932 年,(37)。
③ 西北大学西北联大研究所编:《西北联大史料汇编》,西北大学出版社 2012 年版,第 393 页。

请求借读。如某学生向私立无锡国学专修学校请求借读,1937年9月18日,教育部批复认为:"查该校课程与大学中国文学系性质程度均不相同,中国文学系学生向该校请求借读,应不予收受。"①

借读教育也衍生各种矛盾,特别是某些教职员对此较为偏激。中央大学校长罗家伦根据"强者的哲学"来治理校务,上任之初让原有借读生一律停止旁听或借读,说他们是"杂牌军队","不合于'强者'的资格"。②又如,1945年5月4日《竺可桢日记》曾这样记载:"十一点半洽周来,谓壁报上贴有龙泉来借读生攻击荩谋之长篇大论。洽周以过去曾撕壁报而引起学生攻击,不敢乱撕。余偕洽周往,见壁报上有教务长的罪状,虐待沦陷区学生,请龙泉分校收容到遵义,教育长以对照片不够,还要五人担保。改正式生必须两学期成绩在70以上,四年级不能改正式生。原在上海的借读同学,真可怜得无家可归的孤儿。教务长不但不站在教育的立场上加以援助,而且还幸灾乐祸,心里想着谁叫你们跑到内地来云云。文上未签名。余先嘱吴寿椿撕去,吴不肯撕去,余将其撕去。"③

实事求是地说,对沦陷区大学生的借读教育也加剧了各高校教育资源的紧张。抗战时期民族危难,各校在国民政府的指令下都在能力范围内允许沦陷区大学生借读,但因办学条件所限使得原本稀缺的教育资源更加紧张。如1936年投考四川大学学生640人,录取331人,到1937年投考川大人数约1200人,录取仅270人。由于大量学生失学,教育部还命令川大再次招生,到1938年11月借读生已达六七百人之多。大批借读生涌入川大给学校带来了不少困难,特别是新校舍还未建成,寝室人满为患。有鉴于

---

① 陈国安、钱万里、王国平:《无锡国专史料选辑》,苏州大学出版社2012年版,第286页。
② 《中华文史资料文库(文化教育编)》(17),中国文史出版社1996年版,第351页。
③ 竺可桢:《竺可桢全集》(9),上海科技教育出版社2006年版,第393页。

此，该校农学院以课程设置与外校不尽相同为由对请求借读的学生加以拒绝。同样，1938年3月，华西协和大学开课，但因借读学生过多，该校不得不"添修宿舍，充实设备"。① 1939年，复旦大学、大夏大学因借读生较多致办学经费发生困难，呈请国民政府改私立为国立，而教育部也同意此举措，理由是抗战以来两校"追随国立各院校迁移后方，并尽量容纳战区借读学生，同有救济失学学生之功"。② 但是，行政院在经过权衡后最终只同意增加部分经费，而关于改公立之措施则建议暂缓。无独有偶，1938年，省立广西大学以抗战军兴以来，沦陷区学生转移该校借读者甚多，但是鉴于学校的省属性质以致经费有限而影响人才培养，因此亦呈请国民政府要求改为国立。

抗战时期，国民政府斟酌教育实际和国家将来建设之需要，对于教育之救济，或将战区原校迁移设后方，或在适当地点创办新校广为收容，或就后方各校增设班级以资容纳。对于个人之救济，或助川资分发借读，或贷给膳食零用各费，俾赓学业。在国库艰难之际筹设巨款，以供青年禀膳之需，"国家对于青年之爱护，不可谓之不殷，国家对于青年教育之重视，不可谓之不笃"。③ 总而言之，抗战时期面对日本侵略中国的加剧，国民政府在巨大军事和经济压力下，在教育领域与日寇开展激烈争夺。因而，仍然制定系列措施来救济沦陷区大学生是值得肯定的。虽然借读教育存在一定弊端，但是其积极作用却有目共睹。正是因为借读教育的存在，才再次表明全国各族人民、社会各阶层、各级政府组织以及后方各教育机构坚定团结一心的决心，从而促使中国人民凝聚成一股强大的力量，进一步坚定了中华民族抗战必胜的信心。当然，接受借读教

---

① 《迁川各大学近况》，《四川月报》，1938年，(5/6)。
② 中国第二历史档案馆编：《中华民国史档案资料汇编》第五辑第二编教育（一），档案出版社1997年版，第840—841页。
③ 陈立夫：《关于贷金问题告中等以上学校战区学生书》，《学生之友》，1940年，(5)。

育籍属沦陷区的专科以上学校学生大都得到健康成长,从长远历史角度来看,国家和民族也是受益匪浅。因此,抗战时期国民政府对沦陷区大学生的借读教育,就显得非常有历史意义和价值。

(黄伟,安徽省社科院历史研究所副研究员)

民初川沙文庙的筹建与
地方精英的新旧嬗递

杨 桢 徐茂明

近代以来,随着列强的入侵与西学的传播,儒学在应对西学的过程中,从器物、制度到思想观念,都在节节败退,作为儒学依存根基的科举制度也在 1905 年被迫废除,而传播"新学"的新式学堂则取而代之,在全国风起云涌。与此相应,教育制度的新旧变革,也带来了文化精英群体的蜕变嬗递,科举时代形成的士绅精英,一部分年长望重者成为持文化保守主义的耆旧派,另一部分与时俱进投身于新式学堂建设者则掌握了地方文化教育的话语权,成为趋新的学堂派。民国以后,由于知识结构与文化观念的差别,耆旧派及其继承者孔教派,与学堂派围绕地方的教育与文化建设等事项展开不断的竞争。在这两派的竞争中,地方官员和民众的立场决定了两派的胜负,而地方官员与民众的立场,又是由政治局势、国家政策以及地方惯习、经济条件等方面因素所决定的。从清末到北洋政府,再到南京国民政府,随着民主共和观念的传播与强化,传统儒学的地位不断衰落,保守主义的孔教派最终为趋新的学堂派所取代。民国前期川沙县文庙筹建中孔教派与学堂派的矛盾就是这一背景下的典型个案。目前学界从思想史的视角对全国孔教会以及核心人物康有为和陈焕章进行研究的成果不少,①但从社会史的视角对孔教会在地域社会运作的研究尚不多见,②对于川沙孔教会的研究更是阙如。本文主要依据民国时期的方志、报刊等资料,对川沙文庙筹建的曲折过程及其中所呈现的地方精英权势嬗递的现象展开分析,希望能对孔教会这一全国性组织在区域社会中的运作实态有一个比较具体的认识,进而可以观察清末以来的新学观念是如何在地方社会普及的。

一、从"文庙"到"孔子庙"的筹建过程

清末新政,废除科举,倡建新式学堂,由此带来地方传统知识精英的分化,形成了固守传统文化的耆旧派与崇尚新学的少壮派精英。在上海东部滨海的川沙县,耆旧派以举人艾承禧(1846—1908)与其表弟吴大本(1851—1927)为代表;少壮的学堂派精英以举人黄炎培(1878—1965)与张志鹤(1879—1963)等人为代表,在清末兴学过程中,两派都积极参与其中,但黄炎培等人在学务场域内日益趋近主导地位,由黄炎培倡设的川沙学务公会成为川沙唯一的学务机构,其职权范围很大,"凡地方学堂,无论官立、公立、民

---

① 参见韩华:《陈焕章与民国初年的国教运动》,《近代史研究》2002年第3期;干春松:《清末民初孔教会实践与儒家现代转化的困境》,《齐鲁学刊》2005年第3期及《康有为、梁启超与孔教会》,《兰州大学学报(社会科学版)》2008年第2期;范玉秋:《清末民初孔教运动研究》,中国海洋大学出版社2006年版;张颂之:《孔教会始末汇考》,《文史哲》2008年第1期;裘陈江:《民初"孔教会"研究》,华东师范大学博士论文,2015年;邹小站:《儒学的危机与民初孔教运动的起落》,《中国文化研究》2018年第4期;段浩利:《清末民初中国孔教运动探析》,天津大学硕士论文,2018年;等等。

② 目前有关民国时期地域社会的孔教会研究成果,主要有方艳华:《民初山东孔教会及其活动》,《成都教育学院学报》2004年第12期;王锋:《民国前期的尊孔、"反孔"与山东各界的反响》,曲阜师范大学硕士论文,2014年;裘陈江:《被淡忘的孔教会上海史事》,《文化报》2016年9月30日;周军:《民初广东政局与孔教会的发展》,《社科纵横》2019年第11期。

立,本会皆有检查规划之责",①以黄炎培、张志鹤等年轻士人为中心的学堂派精英基本掌握了川沙学务的话语权,而耆旧派士绅艾承禧未加入学务公会,吴大本和艾承禧的胞侄艾曾恪(1871—1930)仅担任18个学区之一的三王庙学区议员。

民国元年,共和肇兴,上半年教育部出台了一系列废孔法令,规定小学、中学和师范废止读经,教育总长蔡元培提议禁止各级学校祭孔,这些措施加深了以守护传统文化为职责的保守派士大夫的担忧和不满。1912年7月30日,康有为批评说,辛亥革命已然导致"礼俗沦亡,教化扫地","呜呼痛哉!自吾中国以来,未危变若今之甚者也"。② 在康有为的指导下,陈焕章等前清名宿于1912年10月7日(孔子诞辰日)在上海发起成立孔教会,推举康有为为会长。面对混乱的政局和撕裂的社会观念,北洋政府也试图以传统的儒家伦理重整人心。1912年9月,教育部随即通令各省定10月7日为孔子诞辰,全国各校届时举行纪念会;次年正式恢复祭孔典礼,奉孔子"为万世之师表"。③

与北洋政府的尊孔相呼应,上海孔教会也积极展开各项活动。1913年,孔教会主办的《孔教会杂志》在上海正式出版,康有为在上海创办《不忍》杂志,宣扬尊孔保教。上海周边地区纷纷成立孔教分(支)会,这为川沙耆旧精英势力的复兴提供了契机。在吴大本和艾曾恪等人的联络下,1913年9月,孔教会川沙分会在长人乡南区养正小学校内成立,吴大本为会长,艾曾恪为副会长,陆炳麟(1857—1938)为文庙奉祀员。川沙孔教分会的成员是以长人乡耆绅为核心的地方精英,在清末民初的地方自治中占据重要位置。

---

① 《川沙学务公会简章》,民国《川沙县志》卷9《教育志》,第736—737页。
② 上海市文物保管委员会编:《康有为与保皇会》,上海人民出版社1982年版,第369页。
③ 《通令尊孔圣文》,《袁大总统书牍汇编》卷2《政令》,上海广益书局1914年版,第51页。

民初川沙文庙的筹建与地方精英的新旧嬗递

川沙孔教分会的主要工作是筹划川沙文庙的建设。围绕文庙的筹划与经费等问题,孔教派与学堂派的势力此消彼长,其发展过程大致可以分为三个阶段。

第一阶段,孔教派的勃兴期(1913—1916)

1913—1914年,大总统袁世凯先后颁布《尊崇孔祀令》《尊孔典礼令》《规复祭孔令》《崇圣典例令》等,全国各地掀起重修圣庙的热潮,各地孔教会开始名正言顺地与地方自治机构争夺地方款产,孔教会的权势急剧扩张,学堂派则呈现收缩态势。

在全国孔教会迅速发展的同时,川沙孔教会骨干陆炳麟之子陆培亮先后被川沙县民政长、沪海道尹、江苏省民政长委任为县视学,①从而获得了在川沙教育界的有利话语权。1914年8月,川沙孔教会长吴大本、副会长艾曾恪等以中央政令为由,上书川沙县知事,请求创建川沙文庙。对于建造文庙的资金来源,他们提出了三种路径:一是加派亩捐。建议在"征收地丁条银时,不分图团,共有田一千七百余顷,应带征银三千五百元之数"。二是吸收民间资金。由川沙孔教分会派员赴各乡镇演讲,向地方富商募捐。三是江苏省政府每年财政划拨的200元祀孔专项经费可以用作建筑川沙文庙的补助金。② 这一建议得到江苏省财政厅和两浙盐运使的支持,决定从民国4年(1915)起,川沙县境内"每征课银一两,带收建筑文庙经费洋二角"。③

尽管川沙孔教派的建庙计划得到了江苏省政府的支持,但在具体实施的时候,川沙县政府并没有积极落实。民国初年百废待兴,各地方政府的财政都十分困难,甚至连维持地方治安的警务经

---

① 民国《川沙县志》卷9《教育志》,第739页。
② 《川沙孔教分会吴大本、艾曾恪请援例带征亩捐建筑文庙详文》,民国《川沙县志》卷9《教育志》,第816页。
③ 《江苏财政厅第一千六百十四号饬》、《两浙监运使署第五百二十四号饬》,民国《川沙县志》卷9《教育志》,第817页。

费都是由各县政府自筹。川沙县知事范钟湘以警察费筹款困难为由,请求将专款专用的"文庙捐"改为用途宽泛的"地方公益捐",由县知事统筹分配。① 结果这一要求也得到了江苏省政府的批准。此后,地方公益捐的分配权一直掌握在县知事手中,孔教派从此陷入文庙经费申请的各种周旋之中。虽然孔教派一再拉大旗作虎皮,声称建筑文庙是符合"大总统尊孔之至意",②但川沙县知事始终敷衍推托,不肯拨付经费。孔教派转而召集地方士绅讨论此事,10多位到场士绅全体赞同于漕粮内"带征文庙捐每两二角五分"作为地方公益。结果又遭到反对派的嘲讽,说:"呜呼!可笑哉!……夫川邑虽小而士绅亦不止三四十数也,今乃以十数士绅为全体乎!"③由此可见,即使在全国孔教会勃兴初期,川沙地方官员和地方多数士绅并不积极响应。

第二阶段,两派相持期(1916—1927)

1916年袁世凯帝制梦破灭之后,教育部再次宣布废除学校读经,孔教会备受打击。虽然张勋一度复辟,给孔教会带来昙花一现的希望,但社会思潮与文化观念开始转移,由陈独秀等人倡导的新文化运动,对孔教、儒学和帝制展开了全面批判,陈独秀大骂"遍于中国的孔教会、尊孔会都是复辟党"。④ 全国孔教运动因此陷入了前所未有的低谷,而各地自治机关的职能开始逐步恢复,川沙孔教派与学堂派精英的力量对比再次发生变化。1917年5月,川沙成立"地方会议",以"地方公款公产处"总董为主席,由黄炎培的堂兄黄洪培担任。1917年6月,川沙奉江苏教育厅之令成立劝学所,张志鹤任劝学所所长,张志鹤的族弟张志鸿出任川沙县督学,学堂

---

① 《带征·公益捐》,民国《川沙县志》卷8《财附志》,第701页。
② 《陆炳麟等请支配经费以筹备建筑文庙详文》,民国《川沙县志》卷9《教育志》,第818页。
③ 《川沙文庙捐问题之交涉》,《善导报》1915年第25期。
④ 陈独秀:《复辟与尊孔》,《新青年》第3卷第6号。

派重新掌控学务权力。

1918年,陈焕章继任孔教会会长,开始重整孔教会事务,孔教会开始复苏,地方孔教分(支)会与教育机关、学校的冲突再次凸显。1920年7月,上海孔教会总会事务所重新设立,川沙孔教派也开始了新一轮筹集文庙经费的活动。自1915年文庙捐改为地方公益捐后,此项经费的支配权已归县知事。1916年,陆炳麟曾向县知事请求将万寿宫改为文庙,获得允准,但修建文庙的经费仍然不足。孔教派经过多番努力,最终使得地方公益会议讨论决定继续带征亩捐15年,约每年240元,拨充文庙经费。① 文庙经费终于获得了确切保障。但实际上,孔教派在要求提取这笔经费时,仍然遭到学堂派控制的地方公款公产处的种种掣肘。②

川沙孔教派不仅在提取文庙经费时受到学堂派的抵制,其他涉及文庙建筑用地等问题也同样受到学堂派的巧妙遏制。黄洪培任教育款产处经理时,曾与陆炳麟、吴大本及市乡绅董等共同勘定城内一块废弃的守署地基作为建筑文庙的用地,但学堂派认为当时购买此地的费用出自川沙教育费,因此在文庙建成之前,该区域的租息仍应由劝学所收取,充作市区学款。③ 黄洪培将此事详细呈报县公署,然而川沙县公署、沪海道尹公署、省长公署收到呈报之后,④便搁置不再过问。可以说,学堂派借助于政府官僚化的公文流转,从而获得了收取该地块租息作为学款的合法性,而孔教派的文庙建筑用地则依然被搁在纸上。

由于学堂派不仅控制了川沙学务机构,同时也实际操控了川

---

① 《带征·公益捐》,民国《川沙县志》卷8《财附志》,第701页。
② 《公款公产处复函》,民国《川沙县志》卷9《教育志》,第820页。
③ 《黄洪培请指定城区旧守署基为文庙基地呈文》,民国《川沙县志》卷9《教育志》,第820页。
④ 《黄洪培复川沙县公署呈文》《川沙县公署指令》《沪海道尹公署指令》《省长公署指令》,民国《川沙县志》卷9《教育志》,第820—821页。

沙地方会议、川沙地方公款公产处等部门,使得孔教派通过政府机构筹款的途径举步维艰,因此,只能转而求助于社会捐款。1921年7月,川沙孔教派在《申报》刊登筹款启示,承诺在文庙竣工后,将捐款者姓名"全体勒石,以昭征信而垂纪念,其有慨捐巨款者,请县呈省给奖,以示优异"。① 陆炳麟、吴大本、陆清泽、艾文煜等亲赴上海,向旅沪绅商募捐,但只获得2000元左右。② 川沙县知事周庆莹、严森也先后发文倡捐。③ 1926年秋,川沙文庙终于动工,但1927年春,北伐战争波及上海地区,文庙"仅及筑墙而止"。④

第三阶段,学堂派的主导期(1927—1931)

1927年南京国民政府建立,国家的主流意识形态随之改变,孔教会的辉煌也因此终结。1928年2月,国民政府大学院院长蔡元培发布训令:孔子思想属于专制思想,"与现代思想自由原则及本党主义大相悖谬。……着将春秋祀孔旧典,一律废止"。⑤ 中央大学随之响应,规定孔庙原有田租产业,全部归教育局处置。⑥ 中央内政部、财政部、教育部会同公布《孔庙财产保管办法》,明确了孔庙由教育局管辖,地方士绅不得借故占用,孔庙财产用作教育文化实业经费,孔庙地址用作办学校或图书馆等。⑦ 同年10月,国民政府下令全国文庙改称"孔子庙"。⑧

---

① 《川沙筹建文庙之议案》,《申报》1921年7月22日,第15版。
② 陆炳麟:《川沙县孔子庙建筑始末》,民国《川沙县志》卷9《教育志》,第823页。
③ 《川沙县知事周庆莹筹建川沙县文庙捐启》《川沙县知事严森筹建川沙县文庙捐启》,民国《川沙县志》卷9《教育志》,第822页。
④ 民国《川沙县志》卷9《教育志》,第821页。
⑤ 《大学院训令第一六九号:令各大学各省教育厅及各特别市教育局为废止春秋祀孔旧典由》,《大学院公报》1928年第1卷第3期。
⑥ 《国立中央大学训令院字第一三六一号:为孔庙田产应一律移交教育局接管并谋充分利用由》,《国立中央大学教育行政周刊》1928年第58期。
⑦ 《孔庙财产保管办法》,《教育部公报》1929年第1卷第7期。
⑧ 《国民政府指令第一八零四号》,《国民政府公报(南京1927)》1929年第258期。

将"文庙"改称"孔子庙",其意义绝不是表面的名称之变,而是官方对待孔子及其儒学的重新定位,是国家权力对历史记忆的重新塑造,即"圣人"孔子被还原为世俗的教育家,孔庙不再是凌驾于地方文化教育之上的精神空间,而是被"收编"为国民政府地方教育机构管辖的一个纪念空间而已。因此,川沙学堂派对待孔教派及其力主修建之文庙的态度也开始转变。1928年4月,川沙县教育局局长张志鸿理直气壮地请求县政府批准接管川沙文庙的全部资产。① 当川沙教育局掌控川沙文庙资产后,教育局长张志鸿开始以胜利者的姿态转而联合孔教派奉祀员陆炳麟以及教育界诸公,一起呈文中央大学,请求继续文庙工程,"改建新式合用之房屋","辟为教育公共场所,扩充教育事业"。② 中央大学批复同意。③ 1930年4月,孔教派耆老陆炳麟前往上海,在学堂派精英黄炎培、张志鹤的帮助下,"宴寓申诸同志,联翩戾止,尽力吹嘘,款稍稍集"。至1931年夏,川沙孔庙完工,建成中西合式楼房一幢,上下10间,下设正厅,内供神位,外为礼堂,上备藏书,殿前高悬教育部颁布"孔子庙"匾额。④ 经过18年的博弈,孔教派积极筹建的文庙,最终在学堂派的主导之下,改造成为新旧相融、中西结合的孔子庙。⑤

二、官绅立场、地方财政与个人知识——川沙县官态度的决定因素

川沙孔教派在筹建文庙的过程中,始终积极寻求政府权力的

---

① 《呈川沙县县政府(为接管文庙财产)》,《教育月刊》1928年第2期。
② 《川沙教育局长张志鸿呈中央大学请续文庙工程文》,民国《川沙县志》卷9《教育志》,第821页。
③ 《中央大学第六九二六号指令》,民国《川沙县志》卷9《教育志》,第821页。
④ 陆炳麟:《川沙县孔子庙建筑始末记》,民国《川沙县志》卷9《教育志》,第823页。
⑤ 1942年,川沙孔子庙又被改建为私立友仁高级中学,新中国建立后改为川沙中学。

支持,先后向县知事呈文3次,但县知事对于文庙工程的态度取决于中央政府政策、地方财政状况、职务任期等多方面因素。

中央政府对尊孔的政策直接影响到县知事的态度,当中央政府大力推动尊孔活动时,县知事以个人捐款或协助募捐的方式支持文庙筹款,而当中央政府对尊孔活动不置可否或进行限制时,县知事便失去了对文庙工程的热情。孔教运动初期,袁世凯政府发布了一系列尊孔祭孔的政令,重塑孔子"万世之师"的地位,并将祭孔纳入地方官员的职责,规定大总统代表国民致祭,各地方行政长官代表地方人民致祭,京师文庙由大总统致祭,各地方文庙由各该长官主祭。① 因此,当川沙孔教派申请建造文庙时,县知事以个人捐款的形式表示支持,前知事方鸿凯捐助建筑费220千文,时任县知事李彦铭捐银100元。②

袁世凯和张勋的复辟失败后,尊孔遭到舆论的批判而陷入尴尬的境地,继任的川沙县知事便停止了对文庙的支持。陈焕章继任孔教会会长以后,在北洋政府的支持下,孔教会在北京创办孔教大学,成为全国私立大学联合会的会址。③ 川沙的两位县知事周庆莹、严森先后发布启示为文庙募捐,要求"本邑君子一片热心,不分畛域,或慨助囊金"。④ 1928年以后,南京国民政府明确限制尊孔活动,川沙再无县知事支持孔子庙工程。

地方精英之复杂派系与网络直接影响了县知事的态度。《孟子》就有"为政不得罪于巨室"的告诫,传统时代地方官箴中也一再强调如何处理好与士绅的关系,进入民国以后,地方精英同样是影

---

① 《公电》,《申报》1914年2月4日,第3版。
② 《川沙孔教分会吴大本、艾曾恪请援例带征亩捐建筑文庙详文》,民国《川沙县志》卷9《教育志》,第816页。
③ 《孔教会纪事·北京总会》(1925年7月),《昌明孔教经世报》第3卷第2号,转引自:陈焕章撰《陈焕章文录》,岳麓书社2015年版,第532页。
④ 《申报》1926年6月4日,第10版。

响县知事的重要因素。在清末民初川沙文庙的筹建过程中,孔教派精英多是地方耆老,由于其个人资历、家族势力等因素,在地方上的威望不可小觑,县知事作为外来人员想要在地方上开展工作仍需他们的协助。而学堂派精英正值青壮,在浦东同人会、江苏省教育会等地方上有影响力的社团组织中十分活跃,对于川沙的教育、交通等事业的发展大有助益。两派精英团体都曾利用国家政策和权力网络向地方官员施压:1902年兴学初期,黄炎培、张志鹤赴南京向两江总督张之洞衙门投文,终于得到川沙厅同知陈家熊支持,将观澜书院改为新式小学堂;①1914年,孔教运动初期,吴大本、艾曾恪直接获得江苏省财政厅批准带征文庙捐的请求。两派精英团体都与地方官员存在经费支配权的争夺:学堂派长期把控地方教育,与县知事争夺有限的附税支配权,附税收入"七成归学费,三成归地方共用"②;孔教派孔教派则因地方公益金项下文庙建筑费和地方警费的分配问题与地方官员纠缠不清。自1834年川沙厅同知何世祁创建了川沙唯一的观澜书院后,地方官员长期主导着川沙的文教事业,而清末新政以后,无论是学堂派发展新式教育,还是孔教派呼吁"尊孔保教",文教领域的主导者都是地方精英。县知事难以在两派精英中做出取舍,因此常处于两面讨好而又无所作为的状态。

地方财政困境是制约川沙县知事支持文庙建设的决定性因素。1915年4月,川沙县知事范钟湘因地方警费不足的问题,与孔教派产生了经费冲突。按照范知事的说法,川沙警费一直以来全部依靠省财政厅拨款,自1914年7月起,警察经费改为每月由附加税款内拨助200元,不足之处由县知事会同地方绅董

---

① 黄炎培:《八十年来——黄炎培自述》,文汇出版社2000年版,第61页。
② 《川沙县知事范钟湘详改文庙捐为地方公益捐文》,民国《川沙县志》卷9《教育志》,第817页。

就地自筹,江苏省府不再拨发补助款。清末以来的地方自治,教育、慈善、卫生等诸项事业均由地方精英主导的自治机构经营,而警务仍属于地方行政长官的职能范畴。职能的分割很大程度上削弱了县知事对于财政和税收的掌控力,且川沙位处海滨,地狭民贫,征收新的捐税困难很大,然而警务关乎地方稳定,不能废除此项开支。因此,范知事请求省政府批准将"文庙捐"(每两带征银2角)改为"地方公益捐",每两带征银2角5分,警察经费和文庙经费都从中划拨。① 结果,江苏省财政厅同意将文庙捐改为地方公益捐,但要求仍按原定的数额每两带征2角,由县知事统筹分配。② 此后,地方公益捐的分配权一直掌握在县知事手中,从孔教派后期仍多次筹款来看,文庙所得到的经费较少,大部分款项用于支付警察费。

民国时期川沙县知事更迭频繁,各位县知事的知识结构、人生阅历以及对儒学前景的判断并不统一,由此而影响到对文庙工程的态度。据民国《川沙县志》记载,1912年11月—1921年10月,9年时间内川沙县知事共有10任,依次为方鸿凯、李彦铭、范钟湘、赵兴霁、景崧、章同、汪鸿藻、赖丰熙、周庆莹、严森,其中除方鸿凯外,其余均有举人或贡生的科举功名,他们任期最短的仅3个月,任期最长的范钟湘也只有17个月。③ 频繁的人事更迭,使得地方官员很难真正关心地方重大工程的建设,也很难形成可持续的长期规划,这也是方鸿凯、李彦铭、周庆莹、严森等人虽然热心于文庙的筹款而终究无果的原因。因此,尽管孔教派极力宣传如果文庙落成,参与者可以载入方志留名青史,但这种虚名对于走马灯的县知事似乎没有太多的吸引力。

---

① 《川沙县知事范钟湘详改文庙捐为地方公益捐文》,民国《川沙县志》卷9《教育志》,第817页。
② 《江苏财政厅长蒋批》,民国《川沙县志》卷9《教育志》,第818页。
③ 民国《川沙县志》卷17《职官志》,第997页。

三、川沙民众的捐款意愿

根据川沙孔教派筹集文庙经费的设想,文庙经费来源包括省政府财政拨款、县政府在田赋中加征亩捐、动员民间捐赠三条途径。在袁世凯执政阶段,由于中央政府的政策支撑,川沙文庙经费主要依靠省政府拨款和县政府加捐。但随着袁氏倒台、地方警费不足,依靠政府的两种筹款方式困难重重,孔教派只能转而寄希望于民间捐赠。吴大本等人乐观地认为全县人民"咸知崇奉"①,理当积极捐赠。但是从已有的资料来看,川沙民众对于捐资建文庙并不热心,自始至终都未有大笔捐资的记录,究其原因,大致有下几点:

第一,川沙地处滨海之地,地狭民贫,这是民众不愿捐款的主要原因。县知事范钟湘曾说过:"川邑地方狭小,银米两项,征数无多,附税收入,每年不过一万一千余元。"②从民国《川沙县志》记载可知,1914 年川沙的各项附税的总额为 11 521.159 元,自 1915 年起"上下忙并征忙银,每两带征公益捐银二角"③,带征款数额为 1 979.399 元。对普通民众而言,新增加的"地方公益捐"约占原地方附税总额的 17%,无疑是一笔不小的负担。而川沙建造文庙所需的费用约在 2 万元左右,④即使将每年将近 2 000 元的公益捐全部用于文庙,也需要积累 10 年。然而,当初

---

① 《川沙孔教分会吴大本、艾曾恪请援例带征亩捐建筑文庙详文》,民国《川沙县志》卷9《教育志》,第 816 页。
② 《川沙县知事范钟湘详改文庙捐为地方公益捐文》,民国《川沙县志》卷9《教育志》,第 817 页。
③ 《历年漕田正附税征额表》,民国《川沙县志》卷8《财赋志》,第 687 页。
④ 《川沙县知事严森筹建川沙县文庙捐启》,民国《川沙县志》卷9《教育志》,第 822 页。

以修建文庙名义申请的"文庙捐",在实际征收时改为"地方公益捐",名称的改变也就意味着支配方式和用途的改变,本来可以由孔教会专项支出的文庙捐,结果成了县知事统筹安排的"地方公益捐",其中大部分被县知事划拨给警察。这也意味着,文庙建筑的费用缺口更大,需要进一步向民间募集资金,这是并不富裕的普通民众难以接受的。

第二,自然灾害频发,民生多艰,民众无力为文庙捐款。1915年夏发生大风灾害,沿海的川沙、南汇、奉贤、宝山等地受灾严重,川沙甚至发生了乡民闹灾的事件,农妇鸣锣聚众要求赈恤,直至江苏巡按使出动军警进行弹压。① 而后又有数百人至八团乡、九团乡乡董家中强行索米,被县知事率县警弹压。② 直至入冬,川沙官绅到上海筹款,购米数百石,前往横沙乡等沿海受灾最严重的地区发放,③省府也批准川沙漕银减征二成五分,④事件才最终得以平息。1921年9月,川沙雨水成灾、河水暴涨,一片汪洋,平地水深数尺,秋收无望,⑤地方绅董请求县知事减少正税的征收。⑥ 频繁的自然灾害导致人民生活困难,无力为文庙捐款。

第三,川沙地区民间信仰复杂,为"崇孔教"而建造的文庙很难得到其他教民认同。川沙靠近上海,是天主教较早传教的地区之一。1843—1925年,共建天主教堂65座。⑦ 其中,位于长人乡唐墓桥的露德堂"为江南教堂之冠,统摄浦东、南(汇)、川(沙)各教

---

① 《关于川沙闹灾之电牍》,《申报》1915年8月9日,第10版。
② 《川沙乡民闹灾余闻》,《申报》1915年8月15日,第10版。
③ 《川沙官绅集资办赈》,《申报》1915年12月23日,第10版。
④ 《川沙减征漕粮》,《申报》1915年12月24日,第10版。
⑤ 《川沙县农会等报灾乞赈电》,《申报》1921年9月17日,第14版。
⑥ 《川沙灾荒中之维持地方事业》,《申报》1921年11月5日,第14版。
⑦ 朱鸿伯主编:《川沙县志》卷30《宗教》,上海人民出版社1990年版,第891页。

堂"。川沙拥有相当数量的天主教徒,1915年川沙统计有天主教民5 118人。① 而孔教会以宗教的形式成立,急速扩张并积极争取"国教"的地位,引起其他宗教的极大恐慌,因此"孔教入宪"自提出之日起便遭到天主教、基督教以及本土佛教、道教的一致反对,其中以天主教最为激进。② 川沙的天主教民直言建文庙是孔教会内部之事,与他人无关,以宗教不符反对征收文庙捐。教堂总司铎洋人江永清专程赴川沙县公署,面见县知事范钟湘,请求免捐文庙之款。县知事则因为有前清江阴成案有"凡教民业田,一概免捐"的规定也有所顾虑。③

第四,旧时川沙儒学根基薄弱。清代川沙虽设治,而"学籍分立上(海县)、南(汇县)",自1866年太平天国运动之后恢复科举至1905年废除科举,40年间川沙仅得进士1人、举人4人、贡生6人,入学者共计192人。④ 民国以前,川沙先后共有10所义学、34所私塾、1座书院,⑤而邻近的上海县有10座书院,南汇县有3座书院,差距之大可见一斑。相比之下,川沙新式学堂蓬勃发展,"当清季光宣之间,各地教育,尚在萌芽。独我川邑学校,较为发达"。⑥ 自1901年清政府推行"新政"起,仅10年间,川沙共创办小学校24所,其中10所因学生稀少、自治风潮冲击等原因停办外,其余14所均延续至民国以后。⑦ 川沙唯一的观澜书院早在

---

① 《各市乡基督教教民数表》《天主教堂一览表》,民国《川沙县志》卷13《宗教志》,第888—890页。
② 邹小站:《儒学的危机与民初孔教运动的起落》,《中国文化研究》2018年第4期。
③ 《川沙县知事范钟湘详改文庙捐为地方公益捐文》,民国《川沙县志》卷9《教育志》,第818页。
④ 《科举表》,民国《川沙县志》卷18《选举志 上》,第1004页。
⑤ 杨正德主编:《川沙县教育志》,川沙县教育局,1992年,第39—47页。
⑥ (民国)《川沙县志》卷9《教育志》,第766页。
⑦ 《小学教育》,民国《川沙县志》卷9《教育志》,第753—768页。

1902年就改为新式小学堂,随着时间的推移,学堂发展日盛,而儒学日衰。儒学发展先天不足,使得民国以后才发起的孔教运动和文庙建筑工程更难以在民众中激起浪花。

第五,川沙民风务实,为文庙工程捐款缺乏明确而稳定的实际收益,不足以打动人心。虽然孔教派在《申报》上发布募捐时许诺,对于积极捐助巨款者给予政府奖励,但是从民国初创到北洋政府,再到南京国民政府,中央对于儒学和孔子的态度先后几次反复,从废止读经,到尊孔读经,再到废止读经,大起大落,加之当时新文化运动对儒学与专制的猛烈批判,这彻底动摇了孔子和儒学的神圣地位。与此同时,自民国建立以来,无论政局如何变化,中央政府始终鼓励兴办学堂,并且针对民间捐资兴学的行为发布了具体的奖励条例。1913年、1918年、1929年教育部先后发布《捐资兴学褒奖条例令》《重修捐资兴学褒奖条例》《捐资兴学褒奖条例》,不断补充和完善对于捐资兴学的奖励措施。

在政府政策的引导之下,川沙民众对捐资兴学表现出极大的热情。从1912—1929年,川沙籍人士捐资助学的数额达到90 000多元,另有他籍人士捐款8 000元,平均每年可获得民间捐资5 000多元。从捐资人看,捐资兴学受奖者共有127人,其中56人为商人、39人为工匠,5名女性捐赠者。① 这些捐款被用于修建川沙境内的小学、中学、职业学校以及通俗教育馆。

捐资兴学为民众提供了一条晋升之路,捐款者除了可以获得教育部或省政府颁发的奖章和奖状外,还有许多人凭借为学校捐助资金而成为校长或校董,从而打破传统社会性别和社会阶层的藩篱,实现自身和整个家族声望的提升。妇女宋马氏先后为私立培德商业学校捐助基金22 200元又500千文,获得教育部一等奖

---

① 《捐资兴学受奖人员一览表》,民国《川沙县志》卷9《教育志》,第796—801页。

状;工匠凌宗耀为川沙县立惠北小学校捐资金 10 000 元,也获得教育部一等奖状;商人顾家曾捐资 5 000 元创办上海、通惠两小学,获教育部金色一等嘉祥章;商人顾鸣凤捐资 5 000 元创办私立舜来小学,获教育部金色一等嘉祥章①。捐资办学,不仅符合时代潮流,同时还能获得国家最高教育机关的奖励,对于商贾、工匠和妇女这些传统时代沉默的弱势群体而言,向学堂捐赠无疑是光宗耀祖、流芳后世的重要途径,因此,川沙民众放弃文庙而选择捐资新式学堂,可谓时势使然。捐资数额较大者多为地方实业精英,他们为办学校捐献了巨额资产,但是在学校的教学和管理方面经验不足,需要学堂派的协作。这种协作加深了学堂派与实业精英的联系,孔教派则失去了重要的助力。

四、孔教派与学堂派之群体结构与权势嬗递

地方精英作为介于官民之间的中间力量,决定其社会权势与影响力的直接因素是官民两方面的态度。在川沙文庙的筹建过程中,地方县官的敷衍与民众捐款的自然选择,充分表明川沙孔教派与学堂派精英的权势已经发生不可逆转的嬗递。

川沙孔教派实际上是以长人乡的耆旧士绅为核心的精英群体,核心人物是川沙孔教分会会长吴大本、副会长艾曾恪,文庙奉祀员陆炳麟(见表1),其余成员也都是当地有影响力的权势人物,在县乡各级地方议会和自治机构中任职。李长安、艾文煜为川沙城自治议员;顾兆虎、宋鸿业、潘宗海为长人乡议员;吴中继为高昌乡议员。②

---

① 《捐资兴学受奖人员一览表》,民国《川沙县志》卷9《教育志》,第 796—801 页。
② 《城自治职表》《乡自治职表》,民国《川沙县志》卷18《选举志》,第 1023—1025 页。

表1 川沙孔教派主要人物的教育背景和任职经历

姓　名	生卒年份	教育背景	任职经历
吴大本	1851—1927	庠生	川沙孔教分会会长。壮年设教海上，创兴女学，与艾承禧捐资创设养正小学于本乡。长人乡乡董、平粜局局长，长浜、吕家浜、白莲泾河工总董等
陆炳麟	1857—1938	松江府庠生一等一名，先后六居优等	文庙奉祀员。川沙学务公会南九区议长、第三科主任、修志局主任等。
艾曾恪	1871—1930	南翔中西学塾，考入江南水师学堂	川沙孔教分会副会长，川沙县公署课长，旋改任警务长，暨一等警佐。后任上海南洋公学、吴淞同济大学监学，长人乡议事会副议长，教育会副会长

资料来源：民国《川沙县志》卷16《人物志》，第944页；朱鸿伯主编：《川沙县志》卷33《人物》，上海人民出版社1990年版，第955页。

清末川沙学堂派以黄炎培、张志鹤为核心。民国以后，黄炎培的堂兄黄洪培、张志鹤的族弟张志鸿逐渐掌握地方重要职位，学堂派的权势得以进一步发展（见表2）。

表2 川沙学堂派主要人物的教育背景和任职经历

姓　名	生卒年份	教育背景	海外游历	任职经历
黄炎培	1878—1965	举人、南洋公学特班	日本、美国、南洋、朝鲜	川沙学务公会会长，江苏都督府民政司总务科长、教育科长，江苏教育司长，中央教育会会员，全国教育基金委员会会员，东南、同济、暨南、政治大学校董，国防参议会参议员，国民参政会参政员，直隶教育厅厅长，教育总长（未就职）等
张志鹤	1879—1963	生员	日本	川沙学务公会议员、视学员兼劝学所总董，江苏省民政司总务科长兼代教育课长，江苏省行政公署第二科课长，川沙县劝学所所长、教育局长、交通局长等

(续表)

姓　名	生卒年份	教育背景	海外游历	任　职　经　历
黄洪培	1877—1954	国学生		川沙学务公会议员、城自治公所总董、川沙县议事会议长、地方款产经理处总董、交通局副局长，川沙市行政局局长等
张志鸿	1896—1945	江苏省立无锡师范		惠北小学校长、川沙县督学、同济大学教务处职员、川沙教育局长等

资料来源：民国《川沙县志》卷9《教育志》、卷18《选举志》；朱鸿伯主编：《川沙县志》卷33《人物》，上海人民出版社1990年版；黄士焕纂：《重辑黄氏雪谷公支谱》，1948年铅印本。

从两派核心成员的结构看，他们大多有科举功名，都深受传统儒学熏陶，也都具有传统士人入世有为的理想追求，他们的差别主要还是由年龄的代际差别所导致的知识结构与教育理念的区分。孔教派的吴大本、陆炳麟都出生于19世纪50年代，而学堂派的黄炎培、黄洪培、张志鹤都是出生于19世纪70年代，相差整整一代人，当清末兴学之际，孔教派属于50岁左右的耆旧精英，而学堂派则是20多岁的蓬勃青年。年龄的代际差别，也就意味知识结构与文化观念的差别。耆旧派显然属于文化上的保守主义者，喜欢固守儒学传统，因而能与袁世凯政府倡导的尊孔政策心契意合，形成孔教派。

康有为发起孔教会时，清醒地认识到耆旧势力的重要性和创立孔教的紧迫性，他认为，"趁方今旧学士夫诸生遍于全国，及今令人人入会，计必景从"。① 因此，当孔教会创立之际，已届花甲之年的吴大本成为川沙最积极的儒学卫道者，当选为川沙孔教分会会长。陆炳麟家学渊源，其祖父陆潗渊和父亲陆应梅均在川沙设帐

---

① 康有为：《致仲远书》，上海市文物保管委员会编：《康有为与保皇会》，上海人民出版社1982年版，第369页。

授学，造就良多。前清川沙厅共有6名贡生，其中4人出自陆氏家族。陆炳麟本人为松江府学庠生一等一名，岁科考试六居优等，显示其深厚的儒学素养。艾曾恪虽然出生于19世纪70年代，并毕业于江南水师学堂，但作为艾承禧的胞侄，其兴趣还在于儒学，因此当选为川沙孔教会副会长。

年轻的学堂派则易于吸收新学，与时俱进，成为历史潮流的引领者。黄炎培早年便读过《天演论》，后又就读于南洋公学，早已熟读《万国公法》等新学书籍。1902年，黄炎培赴南京参加乡试，其中有一策论题为《如何收回治外法权》，结果黄炎培应答自如，考取举人。不久清廷废除科举，学堂派的知识视野随之扩大，其知识结构中融入了越来越多的新学元素。学堂派后期的主要人物张志鸿，比黄炎培、张志鹤、黄洪培等人又晚了一代，少年时便就读于新式学校，未接受过正统的儒学教育和科举考试的洗礼，已经完成从传统的士人向现代知识人的转变。

尽管孔教派也积极参与了地方自治，但是局限于文化教育的范畴内，从地理空间来看，其参与社会活动仅限于川沙范围之内。学堂派以办学活动为平台加入了地方社会具有影响力的社团组织，汲取更多的社会资本，与教育界、政界、工商业界人士建立了良好的合作关系，从而获得更广泛的权力基础。1906年，张謇发起江苏学务总会（后改为江苏省教育会），黄炎培先后担任常务委员和副会长。1917年，黄炎培依托江苏省教育会组织成立中华职业教育社，48名发起人均为政界、军界、学界、工商业的名流，黄炎培在教育领域的影响也由川沙、江苏扩展到全国。1907年，营造业大亨杨斯盛创办浦东中学，聘请黄炎培担任校长，张志鹤和李平书等浦东同人会名流担任校董。黄炎培、张志鹤成为浦东同人会的核心成员，并与顾兰洲、凌云洲、赵增涛等实业家合作筹划开办上海—川沙的铁路工程。1923年川沙县成立交通局，张志鹤、黄洪培任正副局长。学堂派的活动已经扩展到教育之外的领域。从这点来看,孔教派的社会活动从本质上看仍然是"士绅"职能的延续,学堂派精英则能够更好地"利用经济、政治、军事、社会、符号等各种资本(或资源)以及各种复杂的策略在中国近代社会不断变化的复杂情况中维持或改善其地位状况"①,实现从士绅向地方精英的转变。

自1901年川沙创建第一所新式学堂开始,至1931年川沙孔子庙落成,耆旧派、孔教派与学堂派的权势竞争经历了整整30年,这是中国从传统帝制经过新政改良、暴力革命而走向民主共和的阶段,也是中国数千年未有之文化巨变,作为封建帝制文化根基的儒学传统在剧烈的阵痛中被历史潮流所抛弃,而北洋政府倡导的尊孔读经实际上是属于政体转型过程中新旧文化的博弈,伴随这种新旧文化博弈的过程,川沙两大地方精英群体完成了权势嬗递。

结　　语

民国川沙文庙筹建中孔教派与学堂派之间的矛盾与竞争,实际上是清末兴学过程中年长者旧派与少壮学堂派竞争的延续,两派势力此消彼长,表面上是不同精英群体的权势嬗递,但究其本质,则是近代中国政治体制、社会结构、文化观念新陈代谢的具体表现。清末新政的宗旨与措施基本上体现在刘坤一、张之洞联衔上书的奏折,其中最急迫而重要的改革就是人才培养,所以废科举、兴学堂、采西法,"用人宜少壮",②成为清末新政具有影响力的改革内容。然而,延续了2 000余年的儒学不仅是中国封建帝制的理论基础,同时也是中国传统社会伦理的根基,具有强大的文化

---

① 李猛:《从"士绅"到"地方精英"》,邓正来编:《中国书评选集(1994—1996)》,辽宁大学出版社1998年版。
② 陈旭麓:《陈旭麓文集》第1卷《近代史两种》,华东师范大学出版社1996年版,第388页。

惯性,儒学不可能因为政体的更迭而自然终止,民初北洋政府尊孔保教运动的出现,可以说是辛亥革命后儒学传统的一次回潮。然而,回潮不代表潮流,以科学、民主、共和为核心的新文化才是近代历史发展的大势。随着时代的推进,社会各个阶层都不再迫切需要圣人:军阀不需要用礼教维护至尊地位,而代之以武力巩固统治;知识阶层失去了科举之路,转而投向新学;至于庶民,孔夫子从来只是庙堂之上的圣人,老百姓更愿意参拜佛寺或者神庙。① 川沙文庙筹款过程地方官员的推托、民众的消极,真实反映了儒学的实际命运。清末兴学培养的新学人才经过一二十年的历练,至20世纪20—30年代以后逐步取代者旧士绅与保守主义的孔教派精英,这是既是年龄的自然淘汰,更为文化上的理性选择。

(杨桢,上海师范大学人文学院博士研究生;
徐茂明,上海师范大学人文学院教授)

---

① 鲁迅:《在现代中国的孔夫子》,鲁迅文集全编编委会编:《鲁迅文集全编》,国际文化出版公司1995年版,第1162页。

近代史家与医家的交锋

——以吕思勉《医籍知津》与谢观《中国医学大辞典》的校读为例

陈 腾

一

我国古代医学并无专门史,现代意义的医史学科建制是在民国时期逐步完成的。学界一般认为,1920 年 4 月陈邦贤正式出版《中国医学史》,标志着医学史学科的初步建立①。其实更早的时候,1919 年 6 月吕思勉以精深的史学造诣撰成《医籍知津》(简称《知津》),由博返约地论述了中国传统医学的变迁。严格地说,《知津》才是我国第一部成熟的医学史专著,只是《知津》稿本一直由吕思勉及其后人藏之箧中,鲜为人知。

近年来随着《知津》稿本的发现并经整理问世,史学界与医学界都涌现出了颇具开创意义的研究成果。祖述宪、王珂通过精密考辨,认定谢观 1935 年出版的《中国医学源流论》(简称《源流论》)乃承袭《知津》全书,略作增订而成。② 尽管这一桩学术公案已经

---

① 相关回顾,参见郑洪:《不同的向度:中医史研究的内与外》第一节"中国医学史研究范式创立的回顾",《齐鲁学刊》2018 年第 5 期,第 36—41 页。
② 相关讨论,参见祖述宪:《〈中国医学源流论〉真正的著者是谁——史学家吕思勉的〈医籍知津〉显露真相》,《中华读书报》2013 年 3 月 20 日,第 13 版。王珂:(转下页)

尘埃落定,但是《知津》成书之后,经历了极其复杂的文本演变历程,迄今未见深入研究。尤其是《源流论》问世之前,1921年谢观主编了一部《中国医学大辞典》(简称《辞典》),此书成为我国第一部综合性中医药辞典,影响深远,至今仍是医史研究者案头必备的工具书。这部《辞典》与吕思勉的《知津》存在着千丝万缕的联系,迄今无人论及。

回到书籍诞生的原始场景,可以发现《知津》一书正是吕思勉参与谢观《辞典》编纂工程的直接产物。1952年,谢观去世两年以后,吕思勉方才道出个中隐曲:

> 一九一九年,入商务印书馆,助谢利恒君编辑《中国医学大辞典》。予于医学,本无所知,而先外王父程柚谷先生,先舅氏均甫先生,先从舅少农先生,皆治汉学而兼知医,故予于中国医书源流派别略有所知。谢君本旧友,此时此书亟欲观成,乃将此一部分属予襄理,至暑假中事讫。①

谢观(1880—1950),字利恒,晚年自号澄斋老人;吕思勉(1884—1957),字诚之,笔名驽牛、程芸、芸等,两人都是江苏武进人。清代常州地区名医云集,孟河医派在整个中医学史上有着十分重要的地位。武进名医程兆缙便是吕思勉的外祖父,吕氏从小耳濡目染,对中医源流尤其是重要医籍的内容、版本与价值了然于胸。早在1900年,尚未成年的吕思勉便已结识谢观。② 1914年,

---

(接上页)《必也正名乎——吕思勉〈医籍知津〉与谢观〈中国医学源流论〉关系辩证》,《华东师范大学学报(哲学社会科学版)》2019年第1期,第57—64页。

① 吕思勉:《三反及思想改造学习总结》,吕思勉:《论学丛稿》,《吕思勉全集》第12册,上海古籍出版社2016年版,第1220页。

② 关于吕思勉与谢观的交游,1952年吕思勉有记:"年十七始从母兄管达如君,管君为谢钟英先生之弟子。钟英先生者,利恒君之父,予初识利恒君,亦在此时也。"吕思勉:《三反及思想改造学习总结》,第1221页。另外,谢观之父谢钟英对吕思勉治学有很大影响,他在《从我学习历史的经过说到现在的学习方法》说:"十七岁,始与表兄管达如相见,达如为吾邑名宿谢钟英先生之弟子,因此得交先生之子利恒,间接(转下页)

谢观供职于上海商务印书馆,主持医学图书的编辑工作。1919年,吕思勉由谢观介绍入馆协助编纂《辞典》,两人想必有了更进一步的学术交往。1921年1月,《辞典》正式出版面世,全书三百数十万言,共收7万余条子目。这些条目分作七类,即病名、药名、方名、身体、医家、医书、医学。谢观"亟欲观成",嘱咐吕思勉"襄理"的部分便是医书、医家类条目。

既然《知津》撰成于吕思勉襄助谢观编纂《辞典》期间,那么两书之间应当关系匪浅。现存《知津》稿本署"武进程芸",这是吕思勉的一个化名。李永圻、张耕华在点校本的前言中对《知津》遗稿的撰写背景与整理出版经过做了扼要说明。① 不过,他们认为《辞典》并未收入《知津》的论医文字,则有待商榷。通过校读《知津》与《辞典》初版的医书、医家条目,我们发现文字雷同之处所在多有。

雷同的文本自然引人思考,到底是谢观拆解《知津》,编入医学辞典,还是吕思勉参照《辞典》,撰成医史专著? 更复杂的问题是,雷同的字里行间夹杂着极其细微的差异。这些文本差异并非修辞层面的微调润饰,而是两位作者针对具体的古代医籍、医家发表见解。它们似乎暗示了史家与医家的思维与立场有所冲突。众所周知,1919—1921年的上海正是中西医学对垒的重要战场。如果将微妙的文本歧异放置在特定的历史语境中加以观照,背面是否暗涌着近代中国不同社会思潮的交错与互动? 校读《知津》与《辞典》所得的例证为数众多,本文将择要辨析,并结合近代上海及其周边

(接上页)得闻先生之绪论。先生以考证著名,尤长于地理,然间接得先生之益的,却不在其考证,而在其论事的深刻。我后来读史,颇能将当世之事,与历史上之事实互勘,而不为表面的记载所囿,其根基实植乎此时。"吕思勉:《自述学习历史之经过》,原载《中美日报》《堡垒》副刊1941年第160—163期,转引自俞振基编:《蒿庐问学记》,生活·读书·新知三联书店1996年版,第229页。

① 李永圻、张畊华:《医籍知津(前言)》,《吕思勉全集》第16册,上海古籍出版社2016年版,第3页。

地区出版的涉医史料展开讨论。①

二

《辞典》可谓鸿篇巨制，其医书条目具有两个特点：一是收书范围广，编者把东亚汉字文化圈的医籍都纳入视野，这在民国初年是难能可贵的。谢观在序言中声称，《辞典》"网罗散佚，远逮三韩日本之书，考释滞疑，博采同人之论"。② 二是收书数量极大，其例言第20条云："《四库》著录之医籍，不过百余种，本书搜罗旧籍，傍及朝鲜人、日本人之著作，为提要二千余种，藉为考订古今医籍之阶梯。"③言语之中，颇见得意之色。细考之下，其实《辞典》编者对域外医籍的认识偶有疏漏，④而且一些"阶梯"还是直接从《知津》搬过来的。校读两书关于日本汉籍《黄帝虾蟆经》的文本，便足以说明问题（见表1）。

《黄帝虾蟆经》一书国内早已失传，唯日本保留有古卷子写本。文政六年（1823），汉方医家丹波元胤将《虾蟆经》编入《卫生汇编》刊刻行世，此书方广为流传。《知津》与《辞典》所据和刻本，殆即文政本。此书每日配一图，图上有树，树左为兔，树右为虾蟆，图下为人形，经文则以月相盈亏对应人体针灸的时间禁忌。如"月生一日，虾蟆生头喙，人气在足小阴至足心，不可灸伤之"。⑤ 又如"月

---

① 本文校读所据的版本分别是吕思勉：《医籍知津》，载《吕思勉全集》第16册，上海古籍出版社2016年版，第3—61页。谢观：《中国医学大辞典》，上海商务印书馆1921年版。为免行文累赘，对两书简称《知津》《辞典》；对吕思勉、谢观以及其他学者直接称名，敬请读者谅解。
② 谢观：《中国医学大辞典》，"序言"，商务印书馆1921年版，第2页。
③ 谢观：《中国医学大辞典》，"例言"，商务印书馆1921年版，第4页。
④ 订误文章，比较重要的有张长民：《关于中国医学大辞典和汉医家之修正》，《广东医药旬刊》1943年第5—6期，第69—73页。
⑤ 佚名：《黄帝虾蟆经》，日本文政六年敬业乐群楼刻《卫生汇编》本，第2页。

毁十六日,虾蟆始省头,人气在足太阳,目眦风府,不可灸刺伤之"。①《知津》用"生省"两字概括蛤蟆与兔的图形消长,反映月相每天的盈亏变化。

表1 《知津》《辞典》中关于日本汉籍《黄帝虾蟆经》内容

《知津》16 页	《辞典》3243 页
《黄帝虾蟆经》一卷,日本人所刻,论月中逐日虾蟆兔之生省,而人气所在,与之相应,不可针灸。原有识语,谓《隋志》有《黄帝虾蟆忌》一卷,当即此书。又《太平御览》引《抱朴子》:黄帝经有虾蟆图,言月生始二日,虾蟆始生,人亦不可针灸其处。《隋志》又有《明堂虾蟆图》一卷,徐悦《孔穴虾蟆图》三卷,则似晋宋间其说已行于世。《史记·龟策列传》,有月见食于虾蟆之语,则其书似出于汉人云云。案日本人所云中国古籍亦有不可尽信者,然此书则似非伪造也。	《黄帝虾蟆经》一卷。日本人刻。论月中逐日虾蟆兔之坐省,与人气所在,不可针灸。皆有图。按:《隋志》有黄帝《虾蟆忌》一卷,《御览》引《抱扑子》,亦谓黄帝经有《虾蟆图》,不知即此书否,然此书之传,要甚古也。

校读上表所列文字,可以看出《辞典》关于《虾蟆经》的文字显然是删改《知津》而来。惟《知津》之"生省",《辞典》改作"坐省",此处异文正是《辞典》蹈袭《知津》之铁证。因为"生省"的表述始见于吕思勉《知津》,未见他书。《辞典》编者不理解"生省"之义,或者未能辨识吕思勉稿本上的"生"字,误作形近的"坐"字。"坐省"一词义殊难解,部分中医文献学的教材慑于《辞典》的权威性,沿用至今。②

不妨再举一部医书为例。《知津》论古代脉学源流之后,详细交代了王叔和《脉经》一书的版本系统。这一段文字很长,与《辞典》解释《脉经》的第二个条目大同小异。吕、谢都提到《脉经》一书有道光二十三年(1843)黄铉西溪草庐刻本,节引两书相应文本见表2:

---

① 佚名:《黄帝虾蟆经》,第 9 页。
② 严季澜、顾植山主编:《中医文献学》,中国中医药出版社 2002 年版,第 236 页。又如严季澜、张如青主编:《中医文献学》,中国中医药出版社 2011 年版,第 318 页。

表2 《知津》《辞典》节引《脉经》内容

《知津》14 页	《辞典》2313—2314 页
道光时,嘉定王铉始以所藏旧钞本,与元泰定本、明童文举重刻袁表本及赵府居敬堂本,互校刊行。同时金山钱熙祚亦得是书,刻入《守山阁丛书》中。光绪辛卯,建德周学海又合校钱、黄二本,刻入所刊《医学丛书》中焉。	[脉经]……道光时,嘉定王铉乃以所藏旧钞本与元泰定本、明童文举重刻袁表校本及赵府居敬堂刻本,四者互相校雠刊行之,现在已不易得。同时金山钱熙祚亦得是书,刊入《守山阁丛书》中。光绪辛卯,建德周学海又合校钱、王二本,刻入所刊《医学丛书》中焉。

《知津》提到道光年间,"嘉定王铉以所藏旧钞本"与诸本互校刊行。此处之"王铉"应作"黄铉",吴方言中"王"与"黄"往往同音不分,此盖音近而误。黄铉(1778—1851)字子仁,号石香,晚号樗父,诸生,议叙县主簿①。《知津》后面又说光绪年间,周学海合校"钱、黄二本",钱本指清道光间钱熙祚刻本,黄本即同时期黄铉刻本,则表述无误。

《辞典》考论《脉经》清代版本的内容也是沿袭《知津》而来。有趣的是,《辞典》编者恐怕并不了解黄铉刻本《脉经》,也不明白"王铉"刻本乃子虚乌有,居然把《知津》的"钱、黄二本"改作"钱、王二本",以对应前文误书的"王铉"。同《虾蟆经》的例证一样,《辞典》编者沿袭《知津》的文本而误改。若非精细比勘,则难以发现其间的微妙联系。

经过以上的举例论证,可以得出初步结论:《辞典》编者将《知津》的文本嫁接到《辞典》的相应条目上。1951年,陈存仁纪念乃师,尤其推崇《辞典》普及医学、救人疾苦之功——《辞典》"出版迄今,凡经三十二版,达百万余部,行销地区,几遍及通商各国"。②

---

① 黄铉传记参见清程其珏修《(光绪)嘉定县志》卷十九《人物志四·文学》,光绪七年刻本,第50页。

② 陈存仁语,参见张赞臣:《中国历代医学史略》附录《国医者宿谢利恒先生传记》,千顷堂书局1954年版,第54—55页。

《辞典》编者"博采同人之论",然而限于体例,未能说明出处。《辞典》卷首的参订人员名单,罗列的都是谢观的门生,没有吕思勉的名字。吕思勉治学周瞻博通,为人亦宽厚仁恕,广大读者受惠于《辞典》至今,终究不能忘却吕思勉对现代医学史研究的开创之功。

三

谢观及其门生如何删改《知津》,纳为己用,已经论述如上。如果说"生省"与"坐省"、"黄铉"与"王纮"之类的异文属于校勘学的范畴,那么还有不少异文牵涉到的是作者观点与理念的分歧。对此,读者应当沿着文本的生成脉络去理解作者的思考方式。这里将考察的触角伸向更有趣的问题:吕思勉《知津》稿本中的哪些医学史方面的观点,没有被《辞典》编者采纳?换言之,对待同样的研究对象,《知津》与《辞典》的文本表述有何差异,而这些差异反映了史家与医家的思维立场有何冲突?

首先以《黄帝内经素问》为例。《素问》是我国现存最早的中医典籍,《知津》与《辞典》对书名的含义各自作出了解释(见表3):

表3 《知津》《辞典》对《素问》书名含义的解释

《知津》8页	《辞典》2297页
《素问》之素,王冰释之为本,不过望文生训耳。案《云笈七签》引《真仙通鉴》云:"天降素女以治人病,黄帝之而作《素问》。"与孔疏所引之说相符,当系古义。可见今之《素问》,实为古代素女脉诀一派之学,扁鹊传之,故继之而作《难经》也。	[素问]黄帝与岐伯平素问答之辞也。《汉志》载《黄帝内经》十篇,无《素问》之名。后汉张机《伤寒论序》始有"撰用《素问》"之语。晋皇甫谧《甲乙经序》亦称《针经》九卷,《素问》九卷,皆为《内经》,与《汉志》十八篇之数合,则《素问》之名,起于汉晋之间。

"素问"两字的含义,历来众说纷纭。宋代以前,其说大抵有四:一曰"五行之本"说,二曰"帝问素女"说,三曰"帝问太素"说,

四曰"素书帝问"说。① 宋仁宗嘉祐年间(1056—1063),林亿等馆臣奉敕校正《素问》,卷首之《新校正》云:

> 按王氏不解所以名《素问》之义,及《素问》之名起于何代。按《隋书·经籍志》始有《素问》之名。《甲乙经序》,晋皇甫谧之文,已云《素问》论病精辨。王叔和,西晋人,撰《脉经》云出《素问》《针经》。汉张仲景撰《伤寒卒病论集》,云撰用《素问》。是则《素问》之名,著于《隋志》,上见于汉代也。自仲景已前无文可见,莫得而知。据今所存之书,则《素问》之名起汉世也。所以名《素问》之义,全元起有云:"素者,本也。问者,黄帝问岐伯也。方陈性情之源,五行之本,故《素问》。"元起虽有此解,又未甚明。按《乾凿度》云:"夫有形者生于无形,故有太易,有太初,有太始,有太素。太易者,未见气也。太初者,气之始也。太始者,形之始也。太素者,质之始也。气形质具而痾瘵由是萌生。"故黄帝问此太素,质之始也。《素问》之名,义或由此。②

从各种解释出现的时间上看,最早的是"五行之本"说,即南朝全元起训"素"为"本"。林亿等馆臣《新校正》介绍此说之后,提出新解:《素问》缘于"帝问太素"。两者皆为吕思勉所不取。《知津》依据年代晚于全元起、早于林亿的道教史料,采用了"帝问素女"说。宋真宗天禧三年(1019),张君房编纂《云笈七签》,涉及《素问》书名含义的是这样一段话:

> 帝问岐伯脉法,又制《素问》等书及《内经》。(小注云:今有二帙,各九卷,后来就修之。按《素问》序云岐伯作,今卷数大约阙少,其《八十一难》后来增修。又云天降素女,以治人

---

① 相关回顾,参见许半龙:《内经研究之历程考略》,上海新中医社出版部1928年版,第1—4页。段逸山:《〈素问〉全元起本研究与辑复》之《关于〈素问〉的若干问题》第一章《〈素问〉的名义》,上海科学技术出版社2001年版,第1—5页。

② 王冰:《重广补注黄帝内经素问》卷1,明嘉靖间顾从德刻本,第1页。

疾,帝问之,遂作《素问》也。)①

接着,《知津》说《云笈七签》的记载"与孔疏所引之说相符,当系古义"。进而得出结论:"今之《素问》,实为古代素女脉诀一派之学"。

其实,细读比勘一下史料原文,不难发现吕思勉的论证过程稍显仓促,结论未免武断。所谓"孔疏所引之说",即孔颖达解释《礼记·曲礼下》"医不三世,不服其药"所引之说。《知津》绪论也引用了这部分文字,由此考证中国上古时代医学源流。试比较《知津》绪论与孔疏原文见表4:

表4 《知津》诸论与《礼记·曲礼下》孔疏

《知津》绪论,第6页	《礼记·曲礼下》孔疏
《曲礼》:医不三世,不服其药。孔《疏》引旧说云:三世者,一曰黄帝针灸,二曰神农本草,三曰素女脉诀,又云夫子脉诀,此盖中国医学最古之派别也。其书之传于后世者,若《灵枢经》则黄帝针灸一派也,若《本经》则神农本草一派也,若《难经》则素女脉诀一派也。	孔颖达《正义》曰:……又说云:三世者,一曰《黄帝针灸》,二曰《神农本草》,三曰《素女脉诀》,又云《夫子脉诀》。若不习此三世之书,不能服食其药。然郑玄云:慎物齐也。则非谓本草针经脉诀,於理不当,其义非也。②

需注意的是,吕思勉对各种史料有所误记,或者有意做了剪裁。第一,关于"素问"两字最早的解说,当属南朝全元起之"素者本也",吕思勉误作年代较晚的唐朝王冰所为,并且评价说"不过望文生训耳。"第二,吕思勉带有倾向性地将"帝问素女说"所据之史料年代往前推移。孔颖达的"又说",到了《知津》则直接变成"旧说"。吕思勉接着把"旧说"提到《素女脉诀》与《云笈七签》之"天降素女"联系起来,由此推论"天降素女"当为"古义"。第三,孔疏以东汉郑玄"慎物齐也"为据,明确否定了"本草针经脉诀"为"三世"

---

① 张君房:《云笈七签》卷100,民国间上海涵芬楼影印正统道藏本,第13页。
② 孔颖达:《礼记注疏》卷5,清嘉庆间阮元刻本,第15页。

的说法。吕思勉则忽视了孔颖达的反对意见。

同时,"《云笈七签》引《真仙通鉴》"的说法本身也值得商榷。"天降素女"之语出自北宋张君房所编的《云笈七签》卷一〇〇《纪》引《轩辕本纪》。元赵道一编《历世真仙体道通鉴》卷一"轩辕黄帝"全抄《云笈七签》,且脱误严重。① 谓《真仙通鉴》引《云笈七签》尚可,若谓《云笈七签》引《真仙通鉴》则非。② 据张固也考证,《轩辕本纪》之成书年代可以暂定于唐高宗末期(679—684)③,那么"天降素女"也不是吕思勉推测的"古义",至少晚于南朝全元起的"素者本也"。"古义"难求,颇堪玩味的是吕思勉的思维与立场。南朝全元起、北宋张君房、林亿,三家说法各异,为何独取道教文献《云笈七签》之"天降素女"为论据,弃医家全元起、林亿之说于不顾?"天降素女"带有浓厚的道教色彩,我们猜想大概在吕思勉心目中,中医本来就是跟道教一样的迷信罢了。

面对同样的史料,医家又是如何利用它们来解释"素问"呢?丹波元胤《医籍考》说:"《素问》乃为太素之问答,义可以证焉。"丹波元胤显然赞同北宋馆臣"帝问太素"说,至于"天降素女"云云,他则明确驳斥道"荒谬极矣"④。谢观及其门人显然也知晓"帝问素女"的说法,因为《辞典》"素女脉诀"条便说:"见《礼记·曲礼下》注疏中,详'世医'条。按后人有以《内经素问》当素女脉诀者。"⑤但是,他们反感这样的说法。谢观的得意门生、参与《辞典》编纂工作

---

① 张固也:《〈轩辕黄帝〉考》,《社会科学战线》2008 年第 5 期,第 79—83 页。
② 吕思勉早年对道教感兴趣,他在《三反及思想改造学习总结》中说"夙有志于将《道藏》之书,全读一过,未能实行"。吕思勉:《三反及思想改造学习总结》,第 1230 页。撰写《知津》期间,他可能无暇检阅《云笈七签》原书,转引其他材料,故而致误。俟考。
③ 张固也:《唐人黄帝传记三种叙录》,《宗教学研究》2010 年第 1 期,第 141—146 页。
④ 丹波元胤著,郭秀梅、冈田研吉整理:《医籍考》,学苑出版社 2007 年版,第 6—7 页。
⑤ 谢观:《中国医学大辞典》,第 2296 页。

的许半龙就认为"帝问素女"说语涉迷信,不足为训。① 《素问》被中医从业者奉为医书之祖,是医家从事医学实践的理论指南,若将《素问》与道教迷信相提并论,显然亵渎了传统医学的根基。

《辞典》的《素问》条目云:"黄帝与岐伯平素问答之辞也。"明代后期医书解释"素问",流行"平素问答"说。② 这种质朴的解释虽然出现时间较晚,但是与《素问》一书的内容及体裁相符,故而容易为大多数民国时期的医家所接受。1908年,丁福保《新内经》也说:"《素》《灵》之名,人难卒晓。余以为《素问》者,黄帝与岐伯等平素问答之书也。"③丁书对民国医家影响深远,或许是受到它的影响,《辞典》编者亦采用了"平素问答"说。④ 相较之下,吕思勉则相当鄙薄丁福保的人品与学问⑤。

同样是医家出身、丁福保的学生陈邦贤,便对"天降素女"这样道教色彩浓厚的说法非常反感。1914年,陈邦贤在丁福保主办的《中西医学报》上发表《医史研究会小启》,此文成为他后来的著作《中国医学史》的序言。⑥ 与吕思勉撰写《知津》同一年,即民国八

---

① 许半龙:《内经研究之历程考略》,第1—4页。谢观《源流论》"民国医学"条云:"医为实用之学,应使固有之特长保持勿失,以前之缺陷设法弥补,不在议论之动人、新奇之眩人耳目也。近人中了解此义者,有秦伯未、张赞臣、许半龙辈。"由此可见许半龙是谢观的得意门生。谢观:《中国医学源流论》,上海澄斋医社铅印本1935年,第57页。

② 明吴崐《素问注》、张介宾《类经》、马莳《内经素问注证发微》、王九达《黄帝内经素问灵枢合类》等明代医书,皆取"平素问答"之说。

③ 丁福保:《新内经》,上海文明书局1908年版,第1页。

④ 许半龙即赞同明代后期诸医书与丁福保《新内经》的解释。参阅许半龙:《内经研究之历程考略》,第4页。

⑤ 吕思勉《南归杂记》云:"予于某医士无怨,且薄有相知之雅,然不避嫌怨而言之者,实以社会现状至于如此,不忍不言,非徒曰骨鲠在喉,吐之乃快。"此处的"某医士"便指丁福保。原载《沈阳高等师范周刊》,1920年,转引自吕思勉:《论学丛稿》,《吕思勉全集》第11册,上海古籍出版社2016年版,第217—218页。

⑥ 参见李剑:《民国时期的医史学术团体》,《中华医史杂志》1992年第2期,第20页。

年(1919),陈邦贤正式完成初版《中国医学史》,"其目的在于发扬中国固有之文化"。陈书于次年正式出版,在1937年的增订版中,陈邦贤罗列了阐发《素问》书名含义的各家学说,最后总结道:"观于以上诸说,《素问》名称的意义,非常清楚;只有《神仙通鉴》所说,是荒诞无稽的。"①

对"素问"的解释各异,与其说吕思勉与谢观、陈邦贤的看法难以一致,不如说史家群体与医家群体的立场多有冲突。医家与史家显然都必须从古籍中汲取材料,然而背后的问题意识、学术取向判然有别。谢观《辞典》作为实用性工具书,所重在于医用疗效。陈邦贤《中国医学史》以三大问题为纲:医家地位之历史、医学知识之历史、疾病之历史,不妨说这是一部医学本位的医学史。相比之下,吕思勉《知津》通过比附儒家学说来论证古代医学的发展变迁,循此书写的是史学本位的医学史。尽管吕思勉阅读了大量医药典籍,但基本上将它们视为考证古史的资料,旨在考察古代社会文化。从宏观角度来看,民国时期初步建立的医学史研究,不约而同地摒弃了传统医家传记式的叙述模式,开始应用现代意义的方法与视角研究古代医学的发展。但是,医史作者的身份差异无疑决定了两种截然不同的写作方式,它们在各自的进路上难免交锋。

四

继续校读《知津》与《辞典》,史家与医家之间的交锋逐渐清晰地浮现出来。为了解释《素问》书名的含义,吕思勉作为博雅的史

---

① 陈书原文如此,《神仙通鉴》当作《真仙通鉴》,见陈邦贤:《中国医学史》第一篇第八章,上海商务印书馆1937年版,第46—47页。上海医学书局1919年初版、1929年版无此。

学家,自然要从古籍中查找"素问"两字最早的出处,这就引出了另一部医学经典:张仲景的《伤寒论》。

表5 《知津》中的《伤寒杂病论集》与《辞典》中的《伤寒论序》

《知津》8页	《辞典》2297页
按《素问》之名,昉见仲景《伤寒杂病论集》。(原注:言论所以集此书之意,宋本如此,后世刻本改为自序,非。)	后汉张机《伤寒论序》始有"撰用《素问》"之语。

《知津》小注特别强调版本证据,所引篇名当作《论集》,因为宋本如此,而后世刻本作《论序》不足为凭。宋本《素问》已佚,吕思勉所见殆为明嘉靖间顾从德翻宋刻本《重广补注黄帝内经素问》,此本作《论集》。宋本《伤寒论》也已经亡佚,核查明万历间赵开美翻宋刻本《仲景全书》,亦作《论集》。总之,吕思勉对于"宋本"与他本的异文极为重视。这一点还从吕思勉的杂文里得到验证。1919年,吕思勉还以"驽牛"为笔名,在家乡的《武进商报》发表《论医》十四则。这一篇杂文针砭时弊,对医家群体束书不观的恶习提出严厉的批评,其第六则云:

> 且以阴阳五行言医,古人亦初不如是,张仲景之《伤寒杂病论集》自言撰用《素问》,然全书中未尝引及《素问》一句,可见察脉、辨证、处方、用药古人自有真传。专谭空理之书如《素问》者,不过偶备参考而已,非可据以治病也。此后名医如华元化、王叔和等,亦均不牵引阴阳五行,缪仲淳论之甚详。(原注:《论集》言论所以集此书之意,宋本如是,俗刊本改为自序,非。又《论集》或言是伪作。)①

《辞典》编者不明吕思勉的良苦用心,或者明确反对他的看法,将宋本的《伤寒杂病论集》径写作《伤寒论序》。1935年4月1日,

---

① 吕思勉:《论医》第六则,转引自吕思勉:《论学丛稿》,《吕思勉全集》第11册,上海古籍出版社2016年版,第163页。

吕思勉作《谢利恒先生传》，文中称谢观自少年时期便已"熟诵《内》《难经》《伤寒杂病论集》、本草、经方"。① 此处又提及《伤寒杂病论集》，不知是否故意强调？ 遗憾的是，吕思勉的意见又一次被谢观的门生忽视了，他们将吕思勉所作《谢利恒先生传》冠在乃师《中国医学源流论》正文之前，然而《源流论》提及此篇仍有误作《伤寒论序》的地方。②

前面的例证都出是医书类条目，接下来再看医家类条目。我国历史上有确切记载的最早的名医是扁鹊，《知津》与《辞典》的相应表述也是同中有异：

表6 《知津》《辞典》对扁鹊的表述

《知津》7 页	《辞典》1796 页
其传承派别，可以推见者，华元化为黄帝针灸一派（华佗，字元化，汉末沛国谯人），张仲景为神农本草一派（张机，字仲景，东汉南阳人），秦越人为素女脉诀一派（秦越人即扁鹊，战国时齐国勃海郑人）。仲景之师，元化之弟子，皆见于载籍。《史记·扁鹊列传》载其所治诸人，多非同时，或疑史公好奇，不衷于实，不知扁鹊二字，乃治此一派医学者之通称，秦越人则其中之一人耳。	［扁鹊］《史记·扁鹊仓公列传》："扁鹊者，渤海郡郑人也，姓秦氏，名越人。又云为医或在齐，在赵者名扁鹊。按史记又记其治赵简子、虢太子、齐桓侯疾，考三人俱非同时。盖扁鹊乃轩辕时人，其后为医家宗派之通称，秦越人则此宗派之一人耳。"参看"秦越人"条。

《知津》与《辞典》皆认为扁鹊是上古时期医家宗派的通称，秦越人则是学派中的一员。小有差异的是，《辞典》引用《史记·扁仓列传》，只看到了正文"郑人"，却没有细读注文与校勘记。刘宋裴骃《史记集解》："徐广曰：郑当为鄚。鄚，县名，今属河间。"唐司马贞《史记索隐》："案勃海无郑县，当作鄚县，音莫，今属河间。"③ 熟

---

① 谢观：《中国医学源流论》，第1页。
② 谢观：《中国医学源流论》，第9页。相应文本，载吕思勉：《医籍知津》，第12页。
③ 司马迁：《史记》卷一百五，中华书局2014年点校本，第3370页。

读正史的吕思勉,自然不会放过史注的提示,再加上清代张文虎《校刊史记集解索隐正义札记》卷五明言:"扁鹊时未置勃海郡,《史》亦无此书法,当是后人篡改。"①因此,《知津》就直接说:"战国时齐国勃海鄭人。"《辞典》只据正文,作"渤海郡郑人。"

"鄭人"与"郑人"的文本差异,体现的是史家读书与医家不读书的差别,至少在吕思勉看来是这样的。他的杂文《论医》严厉批评民国的中医从业者"读书太少",第一则便说:

> 中国之医书以鄙人之浅陋所见者,尚有千余种,然而今日之医家若能背诵书名五十种,吾已服其博雅矣。彼辈所认真阅读者,吾敢决其不及十种,即曾经泛滥之吾亦敢决其不满三十种也。②

细心的读者不难发现,《论医》与《知津》都写于1919年,五四运动发生以后。结合《辞典》编者对《知津》文本有所别择、有所背离的现象,吕思勉的炮火显然是有的放矢。《论医》痛骂的"彼辈"正是以谢观为代表的沪上中医群体。谢观比吕思勉年长4岁,这一位医林耆宿对气功养生、灵魂出窍颇为热衷。③ 而吕思勉则是严谨求实,采用新方法治学的现代史家。如前所述,谢观虽然担任《辞典》的主编,但实际承担编纂工作的是他的学生。《辞典》的参订人员姓氏名单罗列了张赞臣、姚兆培、王林芳等30位学生,他们就读于谢观担任校长的上海中医专门学校。④ 不难想

---

① 司马迁:《史记》卷一百五,中华书局2014年点校本,第3407页。

② 吕思勉:《论医》,前揭第161页。

③ 谢观:《气功养生要诀》,民国间抄本,现藏上海中医药大学图书馆,索书号:165242。另外参见《记谢利恒先生言灵魂出窍事》,《上海中医专门学校恒星社医报》1924年第9期,第3页。《谢观先生讲述生命之原理》,《上海中医学院年刊》1934年,第1—5页。

④ 谢观在序言中也交代了编撰《辞典》的始末:"民国初元,不侫忝长上海中医专门学校,……乃合全校员生,互相考校,……程功至六七年……"。谢观:《中国医学大辞典(序言)》,第2页。

见,史学大家吕思勉对诸位同学的学术水平必然是有所保留、有所质疑的。

吕思勉在商务印书馆的工作内容便是协助编纂《辞典》,这就意味着他与谢观及其门人肯定有过不少商榷学问的经历。联系前揭《知津》与《辞典》的文本差异以及背后的思想冲突,这一段经历恐怕并不令人愉快。吕思勉在商务印书馆工作不到半年,即转去苏州省立第一师范学校教书,次年北上,任职于沈阳高等师范学校①。奈何寄人篱下,他也无法多言,心中块垒实在难消,只好在家乡报纸上尽情发泄不满。《论医》第三则的火药味更浓,援引如下:

> 今之医家所读之书既极少,以读书太少故,一遇病证,其茫无所知,亦与普通人等,试问其所明之理从何而来?
>
> 今即让一步谓理可凭空参悟矣,然能凭空悟入之士,必为上智之人,今之医家其资质何如乎?彼辈皆读书不成者也。其资质校诸今日自号为读书之人,尚下一等,试问今日自号为读书之人,其资质果何如乎?足以凭空悟入乎?而况其更下于此乎?而况乎凭空悟入之语本不可通乎?②

吕思勉毫不留情地否定了传统医学的理论,与此同时痛下针砭,尖锐地抨击中医从业者资质堪忧,读书太少。尽管他并没有指名道姓,但是我们也能猜出几分。试问1919年与他直接打交道的中医人士,除了谢观和他的学生,还有谁呢?

硝烟还在弥漫。无论读书多寡,不管临床经验如何,史家与医家都愿意承认一个事实,那就是中国疆域广阔,药材资源丰富,故

---

① 吕氏形迹参见李永圻、张耕华:《吕思勉先生年谱长编》"1919年"条,第202—225页。1921年6月20日,吕思勉在孟晋迫群社的演讲会上发表题为《中国医学的变迁》的演说,殆以《医籍知津》为演讲底稿。文载《沈阳高等师范学校周刊》1921年第45期,第2页。

② 吕思勉:《论医》,第162页。

而古代医学积累的药方不无价值。谢观《辞典》序言与吕思勉《论医》都提到这一点：

表7 《论医》《辞典》对药方价值表述

《论医》第八则	《辞典》序言
然则中国之医学会不足取乎？曰不然。<u>中国疆域广大，各处之地形、气候不同，疾病之种类极多，医学上既积数千年之经验，其诊察之工，乃有效之方，亦多可采。</u>特其所言之理，则全不足信耳。 然此谓中国之医学亦有可采，非谓今日之医生有此能力也。何则？中国之医绝无条理系统，不足以言学，而但足称为术；则其用之而有效，全在多读书。读书多，乃能多识病证，多记良方，用之或可有效。然今日之医生，则读书甚少者也。一种学问，与从事于此种学问之人，二者不可并为一谈。譬如孔子与佛，岂不甚为可信？然执前清之秀才，而望其治国平天下；执今日之和尚，而至其济度众生，不可得也。故即使中国之医学，真有可取，尚不能因此而信今日之医生。况于中国之医学，本不能称为科学耶？①	自新学说之兴，而旧学遂为世所诟病，医亦其一事也。然凡事不当偏循理论，而当兼课实际。今日西医不能治之病，中医治之而效者，亦往往而有，何哉？理无穷而知有涯，因学问之昌明其所以然之故者，亦何可胜道。此近贤所以有行易知难之论也。吾国解剖一事久废，理化之学不昌，医家理论，诚不逮西医之翔实。然深山大泽，实生龙蛇，<u>以中国文化之盛，疆域之广，地形气候之殊，疾病种类之多，与夫相传治法，名医论说之众，其用物也弘矣！取精也多矣！</u>学问之事，浩如烟海，虽未开化之国，野人部落相传之方术，犹有足资采取。矧于中国医学，光明灿烂，既数千载者乎？②

加下划线的文字何其相似，它们充分肯定了中药的实际疗效。民国时期相当流行"存药废医"的观点，难怪吕思勉话锋一转，便抨击了中医"绝无条理系统"，医家群体"读书甚少"，进而得出中医全不可靠的结论。吕思勉还质问说："况于中国之医学，本不能称为科学耶？"与之相反，谢观相信中医自有其价值，并为其存在的合法性大声疾呼，带着感情反问道："矧于中国医学，光明灿烂，既数千载者乎？"同样面对来势汹汹的西潮，吕思勉与谢观的两个发问简直像是隔空论难。碍于人情世故，他们始终没有公开论战，只是潜

① 吕思勉：《论医》，前揭第164页。
② 谢观：《中国医学大辞典》，"序言"，第1页。

伏在文本深处暗暗交锋。

五

经过上述举例与论证,笔者发现吕思勉与谢观,乃至他们各自代表的史家群体与医家群体之间分歧巨大,令人瞠目结舌。前文逐一分析例证之际,已经对史家与医家的思维立场之冲突有所抉发。在此基础上,如果将校读出来的文本差异放在特定的历史语境加以考察,看似奇异的现象可以获得合理的解释。因为这种交锋并非停留于学理层面的对话,更反映了近代中国两种社会思潮的对峙。

自清末西医东渐,中西医之争一直未停,而上海一直是论争的中心战场。"中医科学化"的口号始提倡于新文化运动时期,其后医家、学者、政客乃至普通民众都围绕"中医是否科学"展开激烈讨论①。1917年,反中医阵营的健将余云岫出版《灵素商兑》,以近代科学、进化论为武器,矛头直指中医理论的奠基之作《素问》与《灵枢》。也是在这一年,谢观应丁甘仁邀请,出任上海中医专门学校首任校长,该校是北洋政府备案批准成立的第一所中医院校,日后成为中医界与废医人士展开论战的重要据点。1918年起,余云岫兼任上海商务印书馆编辑。不是冤家不聚头,谢观此年亦在商务印书馆主持《辞典》和其他医书的编撰工作。

熟悉了这样的形势背景,我们不难理解为何谢观编纂《辞典》"亟欲观成",进而介绍旧友吕思勉入商务印书馆襄助其事。随着"中医科学化"的声浪一阵高过一阵,中医人士到底应该如何突显

---

① 关于近代以来中西医论争的背景,参见赵洪钧:《近代中西医论争史》,学苑出版社2012年版;郝先中:《近代中医存废之争研究》,华东师范大学2005年博士学位论文。

自身的存在价值,变得迫在眉睫。身为海派中医的领袖人物,谢观自然不能袖手旁观。由他领衔编纂的《辞典》存在不少疏误,一部分原因是编者即上海中医专门学校的青年学生"读书太少",另一方面恐怕与谢观急欲成书,以应对中医的生存危机也有关系。由此背景,我们也不难理解为何吕思勉将中医与道教联系起来考证古史的做法,会遭受医家群体的强烈排斥。

夹裹着经济利益的纠缠,中西医阵营激烈对抗,愈演愈烈。《知津》与《辞典》都不可避免地留下战火的痕迹。谢观可能也没想到,旧友吕思勉对中医的看法已经同他分道扬镳,反倒更接近于余云岫。1920年,余云岫发表了《科学的国产药物研究之第一步》,引发中医存废之争。同年,吕思勉在他的《白话本国史》的序列中,首先强调的就是"用新方法整理旧国故的精神"①。吕思勉站在现代史家的立场,中医古籍也好,道教古籍也罢,都需要应用科学的方法加以解剖分析,以资考史。

在科学主义高昂的时代洪流中,中医一直背负着"不科学"的原罪,成为愚昧落后的象征。可是对于谢观等职业医家而言,中医却是安身立命的所在。身为孟河学派的传人②,谢观临床经验丰富,弟子众多,几成宗派。谢观后来领导医林,当仁不让,积极联络其他沪上名医,如章次公、程门雪、陈存仁、严苍山、盛心如等人率领学生同仇敌忾。对于中医古籍,他们发表的言论与主张是医家本位的、实用主义的,自然对传统医药充满感情,语多回护。

综上所述,《知津》是吕思勉于1919年入商务印书馆协助谢观编纂《辞典》的直接产物,全书经过删改,编进《辞典》的医书、医家

---

① 吕思勉:《白话本国史(序例)》,《吕思勉全集》第1册,上海古籍出版社2016年版,第1页。

② 谢家的医学传承谱系,参见蒋熙德:《孟河医学源流论》,中国中医药出版社2016年版,第273—278页。

类条目。单独阅读《知津》,或者翻检《辞典》,我们只能窥见平静的水面;唯有将两书相应的文本进行精细比勘,结合其他史料,方能发现暗涌的微澜。吕思勉站在"局外人"的立场,秉持整理国故的精神处理医学文献,重视读书考史,从历史演进的脉络梳理医学源流;谢观及其门生正遭逢生死存亡之秋,对中医文献带有私人情感,重视中医的实践经验与疗效,在中西阵营的论战中不遗余力地维护中医的话语权。

从《知津》到《辞典》,只是近代史家与医家进行暗战的第一回合。1921年之后,中西医的争论上升到了国族存亡的高度,《知津》的文本屡屡变动。《知津》的命运仿佛近代中国的时局一样波折诡奇,其文本逐渐脱离了作者吕思勉本人的控制,不仅被节选入《辞典》条目,日后还连载于医学杂志,增补成医学教材,转化为医学史研究领域的共识。诸多变化有待深入论证。每一次轻微的文本变动都与社会思潮交相浮沉,仿佛流动的水盛放在不同颜色、不同形状的器皿中,呈现出光怪陆离的风景。从《知津》这部小书的文本演变,窥见医学史的建构过程以及近代中国社会的复杂面相,正是我们致力的方向。

(陈腾,北京大学中文系古典文献学博士生)

"福音"下的世俗竞利：鸦片战争前后在华传教士对商务知识的传播

徐悦超

目前学界关于近代由海路而来的西学东渐的主流看法，仍认为它是一个从"器物"到"制度"再到"文化"的阶段性演进过程。暂且不论作为"东"的一方的中国人是否真的按照这一进程来接收西学，但作为近代西学的首批传送者——来华传教士而言，他们的知识输出过程似乎并非如此。他们很可能一开始便通过出版物进行多种知识的并行输出。若按照现在的学科知识分类来看，这些知识包括了西洋史地、商务、科学、政治等，它们多是相伴而行，并未有层层递进式的先后之分。更为重要的是，从知识史的角度来看，这些知识共同表达了一种期盼——希望中国人接纳并学习基督教统摄下的西方种种，它们的使命就是以整体的西方知识来传播"福音"。所以这场西学东渐，对传教士而言，很可能是"观念"先行，而非具体的器物知识。①

传教士在向中国人传入西方知识的同时，也在将他们不断学习、理解到的中国知识进行整合，再输出给在华的同行与洋商，形

---

① 吴义雄教授曾结合西洋史地知识与格致之学探讨过这一主题。详见吴义雄：《双重使命：传教士与晚清中国知识结构的演化》，收入张先清编：《史料与视界——中文文献与中国基督教史研究》，上海人民出版社2007年版，第358—375页。

成了中西知识的双向输出。这种知识的双向输出,"商务"面相成为其中重要的一环:一方面,传教士为在华洋商翻译中国的商业用语,编纂中国商业指南;另一方面,也是传教士日渐侧重的,即他们不断向中国人宣传懋迁之理、通商之道皆归"上帝之智",试图尽最大努力使清朝以己为中心的朝贡贸易认知扭转为国与国之间平等贸易的观念,以破除中国人视西方人为"夷狄"的固执,从而满足西方人在广州等口岸的商业利益。①

然而,以今天的"后见之明"来看,早期的来华传教士们虽然采用了印刷与出版的方式尽全力传教,但仍效果不彰。从第一位新教传教士抵华的 1807 年,直至鸦片战争前夕的 1836 年,这 30 年间,各地华人信徒总共不过 100 人左右,这其中还包括不少只为领取救济品而信教者。② 然而,在华传教士对商务知识的输出,却在布道传教的过程中推动了近代中国人世俗竞利的理念。

---

① 近年来,针对中西贸易认知的相关主题,美国南伊利诺大学经济系的特雷斯考特(Paul B. Trescott)教授虽然关注到了英国人在 19 世纪 40 年代后将"自由贸易"的理念带到中国,但他更强调形成这种局面的刚性条件——中英间的"诸项不平等条约",而未深究宗教、知识乃至文化传播这样相对柔性的条件。详见 Paul B. Trescott, *Jingji Xue: The History of the Introduction of Western Economic Ideas into China 1850 - 1950*, Hong Kong: The Chinese University of Hong Kong, 2007, pp.9 - 10. 中山大学的李丹博士虽然概述了来华新教传教士用中文出版物向中国人传播"西方经济知识"的过程,但未论及传教士以西文出版物向在华洋商转译中国商务知识的情形。详见李丹:《新教传教士与西方经济知识在华传播(1800—1860)》,《福建师范大学学报(哲学社会科学版)》2011 年第 1 期,第 165—172 页。夏威夷大学马诺阿分校东南亚研究中心的芭芭拉·沃森·安达娅(Barbara Watson Andaya)教授最近的研究已经关注到了商业与传播"福音"之间的密切关联,讨论了两者在东南亚的运作机制以及彼此间的纠葛,但她的研究更聚焦于政治与社会面向,文本如何传播则非其重点。详见芭芭拉·沃森·安达娅(Barbara Watson Andaya):《在帝国与商业中心之间:近代早期东南亚基督教传播中的经济》,王志红译、朱明校,《海洋史研究》2018 年 8 月,第 3~30 页。

② 苏精:《马礼逊与中文印刷出版》,台湾学生书局 2000 年版,第 32 页。

"福音"下的世俗竞利:鸦片战争前后在华传教士对商务知识的传播

一、西方人在华转译"商务"的肇端:《马礼逊字典》带动下的中国知识输出

英国人马礼逊(Robert Morrison)作为第一位来华的基督新教传教士,于1807年9月抵华。他在广州和澳门的传教很不顺利:在广州,他要面临清政府的"传教禁令";在澳门,则还要面对信奉天主教的葡萄牙当局"极不友善甚至仇视的态度"。他在两地都无法公开传教的情形下,终于发现印刷和出版是"可能突破困境的一种手段":只要散发大量出版品,"爱好阅读"的中国民众终会逐渐接纳基督教的"福音"。①

于是,他在向伦敦会请示的同时,直接动用了当初伦敦会给他"便宜行事"的权力,除了刊印教义类出版物外,还在1808年开始编撰第一部中英对照字典——《华英字典》(*A Dictionary of the Chinese Language*),也被后世称作《马礼逊字典》,主要为在华传教士与洋商提供最为基本的中文知识。②

这部字典的中文部分参照的是《康熙字典》,英文部分则参照他自己带来的拉丁文字典。从这部字典的内容上看,它的预设读者主要是来华商贸或传教的西方人,以英文解释常用汉字及词汇,从而提高来华西方人的汉语学习水平。字典中涉及不少"商务"类的字、词,成为西方人在中国转译"商务"的肇端。

从它们的中英互译中,可见西人对"商务"的具体理解。如:

"商"字,被解释为:"A travelling merchant; a merchant; to carry on commerce."多指"商旅""商人"或"商贸"。彼时广州特有的商人类型——"行商"或"洋行商"亦被解释:"A Chinese merchant

---

① 苏精:《马礼逊与中文印刷出版》,台北:学生书局2000年版,第11—13页。
② 苏精:《马礼逊与中文印刷出版》,台北:学生书局2000年版,第89页。

engaged in European or foreign trade at Canton."并附注了它的几种粤语发音(Provincial Pronunciation):"'Hang'商"、"'Hong'商"或"'Hing'商"。"商"的动词属性也被解释:"通财鬻货曰'商'":"To make mutual transfer of property, and to sell goods, is expressed by 'Shang'."①

与"商"密切相关的"市"字,亦被解释为名词与动词两类,前者:"A market place","a concourse of different sorts of people";后者:"to buy","to trade in the market",又引申为"To encourage and rouse talent by the hope of bringing it to a good market",大意为"吉市""好兆头"。从整体上看,"市"被视为一个中性甚至是褒义的字眼,但"市语"一词却仍被认为是"粗鄙之语"的代称:"low vicious language"。②

此外,"交"字中有"交易"一词,其解曰"货换货谓交易":"To exchange one commodity for another"。并引《易·系辞下》语示例:"日中为市,致天下之民,聚天下之货,交易而退,各得其所。"③

依彼时来看,《华英字典》对"商务"面向的字词解释相对全面而精到。

尽管东印度公司担心在华传教士会"启蒙"当地民众、影响公司利益而对这些不远万里而来的传教士们并不友好,但在公司驻广州办事处的人员(多为英国富家子弟)看来,学好中文尤其是粤语自然更有利于他们的商业管理,更何况他们在马氏到来之前的中文学习断断续续、收效甚微。因此,他们竭力强调这部字典在政治与商业上无比的实用价值,游说公司董事会提供赞助。④

广州办事处的游说确实起到了成效。为了赞助马氏编写、印

---

① [英]马礼逊:《华英字典》影印版第一卷,大象出版社2008年版,第399页。
② [英]马礼逊:《华英字典》影印版第四卷,大象出版社2008年版,第730页。
③ [英]马礼逊:《华英字典》影印版第一卷,大象出版社2008年版,第53页。
④ 苏精:《马礼逊与中文印刷出版》,前揭第83—89页。

"福音"下的世俗竞利：鸦片战争前后在华传教士对商务知识的传播

刷这部字典，到了1814年，英国东印度公司真的在澳门建立了一家印刷所，中英文印刷使用的都是金属活字，这是中国境内第一家使用西方印刷术的机构。在这家印刷所的帮助下，马氏的字典在1823年4月终于被全部出版，在已知的650部中，有500部被办事处运到伦敦与印度销售（中国境内则被官府干预，未能出售），150部留给马氏，他又赠给伦敦传教会20部、英国亲友35部。马氏因此非常高兴，并颇为自信地说："英国已经在学习中文方面，比所有的欧洲国家拥有更好的图书工具。"[①]但马氏可能也未曾料到，他的这一举动，实际上启动了以中国为主题的印刷出版物（图书、杂志与报纸）的竞争热潮，为来华的西方传教士、政客与商人提供了非常关键的中国知识输出。

美国费城青年伍德（William W. Wood）率先看到了在马氏字典开辟下广州、澳门一带的出版物商机，他与在华英商马地臣（James Matheson）合作，于1827年11月，在广州创办了中国境内第一份商业性的英文报刊——《广州记事报》（*The Canton Register*），主张自由贸易，反对东印度公司与清廷对广州贸易的垄断，持续报道中国时事、市场行情等资讯。该报最初为半月刊，后改为周刊，还有洋商及华人买办希望再度缩短出版周期，此举反映了这些人群对商务时讯的迫切需求。它在广州经营了10多年后，受林则徐禁烟运动的波及，最终撤出广州，迁往澳门。[②]

到了1831年，《广州记事报》易主为爱尔兰商人基亭（Arthur S. Keating），伍德另创周刊《中国信使报》（*Chinese Courier and Canton Gazette*），其内容亦为主张贸易自由与市场开放，但言论比前者更为尖锐；两报在出版市场上以竞争形态并存。[③]

---

① 苏精：《马礼逊与中文印刷出版》，前揭第80—95页。
② 苏精：《〈澳门新闻纸〉的版本、底本、译者与翻译》，《翻译史研究》2015年第5辑，第108页。
③ 苏精：《马礼逊与中文印刷出版》，前揭第105页。

此时,前文提到的那家隶属于东印度公司、刊印马氏字典的印刷所也加入到了这场出版竞争的热潮中。由于公司新驻广州办事处的领导("大班")好文事,故相应的政策与措施也随之而来。自1831 年 5 月,该印刷所出版了英文月刊《广东杂记》(*The Canton Miscellany*),主要内容亦为有关中国的论说。1832 年 2 月,该印刷所又出版了马礼逊之子马儒翰(John Robert Morrison)编撰的英文作品《英华通书》(*The Anglo-Chinese Kalendar and Register*)及《通书附册》(*A Companion to the Anglo-Chinese Kalendar*),两书在当时便被视为专门性的中国商业指南名录,以供在华洋商随时查询:它涵盖了中国历任皇帝、各省大员及其籍贯、各地政府官员列表;在亚洲殖民地的欧洲官员列表,行商与通事列表,在华侨居的外国要人列表;保险公司与保费列表,各国兑换价格表,中国与英国、印度的度量衡换算表;广州与澳门沿岸商情概述;等等。① 可能是受这两部商业指南的影响,到了 1838 年,广州出现了专门报道时事与商情的中文石印月刊《各国消息》,它更加明确地不关涉宗教,其中商情内容是并列刊录的进出口商品名称与对应价格。②

在《马礼逊字典》带动广州、澳门一带的西文出版物讲述中国知识尤其是中国商务知识的同时,在华传教士也在通过刊印中文读物,向中国人输出西洋的商务观念。

二、鸦片战争前西方知识输出中聚焦商务观念的三个代表性事件

鸦片战争前,在上述介绍中国知识的西文出版物形成热潮的同

---

① 张坤:《在华英商群体与鸦片战争前的中英关系》,暨南大学出版社 2014 年版,第 160 页。

② 苏精:《马礼逊与中文印刷出版》,前揭第 181 页。

"福音"下的世俗竞利：鸦片战争前后在华传教士对商务知识的传播

时，这些传教士们也在刊印着中文读物，其基本模式是试图凭借足够吸引中国读者的外洋知识，来达到传播基督教文本的目的；有些吊诡的是，这些外洋知识，很多并不直言基督教义。这种模式大体上是对明末耶稣会士传统的继承。其中，有三则聚焦"商务"的代表性事例值得探讨：一是米怜（William Milne）编撰了《察世俗每月统记传》与《生意公平聚益法》；二是胡夏米（Hugh Humilton Lindsay）向中国官员分发了《大英国人事略说》；三是郭实猎（Karl Friedrich August Gützlaff）出版了《东西洋考每月统记传》《贸易通志》。

（一）基督教"万物"取向下对"商务"的关注：米怜的《察世俗每月统记传》与《生意公平聚益法》

米怜是继马礼逊之后、伦敦会派出的第二位来华传教士。1815年，为了更好地传教，他与前辈马礼逊商议创编一种"介于报纸与传教杂志之间"的中文期刊，来兼顾教义外的"一般知识"，以"猎奇"的方式吸引中国人阅读。这份期刊便是《察世俗每月统记传》（*Chinese Monthly Magazine*），它被后世视作中国期刊（月刊）之肇始；其构想很可能依然来自马礼逊，具体事宜由米怜付诸实践。米怜又雇用了刻印工匠梁发。梁发为人聪明，并接受了米怜洗礼成为基督徒，因而颇得重用，被米怜带到马六甲，来负责这份中文杂志的刻印工作。①

《察世俗每月统记传》的预设受众极为广泛，尤其是普罗大众中的贫苦人群，故"每篇必不可长也，必不可难明白"；所刊文章几乎出自米怜一人之笔，工作量非常大，因此，他尽量以连载与短篇形式撰写。米怜出身贫寒，教义学识并不高远，但仍努力将教会宣扬的"正道"——"万物"皆由"神"造传授中国民众。他强调，凡为"学"者，必"察万有"，方可"辨明其是非"，故须"勤功"以"察世俗人道"。因此，这一刊物在内容上的一大特点，是试图呈现一种基督

---

① 苏精：《马礼逊与中文印刷出版》，前揭第25—34页。

教"万物"取向下的百科全书式的浑融型知识。①

这种基督教"万物"取向下的浑融型知识,在这份刊物中主要体现在讲述近代西方之科技、史地、文学与时事等方面。其中,史地与时事评论中皆颇涉商务:前者有《全地万国纪略》,描绘各地风情,以更新、丰富华商对外洋的认知;后者罗列英国自亚洲所进口的商品,以彰国际通商之重要性。②

在米怜看来,这种刊物中的商务知识有必要再进行专门的论述,尤其是其中的买卖规则,蕴含着上帝的旨意。为此,他于1818年在马六甲撰写并出版了一本专述生意场规则的中文小册子——《生意公平聚益法》,共10页,文风比《察世俗每月统记传》更为白话,内容基本上是在讲"上帝"统摄下的生意场上的道德规训。据称这本小册子先后被印刷出版了8 000多册,而且在1832年、1847年先后在澳门、宁波重版,看来它在东南沿海一带颇为流行。③

此册开篇率先表明了一种基督教式的"四民异业而同道"的立场:"人生在世",皆有"一定之业","士、农、工、商,各有其本业",但皆须"勤工"与"公平",否则便是"得罪上帝",必得"恶报"。随后专讲生意买卖之事,告诫商贾诸条戒律:货物及称货权器不可作假,不可囤积居奇、哄抬物价,不可违背交易契约。上述戒律俱彰"神主之公道"。④

(二) 从"该夷"到"该商":"商务"探察中胡夏米分发《大英国人事略说》的成效

这部《大英国人事略说》(*Brief Account of the English*

---

① 《〈察世俗每月统记传〉序》(1815年8月5日),收入蒋含平、李新丽编:《中国新闻传播史文选》,合肥工业大学出版社2016年版,第28—29页。

② 苏精:《马礼逊与中文印刷出版》,第164—168页。

③ 熊月之:《郭实腊〈贸易通志〉简论》,《史林》2009年第3期,第64页;熊月之:《西学东渐与晚清社会》,上海人民出版社1994年版,第135页。

④ [英]博爱者(米怜):《生意公平聚益法》,第1—10页。

"福音"下的世俗竞利:鸦片战争前后在华传教士对商务知识的传播

Character),也是一本小册子。它由原英国东印度公司广州办事处大班(President)马治平(Charles Marjoribanks)用英文写就,后交与私交甚好的马礼逊译成中文,并由马氏印刷出版,以符合中国人的阅读习惯。它言简意赅,内容是对通商现状的不满,尤其是对广州官方排斥、盘剥洋商行径的申诉。

1832年1月,马治平在自己离任前派遣广州办事处书记胡夏米由海路北上,对中国进行以"商务"为名(实则涵盖政治、宗教、军事等多重意味)的探察,即著名的"'阿美士德'号(Lord Amherst)之行",并嘱胡氏带上这份中文版的《大英国人事略说》,伺机呈于道光帝。但继任广州办事处大班德庇时(John Francis Davis)是相对保守者,他认为这一文本会给东印度公司的在华商务带来麻烦,便扣留了它。但马礼逊处尚有大量存册,马氏瞒着德庇时让胡氏取了500册带上了船。①

此文本首先描述了英人心中中英通商的理想型:"英国船所带进口的[者]系远国之土产之[与]制造各物,所带出口者系华夏之茶叶等货。如是华、英两国商人发财裕国,且贫民有工夫做得饭食,为良人度日,享此福矣。"但文中主张的中英自由对等贸易与中国固有的朝贡贸易体系(Tributary System)产生了根本冲突:"以所有之美好人物尽在中国,其余他国为贱陋"的认知,被此文批为"小儿之见";而是应见"天心无私","乃恩慈公同赐于地球各方,盛多美物"。在这种逻辑下,中、英商人均有厚德深义,唯侧重略不同:"清国商人多为公平勤功办事,且或时向远商有仁义大量之厚行。英国商人所以为贵者,系公道丰厚交易,即如英国公班衙("company"之音译),派人驻粤贸易者,由来已久,有声名矣。其主事人等,所应许为妥当,若经照数收银两全完,则向来做生理,伊所应承,从未一次反口。"该文旨在希望中国官民不可歧视英商(其

---

① 苏精:《马礼逊与中文印刷出版》,前揭第120页。

实主要是指马治平自己)。①

时至1832年2月,胡夏米带着这本《大英国人事略说》自澳门出发,沿中国海岸北上,同年9月返回。其先后于厦门、福州、宁波、上海、威海卫、朝鲜、琉球各港口停留。前4处即10年后《南京条约》中英国人要求所开之通商口岸,若以"后见之明"来看,此次探察意义可谓深远。胡夏米在报告中称,上述各港口驻防官员皆欺软怕硬、无知迂腐之辈,他们为使胡氏尽快驶离各自署地,虚与委蛇,表示愿意阅读胡夏米分发给他们的《大英国人事略说》。然而,在这种外洋知识文本的刚性灌输下与胡氏的柔性交涉中,这些中国沿海官员的确对以英国为代表的外洋形象有了更新与改观:如宁波官方同意在今后的相关谕示中不再使用习惯性的"夷"字,正式改用"英吉利国"或"该商"。对于英国人来说,此前被中国人称为"红毛"的窘境终于得以扭转,"英国人"的称呼开始真正为中国人所接受。②

但这次探察也使英国人真正洞明了中国社会各方虚实,为了通商利益,胡夏米在给英国政府的意见中很直白地表示,应以英国之强力来对中国进行压制,这也就为10年后的鸦片战争埋下了伏笔。

(三)郭实猎传播商务知识的努力:《东西洋考每月统记传》与《贸易通志》的出版

在胡夏米的那次"商务"探察的智囊团中,有一位当时的"中国通"——普鲁士新教传教士郭实猎(Karl Friedrich August Gützlaff)③。

---

① 中国第一历史档案馆编:《鸦片战争档案史料》第1册,上海人民出版社1987年版,第118—120页。

② 苏精:《马礼逊与中文印刷出版》,前揭第121—125页。

③ 此前学界常称以"郭实腊"作为他的汉译名,这一译名至迟出现在1954年齐思和所译的《缔约日记》,后在1985年出版的顾长声所撰《从马礼逊到司徒雷登》中被沿用,顾书在学界影响甚大,故"郭实腊"成主流译名。但最近有德国图宾根大学亚洲与东方学院博士后李骛哲在其《郭实猎姓名考》一文中指出,这位传教士在他自己(**转下页**)

"福音"下的世俗竞利：鸦片战争前后在华传教士对商务知识的传播

那次探察对郭氏可谓影响甚深，他回到广州后便着手筹办一份为西人正名的刊物——《东西洋考每月统记传》。此刊中屡次出现对他曾驻留过的那些中国海岸城市的未来规划与中西贸易愿景。

这部《东西洋考每月统记传》，是目前发现的中国境内最早使用中文出版的近代期刊。它的出版大致分为两个阶段：从1833年7月创刊到1835年7月，此刊由郭实猎编纂，但在1835年，郭氏被聘为英国驻华商务监督的中文秘书，分身乏术，故此刊停办；待至1837年2月，此刊于新加坡复出，改由"在华实用知识传播会"(Society for the Diffusion of Useful Knowledge in China)负责。

"在华实用知识传播会"于1834年11月29日在广州成立，其会员及赞助者多为英美商人与传教士，郭实猎与美国传教士裨治文(Elijah Coleman Bridgman)担任该会中文秘书，马礼逊之子马儒翰为英文秘书，3人均为会中积极分子。1837年2月10日，该会在广州美国商行举行会议，会上议决《东西洋考每月统记传》改由该会代办，上述3人均参与编务。至于该刊终止的时间及原因，尚未可知；目前所见最晚一期出刊于"戊戌九月"(1838年10月)，但这一期并未显示它有终刊的迹象。[①]

全刊文风晓畅，用典老道，主旨在力劝中国人"怀柔远人"。自1834年2月起，此刊开始连续报道市场行情，刊录广州与"各国远商"交易诸货的市价表，并使用了明清传统商用算术与记账中的"暗子马(码)数"，还特注此市价表乃系"远客愿以此好法教与中华"。[②]

(接上页)所取的诸汉名（"爱则蜡""郭实猎""甲利""爱汉者""善德者"等）中，其实以"郭实猎"最为常用。故本文皆采用这一学界最新研究成果——"郭实猎"来称呼这位传教士。见李骛哲：《郭实猎姓名考》，《近代史研究》2018年第1期，第138—148页。

① 黄时鉴：《黄时鉴文集Ⅲ：东海西海——东西文化交流史（大航海时代以来）》，中西书局2011年版，第17页。

② 爱汉者等编，黄时鉴整理：《东西洋考每月统记传》，中华书局1997年版，第80—82页。

此举或许正是为了迎合同年末成立的以英美商人赞助为主的"在华实用知识传播会"。

该刊复出后,因其已正式隶属于"在华实用知识传播会",为响应商人赞助者的知识需求,更增加了有关商务的篇幅。诸篇主题文章均在努力向中国人打造、传达西洋商务与商人的正面价值。①

在丁酉年十二月出版的这期中,刊首文章便为《通商》,其旨力主自由贸易政策,讲求"治商之道";应当值此"万国友然相交,四海之内为兄弟"之际,交易余缺、互通有无,开此"通商之道",可富农、工,可救国之凶年,以广"财源之路","润百姓""补国用",且有欧美之珠玉在前为证,故为"正道"。②

一个月后,该刊又连载长文《贸易》。其所涉内容较前文《通商》更为细致,讲述亦显生动。它以讲故事及对话的形式述说中外互市的好处;通过阐释货币流通、关税富国、保险原理等面向,说明西洋贸易的价值观:"俗世唯利是图,惟财是索,各从其类,各干其党,乃万国自然之理。"因此,贸易有无,满足"日用",此乃"不变之常道";此"常道"又归于"造物上帝之智","能思颁各国之杂物,令诸人类往来接济,以满其需用",可谓"自然而然"矣。文中尤倡中国与"外国交易"有"无穷"益处,除富国裕民外,还可助增"学"力:"广外国之通商,内外互相博览,博学切问,所以广知识,见历练,所以文风甚盛。"③

在编纂《东西洋考每月统记传》的过程中,郭实猎很可能与20

---

① 如丁酉年九月《论管子之书》,借对《管子》的解读来证:"远者来,为国丰盛之祥。国无通商,未有旺相;通商愈繁,国愈兴焉。"见爱汉者等编,黄时鉴整理:《东西洋考每月统记传》,第271页。

② 爱汉者等编,黄时鉴整理:《东西洋考每月统记传》,中华书局1997年版,第301—302页。

③ 爱汉者等编,黄时鉴整理:《东西洋考每月统记传》,中华书局1997年版,第314—418页。

"福音"下的世俗竞利:鸦片战争前后在华传教士对商务知识的传播

多年前的米怜一样,逐渐意识到商业知识的重要性,认为有必要专门撰写一部讲授商业知识的著作。到了1840年,这部专门性的商业知识著作——《贸易通志》出版,出版地可能是新加坡的坚夏书院。① 它的开篇与20多年前米怜所写的那本小册子《生意公平聚益法》的开头颇为类似,皆言基督教式的"四民异业而同道"的立场。探其缘由,可能是郭氏读到过米氏的这本小册,亦可能是这些传教士中文出版物的书写传统。

《贸易通志》虽比《东西洋考每月统记传》晚出,但从两者所录贸易数据的时段看,《贸易通志》的相关记录止于道光十七年(1837),而《东西洋考每月统记传》的相关记录则止于道光十八年(1838),后者晚于前者,所以有可能是郭氏在编辑《东西洋考每月统记传》的过程中,就已纂毕《贸易通志》。况且《贸易通志》中的不少内容取自《东西洋考每月统记传》,两者同时编纂,对郭氏而言,似亦非难事。②

从具体内容上看,《贸易通志》中的文章——《交易大略》《商贾》及《公司》,皆与《东西洋考每月统记传》中的《通商》《贸易》及《公班衙》相同或相似;《贸易通志》中的《各国通商》《海图》《道路》及《港口》,亦与《东西洋考每月统记传》中诸篇世界地理类文章相似。当然,《贸易通志》亦新添了不少内容——西洋金融各项与西洋通商制度,前者包括《通商行宝》(介绍诸国货币)、《银票》(介绍使用银票之方便)、《挽银票》(介绍支票使用方式)与《银馆》(介绍荷兰等国银行情形),后者则涵盖《通商制度》(介绍西洋诸国间公认的通商制度)、《章程》(介绍西洋通商诸项章程)、《保护》(介绍战

---

① 原书中并未标明出版地,熊月之教授据郭氏生平推测,可能为此地。参见熊月之:《郭实腊〈贸易通志〉简论》,《史林》2009年第3期,第62页。

② 其实在1839年,郭氏在新加坡还编写、出版过一本24页的小册子——《制国之用大略》,概述了货币、税收、财源等面向。从内容上看,它与《东西洋考每月统记传》《贸易通志》均有相似性,三者有可能被郭实猎同时编纂。

时对商船的保护政策)与《商约》(介绍具体通商条约)。可以说,《贸易通志》是《东西洋考每月统记传》中商务知识的扩张与延伸。这些商业知识还被郭氏进一步有意地落在"实"字上,即强调这是真真切切的知识,并非妄语:"十目所视,十手所指,远近昭彰者,无不实也";"若得自道途之口,未见其真者,概不敢采入。"①

《贸易通志》的资料来源,据英国传教士伟烈亚力(Alexander Wylie)回忆,主要是主张自由贸易的李嘉图学派中的英国经济学家麦克库洛赫(John Ramsay McCulloch)的学说。② 再结合19世纪20年代前后普鲁士所进行的经济改革来看,当时他们正在贯彻亚当·斯密的追随者玛先(Maassen)所提出的自由贸易政策,设法使普鲁士成为商业自由之国。③ 因此,伟烈亚力关于《贸易通志》资料来源的说法似乎是可信的。

三、鸦片战争后对"自由贸易"的进一步阐扬

鸦片战争后,在华传教士们的中文出版事业由于"合法性"的到来而更显活跃。这便为西人对"自由贸易"的进一步阐扬提供了有利平台。其中,专述贸易学理的《致富新书》,由于出版时段不佳而昙花一现;同为杂志的《遐迩贯珍》与《六合丛谈》,则带动了不少商务主题读物的面市。

(一)昙花一现:鲍留云的《致富新书》

这种对"自由贸易"的进一步阐扬,除了上述西欧传教士的一

---

① 熊月之:《郭实腊〈贸易通志〉简论》,《史林》2009年第3期,第62—64页。

② Alexander Wylie, *Memorials of Protestant Missionaries to the Chinese: A list of their publications, and obituary notices of the declared*, Shanghai: American Presbyterian Press. 1867. P. 61. 转引自熊月之:《郭实腊〈贸易通志〉简论》,《史林》2009年第3期,第66页。

③ 周鲠生主编:《近代欧洲政治史》,武汉大学出版社2007年版,第87页。

系列活动外,美国传教士亦有作为。其中,来自美国康涅狄格州的新教传教士鲍留云(Samuel Robbins Brown)在香港出版过一部《致富新书》,它可能是第一部用中文写就的专门阐述西方"自由贸易"学说的学理性著作。

鲍氏本身成长于新教徒家庭,他在接受了一系列优良教育(先后就读于耶鲁大学、哥伦比亚神学院、纽约协和神学院等)后,成为一名传教士,并对前往中国的传教工作表现出了极大的热情。终于,经过耶鲁大学校方的推荐,鲍氏在1939年踏上了中国的土地,担任中国最早的教会学校——马礼逊学校(1839—1842年设于澳门,1842—1850年迁至香港)的校长和教师,开始了他在广州、澳门、香港等地的传教与教育工作。他在中国驻留了8年。在1847年,他带着3名得意门生——容闳、黄胜和黄宽返回美国。①

鲍氏译纂的这部《致富新书》,刊刻于他即将返美的1847年,其"目录"页标有"粤东香港飞鹅山书院藏板"②字样,此处的"飞鹅山书院",即香港的马礼逊书院,所以它很可能被鲍氏计划用作马礼逊学校的一部教科书。此书旨在主张"自由贸易",全书题眼在"用"——以理论学说满足国、民之"日用"。鲍氏期盼"此书之功",俾中国"四民",能如"合众国"之"士农工商","各得其所",而"国无游民"。③

此书由寄居香港的失意文人作序,并未款姓名。此序文式平整,行文通达,深赞鲍氏在华功业。由是推测,此人或与鲍氏交好,

---

① William Elliot Griffis, *A Maker of the New Orient: Samuel Robbins Brown, Pioneer Educator in China, America, and Japan*, New York: Fleming H. Revell Company, 1902, p.15 - 308. 转引自吴义雄:《鲍留云与〈致富新书〉》,《中山大学学报(社会科学版)》2011年第3期,第88~90页。

② [美]鲍留云:《致富新书》,香港飞鹅山书院藏板,道光二十七年(1847)刊,第4a页。氏著复本承中山大学历史系吴义雄教授惠赠,特此谢忱。

③ [美]鲍留云:《致富新书·例言》,前揭第3b页。

或所得工酬不菲。序中已明言,书中内容并非鲍氏创见,而是译自西学原典,翻译过程乃是"摘叶抽词",适加己论,方成此"粲花论著"。鲍氏译纂完毕,将全稿授此文人,请他以地道文言润色。此人也是"颇忧斯业",希望自己能"振发是编,申长其语",以助力此书成就中国"工商之规模"。①

这本书的翻译源本,很可能是美国经济学家杰克·麦克维卡(John McVickar, 1787—1868)在 1825 年出版的《政治经济学大纲》(*Outlines of Political Economy*);但这本《政治经济学大纲》中的学理亦非原创,也是来自同时期主张"自由贸易"的英国经济学家麦克库洛赫(John Ramsay McCulloch, 1789—1864)的学说。② 通过比较,还可以发现,《致富新书》的内容与郭实猎主编的《东西洋考每月统记传》中商务主题的文章以及《贸易通志》中的内容都很相似,这似乎可以佐证前文中所提到的伟烈亚力之回忆——《贸易通志》的资料亦来源于麦克库洛赫学说的可靠性。彼时的西方学界,正在进行着关于李嘉图学说的论战③,麦克库洛赫是李嘉图学说的积极支持者。可见,郭氏与鲍氏或许也是这一论战中麦克库洛赫的支持者。当然,也还有另一种可能,那就是他们接触到的经济政治学知识仅为麦克库洛赫的学说。

从具体内容上看,《致富新书》共 56 页,未分卷,由 19 篇短文组成:《论用银格》《论百工交易》《论商事》(二则)、《论贸易》《论工艺》《论农工商贾》(二则)、《论土地》《贫富分业》《论用银益人》《论物贵重》《论市价》《论平贱》《公务》《学业》《贫约》《论求财》《并处世

---

① 佚名:《致富新书·序》,第 1～2a 页。

② 吴义雄:《鲍留云与〈致富新书〉》,《中山大学学报(社会科学版)》2011 年第 3 期,第 91—92 页。

③ 这一论战主要是针对李嘉图的价值劳动理论的核心——劳动价值是否等于资本价值或商品价值而展开。具体内容可参见张世贤主编:《西方经济思想史》,经济管理出版社 2009 年版,第 96—99 页。

"福音"下的世俗竞利：鸦片战争前后在华传教士对商务知识的传播

良规》《论银用》《并用银例》。

其中，氏著专论商贸之事者，所占篇幅最大。鲍氏基于中国商人居四民之末的国情，先为商人与商事正名，但丝毫没有贬低农、工之意，仍以农、工之"贵"为标准，指明商人行商事，虽是"不耕不织"，但"以父母之国所产之货，而远适他邦，即有关河之阻，不辞转运之劳"；再"握笔书算，以通往来之交易"；"俟至数月之久，而某都之货、某国之产，满载而归"，能得商利以富国，故其功犹"贵"。①

此后，氏著又继续论述商人经商"利于己则利于国"的逻辑："盖以本国之货，而适彼乐都；即市彼都之物，而言旋故国。可知通商之事，虽为利己之计，实为利国之计矣。"另以上帝造物的逻辑来论证通商的天然合理性："上帝创造万国，列国之地气各殊，所以列国之物产大异，欲人交相为易，有无相通。"因此，应以放任的姿态对待商贸："夫物之贵贱有定，价之高下靡常，任其自行定议。"相反地，画地为牢、抗拒贸易、官方干预，均有违"上帝之法"，是非常"不智"的表现；自给自足、不懂分工交易之国，终为"野人之邦"，故不能兴。百工各精一艺而"通功易事"，方为富国裕民之道。② 值得注意的是，这一番通商利国的言论，终于落到了对中英具体贸易的规划上：使"中国有余之茶"与"英国有余之布"互易，以满足两国需用。③

此外，氏著还阐述了商务中的恒常型知识与观念：一是商品价格围绕价值上下波动的道理，此乃"天运循环，人事反覆"之范畴。④ 二是所有人皆应树立合理的商品观，讲求平实之"平"。所

---

① ［美］鲍留云：《致富新书·论商事·其一》：前揭第 11b—12a 页。
② ［美］鲍留云：《致富新书·论商事·其二》：前揭第 12b—14a 页；《致富新书·论百工交易》：前揭第 8b—10b 页。
③ ［美］鲍留云：《致富新书·论贸易》：前揭第 16a—17a 页。
④ ［美］鲍留云：《致富新书·论市价》：前揭第 39a—40b 页。

谓"平"者,"因财而制裁之,求其好,不求其大,料则沽乎美,工则择其良"。① 氏著认为,这样的商务知识与观念,亦应被延伸至社会与政治。社会上,应推崇自立与竞争,反对平均,方合上帝之"道"。② 政治上,选官犹如买货:"人之买货,必求美料精功;如民之求官,必欲忠信才智也。"③

这部《致富新书》,可能是目前能看到的专述西方经济政治学理的最早中文文本,但在它被刊刻后不久,鲍氏便返回美国,因此,它未能成为马礼逊学校学生的教科书,失去了大量流传的机会;若干年后的洋务、维新人士亦未能将它发掘。它只是这样在香港昙花一现,便湮没无闻。然而,随着鲍氏在1859年赴日传教,这部"小书"却在日本流传开来,日人不仅用日文翻译了它,还下力气为它做注,成为《致富新论译解》,而且这部日译本中已经多次使用了"经济"一词。④

从这一文本的流布过程看,似乎不能因为它在中国昙花一现,就说中国在故意排斥这部讲授经济学理的入门书,成为比日本"守旧"的一方;若究其缘故,很可能是鲍氏返美、赴日时间节点上的偶然性,造成了这一文本在中日两国的迥然境遇。

(二)方兴未艾:香港的《遐迩贯珍》与上海的《六合丛谈》

随着1842年中英《南京条约》的签订,香港大体上成了英国的殖民地,这使得原来盘桓在马六甲的英华书院(Anglo-Chinese College)于1843年得以迁往香港,稍后便更名为更为直白的"英华

---

① [美]鲍留云:《致富新书·论平贱》:前揭第42b页。
② [美]鲍留云:《致富新书·论土地》:前揭第27a页;《致富新书·贫约》:前揭第51b页。
③ [美]鲍留云:《致富新书·公务》:前揭第43b页。
④ 详见[日]中岛雄、赞井逸三:《致富新论译解》,明治八年(1875),东京松柏堂发卖;转引自吴义雄:《鲍留云与〈致富新书〉》,《中山大学学报(社会科学版)》2011年第3期,第96页。

"福音"下的世俗竞利：鸦片战争前后在华传教士对商务知识的传播

神学院"；上海亦被开埠，又使得英华书院的一部分机构也于1843年迁沪，化身为"墨海书馆"(Inkstone Press/London Missionary Society Press)。两方均在原来马礼逊奠定的基础上，借助鸦片战争后的在华福利，继续并扩大着他们的出版事业。在19世纪50年代，双方均先后出版了大量以宣扬基督"真道"为宗旨的西学知识读物，其中，有两份代表性杂志，即香港的《遐迩贯珍》与上海的《六合丛谈》，两者皆希望凭着鸦片战争的"东风"，以英国为正面形象来阐扬"自由贸易"的商务知识，并极力劝导中国亦应认清现实，顺此商道大势。

作为月刊的《遐迩贯珍》(*Chinese Serial*)，它从1853年8月1日一直连续出版至1856年5月1日。它由香港的传教士麦都思(Walter Henry Medhurst，同时亦为伦敦会上海分会负责人)、奚礼尔(Charles Batten Hillier，香港殖民政府治安官员，麦都思女婿)、理雅各(James Legge，英华书院校长)先后担任主编。它的编辑出版工作是以英国传教士(口译)与中国士人(笔录)合作的方式进行，中方主力为黄亚胜(又名"黄胜")，他曾先入马礼逊学校学习，是上文中提到的《致富新书》作者美国传教士鲍留云的高足；此外，身在上海的王韬，亦将自己以文言润色的西学文章在港、沪间传递，刊登其中。此刊每号以优质纸张印3 000本，出版成本几乎全靠马礼逊教育会与洋商捐款维系，发售、分送香港、广州、厦门、宁波、福州、上海等口岸城市。刊物编者时常抱怨他们所期待的中国官商捐款全部落空，以致无法扩大出版规模。英国传教士们因此疑惑不解："一书所值无几，何必吝惜而自甘寡闻？"若"中华诸君子"肯不吝此支出，则"事物之颠末、世事之变迁，与及外国之道、山海之奇，无不展卷而在目矣"。①

---

① 沈国威：《〈遐迩贯珍〉解题》，收入[日]松浦章，[日]内田庆市、沈国威编著：《遐迩贯珍：附解题·索引》，上海辞书出版社2005年版，第95—109页。

此刊内容大致可分三类：阐扬基督教义，详述英国君主议会制度，讲授商务知识。其中，有关商务诸篇章虽看似零散，然其皆在主张自由贸易，希望通过西方商业模式的具体运作，来展现西方从重商主义转向自由贸易主义后的种种成效，并试图指导中国在华洋贸易中应如何开展工作。①

由于该刊的出版只有外洋人士及组织的捐资支持，中国官商始终不愿出资赞助，且该刊售卖只是小部分，绝大部分则是为了宣扬教义而无偿发送，以致入不敷出，终使《遐迩贯珍》在刊行了近3年后的1856年5月1日停刊。

至于上海的《六合丛谈》(Shanghae Serial)，则是墨海书馆在1857年开始出版发行的一份中文月刊，旨在"通中外之情，载远近之事"，使民能闻"军国之政"，能睹"货殖之书"，以"视四海如一室"。②

《六合丛谈》共刊行了15期（自咸丰七年正月至咸丰八年五月，即公历1857年1月26日至1858年6月11日），每期皆登商务时讯——《月历／进口货单／出口货单／银票单／水脚单》，其中，"货单"包括商品名称、单位银价、成交数量；"银票单"涵盖银票类型、兑换规则；"水脚单"则指某商品航运至某国的单位重量价格。③

此外，《六合丛谈》连载专文《华英通商事略》。彼时该文并未署名，但后来王韬在他所撰的《弢园著述总目》中提到，此文乃"西士伟烈亚力口译、长洲王韬笔录"。可能与《遐迩贯珍》中的诸多文章一样，此文的完成方式，亦是先由传教士口述或口译，再由中国

---

① 沈国威：《〈遐迩贯珍〉解题》，收入[日]松浦章、[日]内田庆市、沈国威编著：《遐迩贯珍：附解题·索引》，前揭第97—120页。
② 《六合丛谈》影印本第1卷第1号，第1页，收入沈国威编著：《六合丛谈：附解题·索引》，上海辞书出版社2006年版，第521页。
③ 《六合丛谈》影印本第1卷第1号，第15—16页，收入沈国威编著：《六合丛谈：附解题·索引》，前揭第535—536页。

"福音"下的世俗竞利:鸦片战争前后在华传教士对商务知识的传播

士人以文言润色。尽管中国士人受雇于洋人的行为仍为大多数时人所不耻,但王韬似乎对自己能够参与这篇《华英通商事略》的撰述工作颇感荣幸,他在晚年时将此篇收入自己的《西学辑存六种》,并附上长篇跋文,以彰西人重商传统。他先从明时耶稣会士来华回溯:"西人之来中土已三百余年",他们来的主要目的就是"通商"与"传教"。其后,他深赞英国以商为本,以举国之力为了商务事业创榛辟莽,以拓万里之境:"通商之局,至今日已大启,咸推英为巨擘,执牛耳焉";"英之立国,以商务为本,所至之处,以兵力佐其商力。美洲之新辟,印度之渐据,皆商人为先路之导,所设东方贸易公司,商人为之也。"最后,他反观中国对待商业之传统:"不惟不助之,反且遏抑剥损之";不过,他也看到了中国此时在"仿西法"上的努力,"似有转机",但最终成效如何,还待观察,"正难言之"。①

在《华英通商事略》的正文中,作者极言英商在对华贸易中的正面形象,强调即使在鸦片战争以前,英商与华人的诸次冲突,也几乎皆因葡萄牙人从中作梗滋衅。② 文中还集中控诉了中国沿海官员不循商业规则,无端加税、刻意盘剥的行径,加之受到粤商排挤,英商完全处于弱势。③ 25年前马治平所撰《大英国人事略说》中就出现了的中英贸易理念冲突,在文中依然存在:"中国臣子无外交也,中国礼官书云'入贡'。"即使在既有的通商往来中,清朝官员亦是"上下相蒙",以致相关通商章程事例始终"未尽归一致","时有变端"。④ 这让习惯于按商约办事的英国人非常不适应。

---

① 《〈西学辑存六种〉自序》,收入王扬宗编校:《近代科学在中国的传播——文献与史料选编》(上),山东教育出版社2009年版,第183页。
② 《六合丛谈》影印本第1卷第2号,第8—9页,收入沈国威编著:《六合丛谈:附解题·索引》,前揭第545—546页。
③ 《六合丛谈》影印本第1卷第6号,第5—7页,收入沈国威编著:《六合丛谈:附解题·索引》,前揭第606—608页。
④ 《六合丛谈》影印本第1卷第8号,第7—8页,收入沈国威编著:《六合丛谈:附解题·索引》,前揭第642—644页。

持续刊登这些商务讯息的《六合丛谈》,至少已在沿海商圈被求购,形成了一定规模的市场。从它最后一期的英文报告中可知,这份杂志在福州一带便至少卖出了9 000份;日本也在"安政开国"后不久的1860年,开始赴华购买《遐迩贯珍》与《六合丛谈》等西学书籍,汲取当时所能读到、读懂的最新的西学知识。①

然而,发行了一年多的《六合丛谈》,最终在上海布道站传教士的意见分歧中被停刊。这种分歧可能主要在于伟烈亚力(Alexander Wylie)与后来掌权的慕维廉(William Muirhead)之间:前者认为,向中国人传播西学是有利于宣扬宗教福音的,虽不一定立竿见影,但却必要;但在后者眼中,墨海书馆出版的杂志应该完全以传教为指归,而"功利的中国人"在阅读时却只接受了西学尤其是商务知识,并未接受基督教义,这是他所不能认可的。

但慕维廉的看法并未能左右在华传教士出版事业的整体走向,自《南京条约》签订以后,这项事业已在南方沿海的开放口岸遍地开花:时至1860年左右,在广州、福州、厦门、宁波、上海以及香港,传教士出版的中文书刊合计约437种,大致是鸦片战争前的3倍多。传教士后来还参与了中国官方译书机构——江南制造局翻译馆的出版工作,从1871—1909年,此翻译馆可能至少翻译出版了160种西书,其中又至少包括了两部商务专门之书——《保富述要》与《国政贸易相关书》。②

---

① 沈国威:《解题——作为近代东西(欧、中、日)文化交流史研究史料的〈六合丛谈〉》,收入沈国威编著:《六合丛谈:附解题·索引》,前揭第40页。

② 据熊月之教授的相关统计:《早期基督教传教士出版中文书刊目录(1811—1842)》(共计138种)、《传教士在香港出版中文书刊(1843—1860)》(共计56种)、《传教士在广州出版中文书刊(1843—1860)》(诸书共计42种);《传教士在福州出版中文书刊(1843—1860)》(诸书共计44种)、《传教士在厦门出版中文书刊(1843—1860)》(共计13种)、《传教士在宁波出版中文书刊(1843—1860)》(共计110种)、《传教士在上海出版中文书刊(1843—1860)》(共计172种),详见熊月之:《西学东渐与晚清社会》,第134—524页。

"福音"下的世俗竞利：鸦片战争前后在华传教士对商务知识的传播

再者，以 1887 年传教士在上海创立的学术机构——"广学会"(The Christian Literature Society for China)为代表，在 19 世纪末 20 世纪初，传教士们出版了不少以"富国""理财""商务"为主题的读物；直到 1917 年北洋政府调查、汇总基督教在华的中文出版物时，仍能读到它们中的一部分。①

四、结　　论

综上所述，"近代"范畴下的中国商务知识，其生产与传播大体上是由鸦片战争前后来华传教士的出版事业开启的。这一开启过程，由中国知识的输出（西文出版物）与西方知识的输出（中文出版物）这两个互动面向构筑。

对于前者而言，《马礼逊字典》成为西方人在中国转译"商务"内容的肇端；同时，它的出版也启动了广州、澳门一带介绍中国知识的西文出版热潮。这一热潮中的出版物，既包涵了记录中西市场行情的繁杂资讯，也出现了专门性的中西商业指南。

对于后者而言，传教士们编撰的一系列中文出版物，均试图以一种"猎奇"的视角来吸引中国读者，因此，这些出版物所刊内容多属百科全书式的浑融型知识，其中多涉商务，或者说商务本身便是浑融型知识。当然，其中亦不乏如《生意公平聚益法》这样的专门生意手册，它的预设受众多是中国中下层的商民。与此同时，针对中国上层官绅，英商胡夏米借"商务"之名巡游中国海岸城市，当地官绅为尽快驱离胡氏，被迫阅读他呈上的《大英国人事略说》，而这

---

① 1917 年，政府调查书报临时干事雷振华调查基督教在华出版书目，编《基督圣教出版各书书目汇纂》，氏著依照沈祖荣的"仿杜威书目十类法"编目："经部及类书""哲学""宗教""社会学"（包含"经济学""商业"）、"政治"（包含"财政"）、"科学""医学""美术""文学语言学""历史地理"。见雷振华：《基督圣教出版各书书目汇纂》，汉口圣教书局 1917 年版，第 127—133 页。

些官绅在这一外洋知识文本的刚性灌输下,对洋人形象的认知,逐渐有了由"夷"到"商"的转变。普鲁士传教士郭实猎也在中文期刊《东西洋考每月统记传》中规划着中西贸易的愿景,又撰写了专门讲授商业知识的《贸易通志》。

特别是在鸦片战争之后,这些中文出版物多以期刊形式为主,力主自由贸易政策,详陈"通商"乃基督教义下"不变之常道"的缘由。其中,不断昭彰的世界史地知识,其旨在发挥商人程途指南的功用,已与中国传统的商务知识相合。除了这些记载浑融型知识的刊物外,此时亦有如《致富新书》这样讲授专门商务学理的教材,然因人与事的偶然,它在中国昙花一现,却于日本流传有年。

总之,在鸦片战争前后,来华传教士在传布"福音"的过程中,逐渐推动了近代中国人世俗竞利的理念。这一理念,最初在中国口岸士人身上得到了展现,他们在编辑一系列"开眼看世界"的文本时,已经逐渐认识并进而认可了西方的贸易逻辑。这一由"朝贡"转向"互市"的贸易认知,为此后"商道"在中国的起势提供了支点。

(徐悦超,东北师范大学历史文化学院博士后)

学者介绍

亲历八十年沧桑，心系两世纪风云
——记中国金融学术界泰斗洪葭管先生

周育民

在上海金融史上，有一位不能不提到的人物。他既不是能在十里洋场上呼风唤雨的金融大亨，也不是手握金融权柄的政界要人，而是富有金融实践和管理经验，却于中国金融历史情有独钟、于中国金融改革和前途目光如炬的著名学者。他，就是洪葭管先生——一位在中国金融界活跃了80年、为200年金融历史留下翔实记录的金融学术界泰斗。中国人民顽强地渡过了遭遇中美贸易战、科技战与新冠肺炎病毒肆虐、长江水患空前夹攻的2020年，进入了2021年，这恰好是洪葭管先生百岁诞辰之年。洪老一生谦虚谨慎、宽厚待人、勤奋治学，至耄耋之年仍著述不断，早已有口皆碑，是中国先哲"仁者寿"的印证和典范。本文拟着重就洪老在中国近代金融史研究方面的成就和改革开放以后对中国金融体制改革的贡献作一概述。

百岁时的洪葭管先生

中国近代金融史研究的开拓者和奠基人

洪葭管先生,浙江鄞县人,1921年元旦生于宁波城里。1937年在宁波四明银行入职。1941年4月,日军登陆三北舟山圩,宁波随之沦陷,洪葭管调到上海,在北京路四明沪行的"甬行撤退行"办公。不久,太平洋战争爆发,洪葭管随总行一起撤退到重庆。在四明重庆总行的4年时间里,洪葭管先后担任总行稽核处办事员、会计科长、稽核,抗战一胜利,派任南京分行副理,当时他还不到25岁。1949年解放军渡过长江,先后占领南京、上海,洪葭管由南京回到上海,参加了市军管会对四明银行的改造工作。在此10多年中,他阅读了马克思的《资本论》、艾思奇的《大众哲学》等马克思主义的著作,打下了扎实的马克思主义哲学、政治经济学的理论功底,加上他对于旧中国金融业和专业史料的熟悉,在投入金融史研究之后,能够迅速在中国近代金融史研究领域开荒播种,收获了累累硕果,经过他的不懈努力,中国近代金融史在他的笔下逐渐呈现了它的全貌。

精心编纂近代金融史料

1959年,洪葭管于1953年开始主持编纂的《上海钱庄史料》(上海人民出版社1960年版)编成。此书编纂体例严谨,章节目内容设置井然有序,俨然是一部高水准学术专著的架构,内容翔实丰富,史料搜集广泛,在当时为数不多的经济史料编纂中卓然鹤立,引起学界一片喝彩。尤其是洪葭管执笔的洋洋万余字的"序言"(原文先以《上海钱庄的产生、发展与改造》为题,发表在《学术月刊》1959年第6期),清晰地勾勒了上海钱庄产生到社会主义改造的历史,观点新颖鲜明,文词端雅简练,显示了他杰出的史才与文才。这篇序文,至今依然是有关上海钱庄史研究的一篇精致而难以超越的优秀学术论文。仅数年时间,洪葭管便完成了由银行高级职员到杰出学者的华丽转身,而年纪还不到40岁。

洪葭管的近代金融史研究,此后基本沿着编纂史料、撰写论文最后形成学术专著的路数不断开拓前进。

就史料编纂而言,除了《上海钱庄史料》,洪葭管主编的还有《金城银行史料》(上海人民出版社1983年版)《上海商业储蓄银行史料》(上海人民出版社1990年版)《中央银行史料》(中国金融出版社2005年版)。这些银行史料的编纂对象,分别从"小四行"(中国通商银行、四明商业储蓄银行、中国实业银行、中国国货银行)[①]"南三行"(浙江兴业银行、浙江实业银行、上海商业储蓄银行)"北四行"(盐业银行、中南银行、金城银行、大陆银行)"大四行"(中央银行、中国银行、交通银行、农业银行)中各选取一个,反映了洪葭管在整理编纂中国近代银行史料的基本思路。就编纂质量而言,除中国通商银行因无藏档支持,史料基础较为薄弱之外,其他各种的编纂体例一如《上海钱庄史料》,章节目设置和内容安排、史料选择,均如学术专著架构,相当严谨,并以前言或序言概述全书内容,寓主编的学术观点于叙述之中。这样的编纂体例,成为洪氏银行史料编纂的一大特色。后来中国人民银行总行和一些分行编纂的金融史料,大抵都循此体例进行编纂,成为中国金融史料编纂的一种传统,但序文的概括水准则难以相伯仲。据笔者粗略估算,经他主持精心编纂出版的银行史料,总数达300多万字。这些史料的编纂,由中国人民银行上海分行金融研究室(所)全体同仁的参与,

---

① 洪葭管于1961年以"金研"笔名发表《清末中国自办的第一家银行——中国通商银行史料》(《学术月刊》1961年第9期),该所搜集的通商银行初创时期的史料刊为"中华民国资料丛稿"《中国第一家银行——中国通商银行的初创时期》(中国社会科学出版社1982年版)。

洪葭管作为主持人，善于集思广益，在完成分行交办的现实金融研究任务的同时，制定为研究室的一项长期的战略性规划，也表现出他作为金融史学术研究的领军之才。

系统开拓近代金融史研究

洪葭管先生发表的有关中国近代金融史的论文数量不少。20世纪80年代以前发表的论文，大部分都结集在他的《在金融史园地里漫步》（中国金融出版社1990年版）中，涵盖了晚清到民国的百年金融历史。这些论文的选题和布局，从各类金融机构的历史、重大金融事件到旧中国金融市场构造演变的全貌，一如洪葭管对于金融史资料的整理编纂，具有明确的系统性研究规划。在这些论文中，笔者特别介绍其中的三篇论文，以说明洪葭管在近代金融史研究方面的特点、学术造诣和贡献。

1964年，洪葭管发表了《从汇丰银行看帝国主义在旧中国的金融统治》（《学术月刊》1964年第4期）。在这篇近两万字的力作中，他论述了汇丰银行从1864年成立到1949年退出大陆的历史概貌，指出了它是第一家把总行设置在香港，自始就以中国地区为主要掠夺对象和基地的外资银行，并从通过借款控制中国的财政与经济命脉，垄断国际汇兑控制中国对外贸易，吸收存款和发行纸币以资助外商企业，打击中国民族工业、获取高额垄断利润四个方面，概括了汇丰银行在外国在华银行对中国金融统治中的突出地位。全文论点的逻辑关系严密、论据相当充分，在当时史学界还在为"以论带史"还是"以史带论"争论不休的时候，这篇论文表现出了史学论文应有的学术正鹄。以汇丰银行为"点"，带出旧中国外资银行的"面"，也反映了洪葭管抓住典型进行研究的一贯风格。

"十年动乱"，洪葭管"赋闲"在家期间，刻苦攻读马列原著及大量社会科学书籍,潜心钻研金融史问题,整理金融史料,在理论水平、学术视野和见识等方面有了进一步的提高。他在20世纪七八十年代时论文"盛产",与这一时期的"厚积不发"大有关系。"十年动乱",十年磨剑。走出"动乱",在洪葭管心中激荡的近代金融历史风云,终于喷涌而出。

《"四·一二"反革命叛变与资产阶级》是洪葭管以"谟研"为笔名发表的重要论文(《历史研究》1977年第2期)。当时"文化大革命"的余波尚未消退,意识形态尚布满雷区,选择这样一个现代史重大事件,系统论述金融资产阶级与四一二叛变的关系,需要极大的学术勇气和对政治、经济复杂关系的把握能力。洪葭管首先分析了北方以"北四行"为代表的金融资本家集团转向投靠蒋介石集团的动机和过程,接着论述了江浙资产阶级在四一二反革命叛变前夕的动向以及向蒋介石联络的过程,并为蒋介石与列强牵线搭桥,为蒋介石发动反共的四一二反革命叛变提供了巨额经费。全文有理有据地论证了资产阶级在工农运动走向高潮时,与以蒋介石为代表的国民党右派共同密谋策划了反革命叛变,不仅扼杀了共产党人领导的工农运动,而且促成了官僚资产阶级的产生。官僚资产阶级与民族资产阶级的矛盾则在四一二反革命叛变之后逐步发展起来。文章熟练地运用马克思主义的阶级斗争理论,从阶级关系的变化来分析四一二反革命叛变原因、过程和后果,同时展现了金融资产阶级在这一事变中的独特作用。文章格局宏大,构思严密,史料引证要而不繁,行文势如破竹,是中国史学界在"文化大革命"刚结束之后少见的力作。

在《从借贷资本的兴起看中国资产阶级的形成及其完整形态》(《中国社会经济史研究》1984年第3期)一文中,洪葭管运用马克思主义政治经济学理论,从金融史的特殊视角,回应了史学界正在热烈讨论的有关中国资产阶级的形成问题。当时的学术界比较重视近代民族工业的产生与资产阶级形成间的关系,也有人提出以资产阶级的社会组织——商会的产生为标志。时间范围或在甲午战争前夕,或在维新变法运动期间,或在1902年商会普遍设立。在洪葭管看来,资本家是资本的人格化,资产阶级的形成也应该以资本的形态作为标志。根据马克思《资本论》,资本形态有货币资本、产业资本、商业资本三种形态,但在产业资本家或商业资本家手中的货币资本,有相当部分是借贷资本转化而来的。中国旧式金融业的货币经营资本在近代工业产生之后,虽然有一部分会转化为借贷资本,但不是其收益的主要来源,并未建立在现代信用制度之上,还没有切断其高利贷资本的脐带。19世纪末叶中国出现了新式银行,也是借贷资本兴起的一个标志,但它们都由官僚、官股所控制,大量投资于铁路、邮传等国家工程和应付财政需要,很难完全归入到民族资本的范畴。洪葭管认为,1906年成立的信成银行、1907年成立的浙江兴业银行和1908年成立的四明商业储蓄银行,完全由私人投资设立,没有清朝中央政府或地方政府投资的官股,也没有像中国通商银行的户部拨款,主要创办人和主要当权人也不是官僚,而是资本家,完全建立在现代信用制度基础之上,因此,这三家银行的出现,反映了民族资产阶级形成的完整形态。从马克思政治经济学的理论高度和整个晚清金融发展的历史角度,来论证中国资产阶级的形成问题,洪葭管的这篇论文在当时林林总总的文章中独树一帜,是令人信服的。中国资产阶级的形成,是个历史过程,只有当其具备完整形态之后,我们才能够说这一过程基本完成了。

　　仅从上面简单介绍的文章中,读者不难看出,洪葭管在"文化大革命"结束以后的金融史研究,已经深深楔入了中国近现代史领域。他不仅是金融界公认的杰出学者,也是国内外史学界公认的金融史大家。1992年,美国加州大学伯克莱分校专门邀请他为访问学者两个月,在学术研讨会上发表了"民国时期上海金融机构在社会变化中的作用"的演讲,《上海——近代中国的钥匙》一书的作者罗兹·墨菲(Rhoads Murphey)听了之后对他说:"您不仅弥补了我的不足,而且比我想象的更精彩!"1998年,牛津大学亚洲学院又邀请他出席"民国时期的银行和金融"研讨会,他提交的两万余字的长篇论文《1941年前的上海银行业》,被与会的学者认为代表了当时中国学术界的最高水平。这一年,洪葭管已是77岁高龄了。

普及近代金融史知识

"文化大革命"以后重新恢复的中国人民银行上海分行金融研究室,最初设在外滩中山东一路23号原中国银行旧址,这里是近代中国的"华尔街"。当年距此不到一里路的汇丰银行通过海底电缆接通伦敦金融的心脏,控制着中国金融的脉搏,牵动着中国近代历史的大幕。半个多世纪过去,这条曾经的"华尔街"往事人们早已淡忘,洪葭管撰写的第一本著作《上海金融史话》(上海人民出版社1978年版)以生动活泼的文字,把这段历史重新拉回到了人们的视野,不仅展现了金融史的魅力,也凸显了上海史的魅力。这部面向大众的通俗史话,凝聚着洪葭管20多年潜心研究的成果,在金融界激起了长长的涟漪,也推动了史学界研究上海史的热潮。为使金融界的新兵们了解旧中国的金融历史,洪葭管又应《中国金融》杂志社之约,1987—1989年在杂志上连载了35篇文章,介绍近代金融的发展概貌、大事件和掌故,后来他又增补了12位金融人物的小传,结集成《金融话旧》(中国金融出版社1991年版)一书。与此同时,洪葭管与张继凤合著完成了《近代上海金融市场》(上海人民出版社1989年版),这是有关中国近代金融市场研究的第一本学术专著,开启了上海金融史研究更广阔的视野。中国人民银行的一位资深负责人曾动情地对他说:"我们都是看着您的著作长大的。"

编写金融工具书和志书

作为中国金融界和史学界的著名学者,从20世纪80年代中期以后,洪葭管担任了一系列大型图书的主编、分主编和主要撰稿人。他是《中国金融百科全书》(经济管理出版社1990年版)分主编、《现代金融大辞典》(吉林大学出版社1991年版)分主编、《中国金融辞库》(中国金融出版社1998年版)分主编,负责有关金融史的条目设计、撰写和审定。与此同时,还参与主编了《通俗证券知识丛书》(中国金融出版社1992年版)。《中国大百科全书》第一版有关近现代中国金融史的条目,也是由洪葭管执笔的。上海地方志办公室还委托他主编了《上海金融志》(上海社会科学院出版社2003年版),其中许多章节是由他亲自执笔的;他还主纂了《上海通志》第25卷"金融卷"(上海人民出版社2005年版)。此外,丁日初主编的《上海近代经济史》第一卷第四章第一节、第八章第一、二节(上海人民出版社1994年版),第二卷第三章、第八章(上海人民出版社1997年版)也是由洪葭管撰写的。洪葭管积极参与编纂大型金融工具书的工作,是为了满足走出计划经济体制时代的金融界人士的迫切需要;而上海地方志、上海经济史的编著,有关金融史方面,唯有洪葭管堪当此重任。1991年,中国金融学会在西宁召开的"三北"修志工作座谈会,会议总结由时任金融史专业委员主任的洪葭管撰写,由中国金融学会转发全国各地参考执行。

构建中国金融史学科体系

1981年9月,中国人民银行总行金融研究所研究生部(后改名为中国人民银行研究生部,2012年改组为清华大学五道口金融学院)成立,洪葭管被特聘为指导教师,担任金融史的课程和研究生导师。从1984—1998年,受到洪葭管亲炙毕业的研究生有9人。

这一时期,各省财经学院和金融院系纷纷恢复或创办,但缺乏有关中国金融史的教材。根据教育部"高等学校金融类专业主干课程教学大纲和教材"规划,中国人民银行教育司委托洪葭管主编《中国金融史》(西南财经大学出版社1993年版),经中国金融教材工作委员会审定,作为金融类专业本科生的教材。在此基础上,中国人民银行、中国金融学会和中国金融出版社决定编纂一部多卷本的《中国金融通史》,洪葭管是全书的主编之一(实际上是执行主编),其中第四卷"国民政府时期(1927—1949)"(中国金融出版社2008版)是由他独立主编和撰写的,这部专著洋洋40余万字,不仅以精练的文笔叙述了国民政府时期金融史的全貌,突出了主干,也是他几十年来对国民政府时期金融史学术研究的一部传世之作,是他攀上学术新高峰的一个标志。这部力作于2007年秋天完稿时,洪葭管已经86岁了。

《中国金融通史》第四卷封面

2011年,中国人民银行决定编写《中国共产党领导下的中国金融发展简史》,还特聘年届90高龄的洪葭管先生担任编审委员会和编写工作组的顾问。已到耄耋之年的洪老,依然像在年轻时代一样,每天工作长达10几个小时,手不释卷,笔耕不辍,诲人不倦。他数十年持之以恒地编纂史料、著书立说、修志书、编辞书、编教材、带学生,承担并完成了惊人的工作量,难怪人们称他为"中国金融学术界的常青树、不老松"。

新时代金融改革的智囊高参

20世纪80年代以后,洪葭管先生不仅花了极大精力研究中国近代的金融历史,而且时时心系着中国金融的脉动,关注着中国金融的改革和发展,高瞻远瞩地对中国金融改革和上海金融中心的建设提出了一系列重要政策建议。这些论文和建议,编入了他的《20世纪的上海金融》(上海人民出版社2004年版)、《中国金融史十六讲》(上海人民出版社2009年版)、《金融史的魅力》(上海人民出版社2012年版)、《洪葭管论金融》(上海人民出版社2016年版)等书籍中。这些著述,将改革开放时代的中国金融实践,融汇于中国近现代金融史的长河之中,清晰地展现了新时代中国金融人的历史使命。

建议实行中央银行制度

设立统一管理和调控中国金融市场的中央银行,是百年来中国金融历史发展的要求。清末户部银行、交通银行虽有中央政府设立,但最后流为与国内民营银行和官商合办银行等各种金融机构在金融市场上的竞争对手,也无法与外资在华银行相抗衡。法币改革之后的中、中、交、农四大银行,确立了官僚资本垄断的金融体系,在豪夺民营金融机构的同时,彼此争风倾轧,直到抗日战争时期"四联总处"的设立,"中央银行"的雏形才现端倪。但到抗战胜利之后,这个"中央银行"成了掠夺沦陷区金融资产的罪魁祸首和国民政府财政部的印钞机,造成了空前规模的恶性通货膨胀,加速了国民政府在大陆的垮台。中华人民共和国成立以后,中国人民银行逐渐成为计划经济体系下的唯一金融机构,在"十年动乱"期间,一些省份的地方银行与财政部门合署办公,金融体制的演进遭遇了严重的倒退。1978年五届全国人大决定将中国人民银行与财政部分设,开启了中国银行体制改革的序幕。接着,中国农业银行、中国银行、建设银行相继设立,把相关业务从中国人民银行分离出来。专业银行的相继设立,建立中国特色社会主义的中央银行便提到了议事日程。

1981年4月21日,上海市金融学会受中国金融学会委托,在无锡市太湖饭店召开了中央银行制度座谈会,时任副会长的洪葭管实际负责这次会议的学术筹备和总结工作,曾经在南京国民政府中央银行工作过的高级职员和研究人员也受邀参加了这次会议。会议整整开了10天,最后由洪葭管执笔整理座谈会综合记录,编成了《中央银行制度座谈会资料汇编》,分送国务院领和相关部委。这次会议,总结了百年来中国金融发展历史的经验和教训,吸取了西方发达国家中央银行设立和运作的成功经验,为中国特色社会主义的中央银行制度建立奠定了基础。洪葭管撰写的《我国中央银行应是财政、信贷、物资、外汇统一平衡的主要执行者和研究者》(载《金融研究》1981年第6期),扼要地论述了建立中央银行的必要性,并根据中国社会主义建设产生的"四平"经验,阐述了中国中央银行应有的职能及其机构设置框架,成为国家决策的重要依据。1983年,国务院正式决定由中国人民银行行使中央银行职能,1984年成立中国工商银行,将人民银行的储蓄业务剥离了出来。当年12月,国务院决定重新组建交通银行,这是改革开放以后成立的第一家国有股份制商业银行,洪葭管是交行组建方案的起草人之一。中国人民银行成为中国"银行之银行"的地位终于确立了,这是中国金融百年来发展和新中国金融体制改革的重大成果。

鉴于中国人民银行在各省区的分支机构依然存在,容易导致这些分支机构的地方化,削弱其中央银行的职能,1986年9月,由洪葭管执笔,与寿进文、盛慕杰向中国金融学会年会提交论文《实行分层金融调控,建立中央银行资金管辖行》(《中国金融》1986年第10期),建议根据全国经济发展的现状和趋势,结合自然资源与地理条件,分成若干经济区,选定这些区的中心城市人民银行,负责这一区域的资金调度,作为地区资金调剂枢纽。这一建议被大会研究处认为是具有独创性的,国内主要金融专业刊物《中国金融》《金融研究》《上海金融》《四川金融》等纷纷刊载,后来直接成为央行通过建立八大分行来打破行政区域局限的决策。

谋划开辟上海资金市场和建立上海国际金融中心

在参与中国银行体制重大改革的同时,洪葭管还关切着中国金融市场的重建问题。中央银行一经设立,洪葭管就敏锐地提出,要打破计划经济体制时代资金的条块分割、地区分割和资金借调"吃大锅饭"的局面,确立各专银行总行、分行和各种企业的金融市场的主体地位,建立中国统一的资金市场和金融市场,这个市场的中心应放在上海,这是中国金融体制进一步改革的方向。洪葭管认为,中国金融改革应该由培育短期资金市场入手,逐步开拓长期资金市场,建立证券、债券等金融要素市场,并借鉴发达国家的经验,进行金融证券化的尝试。他主张,上海国际金融中心的建设,既要吸收国际的成功经验,也要坚持走自己的发展道路,采取国际、国内金融相融合,以服务国内市场为主的金融中心模式,保持相对的独立性,维护国家经济金融的安全。回顾20世纪八九十年代以来中国金融改革和上海国际金融中心建设的进程,都可以看到这位中国金融界的智囊和上海市政府高参高瞻远瞩的"先见之明"。1986年7月,日本新闻访华团来上海,上海安排了金融改革专场,洪葭管接受了采访。日本《产经新闻》后来报道说,关于上海金融中心建设的设想,"中国人民银行干部洪葭管作了以下说明:

亲历八十年沧桑,心系两世纪风云

'我们的目的是先建立短期资金市场,办理票据贴现和银行间交易。今后计划扩大为长期资金市场,发行中长期的公债,发行买卖企业公司债券和股票。'这一设想可以说是要把中国建成以东京、新加坡和香港为样板的金融市场。"这一报道经新华社编入大参考,在国内产生了广泛影响。根据洪葭管的建议,当年8月,工商银行上海分行主办了短期资金市场,进而由中国人民银行上海分行推动组成了全市统一的资金市场。他和张继凤合著在1989年出版的《近代上海金融市场》,既是他对旧上海在中国乃至远东金融市场地位的一个历史回顾,也是他提出建立上海国际金融中心建议的重要历史依据。1989年12月,上海市委召开金融工作座谈会,洪葭管在会上对上海建设金融中心作了较为系统的阐述,并向市领导推荐了这本书,得到了市委、市政府领导的高度重视。据在参事室工作的赵先如回忆,他在参事室工作的12年中,由他执笔或与其他参事合署的意见和建议达30多篇,大多围绕上海国际金融中心建设展开,几乎每篇都有市领导的批示。1990年,上海证券交易所成立,1992年中共十四大报告决定将上海建设成为国际金融中心,1994年中国外汇交易中心在上海成立,2005年中国人民银行在上海设立上海总部,2010年"上海国际金融中心"大厦落成,上海已经聚集了股票、债券、货币、外汇、票据、期货、黄金、保险等各类全国性金融要素市场。到2017年,仅外资银行的上海分行就达67家,代表处68家。在国际金融的视野中,上海作为国际金融市场中心的天际线,正在逐渐形成,这位百岁老人孜孜以求的夙愿正在实现。

关注国家金融安全

中国金融体制改革的航船,是在经济改革开放和国际金融的大风大浪中前行的。20世纪80年代以后,中国经济遭遇了通货持续膨胀、人民币汇率暴跌和亚洲金融危机等一系列惊涛骇浪。洪葭管密切地关注和研究着国内国际的金融动态,及时地建言献策。

1979—1980年,因财政连续两年发生严重赤字,货币增发55亿元和79亿元,物价上涨6%。"春江水暖鸭先知",作为在金融领域长期工作和研究的老人,深知此举的风险,他发表了《关于人民币的几个理论问题》和《再谈关于人民币的几个理论问题》(载《学术月刊》1979年第8期;1980年第11期),批评货币理论界的"纸本位"论调,强调人民币的发行,受纸币流通规律支配,依然是以黄金作为价值基础的,不能违背价值规律过多地增发纸币,大声疾呼"我们绝对不能冒多发钞票的险,再去干违反客观经济规律的蠢事了"。但当时举国上下都急于挽回"十年动乱"经济停滞造成的损失和提高生活水平,大规模地增加投资和刺激消费,在供需矛盾尖锐、财政赤字高企、投资效益和劳动生产率依然低下的情况下,又加大信贷投放,进行价格体制改革,造成了严重的通货膨胀,1989年零售物价总水平上涨了17.8%。洪葭管撰写了《我国通货膨胀的成因及其治理》(载《发展与改革》,上海人民出版社1990年版)《"十年"通货膨胀问题研究》(载《江苏金融》1995年第11期)两篇论文,向国家金融主管部门和上海市政府提出了10几条对策措施,并适时提出了当前金融改革要以稳定币值和稳定汇率为首要目标。中国金融学会在浙江召开会议专门讨论抑制通货膨胀的问题,洪葭管的意见也被写进了会议纪要。

推动沪港金融合作

1994年,洪葭管应邀赴香港参加世界黄金大会。1996年,他又与上海市政府参事们一起考察了香港的房地产融资市场,市政府采纳了这次考察报告的建议,在上海开放个人购房抵押贷款。

沪港金融合作问题也随之提上了议事日程。洪葭管在《迎接沪港金融合作新纪元的到来》(载《上海投资》1996年第7期)中,回顾了沪港金融关系的历史,谈了沪港金融合作对于上海国际金融中心建设的重要意义之后,主张把"优势互补、共同发展"作为处理沪港金融关系的准则,建议在投资融资、离岸金融业务、证券交易、房地产金融、信息和技术合作交流以及金融人才交流六个方面开展合作。1997年7月1日香港回归,后来亚洲金融危机爆发,香港金融市场也遭到了国际金融大鳄的疯狂进攻,上海陆家嘴一带商业地产也受到波及。洪葭管向市政府建议,将繁荣小陆家嘴与贯彻上海国际金融中心的发展战略结合起来,通过吸引外资金融机构入驻促进陆家嘴的繁荣,把它建成像纽约华尔街、伦敦金融城和香港中环那样的金融聚集区。在大陆与香港联手反击下,索罗斯们铩羽而归,陆家嘴建成为上海国际金融中心的核心承载区,沪港金融合作随之迅速开展起来,达到了前所未有的高度。

实至名归的"终身成就":金融学术研究机构和团体的领军人

从20世纪50年代以后,洪葭管就在中国金融学术界声誉鹊起,担负了一系列学术机关、团体的领导职务。1953年,任合营银行上海分行金融研究委员会副主任;1958年任中国人民银行上海分行金融研究室副主任,1979年金融研究室改为研究所,任副所长。1987年,授研究员职称,以后又任中国人民银行总行金融研究所研究生部、上海财经大学和交通大学管理学院兼职教授等。1990—2001年,任上海市人民政府参事。1994年,国务院表彰为社会科学事业有突出贡献专家,享受政府特殊津贴。1998年,中国人民银行成立五十周年,颁发洪葭管为中央银行和中国金融事业的建设发展作出积极贡献者荣誉证书。洪葭管还长期担任中国金融学会金融史专业委员会主任,上海金融学会秘书长、副会长、顾问等职务。

洪葭管60年如一日,勤奋钻研,笔耕不辍,终成正果。2011年,鸿儒金融教育基金会授予洪葭管中国金融学科终身成就奖。颁奖典礼于2012年1月18日在中国人民银行上海总部隆重举行,有500多人出席了会议。会场上展示了介绍洪葭管在中国金融界80多年的经历、业绩的图片,陈列了他的20多部著述,播放着他的视屏影像。已是90岁高龄的洪葭管先生登上领奖台,发表了长篇"获奖感言",他风趣地说,他好像有名列"榜眼"的感觉。在"感言"中,洪葭管在呼吁开展金融史研究的同时,特别表达了他对《金融学》巨著问世的期待。

呼吁建立中国特色的金融学

早在1979年,洪葭管就撰文《广泛开展对金融学的研究》(《中国金融》1980年第1期)。亚洲金融危机之后,他又撰写了《新世纪谈金融学》(《上海投资》2000年第1期),再次进行了呼吁。2008年美国爆发金融危机蔓延全球,洪葭管又撰写了《中国需要理论与实际有机结合的金融学巨著》(《中国金融》2010年第19—20期)。他以金融史大家的身份,不断呼吁金融学的研究,目的是要建立中国特色社会主义的金融学,以促进中国金融的健康发展,防范中国金融的风险。他在"感

95岁时编定的《洪葭管论金融》封面

言"中特别指出:"我们的《金融学》巨著中,要运用历史智慧,告诉人们要按经济发展基本规律办事,要提高经济效益,搞好实体经济,增加有用财富;金融学巨著也要告诉人们为什么要慎对虚拟资本,严控资产价格泡沫,因为社会需要的是代表真实物质财富的资金,而不是'炒'出来的虚钱"。"金融的精髓本应是帮助社会增加物质财富,而不应是损害社会大众的利益。稳健经营、诚信为本、扬长避短、稳中求进的金融工作者是历史的需要、社会的需要,会受到人们的赞许和表扬;而造虚作假,投机成性,如美国华尔街那种贪婪、掠夺和欺诈者必将受到社会的摒弃和惩罚。"他所期待的中国特色社会主义的金融学,应该是"促进'国泰政和,人民幸福'之学"。

作家俞天白在听了洪葭管的"感言"之后写道:"他是一位努力将历史融进现实的耕耘者,他希望播种出全新的未来。"他将中国百年来的金融风云,栽入了改革开放的现实土壤,期待它们在中国的大地上,结出未来中国金融学的理论正果。

半个多世纪,洪老一直住在天平路47弄的三层楼,家里到处是书,甚至堆到了楼梯上。他曾说,他一生最大的"奢侈品"就是书和纸了。在编定《洪葭管论金融》一书之后,洪老上下三层楼梯已经有些困难,便将其辟为"洪葭管金融史著作陈列室",那里陈列着他的20余部专著和发表的论文,陈列着他半个世纪来翻阅过的大量参考图书以及他简陋的办公桌椅。在这张简陋的办公桌上,洪老用钢笔一字一句地写下了大量著述。客厅也是他的书房,用了几十年的沙发,曾经接待过许多中国金融界的巨子、同事和学术界的名流、学生。人们很难想象,一个曾是捧着"金饭碗"的银行高级职员,出门洋装革履、待人接物彬彬有礼、谈吐举止优雅的高级知识分子,竟几十年如一日地过着如此淡泊的生活。在62岁时,他还放弃了许多人羡慕的享受离休干部退休的条件,选择了继续工

作,直到2001年才正式退休,但依然著述不断,这一干又是30多年!这位学术泰斗令众人所景仰的,岂止是他的学术成就。

2021年1月2日,上海市市长龚正专门制卡"贺洪葭管百岁生日"。在我们恭贺洪老百年寿辰之际,细读洪老所走过的学术人生道路,是很有教益的。

(周育民,上海师范大学人文学院历史学教授)

征 稿 启 事

本刊为 CSSCI 来源集刊,设有"人物研究""经济社会""政治外交""思想文化""近代人物""学术述评""史料辑录"等涉及近代中国社会的多个专题专栏,热忱欢迎上述范围内有新意的学术论文投稿。具体要求如下:

一、论文篇首应有学界对论文主题相关之以往研究成果的扼要概述。

二、论文引文注释凡例,请参照《近代史研究》的相关规定。

三、来稿篇幅宜在一万五千字以内,有关作者个人信息请统一附于文末。

四、本刊不收版面费,一经录用即付相应稿酬。

五、来稿一经录用发表,即表明作者同意将该作品的专用出版权和网络传播权授予本刊行使,以上授权报酬已包含在作品发表时本刊一次性支付的稿酬中,如有不同意见须在投稿时声明。

六、凡本刊未有特殊注明的文章,欢迎各媒体转载,但应先征得本刊同意并按国家版权规定支付报酬,如有违者本刊将依法追究其法律责任。

投稿邮箱地址:jdzg2016@126.com。

联系地址:上海市陕西北路 128 号 1308 室,上海中山学社,邮编:200041。

图书在版编目(CIP)数据

近代中国. 第三十四辑,历史面向与演进 / 廖大伟主编. —上海：上海社会科学院出版社,2021
 ISBN 978-7-5520-3569-8

Ⅰ.①近… Ⅱ.①廖… Ⅲ.①中国历史—近代史—文集 Ⅳ.①K250.7-53

中国版本图书馆 CIP 数据核字(2021)第 093146 号

近代中国（第三十四辑）
——历史面向与演进

主　　办	上海中山学社
主　　编	廖大伟
责任编辑	杨　国
封面设计	黄婧昉
出版发行	上海社会科学院出版社
	上海顺昌路 622 号　邮编 200025
	电话总机 021-63315947　销售热线 021-53063735
	http://www.sassp.cn　E-mail:sassp@sassp.cn
排　　版	南京展望文化发展有限公司
印　　刷	上海龙腾印务有限公司
开　　本	850 毫米×1168 毫米　1/32
印　　张	13.625
插　　页	2
字　　数	345 千字
版　　次	2021 年 6 月第 1 版　2021 年 6 月第 1 次印刷

ISBN 978-7-5520-3569-8/K·607　　　　定价：62.00 元

版权所有　　翻印必究